LA PSYCHOLOGIE D'ARISTOTE

ÉTUDES ARISTOTÉLICIENNES

Dépôt légal Belgique 2954/11/5
ISBN VRIN 978-2-7116-4371-4
ISBN OUSIA 978-2-87060-162-4

Composition par P. Kontominas (www.kontominas-p.gr)
Imprimé en Grèce par Zacharopoulos - Sitaras

LA PSYCHOLOGIE D'ARISTOTE

TEXTES RÉUNIS ET PUBLIÉS PAR

CRISTINA ROSSITTO

Paris
Librairie philosophique J. Vrin

Bruxelles
Éditions Ousia

2011

Ce livre a été publié avec le soutien du
Dipartimento di Filosofia de l'Università degli Studi di Padova.
Fonds pour la recherche PRIN-MIUR 2007 sur le thème
«Il rapporto tra dialettica, psicologia e biologia in Aristotele»

AVANT-PROPOS

CRISTINA ROSSITTO

Ce volume rassemble des essais qui constituent le développement et l'approfondissement des thèmes qui ont été abordés à l'occasion du Colloque sur « La psychologie d'Aristote », qui s'est tenu à Padoue du 13 au 15 mars 2008. Ce colloque était le quatrième d'une série de « Rencontres aristotéliciennes », qui ont été organisées par un groupe international de spécialistes d'Aristote en raison de l'immense intérêt que le philosophe continue de susciter dans le champ des études philosophiques.

La première rencontre s'est déroulée à Aix-en-Provence, du 21 au 24 octobre 1999 ; elle avait pour sujet « La *Métaphysique* d'Aristote : perspectives contemporaines ». Elle était organisée par Michel Narcy, du CNRS (Villejuif) et Alonso Tordesillas, de l'Université d'Aix-Marseille, qui en ont aussi édité les contributions dans la nouvelle collection *Études aristotéliciennes* (Paris, Vrin - Bruxelles, Ousia, 2005). Les participants de cette rencontre étaient Pierre Aubenque, Enrico Berti, Richard Bodéüs, Tomás Calvo Martínez, Lambros Couloubaritsis, Michel Crubellier, Pier Luigi Donini, Frédérique Ildéfonse, Manfred Kerkhoff, Isabelle Koch, Annick Stevens, Francis Wolff et Marco Zingano.

La deuxième rencontre s'est tenue à Bruxelles du 26 au 28 août 2002 autour du thème « Aristote et la question de la causalité ». Elle a été organisée par Lambros Couloubaritsis, de l'Université Libre de Bruxelles, avec la collaboration d'Annick Stevens, de l'Université de Liège, et de Michel Narcy, du CNRS de Paris (Villejuif). Les participants étaient Michel Bastit, Enrico Berti, Richard Bodéüs, Robert Bolton, Michèle Broze, Baudouin Decharneux, Sylvain Delcomminette, Giovanna Giardina, Jean-Baptiste Gourinat, Francesco Gregorio, Sophie Klimis, Jean Louis Labarrière, Alain Lernould, André Motte, Pierre Pellegrin, Gerd van Riel, Xavier Riu, Pierre Rodrigo, Francesco Romano, Cristina Rossitto, Christian Rutten, David Sedley, Gerhard Seel, Demetra Sfendoni-Mentzou, Pierre Somville, Alonso Tordesillas. Les contributions relatives à cette rencontre sont éditées par Lambros Couloubaritsis et Sylvain Delcomminette, dans les *Études aristotéliciennes*.

La troisième rencontre a eu lieu à Madrid, du 5 au 7 avril 2006, et son sujet était « La perspectiva Categorial y el Pensamiento aristotélico ». Elle a été organisée par Tomás Calvo Martínez de l'Université Complutense et les participants étaient Pierre Aubenque, Enrico Berti, Richard Bodéüs, Lambros Couloubaritsis, Jean-François Courtine, Sylvain Delcomminette, José Miguel Gambra, Charles Kahn, Pedro Mesquita, Michel Narcy, Teresa Oñate, Cristina Rossitto, Alonso Tordesillas, Hermann Weidemann, Francis Wolff. Le succès remporté par les trois premières rencontres a encouragé les promoteurs de la série à poursuivre cette action, en organisant une quatrième rencontre à Padoue, en 2008, sur la psychologie d'Aristote.

Le choix de la psychologie d'Aristote en tant que thème de la quatrième rencontre aristotélicienne a été déterminé par l'énorme richesse d'occasions philosophiques qu'une œuvre comme le *Traité de l'âme* a présentés et continue de présenter. Hegel, au XIXe siècle, considérait déjà cette œuvre comme le meilleur traité existant sur la psychologie philosophique et scientifique, et aujourd'hui encore nombreux sont ceux qui considèrent qu'elle constitue une contribution d'importance pour la solution – ou la dissolution – de ce que l'on a coutume d'appeler le *Mind-Body Problem*. Par conséquent, on peut relever que le *Traité de l'âme* et les autres œuvres psychologiques d'Aristote, envisagées quant à leur réception et aux discussions qu'elles ont suscitées à des moments significatifs de la pensée postérieure – à l'époque médiévale, moderne et contemporaine –, ont été au fondement d'une tradition dont on peut dire qu'elle a traversé l'histoire de la philosophie toute entière.

De fait, le *Traité de l'âme* est aussi important en lui-même que pour les liens que l'on peut tisser entre une multiplicité d'œuvres tirées du *corpus aristotelicum* – ainsi des *Premiers Analytiques*, des *Petits traités d'histoire naturelle*, des œuvres de biologie, des *Éthiques*, de la *Rhétorique* – ou conservées à l'état de seuls fragments, comme le dialogue perdu *Eudème*. On peut dire que les doctrines psychologiques qu'y présente Aristote sont multiples, comme sont multiples les aspects qui émergent de leur étude.

Réunir les études dans ce volume a pour but d'explorer les aspects multiples de la psychologie aristotélicienne. Une fois assemblés, considérés dans leur complexité, ils constituent une enquête articulée sur la psychologie d'Aristote ainsi que sur la pensée postérieure.

Un premier ensemble d'essais a considéré le rapport qui existe entre la conception de l'âme qui était celle d'Aristote et la conception de l'âme chez deux penseurs qui lui étaient contemporains, Platon et Xénocrate, selon ce qui émerge de la lecture du premier livre du *Traité de l'âme*.

Plus précisément, Sylvain Delcomminette, dans son article *Facultés et parties de l'âme chez Platon et Aristote*, a étudié la notion de partie de l'âme et l'assimilation qu'Aristote fait entre cette notion même et celle de faculté. En effet, à partir de l'examen de la tripartition platonicienne contenue surtout dans la *République* – d'où il résulte que, chez Platon, les notions de parties de l'âme et de facultés sont distinctes et ne peuvent être identifiées –, l'auteur propose une explication des raisons qui ont pu mener Aristote à opérer cette identification. En définitive, tout comme c'était le cas chez Platon, pour Aristote, les « parties de l'âme » sont des « espèces d'âmes » mais, dans la mesure où les définitions de l'âme sont différentes chez l'un et chez l'autre, la signification des espèces d'âme diffère également. Chez Platon, les espèces d'âmes sont des espèces de « mouvements automoteurs » et sont principes de certains mouvements, tandis que, chez Aristote, elles sont des espèces d'entéléchies premières et sont principes de certaines activités.

Cristina Rossitto, dans son essai sur *Aristote et Xénocrate dans le premier livre du* De anima, examine les témoignages aristotéliciens relatifs à la notion d'âme généralement attribuée, avec plus ou moins de certitude, à Xénocrate. En suivant une perspective qui vise à réinsérer les témoignages dans leur contexte – y compris ceux qui sont liées à la conception de l'âme comme nombre automoteur –, l'auteur met l'accent sur la nature dialectique de l'argumentation aristotélicienne en tant qu'élément déterminant pour une compréhension plus satisfaisante du contenu doctrinal. Ce qui émerge est un cadre extrêmement complexe, impliquant non seulement les œuvres perdues d'Aristote, mais aussi « ce qu'on appelle les doctrines non écrites » de Platon et les théories psychologiques d'autres membres appartenant à l'Académie platonicienne ancienne. Cela représente une preuve du vaste débat sur la nature de l'âme auquel Aristote lui-même a participé, et dont il a été témoin.

Un deuxième ensemble d'études a abordé la problématique complexe contenue dans les deuxième et troisième livres du *Traité de l'âme*, à partir de l'article fondamental sur la personne humaine de David Evans, dont la douloureuse disparition le 27 septembre 2009 implique que cet article sera peut-être sa dernière publication. Dans son essai *Serial analysis and the unity of the human person :* De anima *II 3, 414b20-415a13*, l'auteur considère la signification du texte selon deux points de vue, dont le premier concerne la conception aristotélicienne de l'âme humaine et le second envisage certaines analyses contemporaines de la nature de la personne humaine. L'auteur soutient que la caractéristique fondamentale de la psychologie aristotélicienne est constituée par le fait que les différentes facultés de l'âme sont ordonnées en série, et donc elles sont complémentaires entres elles. Par conséquent, si la faculté humaine de la pensée ne peut exister sans celle de la nutrition, l'exercice de la faculté nutritive, chez les hommes, est conditionné par l'exercice de la pensée. Cela montre que la théorie aristotélicienne de l'âme est une théorie de l'identité de l'être humain, plutôt qu'une véritable « philosophie de l'esprit ».

À son tour Tomás Calvo-Martínez, dans son essai *The Aristotelian conception of imagination :* De anima *III 3, 427b14-428b10*, considère la doctrine aristotélicienne de l'imagination sous ses aspects psychologiques et cognitifs. À propos de la φαντασία, qui est placée entre la perception sensible et la connaissance rationnelle, Aristote introduit deux distinctions fondamentales relatives aux images qu'elle produit : la distinction entre des images qu'on a en absence ou en présence d'une perception de l'objet, et la distinction entre des images qui représentent ou qui ne représentent pas quelque chose de réel. Il faut mettre en relation cette dernière distinction avec l'apparente incohérence que certains auteurs ont attribuée à Aristote, quand il affirme, dans le même temps, que la φαντασία peut et ne peut pas être dans le vrai et le faux. En fait, lorsque l'image ne représente pas quelque chose de réel, et donc lorsqu'on ne connaît que l'image elle-même, elle n'est ni vraie ni fausse. Mais, quand l'image représente quelque chose de réel, et que l'on connaît l'image et aussi à travers elle la chose représentée en dehors d'elle, alors l'image peut être vraie ou fausse.

Annick Stevens, dans son essai *Comment la pensée dépend-elle de l'imagination ?*, note que, dans un contexte pratique, la pensée intervient d'une part en tant que διάνοια, pour accomplir la délibération à partir des éléments de la situation fournis par la sensation, par l'imagination ou par l'intellection ; donc, elle est dépendante des images qui constituent l'objet sur lequel porte le raisonnement. D'autre part la pensée intervient en tant qu'intellection, pour fournir certains de ces éléments comme les notions générales ou les valeurs morales, et dans ce cas la pensée pense ses formes dans les images, qui suscitent l'actualisation d'une notion qui a déjà été acquise par l'intellect et qui pourrait aussi être activée d'une autre façon. En revanche, dans le contexte théorique, on explique l'impossibilité de penser un concept déjà acquis, sans se représenter en même temps une image correspondante, en reconnaissant que la pensée est l'attention portée sur l'essence en tant qu'elle est effectivement réalisée dans un exemplaire quelconque représentable.

Enfin, dans son essai *What decides if rational desire and non-rational desire conflict with each other ?*, Gerhard Seel traite du problème de la possibilité, prévue par Aristote, d'une opposition entre le désir rationnel, qui provoque le mouvement avec l'aide de l'intellect, et le désir irrationnel, qui parfois est contraire au raisonnement. L'auteur, en notant que les deux facultés du désir rationnel sont la βούλησις, qui s'occupe des fins, et la προαίρεσις, qui s'occupe des moyens de l'action, relève que la faculté de l'âme qui a le rôle d'arbitre et donc qui prend la décision pourrait n'être rien d'autre que la φρόνησις, même par analogie avec la tâche qui lui semble être confiée, c'est-à-dire celle d'établir, après avoir comparé les trois types de vie qui sont des fins en eux-mêmes, celui qui est le meilleur.

Un troisième ensemble d'études a étendu les réflexions sur la psychologie aristotélicienne à d'autres œuvres, en comparant les contenus de ces dernières avec ceux du *Traité de l'âme*.

Le premier essai proposé par ce groupe est celui d'Álvaro Vallejo Campos, *The relation of the dialogue* Eudemus *to Aristotle's* De anima. Ces œuvres, d'habitude, sont comparées dans le but d'établir l'évolution de la psychologie chez Aristote. L'auteur tient à souligner les différences qui subsistent de toute façon entre les deux écrits – au-delà des fréquentes tentatives d'harmonisation –, à la fois en ce qui concerne la conception de l'âme elle-même et les doctrines qui lui sont liées, telles que la divination, l'immortalité et la vie d'ici-bas. En particulier, l'auteur note qu'on ne peut pas concilier les deux définitions de l'âme, celle de l'*Eudème* comme une substance dans le sens de εἶδος, selon laquelle l'âme peut et doit être séparée du corps quand le corps n'existe plus, et celle du *Traité de l'âme*, comme ἐντελέχεια du corps, selon laquelle l'âme, en étant acte premier du corps, est inséparable de celui-ci. Cela devrait être attribué au fait que dans l'*Eudème* est évidente l'influence des doctrines platoniciennes, tandis que dans le second traité serait dominante la conception hylémorphique d'un Aristote de la maturité.

Cependant, António Pedro Mesquita, dans son essai *Aristotle on knowledge and ignorance. An exercise on the role of* νοῦς *in perception and science*, se concentre sur le premier livre des *Seconds Analytiques*, où Aristote, en montrant que la science a son principe dans le νοῦς, cherche à proposer une doctrine cohérente avec les arguments qu'il a exposés par rapport à ce sujet même dans le *Traité de l'âme*. En fait, comme on le voit dans les *Seconds Analytiques*, toute connaissance commence par l'expérience, étant donné que la science exige les universaux en tant que son objet et ceux-ci sont obtenus par induction, c'est-à-dire à travers la perception. Mais cela signifie qu'il ne peut y avoir science que s'il y a une certaine faculté qui lui assure les universaux individués dans l'expérience. Toutefois, le νοῦς lui-même s'active uniquement en présence d'une expérience spécifique qui doit lui avoir été préalablement fournie. En conséquence, le νοῦς se révèle être la capacité de capturer l'universel dans les singuliers, et être en même temps le principe de la science en tant que telle.

Lambros Couloubaritsis, lui aussi, dans son essai *Le problème de l'intellect dans le* De anima *et les* Parva naturalia, met l'accent sur la problématique des deux intellects chez Aristote en établissant un parallèle entre la conception aristotélicienne exposée dans le *Traité de l'âme* et celle qu'on peut tirer des *Petits traités d'histoire naturelle*. L'intellect patient, une fois qu'il a acquis les intelligibles, les possède au sens d'une ἕξις en entéléchie première, capable de s'actualiser davantage en pensant et en se pensant lui-même. Autrement dit, cet intellect, envisagé, non plus dans son origine pure, transmis génétiquement et avant d'avoir pensé pour la première fois, mais rétrospectivement, une fois institué et constitué, est en acte et devient condition permanente de la pensée. L'intellect agent atteste à la fois son extériorité (par l'intellect qui vient du dehors) et son intériorité dans l'âme (par l'actualisation de l'intellect pur, qui possède désormais les intelligibles en tant qu'actifs). Grâce à sa double origine, il est l'intellect proprement dit de l'homme. De cette façon, l'auteur fait émerger la complexité de la philosophie d'Aristote dès lors qu'elle cherche à circonscrire l'intellection dans son contexte organique et fonctionnel, même si l'intellect est de nature séparée matériellement.

Luciana Repici, en son essai *Dans l'atelier de la vie : l'âme et la respiration chez Aristote*, compare, en particulier, la conception de l'âme contenue dans le *Traité de l'âme* avec celle de la respiration contenue dans le *De respiratione*, à savoir entre la faculté de la ψυχή, qui chez Aristote est chargée des fonctions vitales du vivant, et la fonction respiratoire. Dans le *De respiratione* le phénomène respiratoire est étudié de manière dialectique, mais aussi à la lumière de la doctrine des causes et interprété en termes téléologiques. Il en résulte que la respiration est une des fonctions communes à l'âme et au corps et renvoie à la faculté qui préside à la nourriture et à l'accroissement. Par conséquent, la respiration dépend dans son emploi essentiel de l'âme nutritive mais, d'une façon complémentaire et indirecte, elle est un instrument de l'âme sensitive aussi et il y a un certain rapport entre cette fonction et la locomotion animale. Il semble donc que dans le *De respiratione* Aristote privilégie la perspective physiologique, alors que dans le *Traité de l'âme* il privilégie la perspective psychologique : par conséquent, les doctrines du *De respiratione* peuvent être jugées en termes de complémentarité ou bien d'intégration par rapport aux doctrines du *Traité de l'âme*.

Dans le troisième groupe on peut trouver trois études concernant la relation entre le *Traité de l'âme*, la *Rhétorique* et les *Éthiques*. Ainsi Alonso Tordesillas, dans son essai *Rhétorique et psychologie :* Rhétorique *et* Traité de l'âme, se concentre sur le problème de la relation entre une « rhétorique des passions », contenue dans la *Rhétorique*, et une « physique des passions » telle qu'on la trouve dans le *Traité de l'âme* dans la distinction entre une définition dialectique et une définition physique des passions mêmes. On peut comprendre ce rapport dans le contexte du rapport complexe d'Aristote à Platon, surtout dans les recherches que l'on trouve dans le *Gorgias*, le *Phèdre* ou même le *Philèbe*, sur la question des passions dans sa relation à la psychologie et plus particulièrement à la psychagogie. L'étude des passions telle qu'on la trouve dans la *Rhétorique* contribue de manière spécifique à la constitution de la psychologie d'Aristote, ne serait-ce qu'en ce qu'elle procure un réservoir de τόποι où puiser à la fois pour traiter des passions et pour les produire.

Cristina Viano, dans l'étude *La « rhétorique des passions » et le* De anima. *Une question de fondation ?*, se concentre elle-même sur la relation entre une « rhétorique des passions » et une « physique des passions », mais en soulignant la perspective méthodologique. Plus précisément, l'auteur cherche à établir le rapport qui entre les définitions des passions de l'âme de la *Rhétorique* et le programme scientifique de définition des passions esquissé par Aristote dans le *Traité de l'âme*. En effet, les définitions « dialectiques » mêmes des passions sont proprement « rhétoriques », puisqu'elles ne sont pas finalisées à la discussion, mais elles sont orientées dans un but bien défini qui est celui de la τέχνη rhétorique : il s'agit de produire la passion, de disposer l'âme des auditeurs. Selon cette perspective, les définitions de la *Rhétorique* peuvent être considérées comme un répertoire dans lequel puiser pour cerner les passions et en tirer des définitions formelles afin de construire une « physique des passions » qui puisse rendre compte de ces phénomènes de manière exhaustive.

Le dernier essai produit au sein de ce groupe est celui de Christopher Rowe, dont le titre est *The treatment of anger in Aristotle's* Rhetoric *and* Ethics. Il concerne un aspect particulier de la relation entre les conceptions aristotélicienne et platonicienne de l'âme. À partir de la discussion contenue dans la *Rhétorique*, en fait, la colère semble être à la fois un πάθος, comme dans le *Traité de l'âme*, et aussi une sorte de désir irrationnel. L'analogie avec la conception platonicienne à cet égard est claire, mais des différences significatives demeurent avec les arguments d'Aristote. Pour Platon, en fait, il y a une affinité naturelle entre le θυμός et la raison, tandis que pour Aristote, tout au plus, le θυμός suit en quelque sorte la raison mais, selon la *Rhétorique*, cette caractéristique est toutefois attribuable aux πάθη en tant que tels.

Le quatrième et dernier ensemble d'essais concerne la tradition postérieure du *Traité de l'âme*, de l'époque médiévale à nos jours, et examine quatre moments d'une importance particulière.

Francesco Bottin, dans son étude Scientia de anima *: natural enquiry and awareness of the Self in the medieval tradition of* De anima, se concentre sur les concepts fondamentaux de la psychologie médiévale, en attirant l'attention sur la théorie de Thomas d'Aquin sur l'âme et ses facultés. En particulier, l'auteur examine la conception de l'âme comme *hoc aliquid*, dans le sens que l'âme est substance *per reductionem* par rapport au σύνολον, puisqu'elle subsiste en soi mais ne peut exister sans le corps. Quant à la connaissance que l'âme possède de soi-même, elle se connaît par le moyen de ses actes. En vérité, les doctrines thomistes sont aussi bien évalués en tant que telles que considérées comme une étape nécessaire d'un chemin qui prend naissance dans les doctrines correspondantes d'Augustin – doctrine du sens passif et de l'*intentio* active de l'âme – et d'Avicenne – doctrine de la *scientia de anima* et des *intentiones sensibilium*, expérience de « l'homme volant » –, et qui passe à travers les discussions avec les maîtres franciscains du XIII siècle, pour arriver aux théories de la première modernité.

Richard Bodéüs, à son tour, dans son essai *Les passions de l'âme d'Aristote à Descartes et retour*, analyse le problème des passions de l'âme, qu'Aristote oppose à la raison et qui sont parfois en conflit avec elle, en comparant surtout la façon dont ce thème est abordé par Aristote et par Descartes. L'auteur montre comment, selon Descartes, pour qui il n'y ait pas de désir irrationnel propre à l'âme, il n'y a place, dans l'âme, que pour la volonté : le cas échéant, une volonté plus ou moins hésitante et plus ou moins puissante, au gré des passions qui l'affectent et qui sont elles-mêmes l'effet ultime des mouvements contraires d'un corps difficile à dompter. Selon Aristote, en revanche, pour qui le désir irrationnel et la sensation sont l'assise de l'âme humaine, il y de la place, dans cette âme, pour un conflit entre deux genres de représentations imaginatives contraires, issues de la même perception sensitive que permettent les organes corporels.

Franco Biasutti, dans son essai *La présence du* De anima *d'Aristote dans l'anthropologie hégélienne*, tenant compte du fait que pour Hegel la représentation spéculative du passé interagit avec la forme spéculative du présent, examine quels sont les effets que la lecture et l'interprétation hégélienne du *Traité de l'âme* ont produit sur la philosophie de l'esprit subjectif. Hegel s'engage dans une réfutation de l'interprétation de la doctrine aristotélicienne de l'âme au sens empirique qui fait de l'âme une *tabula rasa*, et donc, quelque chose de complètement vide. En revanche, la *Rehabilitierung* historiographique de la pensée aristotélicienne est destinée à se refléter aussi sur le plan spéculatif, pour ce qui concerne le contenu de la section du système qui traite de l'Esprit subjectif, divisé en Anthropologie, Phénoménologie et Psychologie, où la supériorité d'Aristote par rapport aux modernes est essentiellement méthodologique. À l'encontre de l'empirisme des modernes, et justement puisqu'il a été capable d'être, au plus haut degré, spéculatif, Aristote a su capter la véritable essence de l'âme.

Enfin, Enrico Berti, dans son étude *Le* De anima *dans le débat contemporain sur le « Mind-Body Problem »*, met l'accent sur le problème du rapport entre l'esprit (*mind*) et le corps humain, problème qui remonte, dans la philosophie moderne, à Descartes, qui se demandait comment le corps peut influencer l'esprit, par exemple à travers les sensations, et comment l'esprit peut influencer le corps, par exemple en lui causant des mouvements. Dans le débat contemporain suscité par le « Mind-Body Problem » Aristote a été plusieurs fois évoqué, déterminant une renaissance de l'intérêt pour le *De anima*, non seulement chez des spécialistes d'Aristote, mais aussi chez des philosophes généralistes. L'auteur examine les interprétations physicaliste, fonctionnaliste et hylémorphiste de la psychologie aristotélicienne, en concluant que, dans le cas des personnes, c'est-à-dire des êtres humains, l'âme qui assure la continuité et par conséquent l'identité, est l'âme qu'Aristote appelle « âme intellectuelle », qui n'est pas une « partie » de l'âme, mais l'âme humaine toute entière, qui possède les facultés spécifiques des âmes inférieures.

Les essais de ce volume prennent donc en considération une multiplicité de points de vue sur la psychologie d'Aristote et ont été réalisés par des spécialistes de plusieurs nationalités. Pour cette raison la Rencontre qui a inspiré au début ces travaux a été reconnue comme un « Corso di Docenza Internazionale » par le Conseil de l'École Doctorale en Philosophie de l'Université de Padoue, et a vu la collaboration, y compris financière, du « Centre d'études sur la pensée antique *kairos kai logos* » et de l' « Institut d'Histoire de la philosophie » de l'Université de Provence (Aix-Marseille 1), du « Centro Interuniversitario per la Storia della Tradizione Aristotelica », qui a son siège auprès de l'Université de Padoue et qui comprend les universités de Bourgogne, de la Calabre, de Naples « Federico II », de Palerme, du Salento, de Thessalonique « Aristotle » et de Vérone, et du Département de Philosophie de l'Université de Padoue. J'adresse mes remerciements personnels et ceux de tous les organisateurs à toutes ces institutions, en particulier à Enrico Berti, Alonso Tordesillas, Franco Biasutti et Lambros Couloubaritsis, qui ont rendu possible cette publication. Enfin, je remercie Rita Salis, Lisa Bressan et Silvia Gullino pour leur soutien scientifique et technique, qui a été essentiel dans la réalisation de ce volume.

FACULTÉS ET PARTIES DE L'ÂME CHEZ PLATON ET ARISTOTE

SYLVAIN DELCOMMINETTE*

I

Parmi les apories énoncées dans le premier chapitre du *De anima* figure la question de savoir « si l'âme est divisible en parties ou indivisible (μεριστὴ ἢ ἀμερής) »[1]. Lorsque Aristote examine cette question plus loin dans le traité, il semble n'envisager que deux possibilités : la division de l'âme peut s'entendre soit selon la raison seulement (λόγῳ μόνον), soit également selon le lieu (καὶ τόπῳ), auquel cas les parties seraient « séparées » (χωριστά)[2]. Contre la deuxième possibilité, qu'il attribue manifestement aux platoniciens, Aristote fait valoir une série d'arguments, notamment celui de la division des plantes et de certains insectes qui n'empêche pas les parties de ceux-ci de continuer à exercer leurs différentes fonctions vitales pendant un certain temps au moins[3] ; en revanche, il considère comme une évidence la partition selon la raison[4]. Or, ces parties distinctes selon la raison, Aristote les identifie aux facultés, et il les désigne d'ailleurs indifféremment par les termes μόριον, δύναμις, ou par des mots en -ικόν[5].

C'est sur cette double base qu'Aristote critique les platoniciens : d'une part, ceux-

* Je remercie vivement Enrico Berti et Cristina Rossitto pour leur invitation et leur accueil au colloque dont ce texte est issu, ainsi que tous les participants pour leurs remarques et leurs suggestions.

1. Aristot. *De an.* I 1, 402b1.

2. *Cf. ibid.* II 2, 413b14-15 et 28. Cette alternative se retrouve en Aristot. *Eth. Nic.* I 13, 1102a26-32.

3. *Cf. De an.* II 2, 413b16-24 ; I 5, 411b19-27.

4. *Cf. ibid.* II 2, 413b29 : τῷ δὲ λόγῳ ὅτι ἕτερα, φανερόν.

5. L'identification aristotélicienne entre parties de l'âme et facultés apparaît également en *Eth. Nic.* I 13, 1102a32-b12, à propos de la partie nutritive, désignée de manière interchangeable par les termes μόριον, δύναμις et θρεπτικόν. Ces textes me semblent aller à l'encontre de la thèse de J.E. Whiting, « Locomotive soul : the parts of soul in Aristotle's scientific works », *Oxford Studies in Ancient Philosophy*, 22, 2002, pp. 141-200, selon qui Aristote laisserait ouverte la possibilité qu'une même partie de l'âme ait plusieurs facultés. Nous verrons dans la troisième section qu'il y a une autre raison fondamentale de rejeter cette possibilité pour Aristote, ce qui distingue précisément la position de celui-ci de celle de Platon.

ci ont commis l'erreur de considérer les parties de l'âme comme étant séparées (spatialement) les unes des autres, et d'autre part, si leur division se veut conforme aux facultés, elle est inadéquate et incomplète, car les trois parties de l'âme distinguées par Platon (τὸ ἐπιθυμητικόν, τὸ θυμοειδές et τὸ λογιστικόν) ne rendent pas compte de la totalité des facultés de l'âme – manquent par exemple la partie nutritive (τὸ θρεπτικόν) et la partie sensitive (τὸ αἰσθητικόν), voire la partie représentative (τὸ φανταστικόν) – et morcellent indûment la partie désirante, qui devrait plutôt être nommée τὸ ὀρεκτικόν comme incluant à la fois le désir (ἐπιθυμία), l'ardeur (θυμός) et la volonté (βούλησις), bref des désirs propres à chacune des trois prétendues parties platoniciennes[6].

> Pour ceux qui divisent l'âme en parties, s'ils font cette division selon les facultés et qu'ils les séparent [entre elles], advient un grand nombre de parties, nutritive, sensitive, intellective, délibérante, et encore désirante ; car celles-ci diffèrent plus les unes des autres que la partie désirante et la partie ardente (τοῖς δὲ διαιρῶσι τὰ μέρη τῆς ψυχῆς, ἐὰν κατὰ τὰς δυνάμεις διαιρῶσι καὶ χωρίζωσι, πάμπολλα γίγνεται, θρεπτικόν, αἰσθητικόν, νοητικόν, βουλευτικόν, ἔτι δὲ πρεκτικόν· ταῦτα γὰρ πλείω διαφέρει ἀλλήλων ἢ τὸ ἐπιθυμητικὸν καὶ θυμικόν)[7].

La question que je voudrais examiner est la suivante : ce « si » est-il justifié, du moins en ce qui concerne Platon lui-même ? Plus précisément, je ne m'interrogerai ici ni sur l'identification des parties de l'âme chez Platon et Aristote, ni sur la séparation locale ou non des parties, mais seulement sur la notion même de partie de l'âme et son assimilation par Aristote à celle de faculté. La tripartition platonicienne recouvre-t-elle effectivement une division des facultés de l'âme ? J'essaierai de montrer que tel n'est pas le cas, car chez Platon, les notions de parties de l'âme et de facultés sont distinctes et ne peuvent être identifiées. Pour ce faire, je m'appuierai essentiellement sur la *République*, dialogue dans lequel ces deux notions sont introduites et définies pour la première fois – non seulement chez Platon, mais dans l'histoire de la philosophie[8].

6. *Cf. De an.* III 9, 432a22-b7. La cible exacte de ce passage est discutée, certains commentateurs y voyant non pas Platon lui-même, mais d'autres membres de l'Académie (*cf.* W.W. Fortenbaugh, « On the Antecedents of Aristotle's Bipartite Psychology », repris dans Id., *Aristotle's Practical Side. On his Psychology, Ethics, Politics and Rhetoric*, Leiden, Brill, pp. 51-60), voire, en ce qui concerne la première partie du passage (*ibid.*, 432a26-b6), la position adoptée par Aristote lui-même dans ses traités éthiques et politiques (*cf.* P.A. Vander Waerdt, « Aristotle's criticism of soul-division », *American Journal of Philology*, 108, 1987, pp. 627-643). Quoi qu'il en soit, il me semble clair que cette critique vaut tout autant aux yeux d'Aristote contre le principe même de la tripartition de l'âme élaborée en *République* IV.

7. *De an.* III 10, 433a31-b4.

8. Je laisserai ici en grande partie de côté le *Timée*, qui mériterait un traitement à part ; mais selon moi, étant donné le statut particulier de ce dialogue, c'est lui qui doit être interprété à partir de la *République* et non l'inverse.

Dans un deuxième temps, je proposerai une explication des raisons qui ont pu mener Aristote à opérer quant à lui cette identification, dont j'examinerai également certaines conséquences.

II

Afin de comprendre ce que sont les parties de l'âme et les facultés chez Platon, il convient de commencer par rappeler la définition que celui-ci propose de l'âme elle-même[9]. Comme on le sait, Socrate déclare dans le *Phèdre* que « l'οὐσία et le λόγος de l'âme »[10] est « ce qui se meut par soi-même » (τὸ αὐτὸ κινοῦν)[11]. Cette définition est reprise dans le dixième livre des *Lois*, qui précise que l'âme est « le *mouvement* capable de se mouvoir lui-même » (τὴν δυναμένην αὐτὴν αὑτὴν κινεῖν κίνησιν)[12]. Les *Lois* dissipent ainsi l'ambiguïté que laissait subsister le *Phèdre*, en précisant que l'âme n'est pas une *chose* qui se meut, mais un pur mouvement, qui n'affecte aucun substrat autre que lui-même[13]. De ce mouvement, il ne faut chercher la cause nulle part ailleurs qu'en lui-même : en l'âme, cause et effet ne font qu'un, ce qui meut et ce qui est mû s'identifiant purement et simplement. C'est en tant qu'elle est elle-même un mouvement que l'âme est principe de tous les autres mouvements (ἀρχὴ κινήσεως)[14], « cause universelle de tout changement et de tout mouvement » (μετα-

9. Cette section et les deux suivantes résument mon article « Facultés et parties de l'âme chez Platon », *Plato. The Internet Journal of the International Plato Society*, 8, 2008, librement accessible à l'adresse http://gramata.univ-paris1.fr/Plato/article83.html.

10. Plat. *Phaedr*. 245E3-4.

11. *Ibid*. 245C7 ; *cf*. 245D7 ; 245E7-246A1 : τὸ αὐτὸ αὑτὸ (ou ἑαυτὸ) κινοῦν ; 245E3 : τὸ ὑφ' ἑαυτοῦ κινουμένον. L'expression τὸ αὐτοκίνητον, imprimée par L. Robin dans son édition du *Phèdre* (*cf*. Platon, *Phèdre*, texte établi et traduit par L. Robin, Paris, Les Belles Lettres, 1933) à la place de τὸ ἀεικίνητον retenu par Burnet en 245C5, ne figure pas dans les manuscrits, mais dans un papyrus du début du IIIe siècle après J.-C. Les deux expressions sont des *hapax* chez Platon. La décision entre ces deux leçons est importante pour la reconstruction de la preuve de l'immortalité de l'âme qui suit, mais nous pouvons l'ignorer ici, dans la mesure où la *notion* d'automotricité est quant à elle clairement véhiculée par les autres expressions citées ci-dessus.

12. Plat. *Leg*. X, 896A1-2.

13. Comme y insiste avec raison R. Demos, « Plato's doctrine of the *psyche* as a self-moving motion », *Journal of the History of Philosophy*, 6, 1968, pp. 133-145, spéc. p. 137. Cette conception de l'âme ne me semble nullement incompatible avec celle du *Phédon*, qui aboutit finalement à identifier l'âme avec la vie elle-même, comme j'ai tenté de le montrer dans « Vie "biologique" et vie "morale" chez Platon », *Revista de Filosofía* (Universidad Iberoamericana, Mexico), 40, 2008, pp. 115-138.

14. *Cf*. *Leg*. X, 896B3 ; *Phaedr*. 245C9 et D7 ; aussi *Leg*. X, 895B3-4 : ἀρχὴ κινήσεων πασῶν καὶ πρώτη.

βολῆς τε καὶ κινήσεως ἀπάσης αἰτία ἅπασιν)[15]. Comme le précisent les *Lois*, ces mouvements de l'âme ne sont pas des mouvements physiques, mais ont pour noms « vouloir, examiner, prendre soin, délibérer, opiner correctement ou faussement – se réjouissant ou étant peinée, étant confiante ou craintive, haïssant ou chérissant, et tous les mouvements apparentés à ceux-là – »[16], bref, ils correspondent à ce que nous appellerions aujourd'hui des *mouvements de conscience*. Quant à l'âme elle-même, elle n'est pas une entité distincte de ces mouvements, qui se cacherait en quelque sorte « derrière » chacun d'eux, mais elle s'identifie avec ces mouvements eux-mêmes, ou plus exactement avec la *matrice* de tous ces mouvements, à savoir le mouvement qui se meut soi-même *en tant que tel*.

Si l'âme est un pur mouvement, en quel sens peut-on dire qu'elle se divise en parties ? Afin de répondre à cette question, il convient d'examiner attentivement l'argumentation du livre IV de la *République* où Socrate établit la tripartition de l'âme[17].

Remarquons tout d'abord que le terme μέρος apparaît à la fois très rarement et très tardivement dans ce passage : on n'en trouve que trois occurrences en ce sens dans le livre IV[18], et il réapparaît en revanche plusieurs fois dans le livre IX[19]. De préférence à μέρος, c'est le terme εἶδος qui est beaucoup plus fréquemment utilisé dans le livre IV pour désigner les parties de l'âme[20]. Ce terme est intéressant, car il correspond au terme γένος, utilisé quant à lui pour désigner les trois catégories d'hommes que l'on peut distinguer dans la cité idéale. Cette correspondance, exigée par l'analogie entre la cité et l'âme, est clairement indiquée dès la position du problème et elle est répétée dans la suite du texte[21]. D'ailleurs, le terme γένος se substitue parfois à celui d'εἶδος pour désigner les parties de l'âme elles-mêmes[22], tandis qu'εἶδος remplace parfois γένος dans le cas de la cité[23].

15. *Leg*. X, 896B1.

16. *Ibid.*, 897A1-4. Ce texte devrait suffire à montrer combien les arguments d'Aristote contre la mobilité de l'âme en *De anima* I 3, ne sont nullement décisifs contre la position de Platon, le mouvement attribué à l'âme par ce dernier n'appartenant à aucune des espèces de mouvements reconnues par Aristote. Certes, dans le *Timée*, le mouvement de l'intelligence est représenté par un mouvement circulaire ; mais précisément, l'Athénien des *Lois* dit explicitement qu'il s'agit seulement là de l'*image* (εἰκόνα) du mouvement de l'intelligence (*cf. ibid.*, 897E1 ; sur le sens de cette image, voir E.N. Lee, « Reason and rotation : Circular movement as the model of mind (νοῦς) in later Plato », *in* W.H. Werkmeister (ed.), *Facets of Plato's Thought*, Assen-Amsterdam, van Gorcum, 1976, pp. 70-102). Or on sait que tout le discours du *Timée* est présenté comme une image (εἰκὼς λόγος, εἰκὼς μῦθος).

17. *Cf.* Plat. *Resp.* IV, 434D1 *sqq.*

18. *Cf. ibid.*, 442B10 ; 442C4 ; 444B3.

19. *Cf. ibid.* IX, 577D4 ; 581A6 ; 586E5.

20. *Cf. ibid.* IV, 435C1 ; C5 ; E1 ; 439 E1 ; E6 ; E7 ; voir également VI, 504A4 ; X, 595B1.

21. *Cf. ibid.* IV, 435B4-C3, et respectivement 440E6-441A4.

22. *Cf. ibid.*, 441C6 ; 443D3.

23. *Cf.*, par exemple, *ibid.*, 435E1 ; IX, 580D2.

Or dans la cité, le terme γένος désigne un ensemble d'hommes – ou plus exactement de « natures » (φύσεων)[24] d'hommes –, regroupés selon leurs traits caractéristiques – leurs πάθη et leurs ἕξεις, dit Socrate[25] –, et formant une « classe » qui, parce qu'elle ne comprend qu'une partie des citoyens, peut également être nommée une « partie » de la cité[26]. Les parties de la cité sont donc des *genres* regroupant chacun une multiplicité d'individus, multiplicité d'ailleurs variable selon les genres considérés. En vertu de l'analogie entre la cité et l'âme, les εἴδη de l'âme devraient dès lors eux aussi être considérés non comme des entités individuelles, mais comme des *espèces* regroupant chacune une multiplicité. Car l'âme n'est pas une entité figée et monolithique : elle est un mouvement qui se meut soi-même, et qui se manifeste d'emblée sous la forme d'une multiplicité de mouvements différents. C'est cette multiplicité de mouvements psychiques qu'il s'agit de rassembler au sein de trois espèces distinctes.

Cependant, les parties de l'âme ne sont pas identifiées à la simple somme des mouvements appartenant aux espèces en question, mais bien plutôt aux *principes* de ces mouvements. Cela apparaît clairement lorsque Socrate pose le problème en demandant si c'est par l'âme tout entière (ὅλῃ τῇ ψυχῇ) que nous accomplissons chacune de nos actions, « à chaque fois qu'un élan nous entraîne » (ὅταν ὁρμήσωμεν), ou si c'est par trois « parties » différentes que nous apprenons (μανθάνομεν), que nous avons de l'ardeur (θυμούμεθα) et que nous désirons les plaisirs liés à la nourriture et à la génération, ainsi que tous ceux qui en sont frères (ἐπιθυμοῦμεν ... τῶν περὶ τὴν τροφήν τε καὶ γέννησιν ἡδονῶν καὶ ὅσα τούτων ἀδελφά)[27]. Les parties de l'âme sont donc destinées à expliquer les différents élans (ὁρμαί) qui sont en nous, chaque partie ayant ses propres désirs (ἐπιθυμίαι) – ceux de la partie nommée τὸ ἐπιθυμητικόν ne constituant qu'une espèce de désirs parmi d'autres – et pouvant dès lors être considérée comme une ἀρχή, c'est-à-dire comme un principe d'action, et donc de mouvement[28]. Il n'y a toutefois aucune raison de comprendre de tels principes comme des entités qui se cacheraient « derrière » les mouvements qu'ils suscitent, sortes de moteurs qui demeureraient quant à eux immobiles, car si l'âme est un mouvement, rien en elle ne peut être immobile ; ils sont bien plutôt principes de mouvement au sens de l'âme elle-même, c'est-à-dire en tant que *mouvements* qui se meuvent eux-mêmes. En d'autres termes, tout comme l'âme dans sa totalité, ses parties sont des mouvements automoteurs qui peuvent être considérés comme les matrices de mouvements psychiques ; mais simplement, alors que l'âme elle-même joue ce rôle à l'égard de *tous* les mouvements psychiques, chacune de ses parties est liée à une partie seulement de ces mouvements, regroupés au sein d'une espèce unique en raison de

24. *Cf. ibid.*, 435B5.
25. *Cf. ibid.*, 435B7.
26. *Cf. ibid.*, 428E7 ; 429B2 ; B8 ; 431E10.
27. *Cf. ibid.*, 436A8-B3.
28. *Cf. ibid.* IX, 580D6-7.

l'identité de leur structure, celle-ci correspondant précisément au principe à l'œuvre en chacun d'eux. Dans ce cas, ne pourrait-on pas considérer ces parties comme étant elles-mêmes des âmes à part entière, de sorte que les espèces *de l'âme* seraient en même temps des espèces *d'âmes* ? Aussi étrange qu'elle puisse paraître, cette conséquence semble bel et bien reconnue et acceptée par Platon, qui, dans le *Timée*, n'hésite pas à désigner les parties de l'âme, non pas seulement comme des espèces *dans* l'âme (εἴδη ἐν ψυχῇ), comme c'était généralement le cas dans la *République*, mais comme des « espèces d'âme » (εἶδος ... ψυχῆς)[29].

Je ne m'attarderai pas ici sur la démonstration platonicienne de la tripartition de l'âme en τὸ ἐπιθυμητικόν, τὸ θυμοειδές et τὸ λογιστικόν. Comme on le sait, elle consiste à mettre au jour la possibilité de conflits entre des tendances opposées au sein de l'âme. Ce qui m'intéresse particulièrement dans le contexte actuel est le principe sur lequel s'appuie cette démonstration. Socrate énonce ce principe de la manière suivante :

> Il est évident que la même chose ne consentira pas à faire ou à subir en même temps des contraires, en tout cas pas selon le même rapport et relativement à la même chose (δῆλον ὅτι ταὐτὸν τἀναντία ποιεῖν ἢ πάσχειν κατὰ ταὐτόν γε καὶ πρὸς ταὐτὸν οὐκ ἐθελήσει ἅμα) ; de sorte que si nous trouvons en quelque manière que cela se produit en eux [à savoir en ce par quoi nous apprenons, ce par quoi nous avons de l'ardeur et ce par quoi nous désirons les plaisirs liés à la nourriture et à la génération], nous saurons qu'ils ne sont pas un même principe, mais plusieurs[30].

Comme on l'a souvent remarqué, il s'agit ici d'une version du principe de contradiction, bien que les différences entre sa formulation et celles d'Aristote ait conduit certains interprètes à refuser cette identification[31]. Sans entrer dans les détails, insistons sur la présence de la restriction πρὸς ταὐτόν, qui ne se trouve généralement pas dans les formulations aristotéliciennes[32]. En effet, cette insistance sur le fait que c'est « relativement à la même chose » que la même chose ne peut en même temps faire ou subir des contraires est tout à fait essentielle pour notre propos, car elle implique que les parties de l'âme sont ensuite distinguées en fonction de leur attitude relativement

29. Plat. *Tim.* 69C7 ; *cf.* 77B3-4 : τοῦ τρίτου ψυχῆς εἴδους ; 89E4 : ψυχῆς εἴδη ; voir déjà *Resp.* X, 595B1 : τὰ ψυχῆς εἴδη.

30. *Resp.* IV, 436B9-C2.

31. Voir par exemple R. Robinson, « Plato's separation of reason from desire », *Phronesis*, 16, 1971, pp. 38-48, spéc. pp. 38-40 ; J. Moline, « Plato on the complexity of the psyche », *Archiv für Geschichte der Philosophie*, 60, 1978, pp. 1-26, spéc. p. 3, n. 8 ; T. Irwin, *Plato's Ethics*, Oxford, Oxford University Press, 1995, p. 381, n. 4. *Cf.* aussi G. Santas, *Goodness and Justice. Plato, Aristotle, and the Moderns*, Oxford, Blackwell, 2001, p. 160, n. 12, qui est plus nuancé. Pour une défense de l'identité entre ce principe et celui de contradiction, *cf.* S. Maceri, « On the law of contradiction in *Republic*, 436 b - 437 a », *Platon*, 46, 1994, pp. 135-138.

32. Elle apparaît toutefois en Aristot. *Soph. el.* 5, 167a26.

à *un seul et même objet*. Cela suppose donc que les différentes parties de l'âme puissent entrer en contact avec le même objet : afin de distinguer différentes parties en l'âme, nous devons repérer en elle des tendances contraires qui coexistent en même temps, sous le même rapport et relativement au même objet. Nous allons voir que cette simple possibilité suffit à distinguer les parties de l'âme des facultés chez Platon.

III

L'étude des facultés intervient dans un tout autre contexte, à savoir la distinction entre philodoxe et philosophe effectuée à la fin du livre V de la *République*[33]. Afin d'établir cette distinction, Socrate cherche à montrer qu'opinion (δόξα) et connaissance (γνῶσις, ἐπιστήμη) sont deux δυνάμεις qui portent sur des objets différents. Il commence par énoncer une définition générale de la δύναμις, terme qu'il vaut mieux ici traduire par « capacité », étant donné l'extension extrêmement large que lui confère Socrate : « Nous affirmerons que les capacités sont un certain genre d'êtres, par lesquelles nous en particulier pouvons ce que nous pouvons et toute autre chose peut ce que précisément elle peut » (φήσομεν δυνάμεις εἶναι γένος τι τῶν ὄντων, αἷς δὴ καὶ ἡμεῖς δυνάμεθα ἃ δυνάμεθα καὶ ἄλλο πᾶν ὅτιπερ ἂν δύνηται)[34]. Ainsi, la δόξα est une capacité, puisqu'elle n'est rien d'autre que « ce par quoi nous pouvons avoir une opinion » (ᾧ ... δοξάζειν δυνάμεθα)[35]. De même, la connaissance est une capacité[36], à savoir celle par laquelle nous pouvons « connaître comment se comporte ce qui est » (τὸ ὂν γνῶναι ὡς ἔχει)[37]. Dans la mesure où connaissance et opinion sont des δυνάμεις d'ordre cognitif, il semble permis d'adopter dans leur cas la traduction traditionnelle de ce terme par « facultés ».

Socrate énonce ensuite un critère permettant de distinguer les capacités en général :

> Dans une capacité, moi, je ne vois ni une quelconque couleur, ni une quelconque figure, ni aucune autre qualité de ce genre, comme c'est le cas pour de nombreuses autres choses, qualités relativement auxquelles, en tournant mon regard vers elles, je distingue certaines choses pour moi-même en disant qu'elles sont différentes les unes des autres. Dans une capacité, je tourne mon regard vers ceci seulement (εἰς ἐκεῖνο μόνον) : sur quoi elle porte et ce qu'elle accomplit (ἐφ' ᾧ τε ἔστι καὶ ὃ ἀπεργάζεται), et c'est pour cela que j'appelle chacune d'entre elles une capacité, et celle qui est assignée à la même chose (ἐπὶ τῷ αὐτῷ τεταγμένην) et accomplit la même chose, je l'appelle la mê-

33. *Cf. Resp.* V, 475D1-480A13.
34. *Ibid.*, 477C1-2.
35. *Ibid.*, 477E3.
36. *Cf. ibid.*, 477D8-E1.
37. *Ibid.*, 478A7.

me, tandis que celle qui est assignée à autre chose et accomplit autre chose, je l'appelle autre[38].

Socrate ne semble pas envisager « ce sur quoi elle porte » et « ce qu'elle accomplit » comme deux critères distincts, sans quoi il oublierait de mentionner deux cas, à savoir celui où deux δυνάμεις accompliraient des choses différentes relativement au même objet, et celui où deux δυνάμεις accompliraient la même chose relativement à des objets différents. Or l'exclusion de ces deux possibilités est cruciale pour la validité du raisonnement qui suit, qui va établir que la δόξα et la connaissance, *parce qu'elles accomplissent des choses différentes* – seule la seconde étant infaillible (ἀναμάρτητον)[39] –, ont nécessairement des objets différents. Il faut donc interpréter ces deux aspects comme les deux versants inséparables d'un seul et même critère, c'est-à-dire non pas nécessairement comme impliquant une *identité* entre ce qu'accomplit une capacité et son objet[40], mais du moins de telle manière qu'une capacité ne puisse accomplir ce qu'elle accomplit que parce qu'elle porte sur tel objet, et qu'elle ne puisse porter sur cet objet que parce qu'elle accomplit ce qu'elle accomplit[41].

Dans ces conditions, par « objet d'une faculté », il faut manifestement entendre l'objet *intentionnel* de cette faculté, c'est-à-dire l'objet tel qu'il est *visé* et *saisi* par la faculté en question. Par définition, la connaissance ne peut saisir que le connaissable (identifié dans ce texte à l'être), tandis que l'opinion porte sur l'opinable (correspondant à un intermédiaire entre l'être et le non-être). C'est pourquoi la liaison entre une faculté et son objet est nécessairement exclusive et biunivoque : chaque faculté a un et un seul (type d') objet, et chaque (type d') objet ne peut être saisi que par une et une seule faculté. Ce principe de distinction entre les facultés est donc incompatible avec

38. *Ibid.*, 477C6-D5.

39. *Cf. ibid.*, 477E7.

40. Comme l'écrit J. Hintikka, « Knowledge and its objects in Plato », *in* J.M.E. Moravcsik (ed.), *Patterns in Plato's Thought*, Dordrecht-Boston, Reidel, 1973, pp. 1-31, spéc. pp. 12-16, dont la position est critiquée par G. Santas, « Hintikka on Knowledge and its objects in Plato », *ibid.*, pp. 31-51, spéc. pp. 36-42.

41. Voir notamment G. Santas, « Hintikka on Knowledge and its objects in Plato », *op. cit.*, pp. 44-45 ; J. Annas, *An Introduction to Plato's* Republic, Oxford, Clarendon Press, 1981, p. 202 ; N. Cooper, « Between knowledge and ignorance », *Phronesis*, 31, 1986, pp. 229-242, spéc. p. 231 ; L.P. Gerson, *Knowing Persons. A Study in Plato*, Oxford, Oxford University Press, 2003, pp. 155-156 ; T.A. Szlezák, *Die Idee des Guten in Platons* Politeia. *Beobachtungen zu den mittleren Büchern*, Sankt Augustin, Academia, 2003, p. 59. Comme le remarque N. Cooper, *op. cit.*, – à la suite de J. Hintikka, « Knowledge and its objects in Plato », *op. cit.*, p. 15 –, le groupe εἰς ἐκεῖνο μόνον, en 477D1-2, suggère déjà que les « deux » critères n'en font qu'un. Le fait qu'ils soient reliés par τε ... καί peut d'ailleurs également plaider en ce sens, puisque dans les cas de ce genre, « le second membre sert souvent à expliquer le premier » (*cf.* R. Kühner und B. Gerth, *Ausführliche Grammatik der Griechischen Sprache*, T. 2, Bd. 2 : *Satzlehre*, Hannover-Leipzig, Hahn, 1904, p. 249).

celui qui a permis de distinguer les parties de l'âme, qui supposait au contraire que différentes parties puissent entrer en relation avec le *même* objet (πρὸς ταὐτόν). Cela suffit à montrer que pour Platon, ces deux notions sont tout à fait différentes et indépendantes l'une de l'autre.

IV

Est-il toutefois possible de les mettre en rapport ? Par exemple, chaque faculté est-elle nécessairement assignée à une et une seule partie de l'âme ? Le *Théétète* nous apprend que la δόξα, à la différence de la sensation, n'a pas d'« organe » corporel, mais est le fait de « l'âme elle-même par elle-même » (αὐτὴ δι' αὑτῆς ἡ ψυχή)[42]. Autrement dit, l'âme est à elle-même son propre « organe » relativement à la δόξα – et il doit bien entendu en aller de même relativement à la connaissance. Mais cet « organe » est-il l'âme dans sa totalité, ou seulement certaines de ses « parties » ? Bien que cette question ne soit jamais abordée directement par Platon, on peut en inférer la réponse de ce qui est dit en plusieurs endroits de la *République*.

Commençons par la δόξα. Manifestement, Platon ne confine pas celle-ci à une seule partie de l'âme : selon la *République*, les trois parties peuvent avoir des δόξαι[43]. Cela apparaît dès le livre IV, où Socrate définit la modération (σωφροσύνη) dans l'âme par le fait que les trois parties y sont de la même opinion (ὁμοδοξῶσι) relativement au fait que c'est le λογιστικόν qui doit diriger[44] : pour pouvoir être de la même opinion, il faut d'abord que chacune soit capable d'avoir une opinion. D'ailleurs, le simple fait que cet accord doit résulter de la persuasion des parties inférieures par la partie supérieure suppose que les premières puissent avoir des δόξαι – correctes ou non. Mais le passage le plus significatif pour notre propos se trouve dans le livre X[45].

42. Plat. *Theaet.* 185E1.

43. Sur ce point, voir surtout J. Moline, *op. cit.*, pp. 11-12. La position de Moline est critiquée notamment par L.P. Gerson, *op. cit.*, pp. 107-108, qui toutefois ne tient pas compte du texte du livre X analysé plus loin (L.P. Gerson, *op. cit.*, p. 127, n. 46, cherche à contourner la difficulté d'une manière qui me paraît entrer en contradiction tant avec le texte de ce passage qu'avec le principe de la division de l'âme du livre IV). Il est vrai qu'en *Tim.* 77B5, l'ἐπιθυμητικόν est dit ᾧ δόξης μὲν λογισμοῦ τε καὶ νοῦ μέτεστιν τὸ μηδέν, ce qui semble signifier qu'il ne peut avoir de δόξα ; mais rien ne paraît empêcher de rapporter λογισμοῦ à δόξης et de comprendre que l'ἐπιθυμητικόν ne participe pas à la δόξα *du raisonnement*, bref au type de δόξα propre au λογιστικόν, ce qui permettrait de ne pas voir de contradiction entre ce passage et la *République*, dialogue qui attribue quant à lui très clairement la δόξα à toutes les parties de l'âme, y compris l'ἐπιθυμητικόν. Précisons par ailleurs que ce passage du *Timée* concerne les plantes, et qu'il ne semble dès lors pas interdit de comprendre que l'ἐπιθυμητικόν *des plantes* ne peut avoir de δόξα, sans que cela soit nécessairement le cas de celui des êtres humains.

44. *Cf. Resp.* IV, 442C9-D2.

45. *Cf. ibid.* X, 602C7-603A8.

Ce passage traite des illusions perceptives. La même grandeur, remarque Socrate, ne nous paraît pas égale selon qu'elle est vue de près ou de loin ; et la situation est à peu près semblable avec les choses qui, selon qu'on les regarde dans l'eau ou hors de l'eau, nous paraissent courbées, droites, creuses ou bombées. Contre ce risque, nous disposons d'un secours précieux, à savoir le fait de mesurer, de compter et de peser (τὸ μετρεῖν καὶ ἀριθμεῖν καὶ ἱστάναι), qui permettent que ce qui dirige en nous (ἄρχειν ἐν ἡμῖν) ne soit pas la grandeur, la petitesse, la quantité ou le poids qui apparaissent (τὸ φαινόμενον μεῖζον ἢ ἔλαττον ἢ πλέον ἢ βαρύτερον), mais ce qui calcule, mesure ou pèse (τὸ λογισάμενον καὶ μετρῆσαν ἢ καὶ στῆσαν)[46]. Or de telles activités sont la fonction (ἔργον) du λογιστικόν[47]. « Et pourtant, il arrive bien souvent à celui qui a mesuré et signifié qu'une chose est plus grande ou plus petite qu'une autre, ou qu'elles sont égales, que le contraire lui apparaisse en même temps au sujet de ces mêmes choses »[48]. Or, rappelle Socrate, nous avons dit (dans le livre IV) que « il est impossible à la même chose d'avoir en même temps des opinions contraires relativement à la même chose » (τῷ αὐτῷ ἅμα περὶ ταὐτὰ ἐναντία δοξάζειν ἀδύνατον εἶναι)[49]. C'est donc que « la partie de l'âme qui opine contre la mesure n'est pas la même que celle qui opine conformément à la mesure » (τὸ παρὰ τὰ μέτρα ἄρα δοξάζον τῆς ψυχῆς τῷ κατὰ οὐκ ἂν εἴη ταὐτόν)[50]. Or celle qui se fie à la mesure et au calcul doit être la meilleure partie de l'âme (βέλτιστον ... τῆς ψυχῆς) – à savoir le λογιστικόν, comme Socrate vient de le dire –, tandis que celle qui s'y oppose doit appartenir à ce qui est de moins bonne qualité en nous (τῶν φαύλων ... τι ... ἐν ἡμῖν)[51] – c'est-à-dire, très probablement, à l'ἐπιθυμητικόν[52].

Aucune partie de l'âme n'est donc en propre l'« organe » de la δόξα. La situation est différente dans le cas de la connaissance, qui ne peut quant à elle être le fait que du λογιστικόν. Cela ressort clairement du texte de la *République*, qui désigne le sujet de la connaissance au moyen de différentes expressions – « la partie de l'âme à laquelle il appartient de s'attacher » à l'objet de connaissance, et qui en ce sens lui est « apparentée » (ᾧ προσήκει ψυχῆς ἐφάπτεσθαι τοῦ τοιούτου, προσήκει δὲ συγγενεῖ)[53],

46. *Cf. ibid.*, 602D6-10.
47. *Cf. ibid.*, 602E1-3.
48. *Ibid.*, 602E4-6.
49. *Ibid.*, 602E 8-9.
50. *Ibid.*, 603A1-2.
51. *Cf. ibid.*, 603A4-8.
52. Remarquons que ce passage permet de répondre à l'objection formulée par Aristote dans le *De anima* (III 3, 428b2-9) à l'encontre du lien établi par Platon entre φαντασία et δόξα, à savoir que le soleil continue à nous apparaître avec une grandeur d'un pied même si nous savons par ailleurs qu'il est plus grand que la terre habitée. Pour Platon, cela n'implique pas que la φαντασία ne contienne pas une δόξα, car il est tout à fait possible que deux δόξαι contraires relatives au même objet cohabitent en nous ; simplement, il faut les attribuer à deux parties de l'âme différentes.
53. *Resp.* V, 490B3-4.

« quelque chose de plus divin que tout », à quoi appartient « la vertu de penser » (ἡ [ἀρετή] δὲ τοῦ φρονῆσαι παντός ... θειοτέρου τινὸς τυγχάνει)[54] ; « ce qui en l'âme est par nature apte à penser » (τὸ φύσει φρόνιμον ἐν τῇ ψυχῇ)[55], ou tout simplement « ce qui pense » (τὸ φρόνιμον)[56] ; « ce qu'il y a de meilleur dans l'âme » (τὸ βέλτιστον ἐν ψυχῇ)[57] ; « ce qu'il y a d'éclatant dans l'âme » (ἡ τῆς ψυχῆς αὐγή)[58] – dont la suite montre sans équivoque possible qu'elles désignent toutes le λογιστικόν[59]. Mais il faut insister sur le fait que le λογιστικόν *ne s'identifie pas* à cette faculté qu'est la connaissance : il n'en est que l'organe (τὸ ὄργανον ᾧ καταμανθάνει ἕκαστος)[60], correspondant à « l'œil de l'âme » (τὸ τῆς ψυχῆς ὄμμα)[61]. Or à la différence de l'œil du corps, qui a pour unique faculté la vue et qui, lorsqu'il se tourne vers ce qui est plongé dans l'obscurité, ne saisit tout simplement aucun objet, la partie rationnelle de l'âme a au moins deux facultés, puisque nous venons de voir que la δόξα lui appartient tout autant qu'aux autres parties ; c'est pourquoi, lorsqu'elle se tourne non pas vers ces objets de connaissance que sont les Idées, mais vers le sensible, elle ne connaît pas, mais opine[62]. Par lui-même, le λογιστικόν n'est donc pas nécessairement dirigé vers l'intelligible. C'est le rôle de l'éducation d'opérer le retournement (περιαγωγή) de cet organe par lequel nous pouvons apprendre pour l'orienter vers ce qui est vraiment, retournement qui n'est possible que s'il est accompagné d'un retournement de l'âme tout entière, la débarrassant de ces « charges de plomb » que sont les plaisirs corporels en tout genre, qui la tirent constamment vers le bas[63].

On voit ainsi qu'il n'existe aucune correspondance stricte entre parties de l'âme et facultés[64] : non seulement une même faculté peut appartenir à différentes parties de

54. *Ibid.* VII, 518E1.
55. *Ibid.*, 530C2.
56. *Ibid.* IX, 586D7.
57. *Ibid.* VII, 532C6.
58. *Ibid.*, 540A7.
59. *Cf. ibid.* IX, 571D7-572E9 ; 589D1 ; D7 ; E4 ; 590C2 ; D1 ; D4 ; 591A1 ; B4 ; X, 603A4 ; 604D4 ; 605A10 ; 606A7.
60. *Cf. ibid.* VII, 518C5-6 ; X527D8 : ἑκάστου ὄργανόν τι ψυχῆς.
61. *Ibid.*, 533 D1-2.
62. *Cf. ibid.* VI, 508C4-D9.
63. *Cf. ibid.* VII, 518C4-519B6. Cette distinction entre le λογιστικόν comme organe et la connaissance comme faculté de cet organe a une conséquence fondamentale, à savoir la nécessité de distinguer entre le λογιστικόν et l'intelligence (νοῦς, νόησις). En effet, Socrate dit clairement que cette dernière n'apparaît que lorsque le λογιστικόν se dirige vers l'intelligible et donc connaît au sens propre du terme, tandis que lorsqu'il se contente d'émettre des opinions, elle demeure absente (*cf. Resp.* VI, 508D3-9). Contrairement à une idée répandue, l'intelligence ne peut être identifiée au λογιστικόν, dont elle n'est qu'un usage possible parmi d'autres.
64. Contrairement à ce qu'écrit notamment A. Graeser, *Probleme der platonischen Seelenteilungslehre*, Munich, Beck, 1969, pp. 21-22, qui établit une correspondance entre le λογιστικόν et la connaissance, le θυμοειδές et la δόξα, et l'ἐπιθυμητικόν et l'ignorance.

l'âme, mais chaque partie peut avoir plusieurs facultés. Comment et pourquoi Aristote a-t-il été amené à opérer quant à lui cette identification ? C'est ce qu'il nous reste à examiner.

V

Il me semble que la raison de cette identification est à chercher dans la définition de l'âme proposée par Aristote, très différente de celle de Platon. En effet, en définissant l'âme comme « l'entéléchie première d'un corps naturel possédant la vie en puissance », c'est-à-dire « d'un corps organisé »[65], Aristote remplace l'idée platonicienne d'un *mouvement automoteur* par celle d'un *acte* qui *accomplit* un certain type de corps et est le principe de certaines *fonctions*, à savoir toutes les fonctions liées à la vie. En ce sens, on pourrait dire que l'âme n'est rien d'autre que la fonction vitale en tant que telle, fonction qui peut se manifester selon différentes activités en vertu desquelles nous qualifions l'être qui les effectue de « vivant ». Dans ces conditions, quel sens peut encore avoir l'expression « partie de l'âme » ? Elle ne peut désigner qu'un certain *type* d'activités vitales, ou plus exactement la *puissance* (δύναμις) d'accomplir un certain type d'activités – bref, précisément ce que la tradition a nommé une « faculté de l'âme ». Tout comme c'était le cas chez Platon, les « parties de l'âme » sont en définitive des « espèces d'âmes » pour Aristote – expression qu'Aristote accepte et utilise, en précisant toutefois qu'il ne faut pas la prendre au sens où elle désignerait des espèces d'un genre qui aurait une quelconque existence ou même une quelconque détermination en dehors de ses espèces, mais au sens où les différentes figures géométriques peuvent être dites des espèces de figures, bien qu'il n'y ait aucune notion (λόγος) de figure en dehors de celles des figures particulières[66] – ; mais dans la mesure où les définitions de l'âme sont différentes chez l'un et chez l'autre, la signification de ces espèces diffère également : chez Platon, les espèces d'âmes sont des espèces de mouvements automoteurs et sont principes de certains mouvements, tandis que chez Aristote, elles sont des espèces d'entéléchies premières et sont principes de certaines activités. Dès lors, la notion de partie de l'âme en vient nécessairement à s'identifier à celle de faculté chez Aristote, ce qui n'était pas le cas chez Platon[67]. C'est ce qui explique par exemple que, dès le premier chapitre du *De anima*, Aristote se demande s'il faut examiner en premier lieu les parties (τὰ μόρια) ou leurs actes (τὰ ἔργα)[68], ce qui montre que dans son esprit, le terme μόριον appliqué à l'âme est synonyme du terme δύναμις.

65. *Cf. De an.* II 1, 412a27-28 ; b5-6.

66. *Cf. ibid.* 3, 414b19-25 ; comparer Aristot. *Metaph.* B 3, 999a6-10.

67. C'est pourquoi, chez Aristote, le νοῦς se voit explicitement désigné comme une *partie* (μορίον) de l'âme (comparer *De an.* III 4, 429a10-11 et 23), contrairement à ce qui se passe chez Platon (comme on l'a déjà remarqué).

68. *Cf. ibid.* I 1, 402b11-12.

On sait comment Aristote répondra à cette question dans le livre II : non seulement les actes doivent être étudiés avant les parties ou puissances, mais les objets (τὰ ἀντικείμενα) de ces actes doivent l'être encore antérieurement[69]. Par « objet » d'un acte, et donc de la faculté correspondante, Aristote entend très clairement lui aussi non pas la « chose indépendante », mais l'objet *visé* par cet acte *tel qu'il est visé*, bref son objet intentionnel. Car bien entendu, une même « chose indépendante » peut être perçue par la vue ou par l'ouïe, désirée, mangée ou même pensée ; et pourtant, chacune des facultés correspondantes a un objet différent, à savoir respectivement le visible, l'audible, le désirable, l'aliment et l'intelligible. Bien plus, Aristote affirme très clairement, dans un passage de l'*Éthique à Nicomaque*[70], la nécessaire corrélation biunivoque entre une faculté et son objet – sinon qu'il l'énonce, d'une manière particulièrement intéressante pour notre propos, comme une corrélation entre une *partie* de l'âme et son objet, ce qui l'amène à subdiviser la partie rationnelle en une sous-partie grâce à laquelle nous connaissons le nécessaire et une autre grâce à laquelle nous connaissons le contingent : « quand, en effet, les objets sont autres par le genre (πρός ... τὰ τῷ γένει ἕτερα), celle des parties de l'âme qui est naturellement adaptée à chacun (τῶν τῆς ψυχῆς μορίων ... τὸ πρὸς ἑκάτερον πεφυκός) doit également être autre par le genre, s'il est vrai que c'est sur une certaine ressemblance et affinité (ὁμοιότητά τινα καὶ οἰκειότητα) entre le sujet et l'objet que la connaissance repose »[71]. Le principe qui était selon Platon celui de la relation entre une faculté et son objet est ici appliqué à la relation entre une *partie de l'âme* et son objet, alors que la distinction platonicienne entre les parties de l'âme reposait sur un principe exactement opposé, à savoir la possibilité pour deux parties différentes d'entrer en relation avec un même objet.

69. *Cf. ibid*. II 4, 415a14-23.

70. Le fait de faire appel à l'*Éthique à Nicomaque*, qui admet une division de l'âme différente de celle du *De anima*, me paraît légitime tant qu'il s'agit d'étudier, comme c'est le cas ici, la simple *notion* de partie de l'âme ou de faculté sur base de laquelle ces divisions sont effectuées, notion qui me semble demeurer identique dans les deux cas, comme en atteste le fait que ces deux expressions sont utilisées de manière interchangeable aussi bien dans le *De anima* que dans l'*Éthique*.

71. *Eth. Nic*. VI 2, 1139a8-11 (tr. fr. par J. Tricot, *in* Aristote, *Éthique à Nicomaque*, traduction et notes, Paris, Vrin, 1990). Selon J.E. Whiting, « Locomotive soul : the parts of soul in Aristotle's scientific works », *op. cit*., p. 185, ce passage, couplé à *De an*. III 10, 433b5-13, qui selon elle identifierait les objets du désir aux objets de la pensée pratique et de l'imagination, impliquerait que τὸ ὀρεκτικόν, τὸ φανταστικόν et le νοῦς pratique appartiennent à la même partie de l'âme, puisque les *mêmes* objets pourraient être à la fois désirés et pensés pratiquement ou imaginés. Selon ce raisonnement, toutefois, il devrait en aller de même pour τὸ αἰσθητικόν, car il est clair que ce qui est désiré peut bien souvent être également senti. Mais le problème vient du fait que, par « objet », Whiting entend manifestement ici « chose indépendante », et non « objet intentionnel », contrairement à Aristote. Du point de vue de ce dernier, on ne peut certainement pas dire que ce qui est désiré, ce qui est pensé pratiquement et ce qui est imaginé sont « le même objet », même s'ils concernent tous « la même chose ».

Or, c'était en se fondant sur ce principe que Platon rendait compte des conflits pouvant surgir au sein de l'âme de chaque homme, parce que les différentes parties de l'âme pouvaient avoir des désirs et donc susciter des mouvements opposés les uns aux autres. Au contraire, pour Aristote, dans la mesure même où le désir (ὄρεξις) est une certaine puissance ou une faculté (δύναμις) de l'âme, à savoir celle qui est principe de mouvement (local)[72], il constitue une partie de l'âme (rationnellement) distincte de toutes les autres, au seul sens de cette expression envisageable par Aristote, et qu'il nomme τὸ ὀρεκτικόν ; et celui-ci doit nécessairement porter sur un et un seul objet, à savoir le désirable (τὸ ὀρεκτικόν) en tant que tel, qui est le seul principe moteur[73]. L'unité *spécifique* (εἴδει) du désir n'empêche toutefois nullement la diversité de désirs numériquement distincts, ni même de différents *types* de désirs (ἐπιθυμία, θυμός et βούλησις)[74], pas plus que l'unité spécifique de son objet n'empêche la multiplicité numérique (ἀριθμῷ) des objets de désir, ce qui permet de rendre compte de la possibilité de conflits[75]. Mais il s'agit toujours de conflits *internes* à la partie désirante, dans la mesure où elle seule est, par définition, habilitée à désirer.

Dès lors, Aristote supprime de cette manière la possibilité que la raison – qu'il appelle la partie intellectuelle (διανοητικόν), voire l'intelligence (νοῦς) elle-même – soit *intrinsèquement* constituée par le désir. Certes, nous pouvons avoir un désir rationnel : c'est précisément ce qu'Aristote appelle la βούλησις. Mais celle-ci est bien une *espèce de désir*, et en tant que telle, elle relève de la partie désirante de l'âme et non de la partie intellectuelle. Car si Aristote admet que l'intelligence puisse elle aussi être d'une certaine manière principe de mouvement, il précise qu'il s'agit alors de l'intelligence pratique (πρακτικός), qui se distingue de l'intelligence théorique (θεωρητικός) par sa fin[76], et que dans ce cas, l'intelligence intervient seulement dans la *détermination* de l'objet du désir, mais n'est pas motrice par elle-même[77]. L'assimilation des parties de l'âme et des facultés, en ce qu'elle entraîne la sépara-

72. *Cf. De an.* III 10, 433a30-31.
73. *Cf. ibid.*, 433a21.
74. *Cf. ibid.* II 3, 414b2.
75. *Cf. ibid.* III 10, 433b10-14.
76. Comme me l'a fait remarquer C. Natali, il serait sans doute excessif d'en conclure que l'intelligence ou la science théorique ne jouent aucun rôle dans la détermination de l'objet du désir : dans d'autres textes, notamment *Éthique à Nicomaque* VII 5, Aristote semble au contraire admettre que le syllogisme pratique puisse comporter des prémisses théoriques. Reste que celles-ci ont trait à la *détermination* de l'objet du désir, mais ne sont pas suffisantes par elles-mêmes pour susciter le mouvement : une prémisse universelle comme « les aliments secs sont bons pour tout homme » (*Eth. Nic.* VII 5, 1147a5-6) ne fait qu'attribuer à un objet déterminé le prédicat « bon (pour tout homme) », qui a ici le sens de « désirable (pour tout homme) » ; elle ne peut donc initier le mouvement que si le désir est déjà présupposé.
77. *Cf. De an.* III 10, 433a9-31.

tion du désir et de la pensée dans deux parties différentes de l'âme, participe donc au mouvement général de la philosophie aristotélicienne visant à séparer le domaine pratique du domaine théorique, que Platon cherchait au contraire à penser *ensemble* – la partie rationnelle de l'âme étant selon ce dernier *intrinsèquement* constituée par un certain type de désir qui, déployé dans sa pleine puissance, n'est autre que la philosophie.

ARISTOTE ET XÉNOCRATE DANS LE PREMIER LIVRE DU *DE ANIMA*

CRISTINA ROSSITTO

I

Les références certaines aux doctrines de Xénocrate, contenues dans le premier livre du *De anima*, sont fondamentalement deux. Il s'agit dans tous les deux cas de citations de la doctrine de l'âme comme « nombre qui se meut de lui-même » (ἀριθμὸν κινοῦνθ' ἑαυτόν), qui sont reconnues comme des véritables fragments[1]. Dans la première de celles-ci, Aristote se limite à faire allusion à cette doctrine, en rappelant que

> puisque l'âme semblait à certains êtres à la fois motrice et douée de connaissance, ainsi ont-ils constitué l'âme à l'aide de ces deux propriétés, disant que l'âme est un nombre qui se meut de lui-même[2].

Dans la deuxième, au contraire, il argumente plus longuement autour de cette conception, et il la soumet aussi à une série de critiques serrées[3].

Cependant, le nom de Xénocrate n'apparaît jamais explicitement, ni ici ni dans le

1. *Cf.*, par exemple, R. Heinze, *Xenocrates. Darstellung der Lehre und Sammlung der Fragmente*, Hildesheim, G. Olms, 1965 (Stuttgart, Teubner, 1960 ; Leipzig 1892[1]), *frr.* 60 et 73 ; Senocrate-Ermodoro, *Frammenti*, edizione, traduzione e commento a cura di M. Isnardi Parente, Napoli, Bibliopolis, 1982 (Isnardi[1]), *frr.* 165 et 195 ; Senocrate, *Testimonianze e frammenti*, a cura di M. Isnardi Parente, éd. elettronique 2006 (Isnardi[3]), *frr.* 85 et 112. Il faut se souvenir que M. Isnardi Parente, « Supplementum Academicum », *Atti della Accademia nazionale dei Lincei*, 392, 1995, Classe di Scienze Morali, Storiche e Filologiche, Memorie, S. IX, vol. VI (VII), fasc. 2, pp. 248-311 (Isnardi[2]) a ajouté quelques textes peut-être xénocratéens par rapport à Isnardi[1], mais ces derniers ne concernent pas la psychologie de Xénocrate.

2. Aristot. *De an.* I 2, 404b27-30 = *fr.* 165 Isnardi[1] (tr. fr. de E. Barbotin, *in* Aristote, *De l'âme*, texte établi par A. Jannone, traduction et notes par E. B., Paris, Les Belles Lettres, 1989, 1966[1], p. 8) : ἐπεὶ δὲ καὶ κινητικὸν ἐδόκει ἡ ψυχὴ εἶναι καὶ γνωριστικὸν οὕτως, ἔνιοι συνέπλεξαν ἐξ ἀμφοῖν, ἀποφηνάμενοι τὴν ψυχὴν ἀριθμὸν κινοῦνθ' ἑαυτόν (l'édition du texte grec suivie dans ce cas est celle établie par W.D. Ross, *in* Aristotelis *De anima*, recognovit brevique adnotatione critica instruxit, Oxonii, e Typographeo Clarendoniano, 1956).

3. *Cf. ibid.* I 4, 408b32-409a10 = *fr.* 195 Isnardi[1].

reste du traité. En réalité, Aristote ne l'associe jamais à la doctrine de l'âme comme nombre automoteur, ni en ce cas ni même lorsqu'il lui fait clairement allusion, comme il arrive dans des autres œuvres[4]. Dans les écrits conservés, il ne cite le nom de Xénocrate que quatre fois, dont les citations sont toutes contenues dans les *Topiques*[5], et en tout cas, cela n'arrive jamais à propos de cette doctrine, à laquelle toutefois il a l'occasion même ici de faire allusion[6].

Les commentateurs anciens, au contraire, attribuent toujours à Xénocrate – ou surtout à Xénocrate[7] – la doctrine de l'âme comme nombre automoteur : dans le cas des deux passages cités du *De anima*, en s'arrêtant sur les aspects philosophiques qui font référence à cet auteur[8]; dans le cas des autres allusions aristotéliciennes à cette doctrine, dans le *De anima* et dans les autres œuvres, ils n'omettent jamais de rappeler qu'elle appartient à Xénocrate[9].

Pour cette raison, en vue de la reconstruction de la doctrine psychologique de Xénocrate, on reconnaît comme fragments non seulement les passages cités du *De anima* d'Aristote, mais aussi, comme il arrive d'habitude dans ces cas, les commentaires d'autres auteurs à ces passages et, en général, les commentaires à d'autres œuvres d'Aristote qui ont un contenu similaire. La particularité des fragments de la psychologie xénocratéenne consiste donc dans le fait qu'ils sont substantiellement d'origine aristotélicienne ou bien provenant d'autres auteurs qui commentent les textes d'Aristote ou s'inspirent à ceux-ci, sans toutefois qu'Aristote ait nommé une seule fois Xénocrate.

Pour ce qui concerne plus spécifiquement les commentaires anciens au *De anima* – surtout ceux de Simplicius et de Philopon[10] –, parmi les passages aristotéliciens re-

4. *Cf.* Aristot. *An. Post.* II 4, 91a37-38 (= *fr.* 165 Isnardi[1]).

5. *Cf.* Aristot. *Top.* II 6, 112a37 (= *fr.* 236 Isnardi[1]) ; VI 3, 140b2 (= *fr.* 84 Isnardi[1]) ; VII 1, 152a7 et 27 (= *fr.* 240 Isnardi[1]).

6. *Cf.* par exemple *ibid.* III 6, 120b3 *sqq.* (= *fr.* 167 Isnardi[1]) ; VI 3, 140b2 (= *fr.* 168 Isnardi[1]) ; IV 6, 127b13 *sqq.* (= *fr.* 175 Isnardi[1]).

7. Puisque l'âme en tant que nombre qui se meut de lui-même est en tout cas un nombre, dans quelques cas les sources tendent à associer cette doctrine, outre qu'à Xénocrate, à des penseurs « pythagoriciens » aussi.

8. Par exemple, pour le premier passage de *De an.* I 2, 404b27-30 (= *fr.* 165 Isnardi[1]), *cf.* Simplicii *in libros Aristotelis De anima Commentaria*, edidit M. Hayduck, *CAG* 11, Berolini, Reimer, 1882, p. 30,4 *sqq.* (= *fr.* 192 Isnardi[1]) ; Ioannis Philoponi *in Aristotelis De anima libros Commentaria*, edidit M. Hayduck, *CAG* 15, Berolini, Reimer, 1897, p. 81,25 *sqq.* (= *fr.* 184 Isnardi[1]). Pour le deuxième passage de *De an.* I 4, 408b32-409a10 (= *fr.* 195 Isnardi[1]), *cf.* Simpl. *in De an.* 61,23 *sqq.* Hayduck (= *fr.* 193 Isnardi[1]) ; Philop. *in De an.* 165,18 *sqq.* Hayduck (= *fr.* 197 Isnardi[1]).

9. *Cf.* par exemple Alexandri Aphrodisiensis *in Aristotelis Topicorum libros octo Commentaria*, edidit M. Wallies, *CAG* 2, Berolini, Reimer, 1891, pp. 162,17 ; 429,11 *sqq.* ; 493,21 *sqq.* (= *frr.* 172 ; 174 ; 173 Isnardi[1]).

10. Thémistius, comme il est bien connu, n'en fournit que la paraphrase : Themistii *in libros Aristotelis De anima Paraphrasis*, edidit R. Heinze, *CAG* 5.3, Berolini, Reimer, 1899.

connus comme fragments de la psychologie de Xénocrate, au-delà des principaux et des autres brèves argumentations qui, en tout cas, sont proches et reliées à ces derniers, on en peut rappeler au moins un, puisqu'il est doué d'une signification particulière par rapport au commentaire qu'il a justement inspiré. Il s'agit du passage de *De anima* I 1, qui consiste dans la citation de la première aporie concernant l'âme. Selon ce passage, pour Aristote,

> en premier lieu, il faudrait sans doute déterminer de quel genre l'âme relève et ce qu'elle est, je veux dire : si elle est une réalité individuelle et substantielle, ou une qualité, une quantité ou quelque autre des catégories que nous avons distinguées[11].

À propos de la référence d'Aristote à la doctrine des catégories de l'être et de la citation explicite de quelques unes entre elles seulement – dans ce cas des trois premières (attitude qui d'ailleurs lui est habituelle) c'est-à-dire substance, qualité et quantité, faite pour établir ce qu'est l'âme et, par conséquent, à quelle catégorie elle appartient –, aussi bien Simplicius que Philopon, en commentant ce passage, font allusion à Xénocrate.

Simplicius en effet nous informe que

> les Pythagoriciens et Platon disent qu'elle [*sc*. l'âme] est substance ; ceux qui disent qu'elle est harmonie de corps et ceux qui disent qu'elle est un tel mélange, ils la placent dans la qualité. Xénocrate, puisqu'il la considère comme un nombre, la place dans la quantité[12].

Philopon, à son tour, à propos du type d'être qu'on peut attribuer à l'âme, relève que,

> sur ce point il y a un grand dissentiment : quelques uns reconduisent l'âme sous le genre de la quantité, et parmi ceux-ci il y a Xénocrate : il dit en effet que l'âme est un nombre qui se meut lui-même, et le nombre tombe sous le genre de la quantité – si c'est exactement cela ce qu'il a voulu dire, ou si plutôt, par une telle formule, il a fait allusion à autre chose[13].

Le témoignage d'Aristote sur Xénocrate, pour ces raisons et pour d'autres aussi, a été beaucoup discuté à partir de l'Antiquité, puisqu'il a suggéré des interprétations

11. Aristot. *De an*. I 1, 402b23-25 (tr. fr. cit., p. 2).

12. Simpl. *in De an*. 10,32-35 Hayduck (= *fr*. 180 Isnardi[1], en partie) : οἱ μὲν οὖν Πυθαγόρειοι καὶ Πλάτων οὐσίαν αὐτὴν φάσιν· οἱ δὲ ἁρμονίαν σωμάτων εἰπόντες καὶ οἱ τοιάνδε κρᾶσιν ἐν τῷ ποιῷ τίθενται. Ξενοκράτης δὲ ἀριθμὸν αὐτὴν θέμενος ἐν ποσῷ δοκεῖ.

13. Philop. *in De an*. 32,31-33,2 Hayduck (= *fr*. 181 Isnardi[1]) : πολλὴ γὰρ περὶ τούτου ἡ ἀμφιβολία· οἱ μὲν γὰρ αὐτὴν οὐσίαν ἀνάγουσιν, οἱ δὲ ὑπὸ τὸ ποσόν, ὧν ἐστι καὶ Ξενοκράτης· ἀριθμὸς γάρ, φησί, κινῶν ἑαυτόν ἐστιν ἡ ψυχή, ὁ δὲ ἀριθμὸς ὑπὸ τὸ ποσόν, εἰ δὴ τοῦτο ἔλεγεν ἐκεῖνος, καὶ μὴ ἄλλο τι διὰ τούτου ᾐνίττετο.

différentes, du point de vue des problèmes concernant aussi bien l'effective attribution de certaines doctrines à Xénocrate, que ses contenus philosophiques, qui sont presque toujours très complexes, même à cause de l'état très fragmentaire des informations. À plus forte raison les perspectives dans lesquelles il a été considéré sont plusieurs, même et peut-être surtout dans le cas des perspectives orientées à faire attention à la reconstruction de la pensée de Xénocrate ou bien à la nature de la discussion aristotélicienne de cette dernière.

À cette occasion, je voudrais proposer une relecture au moins du premier des deux passages concernant la doctrine de l'âme comme nombre automoteur – attribuée à Xénocrate –, qui sont tous les deux contenus dans le premier livre du *De anima*. Cependant la perspective dans laquelle les considérations qui suivent seront développées n'est pas celle d'une reconstruction de la doctrine xénocratéenne en tant que telle, mais il s'agit juste d'une clarification de la vision qu'Aristote révèle de posséder de la doctrine xénocratéenne et du rôle qu'il lui assigne dans le contexte plus général où il la place. Pour cette raison on privilégiera le cadre global constitué par le premier livre de l'œuvre et les suites argumentatives qui en font partie.

II

Si l'on embrasse par un regard global le premier livre du *De anima* dans son ensemble, on y peut facilement reconnaître la structure argumentative qui est typique du début de plusieurs autres traités. En général, en effet, Aristote déclare premièrement quelle est la matière dont il s'occupera, en se demandant avant tout si un tel objet de recherche existe et s'il peut être justement l'objet d'un traité scientifique, il en indique – sur la base de ses caractéristiques –, la méthodologie d'approche gnoséologique la plus appropriée et il formule les problèmes particuliers qu'on doit aborder dans le cours du traité. Après cette phase introductive, il commence le véritable traité à partir de l'examen des théories philosophiques concernant le sujet proposé, élaborées par les penseurs précédents et contemporains, selon une ligne d'exposition qui suit expressément – ou en tout cas présuppose – une séquence de caractère chronologique, dans le sens qu'elle tend à montrer une certaine évolution – même si souvent discontinue –, du point de vue de la connaissance de l'objet, dans la succession des différentes théories. À cette première phase d'illustrations des doctrines d'autrui, Aristote en fait suivre une seconde, tendant à montrer les points faibles, les erreurs et les aspects des théories précédemment illustrées qui, à son avis, sont inacceptables, en les soumettant à des critiques ponctuelles et insistées. Dans cette deuxième phase, la ligne d'argumentation suivie par lui ne tient pas compte, presque jamais, de la série chronologique dans laquelle les doctrines se sont succédées, en privilégiant au contraire les affinités et les différences du point de vue thématique. Après cette phase, on peut considérer comme terminée la première partie du traité et Aristote poursuit son analyse par une deuxième partie – qui est toujours la plus longue et complexe –, consistant dans l'exposition et dans les démonstrations relatives à sa propre pensée, en tout cas sur la base des éléments acquis dans la première partie et avec un dialogue constant avec les théories des autres philosophes.

Si ceci peut être considéré comme un schéma de caractère général, il est vrai aussi que sa présence se conforme strictement aux caractéristiques du sujet examiné dans chaque traité, avec des différences importantes du point de vue quantitatif mais aussi du point de vue qualitatif. Par conséquent, parfois, il ne peut être reconnu qu'à grandes lignes. En plus, il est superflu de rappeler la profonde différence structurale entre les traités qui, dans la forme avec laquelle nous les possédons aujourd'hui, sont le résultat de l'assemblage de livres différentes par origine et par composition – livres uniques ou petits groupes de livres –, tels que la *Métaphysique* ou la *Physique*, comme le révèlent les « deux livres premiers » de chacun, et les traités qui, tout en étant articulés en livres, présentent au contraire un caractère unitaire – car tel il a été dès leurs origine –, comme par exemple quelques traités de physique, parmi lesquels il y a justement le *De anima*.

En tout cas, on reconnaît d'habitude dans les deux phases de la première partie, qui suivent l'introduction, une séquence argumentative de caractère proprement dialectique, quel que soit le jugement que par la suite on peut donner à cet égard. En effet, certains spécialistes apprécient et mettent en valeur la première partie, toute entière, en soulignant son caractère inéliminable par rapport au reste du traité et par conséquent en la considérant comme une partie intégrante de ce dernier. Ils estiment en effet que l'usage de procédés dialectiques, dans le sens d'un emploi de la technique dialectique, qui est fait par les différentes sciences – bien que naturellement avec des modalités différentes –, non seulement n'infirme pas la « scientificité » de la science qui s'en sert, mais qu'il est au contraire une opération prévue par Aristote lui-même[14].

En effet, comme tout le monde le sait, au début des *Topiques* – œuvre consacrée par Aristote à la technique dialectique –, le philosophe indique trois situations dans lesquelles le traité sur la dialectique est utile (χρήσιμος). En plus d'un exercice argumentatif (πρὸς γυμνασίαν) et d'une discussion compétente avec les experts dans leur même domaine (πρὸς τὰς ἐντεύξεις), la dialectique est aussi utile pour les sciences (πρὸς τὰς κατὰ φιλοσοφίαν ἐπιστήμας)[15]. Cette troisième utilité tourne autour de l'opération consistant à « mettre à l'épreuve de manière soignée » (ἐξετάζειν), qui a lieu dans le domaine du procédé constitué par la formulation des apories (ἀπορῆσαι) et par leur développement (διαπορῆσαι), pour arriver à la bonne solution (εὐπορία)[16]. Cette opération dialectique, dans l'usage qu'en font justement les sciences, arrive à assumer une fonction capable de montrer la vérité et la fausseté :

14. Voir E. Berti, *Le ragioni di Aristotele*, Roma-Bari, Laterza, 1989 ; et C. Rossitto, *Studi Sulla dialettica in Aristotele*, Napoli, Bibliopolis, 2000.

15. *Cf.* Aristot. *Top.* I 2, 101a25-34.

16. Il s'agit du même procédé que Aristote illustre au début du livre *Beta* de la *Métaphysique* et que donc il juge le plus approprié pour l'enquête scientifique de la philosophie (*cf.* Aristot. *Metaph.* B 1, 995a24-b4).

> Que notre traité soit utile enfin aux connaissances de caractère philosophique, cela s'explique du fait que, lorsque nous serons capables de développer une aporie en argumentant dans l'un et l'autre sens, nous serons mieux à même de discerner, en chaque matière, le vrai et le faux. Mais on peut encore en attendre un service de plus, qui intéresse les notions premières de chaque science. Il est impossible, en effet, d'en dire quoi que ce soit en s'appuyant sur les principes spécifiques de la science considérée, puisque précisément les principes sont ce qui est premier au regard de tout le reste ; il est donc nécessaire, si l'on veut en traiter, d'avoir recours à ce qu'il existe d'idées admises à propos de chacune de ces notions. Cette tâche appartient en propre à la seule dialectique, ou du moins à elle principalement ; de fait, sa vocation examinatrice lui ouvre l'accès des principes de toutes les disciplines[17].

Cependant, d'autres spécialistes, en reconnaissant comme dialectiques les deux phases de la première partie, tendent à ne les considérer que comme propédeutiques au véritable traité – qui à leur avis consiste seulement dans la deuxième partie –, et par conséquent, comme « non scientifiques » au sens étroit[18]. D'autres spécialistes encore, concentrant leur attention sur les nombreux renseignements fournis par Aristote sur les théories des autres philosophes – soit au moment de leur illustration qu'au moment de leur critique –, tendent à considérer les deux phases, surtout la première, comme une sorte de « histoire de la philosophie » du sujet proposé, en arrivant, dans la plupart des cas, à en attribuer l'intention à Aristote lui-même[19]. D'autres, finalement, se sont engagés à montrer qu'Aristote n'est pas croyable en tant que témoin, en considérant ses arguments comme le fruit d'une interprétation confuse ou d'une conjuration philosophique consciente[20] .

17. Aristot. *Top.* I 2, 101a34-b4 (tr. fr. de J. Brunschwig, *in* Aristote, *Topiques*, Tome I, Livres I-IV, texte établi et traduit, Paris, Les Belles Lettres, 1967, pp. 3-4) : πρὸς δὲ τὰς κατὰ φιλοσοφίαν ἐπιστήμας, ὅτι δυνάμενοι πρὸς ἀμφότερα διαπορῆσαι ῥᾷον ἐν ἑκάστοις κατοψόμεθα τἀληθές τε καὶ τὸ ψεῦδος· ἔτι δὲ πρὸς τὰ πρῶτα τῶν περὶ ἑκάστην ἐπιστήμην. ἐκ μὲν γὰρ τῶν οἰκείων τῶν κατὰ τὴν προτεθεῖσαν ἐπιστήμην ἀρχῶν ἀδύνατον εἰπεῖν τι περὶ αὐτῶν, ἐπειδὴ πρῶται αἱ ἀρχαὶ ἁπάντων εἰσί, διὰ δὲ τῶν περὶ ἕκαστα ἐνδόξων ἀνάγκη περὶ αὐτῶν διελθεῖν. τοῦτο δ' ἴδιον ἢ μάλιστα οἰκεῖον τῆς διαλεκτικῆς ἐστιν· ἐξεταστικὴ γὰρ οὖσα πρὸς τὰς ἁπασῶν τῶν μεθόδων ἀρχὰς ὁδὸν ἔχει.

18. Voir par exemple P. Aubenque, *Le problème de l'être chez Aristote*, Paris, PUF, 1962.

19. Cela est arrivé surtout à propos dans le cas du livre *Alpha* de la *Métaphysique* et de l'exposition de la pensée des Présocratiques qui est contenue dans ce livre : *cf.* par exemple R. Mondolfo, *La comprensione del soggetto umano nell'antichità classica*, Firenze, La Nuova Italia, 1959.

20. Cela est arrivé à propos des témoignages d'Aristote sur les ainsi dites « doctrines non écrites » (ἄγραφα δόγματα) de Platon, dont nous nous occuperons dans la suite : voir respectivement M. Isnardi Parente, *Studi sull'Accademia platonica antica*, Firenze, Olschki, 1979 ; et H. Cherniss, *Aristotle's Criticism of Presocratic Philosophy*, Baltimore, John Hopkins Press, 1935 ; Id., *Aristotle's Criticism of Plato and the Academy*, I, Baltimore, Johns Hopkins Press, 1944 ; Id., *The Riddle of the Early Academy*, Cambridge, Cambridge University Press, 1945.

Si, à la lumière de ce qu'on vient de relever, on observe dans son ensemble le traité constitué par le *De anima*, on peut reconnaître avant tout comment le schéma exposé au dessus dans ses deux parties principales correspond à l'articulation de l'œuvre en trois livres, dont le premier correspond à la première partie et le deuxième et le troisième correspondent à la seconde[21]. Mais si l'on considère, plus particulièrement, le livre premier comme séparé du reste de l'œuvre, on peut vérifier sa séquence, qui comprend une phase introductive (chapitre 1), une phase d'illustration des doctrines des autres philosophes (chapitre 2), où se trouve le premier témoignage sur Xénocrate, que nous examinerons, et une phase de critique des mêmes doctrines (chapitres 3-5), où se trouve le deuxième témoignage. En tout cas, nous pouvons, dès à présent, souligner le fait que tous les deux passages principaux, où Aristote se réfère à la doctrine xénocratéenne de l'âme comme nombre automoteur (*De an.* I 2 et I 4), sont une partie intégrante d'un contexte de type dialectique, mais qui est, dans le sens que nous venons de voir, quand même scientifique.

D'ailleurs Aristote débute dans le premier livre du *De anima* (chapitre 1 : phase introductive) en soulignant l'importance de la connaissance de l'âme, parce qu'une telle connaissance contribue à la découverte de la vérité dans tous les domaines : l'âme, en effet, est comme le principe des êtres vivants. Mais il remarque aussi que le traité qui la concerne est parmi les plus difficiles, étant donné que l'étude de ses plusieurs aspects demande des méthodologies différentes. En tout cas, il propose d'établir avant tout les problèmes qu'il faut aborder à propos de l'âme, en les formulant tous sous la forme d'« apories », à partir de celle, très générale, qui citée au dessus, qui consiste dans la question de ce que l'âme est et, par conséquent, de la catégorie des êtres à laquelle elle appartient.

Une importance encore plus grande, du point de vue de la dialectique, caractérise le passage des observations introductives aux deux phases d'exposition et de critique des doctrines des prédécesseurs (chapitres 2-5), qu'Aristote justifie explicitement de cette manière :

> L'étude de l'âme exige que, tout en exposant les difficultés à résoudre plus tard, on recueille les opinions eprimées à ce sujet par nos devanciers : cela, dans le dessein de retenir la part de verité qu'ils ont énoncée et d'éviter par contre leurs erreurs éventuelles[22].

Mais contre ces interprétations voir H.-J. Krämer, *Arete bei Platon and Aristoteles*, Heidelberg, Winter, 1959 ; K. Gaiser, *Platons ungeschriebene Lehre. Studien zur systematischen und geschichtlichen Begründung der Wissenshaften in der Platonischen Schule*, Stuttgart, E. Klett, 1968² (1963¹); G. Reale, *Per una nuova interpretazione di Platone*, Milano, Vita e Pensiero, 2003.

21. Même celle-ci est une caractéristique de l'œuvre reconnue par tout le monde. Voir, par exemple, les traductions et les commentaires modernes au *De anima*.

22. Aristot. *De an.* I 2, 403b20-24 (tr. fr. cit., p. 5) : Ἐπισκοποῦντας δὲ περὶ ψυχῆς ἀναγκαῖον, ἅμα διαπορoῦντας περὶ ὧν εὐπορεῖν δεῖ προελθόντας, τὰς τῶν προτέρων

On peut donc remarquer, comme conclusion, qu'une telle déclaration d'Aristote, aussi bien que celles qui précédent, propose un schéma argumentatif correspondant à celui qui a été illustré au dessus, un schéma qui même se révèle être, dans le cas du *De anima*, beaucoup plus linéaire par rapport à des autres contextes de recherche[23]. Même les considérations qu'Aristote développera à propos de la conception de l'âme comme nombre qui se meut lui-même, si elles sont lues et interprétées dans cette lumière, c'est-à-dire si elle sont restituées à leur contexte, pourront peut-être résulter plus plausibles.

III

L'illustration des doctrines des prédécesseurs à propos de l'âme, qui débute tout de suite après qu'on en a donné la justification, est conduite par Aristote au moyen de l'introduction, comme critère initial de distinction entre elles des deux propriétés qui semblent caractériser l'être animé :

> Pour commencer notre recherche exposons les propriétés qui semblent, plus que toute autre, appartenir à l'âme par nature. L'animé semble se distinguer de l'inanimé par deux caractères principaux: le mouvement et la sensation. Or, la tradition reçue des anciens attribue à l'âme à peu près ces deux caractères[24].

Et « en effet » (γάϱ) – il poursuit – un premier groupe de prédécesseurs affirma que l'âme est surtout cause de mouvement (τὸ κινοῦν), et, en tant que telle, elle fut estimée nécessairement être elle-même en mouvement (κινουμένων τι), puisque ces penseurs jugeaient impossible que ce qui n'est pas en mouvement puisse mouvoir autre chose[25]. À propos de ce groupe, Aristote illustre brièvement, en succession, les doctrines de Démocrite, des Pythagoriciens et d'Anaxagore[26].

δόξας συμπαϱαλαμβάνειν ὅσοι τι πεϱὶ αὐτῆς ἀπεφήναντο, ὅπως τὰ μὲν καλῶς εἰϱημένα λάβωμεν, εἰ δέ τι μὴ καλῶς, τοῦτ' εὐλαβηθῶμεν.

23. Un complexité encore plus grande caractérise, comme il est bien connu, le cas d'un contexte comme le livre premier de la *Métaphysique*, pour lequel on peut voir C. Rossitto, « Il duplice carattere della critica a Empedocle e Anassagora in "Metafisica" A », *in* R.L. Cardullo (a cura), *Il libro « Alpha » della « Metafisica » di Aristotele tra storiografia e teoria*, Catania, CUECM, 2009, pp. 55-76.

24. Aristot. *De an.* I 2, 403b24-28 (tr. fr. cit., pp. 5-6) : ἀϱχὴ δὲ τὴς ζητήσεως πϱοθέσθαι τὰ μάλιστα δοκοῦνθ' ὑπάϱχειν αὐτῇ κατὰ φύσιν, τὸ ἔμψυχον δὴ τοῦ ἀψύχου δυσὶ μάλιστα διαφέϱειν δοκεῖ, κινήσει τε καὶ τῷ αἰσθάνεσθαι. παϱειλήφαμεν δὲ καὶ παϱὰ τῶν πϱογενεστέϱων σχεδὸν δύο ταῦτα πεϱὶ ψυχῆς.

25. *Cf. ibid.*, 403b28-31.

26. *Cf. ibid.*, 403b31-404b7.

Quant au deuxième groupe, où il inclut les défenseurs de la conception de l'âme comme nombre automoteur, Aristote, en reprenant le fil de son discours, l'introduit de cette manière-ci :

> (a1). Tous ceux donc qui observèrent que l'animé est en mouvement firent de l'âme le principe moteur par excellence. (a2) Par contre ceux qui considèrent ses propriétés de connaître et de percevoir les êtres identifient l'âme aux principes : tenus pour multiples, ceux-ci constituent l'âme ; n'y a-t-il qu'un principe unique, il s'identifie à elle. (b) C'est ainsi que selon Empédocle l'âme sa compose de tous les éléments, mais chacun d'entre eux est une âme ; voici qu'il dit : « C'est par la terre que nous voyons la terre, par l'eau que nous voyons l'eau. / Par l'éther, l'éther divin, et par le feu, le feu destructeur. / Par l'amour nous connaissons l'amour, la discorde enfin par la triste discorde ». (c) C'est de la même manière que Platon dans le *Timée* compose l'âme en partant des éléments : car, pour lui, le sembable est connu par le sembable et, d'autre part, les choses dérivent des principes. (d1) De même le traité *De la philosophie* précisait que l'animal en soi procède de l'Idée même de l'un, de la longeur, largueur et profondeur premières et ainsi de suite pour les autres êtres. (d2) Autrement encore, l'intellect est représenté par l'un, la science par la dyade – car c'est directement qu'elle progresse d'un élément unique à une conclusion unique. Le nombre de la surface, c'est l'opinion, et celui du volume la sensation. Car les nombres étaient identifiés aux Idées même et aux principes et dérivent des éléments. (d3) D'autre part, les objets sont saisis les uns par l'intellect, les autres par la science, d'autres par l'opinion, d'autres enfin par la sensation ; et ces nombres, disions-nous, sont les Idées des choses. (e) *Par ailleurs, puisque l'âme semblait à certains être à la fois motrice et douée de connaissance, ainsi ont-ils constitué l'âme à l'aide de ces deux propriétés, disant que l'âme est un nombre qui se meut de lui-même*. (f) Mais ils se divisent au sujet des principes, de leur nature et de leur nombre ; la principale divergence sépare les tenants de principes corporels et les partisans de principes incorporels ; aux uns et aux autres s'opposent à leur tour les partisans d'un mélange, qui déclarent les principes composés des deux espèces d'éléments [...][27].

27. *Ibid.*, I 2, 404b7-405a2 (tr. fr. cit., pp. 7-9) : (a1) ὅσοι μὲν οὖν ἐπὶ τὸ κινεῖσθαι τὸ ἔμψυχον ἀπέβλεψαν, οὗτοι τὸ κινητικώτατον ὑπέλαβον τὴν ψυχήν· (a2) ὅσοι δ' ἐπὶ τὸ γινώσκειν καὶ τὸ αἰσθάνεσθαι τῶν ὄντων, οὗτοι δὲ λέγουσι τὴν ψυχὴν τὰς ἀρχάς, οἱ μὲν πλείους ποιοῦντες, ταύτας, οἱ δὲ μίαν, ταύτην, (b) ὥσπερ Ἐμπεδοκλῆς μὲν ἐκ τῶν στοιχείων πάντων, εἶναι δὲ καὶ ἕκαστον ψυχὴν τούτων, λέγων οὕτως, «γαίῃ μὲν γαῖαν ὀπώπαμεν, ὕδατι δ' ὕδωρ, / αἰθέρι δ' αἰθέρα δῖαν, ἀτὰρ πυρὶ πῦρ ἀΐδηλον, / στοργῇ δὲ στοργήν, νεῖκος δέ τε νείκει λυγρῷ·» (c) τὸν αὐτὸν δὲ τρόπον καὶ Πλάτων ἐν τῷ Τιμαίῳ τὴν ψυχὴν ἐκ τῶν στοιχείων ποιεῖ· γινώσκεσθαι γὰρ τῷ ὁμοίῳ τὸ ὅμοιο, τὰ δὲ πράγματα ἐκ τῶν ἀρχῶν εἶναι. (d1) ὁμοίως δὲ καὶ ἐν τοῖς περὶ φιλοσοφίας λεγομένοις διωρίσθη, αὐτὸ μὲν τὸ ζῷον ἐξ αὐτῆς τῆς τοῦ ἑνὸς ἰδέας καὶ τοῦ πρώτου μήκους καὶ πλάτους καὶ βάθους, τὰ δ' ἄλλα ὁμοιοτρόπως· (d2) ἔτι δε; καὶ ἄλλως, νοῦν μὲν τὸ ἕν, ἐπιστήμην δὲ τὰ δό μοναχῶς γὰρ ἐφ' ἕν, τὸν δὲ τοῦ ἐπιπέδου ἀριθμὸν δόξαν, αἴσθησιν δὲ τὸν τοῦ στερεοῦ. οἱ μὲν γὰρ ἀριθμοὶ τὰ εἴδη αὐτὰ καὶ αἱ ἀρχαὶ ἐλέγοντο, εἰσὶ δ' ἐκ τῶν στοιχείων, (d3) κρίνεται δὲ τὰ πράγματα τὰ μὲν νῷ, τὰ δ' ἐπιστήμῃ, τὰ δὲ δόξῃ, τὰ δ' αἰσθήσει· εἴδη δ' οἱ ἀριθμοὶ οὗτοι τῶν πραγμάτων. (e) *ἐπεὶ δὲ καὶ κινητικὸν ἐδόκει ἡ ψυχὴ εἶναι καὶ γνωριστικὸν οὕτως, ἔνιοι συνέπλεξαν ἐξ ἀμφοῖν, ἀποφηνάμενοι τὴν*

Comme on peut le voir, nous avons préféré reproduire le passage tout entier, en proposant une articulation possible et en distinguant, à l'intérieur de ce contexte plus ample, la doctrine attribuée à Xénocrate, qui apparaît déjà dans toute sa brièveté.

Le passage semble donc pouvoir s'articuler au moins dans les moments qui suivent, résumables de cette façon :

a 1-2. Le début du passage est en réalité, en même temps, la conclusion de ce qui le précédait (conception de l'âme comme cause de mouvement et elle-même en mouvement) et l'annonce de ce qui le suit (conception de l'âme comme principe de connaissance) ;

b. doctrine d'Empédocle (404b11-15) ;

c. doctrine de Platon dans le *Timée* (404b16-18) ;

d 1-3. doctrine sans noms déjà référée dans le Περὶ φιλοσοφίας (404b18-27) ;

e. doctrine attribuée à Xénocrate (404b27-30) ;

f. annonce de variations ultérieures dans les doctrines de l'âme (404b30 *sqq*).

Le témoignage concernant Xénocrate (e) se trouve donc à la fin de la revue des penseurs qui ont attribué à l'âme la fonction de principe de connaissance, comme cela résulte du fait que, immédiatement après, Aristote considère des types de différences ultérieures parmi les nombreuses conceptions de l'âme, par exemple les différences entre corporéité et incorporéité, ou entre unicité et pluralité de nombre. En réalité, la position de Xénocrate apparaît sans doute comme la plus complexe parmi toutes celles qui ont été vues précédemment, c'est-à-dire aussi bien par rapport à celles qui conçoivent l'âme comme principe moteur (premier groupe), que par rapport à celles qui conçoivent l'âme comme principe de connaissance (deuxième groupe).

Sa conception de l'âme comme nombre automoteur implique en effet l'attribution à l'âme de toutes les deux fonctions. Il semble donc que nous pouvons admettre que la position finale de la doctrine xénocratéenne est telle non simplement par rapport aux conceptions du deuxième groupe, mais aussi par rapport à tous les deux groupes, et qu'elle vient à être de quelque façon le moment conclusif, le résultat le plus complexe et unitaire, des deux propriétés indiquées au début comme ce qui fait la différence entre un être animé et un être inanimé.

Cependant, le témoignage d'Aristote est sans doute très laconique et n'est rien plus qu'une citation, quoiqu'il réserve également le même traitement à Platon. Philopon lui-même, commentant ce passage, ne s'engage dans aucun approfondissement de la doctrine et se limite à rendre explicite le fait que l'âme est un principe de connaissance, en tant que nombre, et un principe de mouvement, en tant que automoteur[28].

ψυχὴν ἀριθμὸν κινοῦνθ' ἑαυτόν. (f) διαφέρονται δὲ περὶ τῶν ἀρχῶν, τίνες καὶ πόσαι, μάλιστα μὲν οἱ σωματικὰς ποιοῦντες τοῖς ἀσωμάτους, τούτοις δ' οἱ μίξαντες καὶ ἀπ' ἀμφοῖν τὰς ἀρχὰς ἀποφηνάμενοι ...

28. *Cf*. Philop. *in De an*. 81,25 *sqq*. Hayduck (= *fr*. 184 Isnardi[1]).

Le commentaire de Simplicius, au contraire, est long et détaillé. Il s'ouvre en effet à une série d'explications qui à première vue ne sembleraient point impliquées par la citation lapidaire d'Aristote. Simplicius, de fait, attribue à Xénocrate l'intention de démontrer, par la définition de l'âme comme nombre automoteur, son caractère intermédiaire entre les idées en elles-mêmes et les choses faites selon les idées, et au même temps sa caractéristique particulière. En ce sens le concept de nombre se reconduit aux idées, tandis que le concept de mouvement se reconduit aux choses faites selon le modèle des idées, mais l'âme n'est ni nombre pur et simple, ni pur et simple être en mouvement : elle est inférieure au premier et supérieure au second, et par conséquent elle est intermédiaire entre les deux[29]. Si cette argumentation de Simplicius est plausible, alors Xénocrate aurait attribué à l'âme une position analogue à celle qu'il attribue au ciel, c'est-à-dire justement une position intermédiaire entre les principes et les choses sensibles.

Or, si l'on porte son attention sur la conception de l'âme qu'Aristote cite immédiatement avant celle de Xénocrate (d 1-3), on peut reconnaître facilement que les idées et les nombres étaient effectivement déjà impliqués dans cette position-là. Il semble donc opportun de s'arrêter un instant même sur cette section argumentative, qui, en ne faisant référence à aucun nom et en fournissant au moins trois éléments de contenu, se trouve entre deux sections, à savoir les sections relatives au *Timée* et à Xénocrate, qui au contraire sont claires, quant à leur attribution, et extrêmement concises.

Ce qui frappe immédiatement, dans cette section, c'est le renvoi d'Aristote au Περὶ φιλοσοφίας, une œuvre qui pour nous est perdue, où il aurait discuté amplement sur une conception de l'âme très complexe qui, comme il rappelle à ce propos, identifiait les idées des nombres et les grandeurs avec les facultés cognitives, les distinguant des choses sensibles. Il n'est pas possible d'approfondir, à cette occasion, une telle doctrine, mais on pourra au moins développer quelques considérations concernant une connexion possible avec la doctrine de Xénocrate.

Pour ce qui concerne avant tout le renvoi au Περὶ φιλοσοφίας – renvoi qui naturellement joue un rôle fondamental dans cette section argumentative –, tous les deux commentateurs anciens n'hésitent pas à le référer, quoique de façons légèrement différentes, à une autre œuvre d'Aristote qui pour nous est perdue, c'est-à-dire le Περὶ τἀγαθοῦ, où il aurait rapporté les contenus des ainsi dites « doctrines non écrites » (ἄγραφα δόγματα) de Platon.

En effet, Simplicius déclare que

> Par les livres *Sur la Philosophie*, Aristote veut maintenant dire ses notes *Sur le Bien* de l'*Enseignement* de Platon, notes dans lesquelles il rapporte les doctrines pythagoriciennes et platoniciennes sur les êtres[30].

29. *Cf.* Simpl. *in De an.* 30,4 *sqq.* Hayduck (= *fr.* 192 Isnardi[1]).

30. *Ibid.,* 28,7-9 Hayduck (tr. fr. de M.D. Richard, *L'enseignement oral de Platon. Une nouvelle interprétation du platonisme*, Paris, Les Éditions du Cerf, 1986, p. 281) :

Philopon, à sa fois, dit que

> par les livres *Sur la Philosophie*, Aristote veut dire l'ouvrage intitulé *Sur le Bien* ; dans cet ouvrage, Aristote rapporte les *Entretiens non écrits* de Platon. Son livre est authentique ; là donc il rapporte la doctrine de Platon et des pythagoriciens sur les tres et leurs principes[31].

Même et justement à cause de ces témoignages, le passage du *De anima* est considéré au même temps comme un fragment du Περὶ φιλοσοφίας et du Περὶ τἀγαθοῦ d'Aristote[32], mais aussi comme un témoignage sur les doctrines non écrites de Platon[33].

Si c'est ainsi que les choses se passent, alors Platon dans son enseignement oral aurait exposé une conception de l'âme différente et ultérieure par rapport à celle des dialogues, exactement comme l'était la doctrine des principes qu'il y exposait, par rapport à la théorie des idées des dialogues. De même, en effet, que la théorie des principes, de structure typiquement mathématisante, prévoyait un niveau de réalité supérieur au monde des idées, constitué par les nombres et les grandeurs idéaux, et deux principes opposés entre eux au dessus des nombres idéaux, constitués par l'un et la dyade indéfinie – et aussi, entre les idées et les choses sensibles, un niveau intermédiaire constitué par les nombres et les grandeurs mathématiques –, de la même manière les facultés de l'âme auraient été reconduites à nombres et à grandeurs.

Dans ce cas, la citation faite par Aristote de théories platoniciennes contenues dans les doctrines non écrites (d), placée après celle de théories platoniciennes analogues contenues dans les dialogues (c : le *Timée*), ne constituerait pas un fait isolé.

Περὶ φιλοσοφίας νῦν λέγει τὰ Περὶ τοῦ ἀγαθοῦ αὐτῷ ἐκ τῆς Πλάτωνος ἀναγεγραμμένα συνουσίας, ἐν οἷς ἱστορεῖ τάς τε Πυθαγορείους καὶ Πλατωνικὰς περὶ τῶν ὄντων δόξας.

31. Philop. *in De an.* 75,34-76,1 Hayduck (tr. fr. cit., p. 279) : Τὰ Περὶ τἀγαθοῦ ἐπιγραφόμενα Περὶ φιλοσοφίας λέγει· ἐν ἐκείνοις δὲ τὰς ἀγράφους συνουσίας τοῦ Πλάτωνος ἱστορεῖ ὁ Ἀριστοτέλης· ἔστι δὲ γνήσιον αὐτοῦ τὸ βιβλίον. ἱστορεῖ οὖν ἐκεῖ τὴν Πλάτωνος καὶ τῶν Πυθαγορείων περὶ τῶν ὄντων καὶ τῶν ἀρχῶν αὐτῶν δόξαν.

32. *Cf.* W.D. Ross, *in* Aristotelis *Fragmenta selecta*, recognovit brevique adnotatione critica instruxit, Oxonii, 1955. Pour le Περὶ φιλοσοφίας *cf.* M. Untersteiner, *in* Aristotele, *Della filosofia*, introduzione, testo, traduzione e commento esegetico, Roma, Edizioni di Storia e Letteratura, 1963 ; H.D. Saffrey, *Le* Περὶ φιλοσοφίας *d'Aristote et la théorie platonicienne des idées nombres*, Leiden, Brill, 1971. Pour une comparaison entre les deux œuvres *cf.* E. Berti, *La filosofia del « primo » Aristotele*, Milano, Vita e Pensiero, 1997[2] (Padova, Cedam, 1962[1]).

33. *Cf.* K. Gaiser, *Platons ungeschriebene Lehre*, *op. cit.*, *Testimonia Platonica frr.* 25AB ; et pour les doctrines non écrites en général H.J. Krämer, *Platone e i fondamenti della metafisica. Saggio sulla teoria dei princìpi e sulle dottrine non scritte di Platone con una raccolta dei documenti fondamentali in edizione bilingue e bibliografia*, introduzione e traduzione di G. Reale, Milano, Vita e Pensiero, 1982.

Dans d'autres occasions aussi Aristote se limite à enregistrer, pour la pensée platonicienne, la présence de toutes les deux typologies de doctrines, bien qu'il soit conscient de leur diversité, sans en discuter nécessairement la valeur ou sans les critiquer, si ce n'est pas le cas. Il suffit de penser à la remarque, contenue dans la *Physique*, selon laquelle on ne doit reconnaître qu'à Platon le mérite d'avoir cherché de dire ce qu'est le lieu, parce qu'il l'a explicitement identifié avec l'espace, quoique dans le *Timée* et dans les doctrines non écrites il en aie donné deux définitions différentes[34]. Au contraire, comme nous avons cherché de le montrer précédemment, dans cette phase des argumentations du *De anima*, Aristote n'a pas comme but de faire la critique des doctrines d'autrui, mais seulement de les illustrer.

Pour ces raisons et des autres encore, la critique a traditionnellement interprété le passage dans ce sens-ci, c'est-à-dire en attribuant à Platon aussi bien la conception référée au *Timée* (c) que celle référée au Περὶ φιλοσοφίας (d)[35]. Mais cela équivaut à croire avant tout au témoignage aristotélicien, tandis que d'autres spécialistes, comme on le sait, ont estimé, avec plus ou moins de vigueur, que les doctrines platoniciennes non écrites n'aient jamais existé.

De même, quelques uns ont supposé que le renvoi d'Aristote au Περὶ φιλοσοφίας cache une référence à Speusippe[36], d'autres justement à Xénocrate[37]. S'il s'agissait d'une conception speusippéenne de l'âme, alors Aristote renverrait, en séquence, à Platon (*Timée*), à Speusippe et à Xénocrate. Si, au contraire, il s'agissait d'une conception xénocratéenne, alors il renverrait à Platon et pour deux fois consécutives à Xénocrate.

Cependant, dans ce dernier cas, la conception xénocratéenne comme nombre automoteur perdrait sa prégnance, puisque ce qui précède dans l'argumentation aristotélicienne, s'il était déjà référé à Xénocrate, expliquerait la caractéristique de l'âme en tant que nombre, et donc en tant que principe de connaissance (le thème dont on est en effet en train de parler ici), mais non celle d'être automoteur, et d'être donc un principe moteur. La caractéristique particulière de la conception xénocratéenne de

34. *Cf.* Aristot. *Phys.* IV 2, 209b11-17 = Plat. Ἄγρ. δόγμ. *test.* 4 Krämer.

35. Cf. par exemple L. Robin, *La théorie platonicienne des idées et des nombres d'après Aristote. Étude Historique et Critique*, Hildesheim, G. Olms, 1963 (Paris, Alcan, 1908[1]).

36. *Cf.* Speusippo, *Frammenti*, edizione, traduzione e commento a cura di M. Isnardi Parente, Napoli, Bibliopolis, 1980, *fr.* 98 (incertain) ; M. Isnardi Parente, « Per l'interpretazione di Aristotele, *De anima* I, 404b 18 sgg. », *in* R.B. Palmer and R. Hamerton-Kelly (eds.), *Philomathes. Studies in memory of Philip Merlan*, The Hague, Martinus Nijhoff, 1971, pp. 146-169 (dont on tient compte dans Isnardi[1]) ; et Ead. « Les témoignages sur Speusippe et Xénocrate dans le premier livre du *De anima* », *in* G. Romeyer-Dherbey et C. Viano (éds.), *Corps et âme. Sur le* De anima *d'Aristote*, Paris, Vrin, 1996, pp. 107-123 (dont on tient compte dans Isnardi[3]). Cette spécialiste a approfondi ces questions plus que tout autre, et par conséquent nous renvoyons à ses études pour des précisions ultérieures. Voir aussi E. Cattanei, *Enti matematici e metafisica. Platone, l'Accademia e Aristotele a confronto*, Milano, Vita e Pensiero, 1996.

37. *Cf.* H. Cherniss, *opp. citt.*

l'âme, comme nous l'avons déjà vu et comme tout le monde le reconnaît, est au contraire exactement celle d'être les deux choses ensemble. Cela est prouvé par le fait que, dans son deuxième témoignage sur Xénocrate, contenu dans la phase de critique des doctrines d'autrui (*De anima* I 4), Aristote affirme justement que la conception de l'âme comme nombre automoteur est la pire qu'on a jamais formulée, parce qu'elle résume en soi les défauts qui dérivent de son être un nombre (principe de connaissance) et de son être automoteur (principe moteur).

Par rapport à toutes deux ces propositions, finalement, on pourrait relever que l'hypothèse d'attribuer à Speusippe ou à Xénocrate une conception de l'âme ayant les caractéristiques indiquées par Aristote ici et dans le Περὶ φιλοσοφίας, ne peut se fonder que sur l'identification de quelques affinités de contenu avec des autres témoignages de ce type, relatives à chaque penseur. Mais ces témoignages ultérieurs remontent encore une fois à Aristote, c'est-à-dire à celui même qui les attribue au Platon des ἄγραφα δόγματα.

Pour conclure, il semble qu'il faille relever que, en relisant un des principaux témoignages d'Aristote contenus dans le *De anima* sur la doctrine xénocratéenne de l'âme comme nombre qui se meut lui-même, on a pu clarifier quelques éléments précis. Mais, si cela a pu effectivement se faire, c'est grâce à l'identification de quelques particularités d'un tel contexte, particularités qui dérivent du contexte éminemment dialectique.

SERIAL ANALYSIS AND THE UNITY OF THE HUMAN PERSON: *DE ANIMA* II 3, 414B20-5A13

DAVID EVANS

I want to consider the significance of this text from two points of view – first and mainly, its contribution to Aristotle's account of the human soul in *De anima*, but also the light it can cast on some current issues in the analysis of the human person. The text is obscure but challenging, since it seems to allude to a background of discussion which is not very apparent to us. It is also generally neglected in modern commentary on *De anima*[1]. For all these reasons I hope that what I have to say will make a useful contribution to our symposium.

In the best traditions of Oxford scholarship and of Enrico Berti's own seminars, I first present the text in my own translation.

> So it is clear that there would be one account of a soul in the same way as there is one of a shape. For in that case there is no shape besides a triangle and the members of the series, nor in this case is there a soul beyond those listed. There could be a common account for shapes, which will fit with all of them but will be particular to no shape. And similarly with the souls listed. Therefore it is ridiculous, both in these cases and in others, to look for a common account which will be particular to nothing that there is, not even in terms of a proper indivisible form ; we should dismiss such an account. Matters with a soul are similar to the matter concerning shapes. For with both shapes and things with soul the earlier item exists potentially in the series, as a triangle in a quadrilateral and a nutritive faculty in a perceptive one. So one should investigate case by case : what is each thing's soul, what is a soul of a plant or a man or a beast ? We should consider why matters are this way for a series. There is no perceptive faculty without a nutritive one, but in plants the nutritive faculty is cut off from the perceptive one. Again, none of the other senses exists without the tactile faculty ; but touch exists without the others, since many animals have neither sight nor hearing nor a sense of smell. Of those with senses some have a faculty for moving place, but others do not. Finally very few have reasoning and thought. For those perishable creatures that have reasoning, also

1. In a very thin modern literature, apart from the commentaries on *De anima* which make slight use of the present passage (see *infra* nn. 3 and 8), the two most significant discussions are J. Cook Wilson, « On the Platonist Doctrine of the ἀσύμβλητοι ἀριθμοί », *The Classical Review*, 18, 1904, pp. 247-260, esp. pp. 247-248, 255-257, and A.C. Lloyd, « Genus, Species and Ordered Series in Aristotle », *Phronesis*, 7, 1962, pp. 67-90, esp. pp. 73-76.

> have all the other faculties. But those who have each of the latter do not all have the power of reasoning ; some do not have even imagination, while others live by this faculty alone. The theoretical mind is another issue. So it is clear that the account for each of these faculties is also the most proper account for a soul[2].

This text is self-contained, in that there is hardly any cross-reference to it elsewhere in *De anima*. In the next sections I shall consider :

I. its place within the overall strategy of *De anima* ;
II. other accounts in Aristotle of classification, definition, and serial analysis ;
III. the connection between these Aristotelian issues and current debate on personal identity ;
IV. finally, what the text means for our reading of Aristotle's psychology.

I

In *De anima* Aristotle develops the analysis of the human soul in his classic fashion. In book I, he sets out the earlier views on the matter, and thereby builds a dialectical puzzle-area on which his own account can go to work. In the first part of book II (what we have as chapters 1-3) a general reaction to this earlier material is presented, including the Aristotelian distinction between the kinds of soul. The remainder of the work, from II 4, through to the increasingly messy book III, gives accounts which are particular to these five (or perhaps more or fewer) kinds.

The passage on which I want to concentrate is pivotal in this strategy. It comes as a transition between the general account at the beginning of book II and the piecemeal analysis of soul which follows right up to the end of the work. A number of contemporary philosophers of mind have focused on Aristotle's psychology as an object of interest, particularly on the general account in the first part of book II and the corrections it is meant to supply to the alternatives which have been examined and criticised in book I. So it is a matter of considerable importance, both for the assessment of Aristotle's strategy and because of its influence on later debate, that we examine this text carefully.

Its general point seems clear enough. Soul comes in a variety of forms ; and so it is a general rather than a specific kind. However it is wrong to construe soul as a genus with coordinate species placed under it. The contrast case, presumably, is with a genus such as quadruped animal ; it has species such as horse and cow, and each of these is related to the genus « in the same way », as we might say. Each is a species of that genus, to the same extent and in the same general manner. The claim then is that it is not like this with shapes or souls (or the other examples which we shall consider

2. Aristot. *De an.* II 3, 414b20-5a13.

shortly). The reason for this difference is a relation of prior and posterior among shapes, souls and the like, which is not present in the non-serial cases. There is no prior and posterior relation among the species of quadruped animal. This difference is reflected in usefulness or otherwise of a common definition in the two cases.

Aristotle's emphasis on the complexity of the human soul arises easily from the criticisms of earlier theorising in book I[3]. He has two main targets there. The Platonists concentrated excessively on the intellectual nature of humanity, thereby ignoring the functions of human life (such as digestion and locomotion) which it shares with other non-human forms. The attunement-theorists, on the other hand, did not allow sufficient scope for the non-bodily aspects of human life, among which Aristotle crucially included thinking. But while the souls of human – and of other forms of life – are complex, they must still be unitary.

One way of viewing what goes wrong with Platonism is to see it as postulating that each of us is really two things – soul and body –, temporally linked during this biological life but in principle separable and indeed actually separate after death. That is the vision of Socrates in the *Phaedo*. An independent line of criticism of the Platonists, this time of their general metaphysics, is that they take general kinds to be unitary entities. Aristotle's knock-down argument against this idea is that the kind animal, by the principle of non-contradiction, must be either two-footed or not two-footed ; but on either supposition a four-footed animal is a self-contradiction. Sometimes he seems to soften this opposition and to find a role in epistemology for general kinds, but never to the extent of allowing that a kind could exist apart from what it generalises over.

If serial analysis offers an alternative to this doubly unsatisfactory picture of the nature of the human soul, so much the better. However Aristotle offers little explicit help in understanding how the notion of a series of souls will do this work. We need to collect scattered texts from different contexts and try to extract from them a clear and philosophically enlightening message.

The passage of *De anima* compares soul and shape. Other passages extend the examples. In *Metaphysics* B 3[4], number is compared with shape ; both are serial concepts with prior and posterior members. In *Eudemian Ethics* I 8[5], the mathematical case of multiple is extended to value ; and in *Politics* III 1[6], the analysis is applied to constitutions and their component citizens. Finally Aristotle applies serial terminology to the branches of philosophy and he is interested in the implications of this for universal and common features of the studies.

3. R.D. Hicks, in Aristotle, *De anima*, with Translation, Introduction and Notes, Cambridge, University Press, 1907, p. 334, does well to point out the connection between the problematic in *De an*. I 1, 402b1-10, and the serial analysis in *De an*. II 3, 414b20-15a13.

4. *Cf.* Aristot. *Metaph*. B 3, 999a6-9.

5. *Cf.* Aristot. *Eth. Eud.* I 8, 1218a2-16.

6. *Cf.* Aristot. *Pol.* III 1, 1275a33-b7.

So the use of this conceptual material covers wide ground and occurs in diverse works. However the analysis is never fully developed, and it is unclear what Aristotle's point is – nor indeed whether it is a substantive thesis that Aristotle himself endorses, rather than an *ad hominem* device to be used against some varieties of Platonists. The example where the point of the analysis has been held to be clearest is that of number[7]. It might be thought that what links all the various individual numbers – 3, 4, 5, ... – is the fact that each is a number. Putting the point more platonistically, we may say that what links them is number itself. But, this interpretation continues, number is also precisely what distinguishes each number from any other. 3 is different from 5 by 2 ; so the very thing which is held to unify these numbers also separates them. No similar point can be made about non-serial general and specific kinds ; so this argument establishes the peculiar relation which holds among members of a series.

There is no hint of this argument in Aristotle's texts ; and reflection on the other similar serial concepts which he mentions, shows that it is an unconvincing one. Consider the case of shapes. A triangle and a square are both shapes, and it is also true that they differ in shape. But there is no shape such that *this* is what distinguishes these two shapes. So the parallel with number fails, and this is still more obvious in such cases as constitution and soul. The interpretation proposed for the case of number provides no more insight into the case of soul than we would derive from reflection on quadruped animal, horse and cow.

Unfortunately David Hamlyn's attempt to find philosophical illumination in Aristotle's serial analysis fares no better. Commenting on the passage of *De anima*, he says :

> An account of figure in general or soul in general (just as for being in general) will be uninformative about figures or souls, not just in the way that any general definition is uninformative about the details of the things to which it is applied, but also because it will omit the crucial point that figures and souls form a progression. This would be true of Aristotle's initial account of the soul in chapter 1 if taken by itself[8].

While it is true that the generic concepts shape, soul, etc. do not in themselves inform us of the serial nature of the concepts that fall under them, it is also true that the generic concepts animal, plant, etc. fail to inform us of the non-serial nature of the

7. Here I am reporting the analysis of W.D. Ross, in Aristotle's *Metaphysics*, a Revised Text with Introduction and Commentary, Oxford, Clarendon Press, 1924, vol. I, p. 237, who in turn borrows from the comments of J. Cook Wilson, « On the Platonist Doctrine of the ἀσύμβλητοι ἀριθμοί », *op. cit*. The latter's ideas, which are not as clearly expressed as Ross purports to report them, are criticised by A.C. Lloyd, « Genus, Species and Ordered Series in Aristotle », *op. cit*.

8. D.W. Hamlyn, in Aristotle's *De Anima. Books II* and *III*, Translated with Introduction and Notes, Oxford, Clarendon Press, 1968, p. 94. An earlier commentator, R.D. Hicks, in Aristotle, *De anima*, *op. cit*., pp. 334-338, offers no comment on the philosophical significance of serial analysis.

concepts that fall under them. Again, as with Cook Wilson's, Hamlyn's interpretation fails to capture anything that is distinctive of all and only serial concepts.

In the polemical passages which discuss serial analysis Aristotle's point comes through clearly. There is an incompatibility between recognising that one element in the series is primary and assigning a separate status to an entity which generalises over every member of the series. For this separated entity would have a priority which must infringe the priority which the analysis also claims for the first member. This is the theme that runs through every one of Aristotle's comments on the matter. Sometimes it is presented as an *ad hominem* point against Plato and his adherents ; in other contexts it stands as a thesis which Aristotle himself would endorse. The most straightforward interpretation is that we have here a characteristic piece of Aristotelian dialectic, with Aristotle adapting for his own positive use a thesis that he finds in the earlier discussion.

This interpretation will allow us to explain what is otherwise one of the most puzzling features of these texts – why some passages appear to exclude altogether the idea that a common definition might apply to members of the series, while other passages do allow some limited scope for this idea. The second tendency is particularly notable in *Politics* III 1, where what is common to all members is « either non-existent or slight ». In the passage of *De anima* Aristotle also allows for the possibility of a general account, albeit with the defect that it will not capture the individuality of each member of the series. Not only does he allow in principle some value to a general account ; in fact his detailed practice in *De anima* confirms this assessment. He does speak generally about the relation between soul and body when he says that it is an actualisation of a body with limbs. That account applies to all the members of the soul-series, with the exception of the intellect. Further, his account of psychic activity in terms of the interaction between factors which are actually dissimilar but potentially similar, is applied to both the nutritive and perceptive soul and perhaps by implication to other kinds of soul as well. It is, I believe, because of the apparent general unity of Aristotle's analysis of the soul throughout the work, that modern commentators do not accord to this passage on serial analysis the central importance that Aristotle seems to be claiming for it.

II

We have more work to do in interpreting and reinforcing Aristotle's claim. Before I embark on that, I wish to note a theme in more recent philosophy of mind and personal identity. In this area of contemporary philosophy an idea – or style of analysis – which has been much scrutinised is that of the *homunculus*[9]. Philosophers who try to

9. For extensive discussion of this idea and of its positive use in the philosophy of mind, see

explain some human function may be tempted to invoke an « inner person » that has particular responsibility for that function, while a different function will be similarly explained by another homunculus. We normally say such things as « a person / man / human being digests / wants / sees / ... ». According to homuncular theory each of these diverse functions will be better explained by appeal to some specialised element $X_1, X_2, X_3, \ldots$, so that it is more accurate and illuminating to say that this particular X_n is what performs this particular function.

Homuncular theory is often mentioned in order to be exposed[10]. If we do not understand what it is for a whole person to see something, we are unlikely to be further enlightened by an account in terms of what and how X_n sees. Such an account will be either vacuous and question-begging, or will promote an infinite regress to the real element that does the seeing. However Lycan, Dennett and others have argued that theorising in this style can work provided the lower elements in the homuncular series are progressively more limited in psychological capacity than their higher predecessors. The basic idea, familiar from computer theory, is that it can be helpful and illuminating to reduce a complex function to « stupid » elements such as a switch capable of only a Yes / No function. Nobody in the current debate would defend the simple thesis that we can explain what a (whole) person does by reference just to what a part of him does.

I maintain that these ideas from the current debate have obvious relevance to Aristotle's psychology and particularly to his serial analysis of the human nature. He shares with the modern homuncular theorists the idea that talk of parts of souls, with distinct if also complementary functions, should be taken seriously. However he does not agree with them in making the parts more elementary, « stupider » than the whole to which they contribute. Serial analysis points to a different approach, I shall argue.

III

He makes a particular soul, or part of the soul, responsible for a particular function. His reasoning is that there are some non-human creatures that only have this function ; and since in their case the soul is of a particular specialised type, the same

---

W.G. Lycan, « Towards a Homuncular theory of Believing », *Cognition and Brain Theory*, 4, 1981, pp. 139-159 ; J.A. Fodor, « The Appeal to Tacit Knowledge in Psychological Explanation », *The Journal of Philosophy*, 65, 1968, pp. 627-40 ; D.C. Dennett, *Brainstorms. Philosophical Essays on Mind and Psychology*, Brighton, Harvester Press, 1979, esp. pp. 90-108. Their targets are those philosophers like Marvin Minsky (*cf.* n. 10 below) who, working under the influence of G. Ryle, *Concept of Mind*, London, Hutchinson's University Library, 1949, seek to expose homuncular theory as question-begging.

10. *Cf. e.g.* M. Minsky, *Society of Mind*, New York, Simon & Schuster, 1985, pp. 50, 329.

element must form part of the nature of a more complex creature that has this particular function and others in addition. If humans, cows and daffodils have it in common that they sustain themselves by ingesting food, the same kind of soul is needed to cause this process. It is a major part of Aristotle's opposition to the Platonic analysis of the human person that he should emphasise this shared feature in these three apparently diverse forms of life.

However cows can do things, just by virtue of being alive, that daffodils cannot, and human beings can do still more than cows. Aristotle explains these diversities in abilities by appeal to different souls ; it is these differences that serve to distinguish the diverse creatures. All of this seems to be a form of homunculus theory. Although naively we say that a human person digests / moves / thinks, more strictly we should construe the subject of each of these activities as a different soul actualising the relevant bodily capacity. In current debate in the philosophy of mind the problem that this kind of account raises is how such an appeal to agents lurking behind the whole person can be effectively explanatory ; and Dennett's solution is to make each of them a sufficiently simple operator to require a combination of them for the achievement of genuine human performance. Aristotle's problem is, I think, more fundamental. How do these distinct souls constitute one single human soul ?

The value of serial analysis resides in its usefulness in answering this question. The unity which obtains between coordinate member species of a genus – cow, horse, sheep, etc. – is fairly weak. This is because the nature and existence of the genus is unaffected whether or not some particular species exists ; and the same is true of the other species of that genus. Suppose there no species sheep which, for Aristotle, means no actual individuals of the kind ; this would still leave the existence and nature of the other species of the genus animal – and also the genus itself – unaffected. But with the series and its members things are different. Aristotle clearly felt that the distinctive nature of a series resides in the relations of prior and posterior among its members and that these relations carry ontological implications. So we need to look more closely at what he takes to be prior and posterior if we wish to understand what he took the distinctive features of serial membership.

Aristotle contrasts what is prior and what is posterior in many passages and contexts ; and no very clear doctrine emerges. In particular we cannot easily discover whether the parts of a thing are prior to the whole of it, or vice versa, nor in what sense or senses either of these things may be the case. Perhaps the single most obvious theme that runs through his comments on the topic is that where there are two items A and B such that there is a case for making A prior to B, there is also a case for making B prior to A. This kind of complex analysis applies in the following three rather diverse cases – the earlier and later stages of a developing creature, the foundations of a science and what is derivable from them, and the mathematically simple entities and the complex entities that present themselves to our senses. The very diversity of these cases, together with the similarity of Aristotle's commentary on them, suggests that his main thought about the relation of prior and posterior is its reciprocal nature, always provided that the analysis is backed by the requisite conceptual distinctions.

Let us now consider the mathematical series, where Aristotle appears to have developed his analysis most fully. If we take the series of numbers – 1, 2, 3, ... – or geometrical shapes – point, line, plane figure, ... –, an earlier member of the series has priority over a later one in that the former could exist without the latter but not vice versa. The series could stop at 3, with no 4, 5, ..., in which we would have 3 without 4 ; but it cannot continue to 4 without containing the earlier member 3. That is one side of the situation. However, given that the series does in fact continue to 4, or anywhere beyond 3, we must also recognise that the existence of 3 depends on that of 4 ; 3 is extractable from 4 by a process of subtraction, but it does not simply reside in 4 as a component before this process – no more so, according to Aristotle, than a leg which is a component of a whole functioning body, is an actual part of that body. For that to be so, it would have to be able to function independently of the rest of the body, as in the case of an amputated leg which could go on walking. In fact such things are impossible and so also, I propose, is the existence of 3 apart from 4, given that the series continues in the way it does. As is the leg within the functioning whole body, so also the 3 within 4 is not an independent entity which in combination with 1 (as the leg with the rest of the body) makes up the larger number. 4 is what actually exists, and 3 is only a potential entity within it.

IV

This is as far as Aristotle's detailed comments on serial analysis can take us. What help does it provide in the case of soul ? One idea Aristotle derives from it is that there is a strong affinity between different life forms and, more precisely, between human and subhuman forms. It is not just that humans, cows and daffodils all have a soul, albeit a specifically different kind of soul. More strongly, there is the same kind of soul in the higher life form as in the lower one ; the same capacity enables nutrition in daffodils as in humans. The number 2 characterises not only itself but also the number 3, since without 2 there can be no 3. We have all absorbed Aristotle's lesson here, which is that the student should not so separate higher life forms from lower as to make the knowledge of the lower irrelevant to the higher.

Serial analysis carries the further lesson that where the higher element in the series is found, this has a type of priority over the lower. It conditions the lower element, as the number 3 determines the nature of 2 which exists in it potentially. In the case of the human soul, where serial analysis specifies the relations among the various capacities, the result should be to assign priority to thought over perception, perception over nutrition and also thought over nutrition, and so on for other cases where the ordering in terms of prior and posterior is clear. Unfortunately the scheme is far less clear than Aristotle's programme promises. But here are some texts which indicate how he (philosophically) and I (exegetically) are on the right track.

In *De motu animalium* 7-8 Aristotle considers the details of how animals move[11]. Although he speaks generally about animals, the range of psychic elements in the account means that he is restricting himself to the case of humans, since the creatures he describes have movements which interact with their thoughts, perceptions, imaginations, desires, and digestion of drink[12]. He proceeds to outline a very mechanistic programme for analysis of the relation between thought and action, of a kind which strongly anticipates Descartes' account of the matter in *Meditation* 6. But this Cartesian appearance must be misleading[13]. Since Aristotle draws no fundamental distinction between the mind and the body but instead maintains that the intellect is one member, along with the powers of perception, desire and nutrition, in the series that makes up the whole human soul. Therefore the present passage in *De motu animalium* must be understood in terms of the connections between members of the soul series.

A human drinks something, in a particular way and a particular quantity. Aristotle in the passage of *De motu animalium* emphasises the role of thought in this process ; and as we read it, influenced by Cartesian and post-Cartesian philosophy of mind, we readily emphasise the contrast between the physical drinking and the mental act which generates it. However Aristotle would remind us that cows, worms and daffodils also drink ; and in these cases, certainly the last, it is extremely implausible to suppose that the mind plays any role in the process. While drinking is a capacity which humans share with the lower life-forms, humans alone do it in a way that also involves the exercise of the mind. This feature of human psychology corresponds to the priority which 5 has over 4, or more generally a later member of a series over an earlier one. The priority of thought over nutrition turns drinking – in the human case and only in that case – into an intelligent activity.

The same point emerges from the well-known example of akratic action in *Nicomachean Ethics* VII 3[14]. Aristotle's example of action is tasting something sweet ; and the antecedents and genesis of this action are referred to thought, perception, and desire. Of course, critical attention on this passage has mainly focused on the light it

11. The fullest discussion of this text is in M. Craven Nussbaum, in Aristotle's *De motu animalium*, Text with Translation, Commentary and Interpretative Essays, Princeton, Princeton University Press, 1978, pp. 184-210. Her main focus is on the relation between thought and action, rather than on the psychic complexity of human activities.

12. *Cf.* Aristot. *De motu an.* 7, 701a29-33.

13. The remarks that follow are in tune with the analysis of M.F. Burnyeat, « Is an Aristotelian Philosophy of Mind Still Credible ? A Draft », in M. C. Nussbaum and A. Oksenberg Rorty (eds.), *Essays on Aristotle's* De Anima, Oxford, Clarendon Press, 1992, pp. 15-26. He does not consider how his general point applies to the particular issue of the serial soul.

14. *Cf.* Aristot. *Eth. Nic.* VII 3, 1147a25-b5.

may cast on the failure of match between (in Cartesian term) the mental and the physical elements in the situation ; this is, after all, the problem of ἀκρασία which Aristotle in the wake of Socrates bequeathed to us. But my focus on it runs more closely with Aristotle's psychology, since I maintain that all of the causal factors – thought, perception, desire, nutrition – are parts of the human soul. The aspect of Aristotle's psychology on which I am concentrating, tells us that these different faculties are serially ordered ; and we have interpreted this to mean that while the human faculty of thought could not exist without nutrition, the exercise of the nutritive faculty in humans is conditioned by the exercise of thought. How this latter conditioning works of course is the problem in the passage on ἀκρασία ; but whether or not the sweet things are tasted or resisted, equally depends on the particular ways in which the agent's thoughts run.

So these passages from *Nicomachean Ethics* and *De motu animalium* both illustrate the connections between the different human psychological functions. They do something to deliver on the promissory note in the very abstract account of the series of souls set out in the *De anima* passage from which I started.

V

Earlier I spoke about contemporary homuncular theory in the philosophy of mind and the help that it might provide in understanding the philosophical motivation behind Aristotle's application of serial analysis to souls. Two points about this comparison are now clearer : the first is that Aristotle's theory is one of the identity of human beings (or, as relevant, other creatures), rather than an explicit philosophy of mind, and secondly that in his analysis the earlier and later members of the series complement each other in two distinct ways. In the modern discussion, homuncular theory, at least on some interpretations, is saved from being vacuous fallacy because the individual components are significantly simpler – more « stupid » as some defenders put it – than the whole which they make up.

Aristotle's serial analysis runs with the modern idea in two ways. The first is that the different elements in the complex soul act in combination, in such a way that the operation of the whole ensouled creature is more than just the sum of its parts. In modern theory the parts of the mind perform essentially simpler tasks than the complex to which they contribute ; in Aristotle's account the nutritive soul in humans functions not just in a nutritive way but in an intelligent nutritive way, because the later soul in the series actualises the potential in the earlier one. The second connection between Aristotle and modern theory concerns the irrelevance of the role of an overarching controller of the functioning parts. This is the idea that is scoffed at by those who attack homuncular theory and avoided by those who seek to reinstate that style of theory. The same thought is present in Aristotle's rejection of contribution which any general account of the soul can make on top of the detailed serial accounts.

But modern homuncular theory is not serial. The distinctive feature of Aristotle's account is to apply the notion of series to the analysis of the functioning human animal. His aim is to preserve the unity in the diversity of the person ; and it may be thought that, with his serial concept, he succeeds in this aim better than the moderns with he can be compared.

I conclude that, brief and promissory though Aristotle's account of the serial soul is, it is both intrinsically intelligible and contributes to a philosophically satisfying theory of the nature of the human person.

THE ARISTOTELIAN CONCEPTION OF IMAGINATION : *DE ANIMA* III 3, 427B14-428B10

TOMÁS CALVO-MARTÍNEZ

In this paper I want to deal with the Aristotelian doctrine of imagination. No doubt, it is a rather broad and complex subject which spreads to several scientific and philosophical disciplines like biology, psychology, philosophy of action and philosophy of knowledge. Since it would be impossible to deal with it from all these points of view within the framework of an article, I will discuss only some issues related to its psychological and cognitive aspects, focusing specifically on *De anima* III 3.

I

According to Aristotle φαντασία or imagination[1], plays a fundamental role in psychical life, not only in the case of animals, but also for human beings. Together with desire (ὄρεξις), imagination is a principle which causally determines the movement (the behaviour) of animals, as well as of human beings when their actions are not directed by reason[2]. Moreover, imagination is important specifically for human beings in so far as it is naturally located in the middle of our cognitive capacities, as a bridge connecting the level of sense-perception to the higher level of intellectual or rational knowledge. We can also find a reference to this in our chapter, where Aristotle says that imagination

> is different from both sense-perception and thought; it does not occur without sense-perception, nor thought without it[3].

Imagination occupies, then, an intermediary position : it is located in the borderland between sense-perception and intellectual knowledge. This metaphor was introduced by Themistius in his commentary :

1. Along the paper I translate always the Greek word φαντασία as « imagination ».
2. This issue is developed by Aristotle in *De motu animalium*, as well as in *De anima*; in our chapter we find two explicit references to it, in Aristot. *De an.* III 3, 428b16-17, and 429a5.
3. *Ibid.*, 427b14-16.

a faculty which is better than perception, but much lower than reason, and it is located like in the borderland between them (ὥσπερ ἀμφοῖν ἐν μεθορίῳ). And it goes behind perception, but before thinking[4].

But the Aristotelian doctrine of imagination is not only important, it is also complicated and difficult. In fact, we are confronted with several kinds of difficulties related to it. Let us consider some of them.

I.1. Firstly, we are confronted with difficulties coming from its borderline nature. Because of its intermediate position, imagination shows some features which belong to sense-perception, but at the same time it also shows other features which rather seem to belong to intellectual knowledge. As a consequence of this, the first and fundamental task has to be that of properly distinguishing imagination both from sense-perception and rational knowledge, as well as finding a suitable place between them for it. As is known, this issue is really important for Aristotle in the fields of psychology and epistemology[5].

I.2. There are other difficulties arising from the fact that Aristotle seems to apply the word φαντασία to very different psychical phenomena. Thus, and to advance only one notorious example, he uses this word to name two different kinds of representations. On the one hand, φαντασίαι are images produced by our own imagination when we do not perceive presently any object (for example, when dreaming or with the eyes closed). On the other hand, φαντασία is also a name for the image shown by an object when we perceive it presently – so, when we look at the sun, it appears to us like a small disk of a diameter of no more that two feet. In our chapter we can find this distinction explicitly formulated when Aristotle refers to images taking place both, « when sense-perception is present, as well as when it is absent » (τῆς αἰσθήσεως ... καὶ παρούσης καὶ ἀπούσης)[6].

4. Themistii *in libros Aristotelis De anima Paraphrasis*, edidit R. Heinze, *CAG* 5.3, Berolini, Reimer, 1890, p. 88,27-30.

5. Aristotle acknowledges the difficulty to properly distinguish imagination from other cognitive faculties. Thus, in a passage in which he enumerates the faculties of the soul, after referring to its nutritive (τὸ θρεπτικόν) and sensitive (τὸ αἰσθητικόν) parts he adds : « There is again the part concerning imagination (τὸ φανταστικόν) which is different from all of them in essence (τῷ εἶναι), although with which of them is identical or not-identical presents a great problem, if we are to posit separate parts of the soul » (*De an*. III 9, 432a31-b2).

6. *Ibid*. 3, 428b28-29. In many languages these two meanings of the Greek φαντασία are connected to the word « vision » (« visión » in Spanish, « visione » in Italian, « vision » in French and « visaô » in Portuguese). In all these languages the meaning of this word points to the two aspects I have distinguished for the Aristotelian φαντασία : so, « vision » means the very act of seeing, *i.e.*, the present activity of perceiving something through sight ; but it means also the images « seen » in a dream, trance or ecstasy – one could say, the visions of a visionary.

This dual usage of the word has given ground for two different interpretations of Aristotle's conception of φαντασία which are often taken to be alternative and mutually exclusive. According to one of them, imagination has to be understood as the capacity for creating and shaping images, and for contemplating them mentally, in the absence of any actual perception, whether these be absolutely fantastic images or even images of impossible beings – words like « fantasy » and « imagination » usually refer to this kind of images. According to the other interpretation, the specific cognitive activity of imagination is that of interpreting our sense-experiences, *i.e.* the hermeneutic activity which takes place in every act of perception – since objects are always perceived as this or that, they appear as such or such, and so on. Needless to say, this last notion of imagination fits well the contemporary theories of perception[7].

It is worth mentioning, on the other hand, that in this chapter Aristotle himself acknowledges explicitly that the word φαντασία has several meanings :

> Now, if imagination is that in virtue of which we say that an image (φάντασμα τι) is produced in us, and not as we speak of it metaphorically, it is one of those faculties or dispositions in virtue of which we judge and are true or false. And such are perception, belief, knowledge, and intellect[8].

Without any further explanation, Aristotle points out that in addition to its proper meaning, the word φαντασία has other metaphorical meaning or meanings. Thus, determining which one is its proper meaning, and which are the metaphorical ones becomes a relevant question for us. But, let us leave this question open for the moment. I shall come back to it at the end of the paper[9].

7. This interpretation was proposed and argued by M. Nussbaum in his book Aristotle's *De motu animalium*, Text with Translation, Commentary and Interpretive Essays, Princeton, Princeton University Press, 1978, p. 248, where she categorically states that « the *phantasia* is just our interpretation of the data presented to us ». *Cf.*, also, J.L. Labarrière, « Imagination humaine et imagination animale chez Aristote », *Phronesis*, 29, 1984, pp. 17-49. On the nature of imagination according to Aristotle one may also mention : M. Schofield, « Aristotle on the imagination », in G.E.R. Lloyd and G.E.L. Owen (eds.), *Aristotle on mind and the senses*, Proceedings of the Seventh Symposium Aristotelicum, Cambridge, Cambridge University Press, 1978, pp. 99-140 ; G. Watson, « Φαντασία in Aristotle, *De anima* 3, 3 », *The Classical Quarterly*, 32, 1982, pp. 100-113 ; D.K.W. Modrak, *Aristotle. The Power of Perception*, Chicago, University Press, 1987 (chapter 4 : « Phantasia », pp. 81-112) ; *Les Études Philosophiques*, 1, 1997 (all the articles in this volume deal with imagination in Aristotle) ; A. Stevens, « Unité et vérité de la phantasia chez Aristote », *Philosophie antique*, 6, 2006, pp. 181-199.

8. *De an.* III 3, 428a1-5. I am following substantially D.W. Hamlyn's translation of the Aristotelian text, in Aristotle's *De Anima. Books II and III*, Translated with Introduction and Notes, Oxford, Clarendon Press, 1968, although in some passages I have introduced minor and incidental changes.

9. One could also mention another set of difficulties *which come from the really loose way*

1.3. Thirdly, and finally, it is worth mentioning that there are also difficulties coming from, and related to, some incoherences in the text, such as the (seeming) inconsistency of affirming both the possibility and the impossibility for images of being true and false : sometimes Aristotle says that φαντασίαι can be true or false, sometimes he says that they cannot be either true or false. The first statement on this in our chapter can be read in the following lines :

> On the other hand, it is clear that imagination is not the same kind of thinking (νόησις) as judgement (ὑπόληψις)[10]. For the former is up to us when we wish (for it is possible to produce something before our eyes, as those who set things out in mnemonic systems and form images of them); but believing (δοξάζειν) is not up to us, for it must be either true or false[11].

The cognitive activity of ὑπολαβεῖν or δοξάζειν (judgement and believing that this is so and so) is here opposed to imagination, in so far as we do not feel free to believe or suppose anything we want, while we feel absolutely free to imagine anything we want. This difference is connected to the fact that judgement and believing depend upon the real state of affairs, which implies that what is supposed or believed has necessarily to be true or false. On the contrary, imagination is not constrained by external things or facts, which means for Aristotle that φαντασίαι cannot be either true or false.

Nevertheless, and in spite of this negative prognosis (that φαντασίαι are neither

---

Aristotle uses the words related to cognition in its different levels and kinds (from this looseness one should exclude, perhaps, the word αἴσθησις which seems to be univocal along the Aristotelian text). Themistius, whom I have already quoted, tries to explain and to justify this lack of strictness in the use of words in the field of *intellectual knowledge* – such as νοῦς, νόησις, διάνοια or ὑπόλεψις – by pointing out that in this context Aristotle is mainly interested in opposing intellectual knowledge as a whole to sensitive cognition, to αἴσθησις. This is Themistius' explanation : « One has not to become confused when we name the same thing now as νοῦς, then as δύναμις λογική, an in other cases as διάνοια. As a matter of fact, as we are going on, we will distinguish these names more strictly. But, for the moment, in order to explain its differences from sense-perception (ὅσον τὰς πρὸς τὴν αἴσθησιν διαφορὰς εἰπεῖν), we are using all these words with the same meaning » (Them. *in De an*. 88,16-18 Heinze). Now, I think that *this explanation* by Themistius does work (*grosso modo*) for words related to intellectual knowledge as opposed to sense-perception, but it does not work so well as an explanation for the looseness in the usage of such words when they are not used in its opposition to sense-perception, but in its relationship to imagination.

10. In this sentence we find a notorious example of the Aristotelian looseness in the usage of words related to cognition (*cf. supra* n. 9). The word νόησις is taken here as a general term including both imagination (φαντασία) and judgement or supposing (ὑπόλεψις) as its own species.

11. *De an*. III 3, 427b16-21.

true nor false), Aristotle maintains insistently the seemingly opposite doctrine when he says later that

> [perceptions, sensations] are always true, while images (φαντασίαι) are for the most part false […]. Nor again can imagination be any of those dispositions which are always true, like knowledge or intellect ; for imagination can be false also[12].

Moreover, this doctrine (that φαντασίαι can be either true or false) seems to be maintained down to the end of the chapter, as can be seen later on when Aristotle correlates the truth and falsity of φαντασίαι to different kinds of sense objects (αἰσθητά) :

> As for the movement produced as a result of the activity of sense-perception [*i.e.* imagination], it will differ in so far as it comes from these three kinds of perception. The first is true when sense-perception in present, while the others may be false whether sense-perception is present or absent, and specially when the object of perception is far off[13].

I shall come later to discuss this seeming contradiction – which appears to be as obvious as it is surprising – about truth and falsity in φαντασίαι.

II

Before trying to offer any further explanation about these difficulties which affect the reading of our chapter and the interpretation of the Aristotelian theory of imagination, I want to express, in advance, clearly and explicitly my own position on this issue.

II.1. In general, I must say that I prefer the traditional interpretation according to which the Aristotelian φαντασία is « imagination », taking always imagination to be: (1) cognition of images, and (2) cognition through images. I think, therefore, that the most proper and characteristic feature of φαντασία is the presence of images.

Indeed, the usual and immediate meaning of the word φαντασία is that of image. This becomes absolutely clear when this word appears in its plural form: φαντασίαι. Obviously, φαντασίαι (in plural) cannot mean imagination as a psychical faculty, since this faculty is one and the same, whereas there are (can be) many and different φαντασίαι – that is, many and different images. Certainly, φαντασία can also mean the faculty (1) to apprehend images, and (2) to apprehend something through images. On the other hand, and in so far as φαντασία means « image », it becomes a synonym for φάντασμα. This is not surprising at all, according to Aristotle's psycholo-

12. *Ibid.*, 428a11-18.
13. *Ibid.*, 428b25-30.

gy : as sensation (αἴσθησις) – which is the act of a sensitive faculty – is identical to the act of the quality that becomes perceived (τὸ αἰσθητόν), so the act of imagining (φαντασία) is identical to the image which becomes actualized (*i.e.* τὸ φάντασμα). The φάντασμα is, then, an actualized image, it is the actualization of an image.

II.2. If these remarks are reasonable, one may suppose (and this is my own supposition) that the opposition between the φαντασία that happens when sense-perception is present and the φαντασία that happens without any actual perception, is not as important as some scholars take it to be. To my mind, far more important is the fact that in both cases we apprehend an image, or we apprehend something through an image. This brings me to the following considerations.

Firstly, I think that the already mentioned distinction between φαντασία when perception is present, and φαντασία when it is absent (τῆς αἰσθήσεως ... καὶ παρούσης καὶ ἀπούσης) is not enough to suppose that there are two different and mutually exclusive conceptions of φαντασία in Aristotle. Hence, there is only one conception of imagination in Aristotle, although imagination can work – and actually works – in different contexts and situations.

Secondly, I want to emphasize that according to the Aristotelian explanation there is always an image in every act of sense-perception : there is no perception without image, although there can be images without any present perception. Since a φάντασμα or image is a mark impressed by perception (by αἴσθησις), there must be the impressing of a φάντασμα as soon as there is an αἴσθησις. No doubt, the intentional nature of perception (I mean, its being always directed towards external objects) makes it difficult for us to distinguish the presence of the image when we « look » directly at an external object. This was already noticed and underlined by ancient commentators. This is the comment on this by Themistius :

> certainly, when the perceptible objects are absent, the faculty of imagination (ἡ δύναμις ἡ φανταστική) becomes clearly differentiated from the faculty of sensation, since the latter stops working, while the former still retains the received traces. But, when the perceptible object is present, and they both are excited at the same time – and by « they both » I mean perception together with imagination – then it becomes difficult to find the difference (διαφοράν) of these two faculties[14].

14. Them. *in De an*. 92,1-6 Heinze. Nevertheless, when the perceptible object is present it will be possible for us to distinguish the image if it is (a) false (*e.g.*, the image of the sun) or (b) lacking clarity (*e.g.*, when we look at somebody who is far away, according to one of the examples proposed by Aristotle himself when arguing against the identification of imagination and sense-perception). Alexander explains well that those capacities are the same organic faculty (ἡ αὐτὴ μὲν κατὰ τὸ ὑποκείμενον) with different functional definitions (τῷ λόγῳ μέντοι διαφέρουσα) (*cf.* Alexandri Aphrodisiensis *praeter Commentaria Scripta Minora, De anima liber cum Mantissa*, edidit I. Bruns, *CAG* suppl. 2.1, Berolini, Reimer, 1887, p. 69, 5-6).

Thirdly, this very fact (I mean the fact that images are always produced in every act of perceiving) makes it possible to explain the activity of identifying and recognizing objects which takes place in sense-perceptions. The image we retain of the sun (as a rather small disk with a diameter of no more that two feet) becomes actualized by its present vision. In this way we become able to identify (or re-identify) the sun through this image, and we also become able to realize the « falsity » of this image, thanks to our (rationally grounded) belief that the sun « is bigger than the inhabited world », as Aristotle himself says in the following passage :

> Some things can also appear falsely, when we have at the same time a true supposition about them, *e.g.*, the sun appears (φαίνεται) a foot across to us, although we believe it to be bigger that the inhabited world[15].

II.3. But let us go on a step further. As I have already stated, the distinction between φαντασίαι taking place with sense-perceptions and φαντασίαι taking place without sense-perception is not the most relevant distinction in Aristotle's theory of imagination. In my opinion, there is another distinction which is much more important in order to understand both the content and the structure of this chapter. I mean the distinction between images that do not represent any real thing, and images that are presentations or re-presentations of something real. When an image does not represent anything beyond itself, we only know the image. On the contrary, when images represent something real (a person, an animal, anything external to our mind), we certainly know the images, but we also know, through them, the things represented by them.

Taking this last distinction as a starting point I would like to propose the following remarks.

II.3.1. This distinction does not coincide at all (either extensionally or intensionally) with the previously commented distinction between φαντασίαι in presence and in absence of sense-perception. In fact, there are images that represent something real beyond themselves, whether they happen with sense-perception or not. (Think of the already mentioned image of the sun as a small brilliant disk : it appears when we look at the sun, but it can also be evoked by us when we are not looking at the sun). Moreover, among the images which become actualized in the absence of sense-perception, some of them do certainly represent real things (like the already mentioned image of the sun, or the image of someone known to us, etc.), whereas other images do not represent – and they are not intended to represent – anything real (images of flying chariots, mythological people, fantastic places and lands, etc.)[16].

15. *De an.* III 3, 428b2-4.

16. This distinction opens a way to some important philosophical developments, in so far as the images that do not represent anything real bring us to the world of the *creative imagination*, to the moment of irreality that characterizes artwork as such. However, we have to regret that Aristotle himself did not go along, or even explore, this road, probably because of his mimetic conception of art.

II.3.2. Secondly, I think that this distinction (between images that do not represent anything real, and images that are representations of something real) can help us solve the seeming contradiction that I mentioned above, between the statement that images are neither true nor false and the opposite statement that they are necessarily either true or false. I would like to suggest that each of these statements refers to each of the two kinds of images we have distinguished.

According to this suggestion, we may state that those images that do not represent – and are not intended to represent – anything real beyond themselves cannot be either true or false. In so far as the notion of truth always includes somehow the idea of correspondence, it cannot be applied to those images that do not represent anything, since *ex hypothesi* there is nothing to which they could be compared, and to which they should correspond. Thus, the notion of truth cannot be applied to these images, either *stricto sensu* (*i.e.* the truth which is a logical property of statements) or *lato sensu* (*i.e.* in the broader sense of some kind of likeness or resemblance).

Of course, this does not preclude the possibility of considering these images (or some of them) to be false in another meaning of the word « false » which was recorded by Aristotle in *Metaphysics* Δ 29. In this chapter Aristotle explains that the word « false » (ψεῦδος) can be applied to things, to statements and to people, and distinguishes two further possible applications to things. The first of them takes place when we say that something is false because it is unreal. The second one is more interesting in our context, and it is explained by Aristotle this way :

> <Sometimes we call a falsehood> things which, while being real things (ὄντα), are such that appear either not as they are, or not what they are. As for instance, scene-paintings and dreams : for these are something, but not what they are imagined to be. Things, then, are called false in two ways, either from their not themselves being, or because they offer us the image of something that is not real[17].

Note that Aristotle does not say that scene-paintings are false because they do not represent anything real, neither says he that the land dreamed is false because it does not represent any land really existing. Aristotle's meaning is quite different. He characterizes them as false images because they present themselves as real – as a real building (not as a painted building), and as a real land (not as a dreamed land). Their appearing is false, then, in so far as the appearance shows itself, not as being an appearance, but as being the true reality.

Let us go now to the other kind of images, to those that represent – are intended to represent – something real beyond themselves. Obviously, they cannot be said to be true or false in the strict logical sense in which truth and falsity belong to statements, to δοξάζειν and ὑπολαβεῖν. Nevertheless, since they are meant to represent something real beyond themselves, we may speak about them being like or unlike, and

17. Aristot. *Metaph*. Δ 29, 1024b21-26.

about them being more or less like, when compared to the things which they are supposed to represent[18]. The ultimate ground for considering them true or false, according to Aristotle, is that an image is a mark or a trace of an αἴσθησις, being similar (ὅμοιος) to the αἴσθησις by which it has been impressed on the sensorium. In 428b13-17 we can read the following text:

> [...] and since it is possible that a movement occurs as the result of the activity of sense-perception, and it must be like the sense-perception, then (1) this movement cannot take place without sense-perception or in things lacking sense-perception; (2) and the one who possesses it will be able to do and to be affected in many ways according to it, and (3) it can be both true and false.

Aristotle states here that the main properties of φαντασία – (2) and (3) in the quoted text – are grounded on the fact that it is ὁμοία, it is a likeness of the perception from which and by which it has been impressed. Therefore, an image can be either true or false in regard to the fact that it is a likeness. And note that being a likeness has nothing to do with its becoming actualized either together with an actual perception or without any actual perception. This last distinction is irrelevant to the truth and falsity of φαντασία.

III

This fundamental distinction between images not representing anything real (and, therefore, being neither true nor false) and those representing something real (and, therefore, being either true or false) gives us a clue for a better understanding of the argumentative structure of the chapter we are considering. And, to my mind, it also helps to clarify the seeming incoherences and ambiguities we find in Aristotle's doctrine on imagination. Let us see it.

De anima III 3 can be divided into three main sections. (A) The first section (427a17-b14) underlines that thinking and understanding (νοεῖν, φρονεῖν) is different from sense-perception. (B) The second section (427b14-428b10) already focuses on imagination and discusses its nature from a negative point of view. Aristotle shows what imagination is not. Within this negative section we may distin-

18. Simplicius clearly states that this is the meaning of « true » and « false » as referred to imagination by Aristotle. He says : « [imagination] is true or false : for if it depicts the image similar to the object of which it is an image, it becomes true, if dissimilar, it becomes false » (ἀλεθεύει γὰρ ἢ ψεύδεται, ὅμοιον μὲν τὸ φάντασμα ἀναζωγραφοῦσα τῷ πράγματι, οὗπερ τὸ φάντασμα, ἀληθεύουσα, ἀνόμοιον δὲ ψευδομένη) (Simplicii *in libros Aristotelis De anima Commentaria*, edidit M. Hayduck, *CAG* 11, Berolini, Reimer, p. 208,13-15).

guish four paragraphs : (1) firstly (427b14-29) it is argued that imagination is not the same as thought (νόησις, ὑπόληψις) ; (2) then, we meet five controversial lines (428a1-5) in which Aristotle proposes and enumerates four cognitive activities from which imagination has to be distinguished : sense-perception, opinion or belief (δόξα), intellect (νοῦς) and knowledge or science (ἐπιστήμη) ; (3) immediately after this (428a5-16) Aristotle argues that imagination is not sense-perception ; (4) and lastly (428a16-b10), after affirming that imagination is obviously different from intellect and from knowledge, he argues that it is not the same as belief (δόξα) either. (C) After all this we come finally to the third and last section (from 428b10 to the end of the chapter) where Aristotle explains positively what imagination is.

III.1. If we pay attention to the first paragraph in the second section (where Aristotle argues that imagination is not the same as thought : 427b14-29), we will realize that he resorts to words like διάνοια, νόησις and ὑπόληψις to name « thought » as opposed to imagination. In order to distinguish imagination from thought, Aristotle focuses on the kind of thinking which implies judging, that is, affirming or denying. He underlines this by using the words « judgement » and « believing », ὑπολαβεῖν and δοξάζειν. The argument does not focus, then, on thought in general, but on those intellectual activities that intentionally refer and point to reality. This means that the state of affairs concerned is relevant, and therefore, one is not free to judge or believe arbitrarily : as Aristotle puts it, we cannot believe anything we want, since our beliefs necessarily are true or false. To these intellectual activities Aristotle opposes imagination, in so far as it enables us to create and evoke images freely, for it is not constrained by external things or facts : in the realm of φαντασία our images do not necessarily assume an ontological commitment, which means that they are not either true or false. The argument is based, then, on a dual selection by Aristotle concerning thought and imagination : for the sake of argument Aristotle has selected here those intellectual activities that carry with themselves an ontological commitment (ὑπολαβεῖν and δοξάζειν), but contrary to this, he focuses on images that do not carry any ontological commitment (since they do not represent anything beyond themselves). As a consequence of this dual election, Aristotle can conclude that intellectual knowledge is not the same as imagination, since some activities belonging to the former (those which imply judgement and believing) can be either true or false, while some images in the latter (namely, those which do not represent anything real) cannot be either true or false.

To this argument Aristotle adds a second one which is also (implicitly) based on the fact that belief (δόξα) has always an ontological commitment (*i.e.* we judge or state that things are as we believe them to be). This means that beliefs intentionally refer to reality, while imagination lacks any ontological commitment. On this implicit ground Aristotle argues that :

> when we believe that something is harmful or terrible we are affected immediately, and similarly if [we believe that] it is something encouraging ; but in the case of imagination we feel just as if we saw the terrible or encouraging things in a picture[19].

No doubt, the fundamental distinction in both arguments is the one between images that refer and represent something real beyond themselves, and images that do not represent anything real.

III.2. Let us go now to the third (428a5-16) and the fourth (428a16-b10) paragraphs I have pointed out in the second section. As I have already mentioned, in these paragraphs Aristotle opposes imagination to other kinds of cognition by which we discriminate and judge things with truth or falsity, such as sense-perception, opinion or belief (δόξα), intellect, and knowledge (ἐπιστήμη). Thus, in the third paragraph imagination becomes opposed to sense-perception. And after briefly stating that imagination cannot be identified either with intellect or with knowledge, Aristotle goes on in the fourth paragraph to argue that imagination is not the same as belief.

III.2.1. In the third paragraph (428a5-16), then, Aristotle opposes imagination to αἴσθησις, to sense-perception. Now, given the terms of this opposition, one could suppose that the Aristotelian argumentation would be based specifically on the distinction between images that appear in the presence of sense-perception and those appearing in the absence of it. Within this framework the argument would run easily like this : there are images that can be produced when there is not sense-perception, *ergo* imagination cannot be considered identical to it. Nevertheless, this line of thought appears only in the last (fifth) argument proposed by Aristotle.

Let us analyse briefly the five arguments in this passage intended to show that imagination is not the same as sense-perception. The first of them opposes the objects « seen » in dreams to the objects that are actually or potentially perceived (428a6-8) : it is difficult to grasp what is the substance of this argument, but it probably means that the alluded images (those « seen » in dreams) do not represent any real object[20].

19. *De an*. III 3, 427b21-24.

20. This is the textual wording of the argument in *De an*. III 3, 428a5-8 : « for sense-perception is either potentiality (δύναμις), or actuality (ἐνέργεια) like sight and seeing; but something can appear when there is neither of them, like things in dreams : for the colours appearing in dreams are not visions either of the potentiality of sight or of its actuality, but only of the imagination (οὔτε τῆς δυνάμεως οὔτε τῆς ἐνεργείας ὁράματα ὄψεως, ἀλλὰ μόνης φαντασία) ». The main difficulty in the text arises from the statement that images can happen even when there is no sense-perception *either potentially or actually*. Why does Aristotle introduce the absence of *potential* sense-perceptions, in addition to the always mentioned absence of (actual) sense-perception ? My suggestion is that he refers to *unreal* objects, since unreal objects *cannot be seen*, and therefore, there is neither actual *nor potential* perception of them. Themistius tried to make sense of this by considering the case of those lacking sight (because

The third argument literally refers to the fact that sense-perceptions are always true, « while images are for the most part false » (αἱ δὲ φαντασίαι γίνονται αἱ πλείους αἱ ψευδεῖς)[21]. And the fourth one (428a12-15) refers to the images produced when we perceive things without accuracy, in which case (a) we usually say « it appears to be this or that », and (b) the image may be true or false (ἀληθὴς ἢ ψευδής). Obviously, the argument focuses on images taking place when sense-perception is present, and it points here to the fact that they present something real, and therefore, they are capable of being true or false. These three pieces of argumentation appear to be based, then, on the fact that images can be true or false. Therefore, the reference is always to images that present or re-present something real beyond themselves.

Thus, we are left with the second and the fifth arguments. The second argument underlines that some animals have sense-perception without having imagination : this is an argumentation related to zoology and biology more than to psychology or to theory of knowledge, and therefore, we can leave it aside. As for the fifth argument, it refers to images that appear to us with the eyes closed. As I have already underlined, this is the only one which clearly pays attention to the fact that images can be produced when there is no actual sense-perception.

III.2.2. After showing the differences between imagination and sense-perception through these five arguments, Aristotle states briefly and clearly that imagination cannot be considered identical either to intellect or to knowledge. Once more Aristotle points to the same reason : that intellect and knowledge are always true, while imagination can also be false (ἔστι γὰρ φαντασία καὶ ψευδής : 428a16-18). Finally, in the fourth paragraph (the last I have singled out in the second section of our chapter), Aristotle argues that imagination is not the same as belief (δόξα), either. Note that in the first paragraph of this section Aristotle had already stressed the differences between imagination and belief, when he opposed imagination – specifically those images which do not represent anything beyond them, and therefore, cannot be true or false – to activities like judgement and believing which intentionally refer to reality, and therefore, necessarily are true or false (427b14-21). Nevertheless, and in spite of the strength of this argument, it is not taken into account in the last paragraph of the second section. Aristotle turns here to another argument which is based on the fact that imagination lacks conviction (πίστις) while believing implies it. But once again, in my opinion, the background for this argument is the fact that (some) images do not point to any real state of affairs, while believing implies the statement that something is so and so. As a consequence of this, arguments (λόγοι) can be adduced in order to persuade someone (or oneself) that the statement is true.

---

of an illness or an injury, I guess). Such individuals can imagine colours when dreaming although they do not see them presently (ἐνέργεια) ; moreover, they lack the capacity (δύναμις) to see them (*cf*. Them. *in De an*. 90 Heinze).

21 *Ibid*., 428a11 12.

III.3. So far I have considered the first, the second and the fourth paragraphs of those that I have distinguished within the second section of our chapter. We are left, then, with the third paragraph (428a1-5) where Aristotle proposes and enumerates four cognitive activities to be distinguished from imagination : sense-perception, opinion or belief (δόξα), intellect (νοῦς) and knowledge or science (ἐπιστήμη). I have quoted this passage already, at the beginning of the paper when remarking that the word φαντασία has several meanings. Let me quote it again before making two final remarks on it :

> Now, if imagination is that in virtue of which we say that an image (φάντασμα τι) is produced in us, and not as we speak of it metaphorically, it is one of those faculties or dispositions in virtue of which we judge and are true or false. And such are perception, belief, knowledge, and intellect[22].

My first remark refers once more to the meaning of the word φαντασία, since Aristotle mentions here two meanings, the literal one and the metaphorical one.

To my mind, the structure itself of the first sentence explicitly shows that the proper meaning must be the one which links φαντασία to φάντασμα. Trying to be more explicit, I would say that the proper meaning of φάντασμα, in its turn, is that of an image which represents something real, or an image through which something real becomes presented to us (either with or without any actual sense-perception). I think that this is also clearly indicated in the text: Aristotle says that imagination, not metaphorically understood, has to be one of those faculties « in virtue of which we judge and are true or false ». And as we have seen already, this (*i.e.* being true and false) can be applied to imagination if – only if – its images show or represent something real[23].

This interpretation helps to understand the notional connection between φαντασία and φαίνεσθαι, the appearing of something showing itself. Thus, the statement that «

22. *Ibid.*, 428a1-4.

23. R. Lefebvre, in Aristote, *De l'âme III, 3*, Paris, Ellipses, 2001, proposes an interpretation of the meanings of φαντασία which is, to my mind, as ingenious as improbable. On the one hand, he assumes that the Aristotelian (innovative) meaning of φαντασία is that of a faculty capable « to represent to ourselves *something absent* through images simulating perception » (« faculté de se représenter par images l'objet absent en simulant la perception » p. 52). On the other hand, he acknowledges that its proper meaning is that which connects it to φάντασμα, and this to φαίνεσθαι understood as the appearing of *something present* (p. 36). Form both premises he seems to conclude that *the « Aristotelian » meaning* of φαντασία is not the meaning that Aristotle considers to be the proper one, but the meaning considered by him to be metaphorical (meaning supposedly new and created by himself). *Cf.*, also, his article « La phantasia chez Aristote : subliminalité, indistinction et pathologie de la perception », *Les Études Philosophiques*, 1, 1997, pp. 41-58, esp. p. 46.

an image represents something real » means the same as « something real appears or shows itself in its image », since an image is the image of the thing which appears in it and through it, be it in the absence or in the presence of sense-perception[24].

As for the metaphorical meaning (or meanings) of φαντασία, I guess and I would suggest that they are all those meanings and usages that enlarge the field of φαντασία. This can happen in two different ways : (a) either by enlarging the field of its application as to include other kinds or ways of φαίνεσθαι like αἴσθησις or νοῦς, or even (b) by including also those images which do not represent anything real beyond them, in which case they are not the φαίνεσθαι of something real, but only their own φαίνεσθαι.

My second and final remark refers to the last words in the paragraph I am discussing : « and of this kind are [or: such are] perception, belief, intellect, and knowledge (τοιαῦται δ' εἰσὶν αἴσθησις, δόξα, νοῦς, ἐπιστήμη) ».

I translate « of this kind are », or « such are », because in the Greek text I retain τοιαῦται (or : τοιαῦτα) instead of ταῦτα, since with ταῦτα the translation should be: « and these are perception, belief, intellect, and knowledge ». I prefer τοιαῦται because reading ταῦτα carries the following contradiction. On the one hand, Aristotle states that imagination has to be one of these faculties or dispositions (perception, belief, intellect or knowledge); on the other hand Aristotle demonstrates that imagination is not any of these faculties or dispositions[25]. On the contrary, if we read τοιαῦτα

24. Ancient Greek commentators agree on the proper meaning of φαντασία. All of them seem to assume that it is the one I have proposed. Nevertheless, they do not seem to agree on the extent of the metaphorical meaning. Thus, Alexander considers *the four kinds of cognition* enumerated in the text as metaphorical meanings of φαντασία : « for we predicate "imagination" of sense-perception, as well as of belief, and of knowledge and of intellect » (καὶ γὰρ κατὰ αἰσθήσεως καὶ κατὰ δόξης καὶ κατὰ ἐπιστήμης καὶ νοῦ τὴν φαντασίαν κατηγοροῦμεν) (Alex. Aphrod. *in De an.* 66,23-25 Bruns). Contrary to this, Themistius refers only to two of them, to *sense-perception and thought* : « leaving aside, then, the other <kinds of cognition> signified by this word when we predicate it metaphorically (μεταφέροντες λέγομεν) of them (for we apply the word "imagination" often to sense-perception, and often also to thought) [...] » (Them. *in De an.* 89,25-27 Heinze). Finally, Simplicius refers to *that which appears, sense-perception and belief* : « distinguishing it [*scil.* imagination] from that to which we give metaphorically this name, when we use the word "imagination" applying it to that which appears, and to sense-perception, and to belief (ὅτε ἐπὶ τοῦ φαινομένου τῇ φαντασίᾳ χρώμεθα καὶ ἐπὶ αἰσθήσεως καὶ ἐπὶ δόξης) » (Simpl. *in De an.* 208,6-7 Hayduck). As for contemporary scholars, some of them follow the Greek Commentators. Thus, R.D. Hicks, in Aristotle, *De anima*, with Translation, Introduction and Notes, Cambridge, University Press, 1907, and R. Bodéüs, in Aristote, *De l'âme*, traduction inédite, présentation, notes et bibliographie, Paris, Flammarion, 1993, follow Alexander. However, one can find the most varied proposals on the metaphorical meaning of φαντασία (*cf.* the articles quoted above, n. 7).

25. The interpretation I am proposing is the same as the one proposed by Themistius who

the whole text becomes both coherent and clear : (1) imagination has to be one of these faculties or dispositions by which we judge and become true and false ; (2) dispositions of this kind are perception, belief, intellect or knowledge ; (3) but imagination is not identical to any of them ; (4) *ergo*, it is another disposition of this kind, the nature of which is being a movement which takes place as a result of sense-perception, and persists as a trace similar to the original perception.

This is, I think, the line along which Aristotle elaborates his notion of imagination as a specific faculty located and working in the borderland between sense-perception and intellectual knowledge.

---

also reads τοιαῦται (*cf.* Them. *in De an.* 89,31-33 Heinze). I have to confess that in my own translation of *De anima* into Spanish I accepted the reading ταῦτα, which led me to a rather unnatural interpretation of this passage (*cf.* T. Calvo-Martínez, in Aristóteles, *Acerca del alma*, Introducción, traducción y notas, Madrid, Gredos, 1978, n. *ad. loc.*).

COMMENT LA PENSÉE DÉPEND-ELLE DE L'IMAGINATION ?

ANNICK STEVENS

Dans la psychologie d'Aristote (*De anima* et *Parva naturalia*), l'image, produite par la φαντασία à partir de la sensation, est présentée comme nécessaire à la pensée de deux manières, à deux étapes différentes du processus cognitif. La première de ces étapes est le processus de constitution des notions générales par l'induction, la deuxième est la pensée d'une notion déjà constituée.

Le processus inductif consiste, comme on le sait, en la rétention et la comparaison d'une multiplicité d'images[1] semblables aboutissant, spontanément ou intentionnellement, à la production d'une forme générale qui constitue leur essence commune. Celle-ci est désormais pensable, définissable et reconnaissable dans de nouvelles expériences. Puisque la réactualisation et les diverses opérations de comparaison portant sur les images obtenues par la sensation sont effectuées par l'imagination, il est évident qu'en ce sens l'intellection est dépendante de l'imagination[2].

Mais à côté de cela, Aristote affirme à trois reprises qu'il n'est pas possible de penser sans image, dans des contextes qui ne semblent pas concerner le processus d'induction mais la pensée des notions générales déjà acquises. L'explication qu'il donne de cet autre type de dépendance de la pensée par rapport à l'image n'est pas tout à fait claire et les rares études qui lui ont été consacrées n'ont pas permis de rendre compte précisément de ce qu'Aristote a voulu indiquer[3]. C'est pourquoi, je

1. Je traduis φάντασμα par « image » et φαντασία par « imagination », tout en rappelant qu'il ne faut pas entendre par là seulement les données visuelles mais les données sensorielles issues des cinq sens.

2. Voir principalement Aristot. *An. post.* II 19 ; *Metaph.* A 1, 981a6 ; *Eth. Nic.* VI 12, 1143b4-5 ; *De sensu* 6, 445b3-20. On lira avec intérêt sur cette question l'étude de Ch.H. Kahn, « The Role of *nous* in the Cognition of First Principles in *Posterior Analytics* II 19 », *in* E. Berti (ed.), *Aristotle on Science. The « Posterior Analytics »*, Proceedings of the Eighth Symposium Aristotelicum, Padova, Antenore, 1981, pp. 385-414.

3. Ainsi, J.-L. Labarrière, « Jamais l'âme ne pense sans phantasme », *in* P.-M. Morel (éd.), *Aristote et la notion de nature*, Bordeaux, Presses Universitaires, 1997, pp. 149-179, reste hésitant sur la portée du rôle de condition de possibilité de la pensée que joue l'imagination, lorsqu'il conclut : « Bien que nous ne puissions rien penser sans phantasme, donc que nous ayons besoin du corps et des sens pour penser, la pensée en acte reste indépendante du corps ». À l'inverse, C. Castoriadis, « La découverte de l'imagination », *in* Id., *Les carrefours du labyrinthe*,

tenterai de répondre aux questions suivantes, qui me semblent essentielles pour notre compréhension de sa théorie :

– la même dépendance vaut-elle pour la pensée pratique et pour la pensée théorique, et d'autre part, pour la pensée des termes simples et pour la pensée discursive ?

– l'image doit-elle être comprise comme une véritable condition de possibilité de l'acte de penser ou bien comme un simple accompagnement de celui-ci ?

– notre expérience de la pensée confirme-t-elle le type de dépendance qu'Aristote a mise en évidence ?

La première question a constitué un enjeu historique important car, comme le rappelle Jean-Louis Labarrière, les commentateurs néoplatoniciens, qui voulaient assurer la plus grande indépendance possible de l'intellect par rapport au corps, ont considéré que la dépendance ne concernait que la pensée pratique, alors que deux des trois passages mentionnent manifestement la pensée théorique[4].

Il est temps de citer ces trois passages, avant de les examiner dans leur contexte respectif.

> (1)
> (a) Le fait de sentir est semblable au fait de simplement dire et penser, mais lorsque c'est agréable ou pénible, comme si elle affirmait ou niait, l'âme poursuit ou fuit[5]. [...] Les images sont pour l'âme dianoétique comme des sensations, et lorsqu'elle affirme ou nie un bien ou un mal, elle le fuit ou le poursuit ; c'est pourquoi jamais l'âme ne pense sans image[6].

---

t. 2 : *Domaines de l'homme*, Paris, Édition de Seuil, 1986, pp. 409-454, radicalise peut-être à l'excès l'importance de l'imagination dans l'opération de la pensée, pour la rapprocher de son propre concept d'imagination instituant : « De ce qu'elle fournit, on ne saurait dire dans l'horizon aristotélicien ni qu'il est, au sens de la οὐσία, ni qu'il n'est absolument pas. Beaucoup plus même, elle met en question, par rétroaction, aussi bien le mode d'accès du *nous* à ses pensables propres, aux essences, que les déterminations fondamentales de tout étant et finalement l'ontologie comme telle» (*ibid.*, pp. 449-450). Cependant, si l'on excepte la revendication d'éclatement des catégories fondamentales de l'ontologie aristotélicienne, son étude apporte une compréhension en profondeur dont il est bon de s'inspirer pour dépasser le niveau trivial de la lecture.

4. *Cf.* Simplicii *in libros Aristotelis De anima Commentaria*, edidit M. Hayduck, *CAG* 11, Berolini, Reimer, 1882, p. 5,6-20 ; Philoponi *in Aristotelis libros De anima Commentaria*, edidit M. Hayduck, *CAG* 15, Berolini, Reimer, 1897, pp. 97,8-98,44 (tr. lat. de G. de Moerbeke, *in* J. Philopon, *Commentaire sur le* De anima *d'Aristote*, édition critique avec une introduction sur la psychologie de Philopon par G. Verbeke, Louvain-Paris, Publications Universitaires de Louvain - Beatrice-Nauwelaerts, 1966).

5. Le sujet n'est pas explicite mais le plus probable est qu'il s'agisse de l'âme, car il doit être féminin et le même pour les participes et pour les verbes. Dans la phrase suivante il est précisé que la faculté de l'âme responsable de ces mouvements est τὸ ὀρεκτικὸν καὶ τὸ φευτικόν (ligne 13).

6. Aristot. *De an.* III 7, 431a8-17 : τὸ μὲν οὖν αἰσθάνεσθαι ὅμοιον τῷ φάναι μόνον καὶ νοεῖν· ὅταν δὲ ἡδὺ ἢ λυπηρόν, οἷον καταφᾶσα ἢ ἀποφᾶσα διώκει ἢ φεύγει· ... τῇ δὲ

(b) [...] La faculté de penser pense les formes dans les images, et elle définit en quelque sorte en elles ce qu'il faut poursuivre et fuir, et, indépendamment de la sensation, lorsqu'on s'attache aux images, on est mû ; par exemple, en sentant la torche parce qu'on sent du feu, et en la voyant bouger grâce à la sensation commune, on comprend que c'est un ennemi ; d'autre part, lorsque, grâce aux images ou aux pensées qui sont dans l'âme, comme si l'on voyait, on raisonne et on délibère sur le futur par rapport au présent, et lorsqu'on dit qu'il y a là de l'agréable ou du pénible, alors on fuit ou on poursuit[7].

(2)
Puisqu'il n'existe aucune chose séparée, semble-t-il, à côté des grandeurs sensibles, les intelligibles se trouvent dans les formes sensibles, ceux qui sont dits par abstraction et ceux qui sont des états et des affections des choses sensibles. Et en raison de cela on ne pourrait rien apprendre ni comprendre sans sentir, et lorsqu'on étudie, nécessairement on étudie en même temps une certaine image ; car les images sont comme les sensations, si ce n'est qu'elles sont sans matière[8]. Et l'imagination est autre chose que l'affirmation et la négation, car le vrai ou le faux sont une combinaison de pensées. Mais en quoi les premières pensées différeront-elles du fait d'être des images ? Ou bien les autres non plus ne sont pas des images, mais ne sont pas sans images[9].

(3)
Puisque nous avons déjà parlé de l'imagination auparavant, dans le traité de l'âme, ajoutons qu'il n'est pas possible de penser sans image ; en effet, il arrive dans le penser

διανοητικῇ ψυχῇ τὰ φαντάσματα οἷον αἰσθήματα ὑπάρχει, ὅταν δὲ ἀγαθὸν ἢ κακὸν φήσῃ ἢ ἀποφήσῃ, φεύγει ἢ διώκει· διὸ οὐδέποτε νοεῖ ἄνευ φαντάσματος ἡ ψυχή. Le texte grec est celui de W.D. Ross, *in* Aristotle, *De anima*, edited with Introduction and Commentary, Oxford, Clarendon Press, 1961.

7. *Ibid.*, 431b2-9 : ... τὰ μὲν οὖν εἴδη τὸ νοητικὸν ἐν τοῖς φαντάσμασι νοεῖ, καὶ ὡς ἐν ἐκείνοις ὥρισται αὐτῷ τὸ διωκτὸν καὶ φευκτόν, καὶ ἐκτὸς τῆς αἰσθήσεως, ὅταν ἐπὶ τῶν φαντασμάτων ᾖ, κινεῖται· οἷον, αἰσθανόμενος τὸν φρυκτὸν ὅτι πῦρ, τῇ κοινῇ ὁρῶν κινούμενον γνωρίζει ὅτι πολέμιος· ὁτὲ δὲ τοῖς ἐν τῇ ψυχῇ φαντάσμασιν ἢ νοήμασιν, ὥσπερ ὁρῶν, λογίζεται καὶ βουλεύεται τὰ μέλλοντα πρὸς τὰ παρόντα· καὶ ὅταν εἴπῃ ὡς ἐκεῖ τὸ ἡδὺ ἢ λυπηρόν, ἐνταῦθα φεύγει ἢ διώκει.

8. πλὴν ἄνευ ὕλης : certes, les formes sensibles sont également senties sans la matière (*cf. ibid.* II 12, 424a18-19 ; III 2, 425b23-24), mais la distinction peut signifier soit que les images n'ont pas besoin que l'objet sensible soit présent (*cf. ibid.* 3, 428a8-9), soit que l'imagination se fait sans la participation de l'organe sensoriel qui est matériel.

9. *Ibid.* 8, 432a3-14 : ἐπεὶ δὲ οὐδὲ πρᾶγμα οὐθὲν ἔστι παρὰ τὰ μεγέθη, ὡς δοκεῖ, τὰ αἰσθητὰ κεχωρισμένον, ἐν τοῖς εἴδεσι τοῖς αἰσθητοῖς τὰ νοητά ἐστι, τά τε ἐν ἀφαιρέσει λεγόμενα καὶ ὅσα τῶν αἰσθητῶν ἕξεις καὶ πάθη, καὶ διὰ τοῦτο οὔτε μὴ αἰσθανόμενος μηθὲν οὐθὲν ἂν μάθοι οὐδὲ ξυνείη, ὅταν τε θεωρῇ, ἀνάγκη ἅμα φάντασμά τι θεωρεῖν· τὰ γὰρ φαντάσματα ὥσπερ αἰσθήματά ἐστι, πλὴν ἄνευ ὕλης. ἔστι δ' ἡ φαντασία ἕτερον φάσεως καὶ ἀποφάσεως· συμπλοκὴ γὰρ νοημάτων ἐστὶ τὸ ἀληθὲς ἢ ψεῦδος. τὰ δὲ πρῶτα νοήματα τί διοίσει τοῦ μὴ φαντάσματα εἶναι; ἢ οὐδὲ τἆλλα φαντάσματα, ἀλλ' οὐκ ἄνευ φαντασμάτων. Sur le τἆλλα de la ligne 13, remplacé par certains éditeurs par ταῦτα, voir *infra* n. 24.

la même affection que dans le tracer : sans avoir besoin que la quantité du triangle soit déterminée, nous le traçons cependant déterminé quant à la quantité ; et celui qui pense, de la même manière, même s'il ne pense pas une quantité, se pose devant les yeux une quantité mais ne la pense pas en tant que quantité. Et si la nature de la chose fait partie des quantités, mais est indéterminée, il se pose une quantité déterminée mais la pense seulement en tant que quantité. Pour quelle raison donc n'est-il possible de rien penser sans le continu, ni sans le temps les choses qui ne sont pas dans le temps, c'est un autre raisonnement ; mais il est nécessaire de connaître la grandeur et le mouvement par le même moyen que le temps, et l'image est une affection de la sensation commune, de sorte que, manifestement, la connaissance de ceux-là se fait par la première faculté sensitive[10].

I. *L'imagination dans la pensée pratique*

Le premier passage dans lequel apparaît la dépendance de la pensée vis-à-vis de l'image constitue le début de la recherche sur les facultés qui interviennent dans l'action et expliquent les déplacements des animaux.

Dans la première partie du texte, il est explicitement question de l'activité dianoétique, c'est-à-dire de celle qui construit propositions et raisonnements, et non de l'intellection des formes isolées ; le νοεῖ de la ligne 17 signifie donc « penser » au sens de « raisonner », comme l'indique aussi le fait que, revenant sur la même question après une courte digression, Aristote désigne la même activité par les verbes λογίζεται καὶ βουλεύεται[11]. La sensation et l'imagination fournissent soit des don-

10. Aristot. *De mem.* 1, 449b30-450a12 : ἐπεὶ δὲ περὶ φαντασίας εἴρηται πρότερον ἐν τοῖς περὶ ψυχῆς, καὶ νοεῖν οὐκ ἔστιν ἄνευ φαντάσματος – συμβαίνει γὰρ τὸ αὐτὸ πάθος ἐν τῷ νοεῖν ὅπερ καὶ ἐν τῷ διαγράφειν· ἐκεῖ τε γὰρ οὐθὲν προσχρώμενοι τῷ τὸ ποσὸν ὡρισμένον εἶναι τοῦ τριγώνου, ὅμως γράφομεν ὡρισμένον κατὰ τὸ ποσόν, καὶ ὁ νοῶν ὡσαύτως, κἂν μὴ ποσὸν νοῇ, τίθεται πρὸ ὀμμάτων ποσόν, νοεῖ δ' οὐχ ᾗ ποσόν· ἂν δ' ἡ φύσις ᾖ τῶν ποσῶν, ἀορίστων δέ, τίθεται μὲν ποσὸν ὡρισμένον, νοεῖ δ' ᾗ ποσὸν μόνον – διὰ τίνα μὲν οὖν αἰτίαν οὐκ ἐνδέχεται νοεῖν οὐδὲν ἄνευ συνεχοῦς, οὐδ' ἄνευ χρόνου τὰ μὴ ἐν χρόνῳ ὄντα, ἄλλος λόγος· μέγεθος δ' ἀναγκαῖον γνωρίζειν καὶ κίνησιν ᾧ καὶ χρόνον· καὶ τὸ φάντασμα τῆς κοινῆς αἰσθήσεως πάθος ἐστίν· ὥστε φανερὸν ὅτι τῷ πρώτῳ αἰσθητικῷ τούτων ἡ γνῶσις ἐστιν. Le texte grec est celui de W.D. Ross, in Aristotle, *Parva Naturalia*. A Revised Text with Introduction and Commentary, Oxford, Clarendon Press, 1955, sauf pour les lignes 11-12, où je maintiens la leçon des manuscrits tandis que Ross reporte trois lignes plus bas la proposition « et l'image est une affection de la sensation commune ». Certes, le raisonnement serait valable aussi sans cette proposition, car les continus sont d'abord connus par les sensations, et ensuite la même faculté sensitive (commune ou première) en permet l'imagination. Mais, dans le présent contexte, c'est leur présentation par l'imagination qu'il faut affirmer et attribuer à la faculté sensitive, de sorte que la mention de l'image est nécessaire.

11. *Cf. De an.* III 7, 431b7-8. Sur l'usage de νοῦς ou νοεῖν au sens de « raisonner », voir notamment *ibid.* III 4, 429a23 : λέγω δὲ νοῦν ᾧ διανοεῖται καὶ ὑπολαμβάνει ἡ ψυχή.

nées simples soit des données accompagnées de l'attribut « agréable » ou « pénible ». La première le fait en présence de l'objet sensible, la seconde en son absence, et en outre celle-ci est capable de représenter des situations futures comme conséquences possibles de notre action présente. Il n'est pas encore clair à ce stade de savoir si, à côté de la faculté sensorielle et du désir, une instance supplémentaire est nécessaire pour agencer ces données dans le raisonnement pratique ; les verbes utilisés semblent favoriser l'intervention de la διάνοια, mais Aristote précisera plus tard que le calcul et la délibération peuvent aussi être des opérations de l'imagination en tant que raisonnante : « Toute imagination est soit raisonnante (λογιστική) soit sensitive ; de cette dernière les autres animaux aussi participent »[12]. Le raisonnement pratique dépend donc doublement de l'expérience sensible, d'abord parce que la délibération est suscitée par une situation qui se présente aux sens, ensuite en tant que l'expérience proprement dite, c'est-à-dire la comparaison de situations déjà vécues, est nécessaire au jugement. La délibération n'aurait pas d'objet sans la sensation ou l'imagination d'une situation dans laquelle il faut agir, et sans l'imagination des diverses possibilités d'action qu'elle recèle. En outre, même si nous mettons en œuvre une délibération en guise d'exercice indépendamment de toute situation réelle, nous aurons également recours à l'imagination des multiples actions possibles. La raison en est qu'on ne délibère que sur les cas particuliers, et que ceux-ci prennent toujours la forme de données sensibles.

Cependant, dans la deuxième partie du texte, il semble que la pensée au sens strict soit également introduite dans le processus, dotée d'un rôle qui n'est plus celui du raisonnement. Il est en effet question de formes qui sont objets de l'intellection, et de pensées (431b7 : νοήμασιν) conjointes aux images dans la fonction de fournir des éléments au raisonnement.

Quelles sont donc ces notions saisies par un acte noétique ? Au contraire des images qui sont des formes sensibles toujours particulières, les formes pensées par la faculté noétique sont nécessairement des notions générales. Il est donc affirmé ici que les notions générales sont pensées dans les images et qu'en celles-ci[13] est défini ce qu'il faut fuir ou poursuivre. La proposition « on comprend que c'est un ennemi » signifie que la vision de la torche suscite en nous la pensée de la notion d'ennemi, que nous avons précédemment acquise par induction. Ensuite, à partir du moment où des éléments noétiques interviennent dans le raisonnement, c'est désormais la faculté noétique qui « définit ce qu'il faut poursuivre et ce qu'il faut fuir », cette fois dans une

12. *Cf. ibid.* 10, 434a29-30.

13. À la ligne 431b3, « en elles » (ἐν ἐκείνοις) peut grammaticalement renvoyer aussi bien aux εἴδη qu'aux φαντάσμασι de la ligne précédente. Pour le sens aussi, ce qu'il faut fuir ou poursuivre pourrait être défini soit dans les images soit dans les notions pensées. Cependant, la restriction apportée par le ὡς me semble s'appliquer plutôt aux images : c'est *comme* en elles qu'on définit, car ce n'est pas directement dans la torche que l'on identifie le danger mais dans la notion d'ennemi qu'elle suscite.

opération discursive de raisonnement. Dans le présent texte ne sont cités comme objets du désir et de l'aversion que l'agréable et le pénible, c'est-à-dire ceux qui sont fournis par les sens, mais dans d'autres passages Aristote évoque d'autres espèces du bon et du mauvais, en particulier les valeurs morales comme le juste et l'injuste, qui n'interviennent que dans les raisonnements pratiques humains car ils sont nécessairement fournis par la pensée[14].

Le texte le plus complet relativement aux trois facultés susceptibles de fournir des objets au désir est celui qui décrit le « syllogisme pratique » dans le *De motu animalium* :

> La conclusion qui advient à partir des deux prémisses est l'action, par exemple, lorsqu'on pense que tout homme doit marcher, et qu'on est soi-même un homme, aussitôt on marche, tandis que si l'on pense qu'aucun homme ne doit marcher maintenant, et qu'on est soi-même un homme, aussitôt on se met en repos. [...] Lorsqu'on est effectivement en rapport avec la fin, soit par la sensation soit par l'imagination soit par l'intellect (τῷ νῷ), ce que l'on désire, on le fait aussitôt, car l'acte du désir se produit au lieu de celui d'interrogation ou de pensée (νοήσεως). « Il faut que je boive », dit l'appétit ; « ceci est à boire », a dit la sensation ou l'imagination ou l'intellect (νοῦς) ; et aussitôt on boit[15].

La majeure « tout homme doit marcher » doit être fournie par la pensée, pour deux raisons : d'abord, parce que c'est une proposition générale et que l'imagination ne peut fournir que des propositions particulières ; ensuite parce qu'elle n'indique pas seulement une fin agréable mais une fin véritablement bonne. C'est pour cette raison, en effet, que la pensée est dite toujours correcte[16], parce qu'elle indique le bon réel, tandis que l'imagination n'indique que le bon apparent. En ce sens, la pensée fournit des éléments au raisonnement de la même manière que les images.

Pour en revenir à notre texte principal, ces éléments noétiques nécessaires au raisonnement sont dits pensés *dans* les images, ce qui indique une certaine dépendance vis-à-vis de celles-ci. Cette dépendance n'est pas celle de l'induction, car les notions ne sont pas constituées au moment même où l'homme se trouve dans la situation à laquelle il doit réagir. On ne peut pas dire non plus qu'une situation pratique soit *nécessaire* pour susciter ce type de pensée (celle d'une notion ou d'une utilité générale), car, une fois celles-ci acquises, nous pouvons les penser à notre guise[17]. Si nous prenons l'exemple du juste et de l'injuste, il nous semble que nous pouvons penser ces notions sans avoir recours à aucune autre faculté ni représentation particulière, en les

14. Les aspects moraux sont surtout développés dans *Eth. Nic.* VI 2-5.

15. Aristot. *De motu an.* 7, 701a12-15 ; 29-33.

16. *Cf. De an.* III 10, 433a26-27 : νοῦς μὲν οὖν πᾶς ὀρθός ἐστιν.

17. *Cf. De an.* II 5, 417a27-28 : βουληθεὶς δυνατὸς θεωρεῖν, ἂν μή τι κωλύσῃ τῶν ἔξωθεν ; 417b24 : νοῆσαι μὲν ἐπ' αὐτῷ, ὁπόταν βούληται.

analysant en leurs composants définitionnels. Le passage ne dirait dès lors rien de plus que ceci : lorsque nous sommes dans une situation qui nous pousse à délibérer, nous pensons certaines notions dans les scènes présentées, mais cela n'implique pas que *chaque fois* que nous pensons certaines notions, nous devons nous présenter aussi les scènes correspondantes. Or, c'est précisément cette dernière dépendance qui sera affirmée dans les deux autres passages.

II. *L'imagination dans la pensée théorique*

II.1. Le deuxième texte peut également être divisé en deux parties, dont la première, qui couvre les lignes 432a3-10, établit la relation de dépendance de la pensée par rapport à la sensation et à l'imagination, tandis que la seconde partie, qui couvre les lignes 10 à 14, évoque la différence entre le simple et le complexe, à la fois pour les pensées et pour les images. Il est d'abord rappelé que les formes intelligibles sont toutes issues des formes sensibles et que leur constitution dépend donc des sensations et de la réactivation des sensations par l'imagination. Deux sortes de formes intelligibles sont mentionnées :

– celles qui sont par abstraction, c'est-à-dire les mathématiques ;

– les états et affections des choses sensibles, c'est-à-dire à la fois les propriétés sensibles prises en général et les propriétés non sensibles des corps animés, comme les vertus et les vices des âmes.

La proposition « on ne pourrait rien apprendre ni comprendre sans sentir » fait manifestement référence à l'induction puisqu'il s'agit de la première acquisition du savoir. Mais ensuite, la proposition « lorsqu'on étudie, nécessairement on étudie en même temps une certaine image », peut être comprise soit comme la poursuite de la même description, soit comme renvoyant cette fois à la considération d'un concept déjà constitué. En effet, le verbe θεωρεῖν peut signifier, chez Aristote, aussi bien la construction d'un savoir que l'actualisation d'un savoir acquis[18]. La tendance à choisir la deuxième interprétation est généralement fondée sur un rapprochement entre ce passage et celui du *De memoria*, dans lequel Aristote affirme qu'on ne peut penser le triangle en général sans qu'en même temps nous apparaisse une image de triangle (ce sera notre troisième texte). Mais il faut se garder des projections rétrospectives et chercher d'abord le sens le plus probable à même le texte présent. Or, s'il est vrai qu'une image n'est jamais apprise ou construite, de sorte que la θεωρία à son propos

18. Le verbe est fréquemment employé pour désigner l'actualisation seconde, c'est-à-dire l'exercice de la science, par opposition à sa possession susceptible d'être utilisée (*cf.* Aristot. *Phys.* VIII 4, 255a34-b7 ; *De gen. an.* II 1, 735a9-11 ; *Metaph.* Δ 7, 1017a35-b6 ; Θ 6, 1048a32-35). D'autre part, il est employé comme synonyme de σκοπεῖσθαι (*Phys.* III 5, 204b10) ou d'ἐπισκοπεῖν (*Metaph.* Γ 1, 1003a21-24), pour évoquer la recherche des propriétés par soi d'un objet, ce qui correspond plutôt à l'acquisition de la science.

est toujours un acte de réactualisation et non un processus d'induction, il n'en va pas de même pour le concept qui en dépend[19].

Je vois cependant deux indices en faveur de la pensée d'un concept déjà acquis. Le premier est la coordination des deux propositions aux lignes 7-9 par οὔτε ... ὅταν τε, qui indique deux situations différentes : « à la fois on ne pourrait rien apprendre [...] et on ne peut penser [sous-entendu : ce qu'on a appris] ». Le deuxième indice est que, si θεωρεῖν signifiait ici construire un concept par induction, le ἅμα conviendrait mal car il ne s'agirait pas de deux opérations simultanées mais d'une seule opération, l'observation des cas particuliers constituant la θεωρία elle-même ; en outre le singulier φάντασμα ne conviendrait pas car on ne fait pas d'induction à partir d'un seul exemple. Je pense pouvoir conclure de là qu'il s'agit bien ici de la pensée d'un concept acquis et de son accompagnement par une image.

La deuxième partie du passage présente plusieurs difficultés d'interprétation, notamment celle de savoir comment elle se rattache à ce qui précède et pourquoi Aristote ne semble pas répondre explicitement à sa question. Ce qui est clair, c'est qu'elle introduit la thématique du vrai et du faux, et qu'elle met ces notions en rapport avec la combinaison de termes, ce qui est habituel chez Aristote. L'introduction du vrai et du faux peut s'expliquer dès lors par le souci d'écarter un risque de fausseté qui s'étendrait des images aux pensées, si les pensées se servent d'images fausses. Pour écarter ce danger, un raisonnement bien construit dirait :

(1) le vrai et le faux concernent la combinaison de termes, que ce soit de sensations, d'images ou de pensées[20] ;

(2) or, toutes les images ne sont pas des combinaisons ;

(3) donc toutes les images ne sont pas susceptibles d'être vraies ou fausses ;

(4) donc toutes les pensées qui se servent d'images ne sont pas fausses.

Au lieu de quoi, Aristote écrit :

(a) l'imagination est autre chose que l'affirmation et la négation[21] ;

(b) car le vrai et le faux sont une combinaison de pensées.

19. Le choix textuel qui se pose à la ligne 432a8, entre l'accusatif φάντασμά τι et le datif φαντάσματι, n'est pas déterminant pour cette question, car « étudier grâce à une image » ou « étudier une image » sont valables aussi bien s'il s'agit de construire un concept que s'il s'agit de le réactiver. On trouve l'accusatif notamment en Aristot. *De mem.* 1, 450b24-451a2, où θεωρεῖν φάντασμα signifie « regarder », « observer », « considérer » une image, en tant que telle ou en tant que la chose qu'elle représente.

20. *Cf. De an.* III 3, 428b25-30 : c'est la combinaison qui introduit l'erreur, tant dans les sensations que dans les φαντασίαι qui les suivent, de sorte que celles des propres sont toujours vraies, tandis que celles des sensibles communs et des sensibles par accident peuvent être vraies ou fausses. *Cf.* aussi A. Stevens, « Unité et vérité de la *phantasia* chez Aristote », *Philosophie antique*, 6, 2006, pp. 181-199.

21. Il est unanimement admis que φάσις peut être mis pour κατάφασις lorsqu'il est joint à ἀπόφασις ; il y en a plusieurs autres exemples, notamment *De an.* III 6, 430b26 ; 7, 431a16.

On peut considérer que ces deux propositions expriment en raccourci le raisonnement complet, si (a) équivaut à (2) et (b) à (1), les deux conclusions étant implicites. Cependant, pour que (b) soit équivalent à (1), il faut admettre que νόημα possède un sens plus large que la pensée au sens strict, qui inclut l'imagination, suivant l'usage le plus fréquent dans la langue courante et chez certains philosophes antérieurs[22]. Je pense qu'il faut admettre cet usage ici, faute de quoi la déduction ne serait pas correcte, car, si dans la pensée le vrai et le faux ne surgissent que par la combinaison, il ne s'ensuit pas qu'il en va de même pour l'imagination et que l'image simple n'est ni vraie ni fausse[23]. C'est dès lors en raison de cet usage élargi du terme νόημα que surgit la question de savoir ce qui distinguera les premières pensées des images. Dans ce contexte, il est clair que τὰ πρῶτα νοήματα doit désigner les notions simples, qui ne dissimulent aucune combinaison et dont la saisie par l'intellect est, par conséquent, toujours ontologiquement vraie.

La réponse d'Aristote au risque signalé d'indistinction consiste à dire que, non seulement les premières pensées, mais aussi les autres, ne sont pas des images mais ne sont pas sans les images. La raison pour laquelle aucune pensée ne doit être confondue avec une image ne se trouve pas dans cette proposition, comme on s'y attendrait, mais dans la conclusion implicite du raisonnement précédent : ce n'est pas parce que le vrai et le faux surgissent dans les deux cas par la combinaison des termes, que pour autant ces termes eux-mêmes sont du même type[24].

22. Il me semble qu'il faut comprendre ainsi deux occurrences de νόημα en *De mem.* 1, 450b27-451a2, lorsqu'il est question du double statut de l'image et du souvenir ; en effet, Aristote refuse précisément dans ce traité que la pensée au sens propre puisse intervenir dans cette opération. C'est probablement aussi le cas, dans la *Physique*, quand il est question de « penser » les extrémités d'un mouvement (*cf. Phys.* IV 11, 219a27), ou le temps (*cf. ibid.* VIII 1, 251b20), ou encore en *Metaph.* A 9, 990b14 (et M 4, 1079a10) lorsque, parmi les arguments avancés pour affirmer l'existence des idées, l'argument κατὰ τὸ νοεῖν consiste à dire qu'il y a des φαντάσματα des choses détruites.

23. L'image simple est dite vraie lorsqu'elle est le mouvement produit par une sensation propre, elle-même toujours vraie (*cf. De an.* III 3, 428b27-30). Elle est fausse si on la prend à tort pour une sensation, comme dans le rêve ou l'hallucination (*cf.* Aristot. *De insomn.* 1, 458b24-459a22). Quant à la pensée simple, d'après *Métaphysique* Θ 10, en tant qu'elle saisit une essence elle est toujours vraie, mais en un sens non propositionnel du vrai, qui n'a pas le faux pour contraire mais l'ignorance (*cf. Metaph.* Θ 10, 1051b24-28). *Cf. De an.* III 3, 428a16-18 : la pensée (νοῦς) ou la science est toujours vraie tandis que l'imagination peut être vraie ou fausse.

24. Cette interprétation permet aussi de conserver, à la ligne 432a13, la leçon τἆλλα des manuscrits. Ross édite τἆλλα en 1956 dans l'édition du seul texte grec, mais ταῦτα dans l'édition commentée de 1961, en expliquant que la réponse doit être : « Même celles-ci [les premières pensées, c'est-à-dire, selon lui, les *moins abstraites*] ne sont pas des images » – mais cette signification des πρῶτα νοήματα est peu probable dans le contexte. Jannone édite également ταῦτα, dont il trouve une attestation dans le seul ms. H[a] (Marcianus, XIe). Philopon, tout en lisant τἆλλα, opposait ceux-ci aux νοήματα ἐν συμπλοκῇ plutôt qu'aux πρῶτα νοήματα.

Aristote vient d'ailleurs d'établir que seule la pensée saisit l'être de la chose sensible, qui est distinct de celle-ci non pas comme le général par rapport au particulier mais comme la forme seule par rapport au composé de forme et de matière. Au chapitre 4, il distinguait ainsi la grandeur et l'être de la grandeur, l'eau et l'être de l'eau, la chair et l'être de la chair[25] ; en effet, comme le camus, la chair est une réalité double, c'est-à-dire une forme dans une matière, tandis que l'être de la chair est une réalité simple, la forme seule. C'est pourquoi, la chair en tant que substance matérielle et ses propriétés en tant qu'elle est matérielle sont saisies par la faculté sensitive (la substance étant sensible par accident), mais la forme seule est saisie par une autre faculté qui l'appréhende immédiatement dans son unité. Et Aristote précise que la distinction entre la forme dans la matière et la forme seule s'applique aussi aux choses mathématiques, car on distingue la ligne inscrite dans le continu (dans l'espace géométrique, qui est une matière intelligible) et l'être de la ligne, qui est le deux. Une confirmation de cette saisie noétique de la forme seule se trouve encore en *De anima* III 6, où nous lisons que ce qui est indivisible, non selon la quantité mais selon la forme, est saisi par la pensée en un temps indivisible et par un acte indivisible de l'âme, car il y a quelque chose (une forme) qui produit l'unité dans tout ce qui est continu, temps ou grandeur[26]. La question se pose de savoir si cela concerne seulement la saisie de la forme indivisible ou bien aussi celle des essences exprimées sous forme de définitions, conformément à la distinction, en *Analytiques Postérieurs* I 3, entre la connaissance des prémisses non médiées (dont les définitions) et le νοῦς ou principe de connaissance des termes composant celles-ci[27]. En faveur de la première hypothèse, on notera l'expression τοῦ τί ἐστι κατὰ τὸ τί ἦν εἶναι[28], qui ne désigne pas simplement le τί ἐστι, c'est-à-dire l'essence formulée dans la définition, mais l'unité formelle immédiate que constitue le τί ἦν εἶναι (qui est identifié à la forme seule en *Métaph*. Z)[29].

Rodier (suivi par Tricot) approuve cette lecture, arguant que sinon le raisonnement serait un paralogisme, car le fait que les autres pensées ne sont pas des images n'est pas suffisant pour entraîner que les simples n'en soient pas. Cependant, l'agencement du texte rend tout à fait improbable que « les autres » ne soient pas autres par rapport aux πρῶτα νοήματα, à moins d'introduire un artifice de traduction comme le fait Tricot en ajoutant un démonstratif : « *ces* autres notions » qui lui permet de désigner les premières notions elles-mêmes – mais cette traduction est incorrecte, et en outre elle ne peut rendre compte du οὐδέ.

25. *Cf. De an.* III 4, 429b10-22.

26. *Cf. ibid.* 6, 430b14-15.

27. *Cf. An. post.* I 3, 72b20-25.

28. *De an.* III 6, 430b28.

29. *Cf. Metaph.* Z 7, 1032b1-2 : « J'appelle forme l'être essentiel de chaque chose et la substance première ». La première thèse est aussi celle que défend M. Mignucci, « Vérité et pensée dans le *De anima* d'Aristote », *in* G. Romeyer-Dherbey et C. Viano (éds.), *Corps et âme. Sur le* De anima *d'Aristote*, Paris, Vrin, 1996, pp. 405-422.

Si donc, lorsqu'arrive notre passage, le sens étroit de la pensée a déjà été privilégié, celle-ci étant limitée aux notions formelles sans référence à la matière, alors la distinction entre les pensées premières et les images est évidente, et la question n'est plus sérieusement envisagée, même si elle est posée de manière rapide et allusive, en raison peut-être du rapprochement fortuit entre les valeurs de vérité des unes et des autres.

En revanche, ce qui n'est toujours pas évident à comprendre, c'est pourquoi la saisie noétique de la forme doit être accompagnée d'une image correspondante. C'est ce que le recours au troisième texte permet de rendre plus explicite.

II.2. Aristote cherche, dans ce premier chapitre du traité *Sur la mémoire et la réminiscence*, à établir que la mémoire n'est pas un acte de la faculté intellectuelle ou raisonnante (probablement contre Platon dans le *Philèbe*) mais de la faculté sensitive dans sa fonction imaginative. En effet, la mémoire est un cas particulier d'imagination dans lequel, associée à l'apparition d'une situation sensible, nous avons la conscience d'avoir déjà vécu cette situation dans un moment précis du passé. C'est pourquoi elle n'appartient qu'aux animaux qui ont la sensation du temps[30], non pas au sens de la mesure scientifique du temps, mais au sens de la conscience de l'avant et de l'après appliquée par chacun à sa propre existence. En outre, du fait que la mémoire se réalise exclusivement sous forme d'images, il n'y a pas de mémoire de la pensée, si ce n'est par accident[31]. Aristote veut dire par là que, si nous pensons un intelligible que nous avons déjà pensé auparavant, il s'agit d'une pensée absolument identique aux précédentes, puisque l'intelligible doit être toujours identique et sans variation temporelle ; mais nous pouvons en même temps nous souvenir des circonstances sensibles dans lesquelles nous l'avons déjà pensé, de sorte que nous ne nous souvenons pas de l'intelligible lui-même mais de nous-mêmes en train de le penser, ce qui explique l'expression « par accident ». La mémoire d'un intelligible n'est donc possible que de cette façon, comme l'exprime la proposition « la mémoire, y compris des intelligibles, n'existe pas sans l'image »[32].

Le passage qui nous intéresse constitue une parenthèse dans cette problématique, qui rappelle une autre dépendance par rapport à l'image, celle de la pensée, qui avait déjà été signalée dans le traité *De l'âme*.

L'analogie entre le tracer et le penser s'établit comme suit :

– pour étudier, en géométrie, le triangle en général, on trace un triangle particulier ; autrement dit, pour étudier une quantité indéterminée, on trace une quantité déterminée ;

– pour penser une quantité en général, on imagine une quantité particulière ;

30. *Cf. De mem.* 1, 449b31-33.
31. *Cf. ibid.*, 450a15.
32. *Cf. ibid.*, 450a13-14.

– pour penser un aspect non quantitatif d'une chose sensible, on imagine celle-ci avec sa quantité mais on ne pense pas la quantité.

L'universalité de l'association est affirmée très clairement : « il n'est pas possible de penser quoi que ce soit sans le continu ». Cela ne signifie pas que les continus (c'est-à-dire l'étendue ou la grandeur, le mouvement et le temps) soient eux-mêmes pensés en même temps que la forme pensée, mais que toute pensée a *besoin* (οὐκ ἐνδέχεται ἄνευ) de la représentation sensible d'un cas particulier, situé dans le temps et dans l'espace. Pour prendre un exemple d'objet non quantitatif, si l'on veut penser le rouge, il est nécessaire de se poser devant les yeux une certaine quantité de couleur rouge mais on pensera uniquement le rouge, pas la quantité. La notion de rouge, qui en elle-même n'a rien de spatial ni de temporel, reçoit ainsi indirectement (ou « par accident » dirait Aristote) une spatialisation et une temporalisation dans l'image figurée, et on pourrait ajouter que celles-ci sont à leur tour rendues possibles par le fait que le corps pensant et imaginant est spatio-temporellement déterminé.

Il est regrettable que ne nous soit pas parvenu (ou que n'ait jamais été développé) cet « autre raisonnement » auquel Aristote renvoie l'explication de la dépendance de la pensée par rapport au continu, car, malgré l'exemple du triangle, la thèse n'est pas sans difficultés. On pourrait douter, en effet, de l'universalité de l'affirmation et faire l'expérience de nombreuses pensées d'une notion qui ne s'accompagnent pas de l'image mentale correspondante. Sartre, par exemple, se pose cette question dans *L'imaginaire* et il évoque l'expérience de la lecture, dans laquelle le sens de chaque mot est bien saisi alors qu'on ne se représente pas chacun d'eux par une image[33].

Une réponse possible consiste à distinguer la pensée d'une notion de la simple saisie d'un mot avec sa signification. Comme le dit Aristote dans les *Analytiques Postérieurs*, l'essence ne se réduit pas à la signification du nom car il n'y a d'essence que des réalités existantes[34]. Les notions atteintes au terme d'un processus d'induction et disponibles pour être pensées renvoient nécessairement à des réalités existantes et déterminées. Par conséquent, penser une notion c'est penser davantage qu'une signification qui pourrait n'être que linguistique, c'est penser quelque chose qui est. C'est pourquoi, nous ne pouvons qu'approuver Husserl lorsqu'il écrit : « Si je pense “hirondelle” par exemple, je puis n'avoir d'abord qu'un mot et une signification vide dans l'esprit. Si l'image apparaît, il se fait une nouvelle synthèse et la signification vi-

33. *Cf.* J.-P. Sartre, *L'imaginaire*, Paris, Gallimard, 1986.

34. *Cf. An. post.* II 7, 92b5-8, et 26-31. Comme l'écrit E. Berti, « The Intellection of 'Indivisibles' according to Aristotle, *De Anima* III 6 », *in* G.E.R. Lloyd and G.E.L. Owen (eds.), *Aristotle on mind and the senses*, Proceedings of the Seventh Symposium Aristotelicum, Cambridge, Cambridge University Press, 1978, pp. 141-163, les essences ne correspondent pas aux νοήματα sans connexion, dont on ne sait pas encore s'ils sont ou ne sont pas, dans Aristot. *De int.* 1, 16a9-18 (*ibid.*, p. 144).

de devient conscience pleine d'*hirondelle*»[35]. Suivant cette distinction, il n'est pas nécessaire que, lorsqu'on parle ou lit ou pense des phrases, chacune des significations parcourues soit accompagnée de son image. En effet, la signification de chaque terme est immédiatement comprise et reliée à l'ensemble, sans qu'il faille s'arrêter à penser séparément chacune des notions exprimées. L'expérience évoquée dans le *De memoria* renvoie plutôt, semble-t-il, à une situation où l'on pense une notion pour elle-même, en s'y arrêtant pour prendre pleinement conscience de cette essence. Dans ce cas, en effet, si nous décidons de prêter à une notion connue une attention particulière, alors nous vient à l'esprit l'image d'un exemple de la chose ou de l'état de chose qu'elle signifie. Faut-il cependant en conclure que sans l'image il serait impossible de la penser ?

Pour Castoriadis c'est à l'évidence une nécessité lorsqu'il s'agit de penser une notion première, c'est-à-dire non analysable en d'autres notions : « Que l'*un*, par exemple (ou la *figure*), ne soit pas vraiment pensable (essayez donc de le « penser » et de dire ce que penser l'un veut dire), mais figurable / imaginable / représentable, condition impensable de toute pensée, qui n'est donnée que comme figure figurante, souffre à peine une discussion »[36].

Cependant, l'affirmation aristotélicienne doit valoir pour toutes les notions simples, y compris celles que l'on peut définir par leur genre et leur différence. Ainsi, le rouge est certes définissable comme la couleur ayant telle longueur d'onde, mais il est clair que par cette seule expression nous n'avons pas la pleine conscience du rouge. La même chose peut être affirmée du chaud, du doux, du sucré, bref de tous les sensibles : pour avoir pleine conscience de ce qu'ils sont chacun en général, il faut ajouter à leur définition la représentation de ce que nous en donne une expérience sensorielle. Celle-ci peut être quelconque, n'importe quel degré ou exemplaire de la forme sensible étant suffisant pour que la notion soit réactualisée. Quant aux formes non sensibles, comme le rappelait Aristote au début de notre deuxième texte, puisqu'elles n'existent pas en dehors des sensibles, nous en faisons apparaître un cas particulier dans une représentation sensible ; par exemple, pour penser la justice, nous évoquons un homme juste, et plus précisément une action menée par lui, qui fait que nous le reconnaissons juste.

C'est probablement par sa liaison indissoluble avec une image que la pensée acquiert une puissance d'affecter similaire à celle de la sensation, comme on le lit dans le *De motu animalium* :

> L'imagination et la pensée ont la puissance des choses, car d'une certaine manière la forme pensée du chaud ou du froid, de l'agréable ou de l'effrayant, est précisément tel-

35. *Cf.* E. Husserl, *Logische Untersuchungen,* t. II, ch. I ; t. III, ch. I, cité par J.-P. Sartre, *L'imaginaire*, *op. cit.*, p. 8.
36. C. Castoriadis, « La découverte de l'imagination », *op. cit.*, pp. 445-446.

le que chacune de ces choses, de sorte qu'on frissonne et qu'on s'effraie rien qu'en les pensant[37].

Ce passage semble à première vue contredire l'affirmation du *De anima* selon laquelle l'imagination est autre chose que l'opinion car on peut imaginer des choses effrayantes sans en être affecté, comme si on les regardait en peinture[38]. En fait, une telle distance n'est pas valable pour tous les cas d'imagination, mais il faut distinguer l'image que nous suscitons volontairement sans la croire donnée par la chose même, et l'image que nous croyons être l'apparition d'un objet réel indépendant de nous. Dans le deuxième cas, l'imagination provoque les mêmes effets que la sensation. La même opposition entre une certaine mise à distance et l'immersion totale de la conscience dans l'expérience permettait la distinction établie plus haut, à propos de l'hirondelle, entre la simple évocation de la signification d'un mot et la véritable pensée de la notion : si nous pensons pleinement, nous croyons à l'existence autant qu'à l'essence de la chose pensée ; en outre, l'apparition conjointe d'un exemplaire imagé fonde l'existence générale de la chose sur une existence particulière, déterminée sensiblement ; et c'est pourquoi un tel acte peut lui aussi produire en nous les mêmes effets que produirait la présence physique de l'objet.

III. *Conclusion*

Dans un contexte pratique, la pensée intervient d'une part en tant que διάνοια, pour accomplir la délibération à partir des éléments de la situation fournis par la sensation, par l'imagination ou par l'intellection, d'autre part en tant qu'intellection, pour fournir certains de ces éléments comme les notions générales ou les valeurs morales. En tant que raisonnante, elle est dépendante des images qui constituent l'objet sur lequel porte le raisonnement, car la situation pratique doit être donnée d'abord, et ce nécessairement par la faculté sensitive car elle est toujours de l'ordre du particulier et du sensible. En tant qu'intellection, la pensée pense ses formes dans les images, mais nous avons vu qu'il fallait comprendre cette relation ici au sens d'une causalité motrice : l'image suscite l'actualisation d'une notion qui a déjà été acquise par l'intellect et qui pourrait aussi être activée d'une autre façon ; il s'agit donc d'une condition suffisante mais pas nécessaire de la pensée. Le « jamais sans », dans la phrase « jamais l'âme ne pense sans image », est donc justifié par le fait que « penser » y signifie « produire une raisonnement pratique ».

Dans le contexte théorique, l'impossibilité de penser un concept déjà acquis sans se représenter en même temps une image correspondante, ne reçoit pas dans le texte

37. *De motu an.* 7, 701b19-22.
38. *Cf. De an.* III 3, 427b21-24.

aristotélicien de justification explicite. J'ai donc dû reconstituer ce qu'Aristote entendait exactement par « penser », en ajoutant à ses propres indications l'expérience que chaque homme peut mener et que d'autres philosophes ont décrite. Il m'a semblé cohérent de comprendre sa conception de la pensée d'une notion simple comme un acte non pas seulement linguistique, logique ou sémantique, mais ajoutant à ces déterminations la saisie d'une existence réelle, particulière et sensible soit directement soit indirectement, seule à même de fournir au sujet pensant une pleine conscience de la chose pensée. On n'appellera donc pas « pensée » la simple évocation, par le langage écrit ou parlé, d'une notion dont on connaît la signification, mais seulement l'attention portée au τί ἦν εἶναι en tant qu'il est effectivement réalisé dans un exemplaire quelconque représentable.

Il n'y a donc pas lieu d'amoindrir la portée de la formule, mais au contraire de la saisir dans ses implications les plus profondes, en accord avec les propositions principales de l'ontologie aristotélicienne.

WHAT DECIDES IF RATIONAL DESIRE AND NON-RATIONAL DESIRE CONFLICT WITH EACH OTHER ?

GERHARD SEEL

I. *Preliminary remark*

In *Metaphysics* Θ 2 Aristotle explains that rational powers of the mind differ from all other powers by allowing the realization of mutually exclusive effects. As, however, mutually exclusive states of affairs can't be the case at the same time, there must be a further faculty that decides which of the two will be realized. In *Metaphysics* Θ 5 he declares that this deciding faculty is either non-rational desire (ὄρεξις) or deliberative desire (προαίρεσις) (1048a8-11). However, things get more complicated for him when – in *De anima* III and elsewhere – he is confronted with the fact, that these kinds of desires can get into conflict themselves. He has to ask again what decides if this occurs. Aristotle's presumable answer to this question is the object of the following considerations[1].

II. *How opposition of desires comes about*

In the last part of book III of *De anima* (chapters 9 to 12) Aristotle tries to find out how the faculty of originating local movement as one of the two faculties of the soul does its job. At the beginning of chapter 10 he states that there are two causes of local movement : desire (ὄρεξις) and intellect (νοῦς)[2]. This could be understood as the position that each of them can cause movement on its own, *i.e.* without the cooperation of the other. However, he makes it clear, that there is only one single faculty that originates movement, namely desire[3]. The reason for this statement is that in case the intellect originates movement it never does it without the cooperation of desire[4]. Nevertheless we have to distinguish two cases : the case where intellect + desire cause movement and the case where desire causes movement on its own. In the former case

1. I thank Klaus Corcilius for his valuable commentaries on an earlier draft of this paper.
2. Cf. Aristot. *De an.* III 10, 433a9-10.
3. *Ibid.*, 433a21.
4. *Ibid.*, 433a22-25.

we have rational desire (βούλησις)[5], in the later we have irrational desire (ἐπιθυμία)[6]. The first moves according to reasoning (κατὰ τὸν λογισμόν), the latter sometimes against reasoning (παρὰ τὸν λογισμόν)[7]. This already shows that there is a possibility that rational and irrational desires get into conflict. Aristotle states this plainly in *De anima* III 10 :

> Since desires (ὀρέξεις) get opposed to each other – this happens when reason (λόγος) and non-rational desires (ἐπιθυμίαι) are in opposition, what occurs only in those [animals] which have a perception of time (for the intellect (νοῦς) orders to renounce [to action] because of the future [consequences of it], but the irrational desire [orders the contrary] because of the immediately present [apparent good], for the immediately present seems to be pleasant and plainly pleasant and plainly good because of lack of foresight of what might follow) – concerning the species the moving principle would be one, namely the faculty of desire (ὄρεξις) *qua* faculty of desire[8].

I shall give an interpretation of this passage later. For the moment, it is sufficient for my purpose to have a confirmation of my starting point, *i.e.* the fact that Aristotle considers the possibility of an opposition of rational and non-rational desire[9]. For this allows me to ask the question to which I want to give an answer in this paper : how is the decision between the two objects of desire brought about, in case that the rational and the non-rational faculty of desire have opposite objects ?

Before I address this question let me first analyze how Aristotle determines the opposition of desires in the passage quoted above. What allows him to characterize the two desires as opposite ? The answer is not explicitly given in our passage. The obvious answer should be that two desires are opposed to each other, if and only if their objects are mutually exclusive in such away that the realization of the one excludes the realization of the other. Though our text doesn't explicitly say this, what it says is compatible with it. In *De anima* 433b7-10 Aristotle says that in such a case the intellect orders to resist to, or to reverse, an action, while the non-rational desire (ἐπιθυμία) wants the action, or so we might surmise. Aristotle explains this by the fact that the sensible desire does not see the future (b10), while – as we might understand – the intellect is capable of seeing it. That's why in lines 6-7 Aristotle says that this opposition occurs only with those animals that have a sense of time. How does this difference lead to the opposition of the desires ?

Let's explain this by an example. I am tasting a glass of Chateaux Margaux 1996, this is a very pleasant experience and I want very much to drink more of it. However,

5. As we shall see later, βούλησις is only one kind of rational desire, the other being προαίρεσις.

6. *Cf. De an.* III 9, 432b5-6.

7. *Cf. ibid.* 10, 433a23-26.

8. *Ibid.*, 433b5-10.

9. *Cf.* also Aristot. *Eth. Nic.* I 13, 1102b21 ; VII 3, 1147a31-35 ; *Eth. Eud.* II 8, 1224a24-25.

suddenly my doctor's advice comes to my mind. He actually told me that the consumption of alcohol will severely damage my liver and this will lead to a long and painful disease. Having already had liver-problems in the past, I imagine how painful actually my life would be in this event. Therefore my intellect orders me to resist the temptation to continue my tasting and to stop it immediately. However my sensible experience continues to exercise a strong impulse on me to the effect to continue my wine tasting. If we complete the ἡ δ' ἐπιθυμία διὰ τὸ ἤδη in line b8 by κελεύει – which is grammatically possible –, Aristotle would even say that the sensual desire gives me the order to continue my action. For my senses present the drinking of the wine as immediately pleasant and therefore as an immediate plain good[10]. Aristotle adds that this is so because irrational desire doesn't see the future. The obvious consequence of this constellation is that the states of affairs the two faculties of the soul order to realize are mutually exclusive and hence these faculties are opposed to each other.

Though this example explains perfectly well Aristotle's text we should be aware that there is also a slightly different story that does the job as well. This story runs in the following way. I have in front of me a glass of Chateaux Margaux 1996 ; its color, its smell and the memory of its delicious taste make me desire to drink it. Unfortunately I have just seen my doctor who convinced me that the health of my liver does not allow me to drink any kind or any quantity of alcohol any more. My intellect, therefore, tells me that if I drink this glass I shall be ill in the near or far future. Or the other way around, my future health implies refraining from drinking the wine now. Therefore the intellect « gives me the order to refrain » from drinking the wine. However, at the same time I am sensibly attracted to drink it. Therefore my intellect is opposed to my non-rational desire (ἐπιθυμία).

The difference between the two stories is that in the first I am already engaged in the action of wine tasting, while in the second I am about to engage in it. Unfortunately, Aristotle's text doesn't allow us to tell right away which of the two stories fits it better. For ἤδη can signify the immediate present moment (just now), but also the immediate future moment (forthwith) and even the immediate spatial present (just here). Can we decide between the two stories on the basis of the expression ἀνθέλκειν κελεύει in line 8 ? Not really. For ἀνθέλκειν means « to resist something », « to pull in the opposite direction of something ». This something could either be the attraction exercised by the imagination of my future enjoying the wine or the attraction exercised by my actually enjoying it.

Why is this difference important ? The answer to this question will be given, when we now try to find out how our interpretation of the passage fits what Aristotle elsewhere says about the practical functions of the two faculties of the soul.

10. The codex *Parisinus* 1853 omits the ἤδη in line 433b9. This makes perfect sense because, if we feel pleasure, this is by definition a present apparent good.

Let's start with his theory of sensible desire and the process of feeling pleasure. In *De anima* III 7 we get a short characterization of the activity of this faculty.

> To perceive then is like bare saying or thinking, but when something pleasant or painful [is the object of the perception], the soul pursues or avoids it, making a kind of affirmation or a negation. To feel pleasure or pain is the state where we are actively directed by means of our sensibility toward the good or the bad as such. Both avoidance and [non-rational] desire are the same [as the good and the bad], when in the state of activity, and the faculty of [non-rational] desire and that of avoidance are not different either from one another or both from the faculty of sense perception, they have, however, a different numerical identity[11].

What we learn from this passage are the following points :

1. There is only one faculty of sense perception.
2. What is different are the functions of this faculty.
3. This difference is due to the difference in the objects of sense perception.
4. If the object is something good, the activity of the faculty has the character of desiring / pursuing, if it is something bad it has the character of avoiding.
5. The first is the same as feeling pleasure and the second is the same as feeling pain.

This means that when we feel pleasure we want the pleasure to continue[12] and when we feel pain we want it to stop. And feeling pleasure and desiring that it continues are not two but one and the same activity of the faculty of sense perception. This also means that this kind of pursuing and avoiding is always a pursuing and avoiding of something immediately present. This confirms our first story, but not the second.

However, Aristotle has a problem here. There is now doubt that our second story occurs in real life as well as the first and even more often than the first. Does Aristotle's theory allow dealing with this case as well ? The answer is : yes, it does. To understand how, we have to look to the role imagination (φαντασία) plays in the causation of movement. In *De anima* III 10 Aristotle says that we have to distinguish two kinds of imagination, the intellectual and the sensible, and that in the latter all animals partake. Therefore the movement of the non-rational animals must be caused with the contribution of imagination[13]. Let's think of the case where a dog is hunting a rabbit. Consequently humans as well must be able to be moved in this way. Now, if we look to the definitions of ἐπιθυμία in Aristotle's texts we see that ἐπιθυμία is defined as sensible desire or as the desire of something pleasant[14]. The later would allow that the pleasant objects of imagination can become the object of ἐπιθυμία as well and this

11. *De an.* III 7, 431a8-14.

12. See F. Nietzsche's word : *Alle Lust will Ewigkeit.*

13. *Cf. De an.* III 10, 433b27-30.

14. *Cf. De an.* I 1, 403a7 ; II 2, 413b22-24 ; 3, 414b6 : τοῦ γὰρ ἡδέος ὄρεξις αὕτη ; III 9, 432b6 ; 10, 433a25-26.

would allow taking the second story as an exemplification of the opposition of rational desire and ἐπιθυμία.

In fact when I am about to start drinking a glass of wine, the faculty of imagination presents to me how it will be when I actually will be drinking it and how pleasant this activity will be. On this basis the faculty of desire will pursue the latter as its aim : I will reach out to the glass and start drinking it. Next the intellect will judge that drinking wine is something good and will order to engage in this activity[15].

Let's now look at the intellectual desire as well and find out whether our interpretation of the passage fits Aristotle's general theory of intellectual desire. We should emphasize that Aristotle distinguishes two faculties of rational desire : the will (βούλησις), the objects of which are ends, and the faculty that makes decisions on the basis of deliberation about the means (προαίρεσις)[16]. The object of the first is the aim of the action, the object of the later are the means that allow the agent to reach the aim. It is also important to see that rational desire is not only propositional but relies on imagination. It does not simply say : I want to be in good health. In order to find that being in good health is a good I must imagine how pleasurable it will be to be in good health. In *De anima* III 7 Aristotle says :

> For the thinking part of the soul images have the same role as sense perceptions (and if it asserts or denies them to be something good or bad, it avoids or pursues them)[17].

Therefore Aristotle's statement « when he is actually thinking, he necessarily thinks with an image »[18] is also true of practical reasoning. That is why he distinguishes « deliberative imagination » and « sensible imagination »[19]. The latter is a faculty all animals have in common ; the former is the privilege of rational animals[20].

Once his aim is fixed the agent uses the second rational faculty, the faculty of deliberation (βουλεύεται) to determine the appropriate means. If we look to the description of the process of deliberation Aristotle gives in *Nicomachean Ethics* III 3, we can easily understand what he says in our *De anima* passage. For Aristotle de-

15. *Cf.* Aristot. *Phys.* VII 3, 247a7-14 : « But these [bodily pleasures and pains] occur either in action or in memory or in expectation. Now those which occur in action are an effect of sense perception, consequently they are set in motion by something sensible ; on the other hand, those which occur in memory or in expectation come from this [sense perception] (for people feel pleasure either in remembering what they have experienced or in expecting what may happen in the future) ».

16. *Cf. Eth. Nic.* III 4, 1111b26 *sqq.*

17. *De an.* III 7, 431a14-16.

18. *Ibid.* 8, 432a8-9.

19. *Cf. ibid.* 11, 434a5-7 : φαντασία δὲ πᾶσα ἢ λογιστικὴ ἢ αἰσθητική.

20. For the role of « deliberative imagination » in Aristotle's theory see H. Lorenz, *The Brute Within: Appetitive Desire in Plato and Aristotle*, Oxford, Oxford University Press, 2006, pp. 174-185; 205-206.

scribes it as a process of analysis and search – comparable to what goes on in geometry[21] – that starts from the thought of a given end and then determines by which means this end can be brought about[22]. In doing so deliberation establishes a time order between the means or the causal factors of the end : it starts with the factor that immediately precedes the end and goes down step by step until it arrives at the first factor that can be immediately realized by us[23]. The text doesn't say whether these means are considered as necessary conditions or as sufficient conditions or as both necessary and sufficient. However, in 1112b16-17 he mentions a case where deliberation discovers that the end can be reached by more then one means. This excludes that one of them is a necessary condition of the realization of the end. The passage b16-17 is interesting still for another reason. Aristotle says that if the end can be reached by more then one means, deliberation determines by which it can be reached in the easiest and best way. This seems to presuppose that we have to make a decision between these means and the criterion for this decision is the expediency and efficiency of the alternative means.

There is a further important point in this chapter of the *Nicomachean Ethics*. Aristotle says in 1112b24-27 that if we encounter in the series of means something impossible we renounce pursuing the end, but if the means seem to be possible we engage in the corresponding action. This statement contains an important new point. Deliberation not only establishes the causal relations between a pursued end and possible means, it also determines whether the realization of these means is possible or not. This again seems to have a role to play in a decision we have to make. For what is it good for to know that a certain mean is impossible if not to allow us to decide whether to start the action in question or rather to renounce to it ?

It is perfectly clear why Aristotle qualifies προαίρεσις as « rational desire ». The object of this desire is determined by a rational procedure, *i.e.* deliberation as described above. It is less clear for which reason he qualifies βούλησις as rational desire as well. For the object of this desire seems not to depend on a rational procedure. In fact, Aristotle says that it is ethical virtue that is responsible for determining what end to pursue. We will address this problem later.

For the moment it is important to understand, why Aristotle insists that the conflict of desires presupposes the capability to see the future. The answer is obvious if we look at figure 1 below. In fact, the aim pursued by the will (p) is something future. Therefore it stands not immediately in opposition to what non-rational desire pursues (b), for the later is something present or in the immediate future. However, as deliberation links the future end (p) with an immediate means (action a), in such a way that the latter is a *condicio sine qua non* of the former, this means (action a) can stand in

21. *Cf. Eth. Nic.* III 5, 1112b22.
22. *Cf. ibid.*, 1112b15-16.
23. *Cf. ibid.*, 1112b16-24.

opposition to the object of sensible desire (b) and thus the final end (p) which implies (a) is opposed to the object of sensible desire (b) as well.

t4	final end	p	
		↓	
t3	means	q	
		↓	
t2	means	r	
		↓	
t1	means	m	
		↓	
tn	start of action	a → ~	b (object of non-rational desire)

(Figure 1)

However, the case where an immediate object of non-rational desire stands indirectly in opposition to the object of rational desire is not the only case of opposition of desires Aristotle's theory of the soul would in principle allow.

We find evidence for this in the passage of *De anima* III 9 :

> The faculty of thinking thinks the forms (εἴδη) in images and what it should pursue or avoid is determined for it [by the latter] in the same way as by the former. So the animal is set in motion even outside of sense perception when it has images on his mind. Like when one perceives a beacon one understands that it is fire and when one sees that it moves that there is an enemy. Sometimes one reasons and deliberates the future events toward the present on the basis of images and thoughts in the soul as if one would see. And when it says that there (in the future) is something pleasant or painful, it here (in the present) avoids or pursues and so in the action[24].

This passage contains the following points :

1. The intellect depends on images in order to determine what to pursue and what to avoid.
2. These images can either represent something present (the moving beacon) or something future (the approaching enemy).
3. In the first case the reasoning consist in a syllogistic deduction of the presence of something evil.
4. In the second case the reasoning consist in deducing from a future good or evil that something else has to be pursued or avoided in the present moment.

24. *De an.* III 9, 431b2-10.

If this is Aristotle's position he should allow at least the following four cases of opposition of desires.

1. The rational desire of something present is in opposition to a sensible desire of something present. For instance, while enjoying a good wine my intellect tells me that the enemy approaches and I have to flee.
2. The rational desire of something future stands in opposition to a sensible desire of something present (see the examples discussed above).
3. The rational desire of something future stands in opposition to a rational desire of something present. For instance, reason tells me that the enemy approaches and I have to flee, but reason also tells me that in order to avoid that my city is attacked tomorrow ; I have to stay and defend the outpost (see examples of ἀκρασία, where two different kinds of reasoning are opposed to each other)[25].
4. The sensible desire of a present object stands in opposition to a sensible desire of a different present object (I am enjoying drinking wine with my friends when suddenly I see a very attractive lady and I desire to meet her). However, in *Nicomachean Ethics* III 4, 1111b15-16 Aristotle tells us that προαίρεσις can be opposed to ἐπιθυμία, but not one ἐπιθυμία to another ἐπιθυμία, thereby explicitly excluding this last case. It is not clear why he does this. Probably he thinks of ἐπιθυμίαι, where only one sense is involved.

Though these cases are possible Aristotle doesn't discuss them in the *De anima*. His interest focuses on the second case.

Aristotle makes it clear that if such an opposition of desires occurs there must be a way to decide the object of which will be realized. In *Metaphysics* Θ 5 he says :

> Therefore, even if someone has a rational or a non-rational desire to do two things or contrary things at the same time, he will not do them. For he has not the power to do them in this way, nor is his power a power to do both at the same time, since he will do the thing he has a power to do[26].

25. Aristotle seems to describe this kind of opposition of desires in *Eth. Nic.* VII 3, 1147a25-35 : « One opinion is about the universal, the other is about the particular things which are dominated by sense perception. [...] When, then, a universal opinion is present [in the subject] restraining it from tasting, but the other [opinion is saying] that everything sweet is pleasant and that this is sweet (this is the opinion that is active) and it happens that sensible desire is present [in the subject], the first [opinion] is saying that the subject has to avoid this [sweet thing], but sensible desire leads it [toward the sweet thing], for each of these parts [of the faculty of desire] has the power to move ». In fact, we have here two oppositions. On the one hand there is opposition between the rational opinion that forbids the tasting of the sweet thing and the rational opinion which recommends the tasting. On the other hand there is opposition between the rational desire that forbids the tasting and the sensible desire (supported by the opposed opinion) that draws the subject toward the tasting.

26. Aristot. *Metaph.* Θ 5, 1048a21-24.

The reason for this is the ontological principle of non-contradiction which doesn't allow that mutually exclusive states of affaires are the case at the same time.

III. *How the conflict of desires gets resolved*

Let's now come to our main question. If an opposition of the two faculties of desire occurs, how is the decision between the two brought about ?

The simplest answer to that question is what Santas has called the « Strength Model »[27].

According to this model the rational desire and the irrational desire are considered as two forces which tend to push the animal in opposite directions. Which of the opposite directions will finally be followed depends on how strong each power is in comparison to the other. One might compare these powers to two steam boilers that push the steam engine in opposite directions. Here again the direction the engine finally takes depends on the relative strength of the two steam boilers.

This model is attractive for philosophers even today. However, I consider it as inadequate. For it does away with responsible decision-making. This is also the reason, why it is not a good approach to understand Aristotle's theory of action. Scholars who favor this model normally argue that it is the only model that can explain the occurrence of ἀκρασία. In fact, some of Socrates' adversaries must have used this model to defend the possibility of ἀκρασία. For Aristotle tells us in his report of Socrates denial of ἀκρασία that « it would be outrageous, as Socrates believed, that, although knowledge is in someone, nevertheless something else masters it and drags it around like a slave »[28]. The position qualified as « outrageous » by Socrates is exactly the strength model[29].

However, though in some passages of his treatment of ἀκρασία it looks as if Aristotle explained some cases of ἀκρασία by a lack of strength of rational desire[30], the most important cases are clearly cases where reason either is not active or commits some mistake. In any case Aristotle holds that the choice of our course of action is up to us and that we are responsible for it. This implies that we have knowledge of the alternative possibilities. According to the strength model, however, we don't really make the decision, but a given constellation of powers of the soul, on which we have

27. See G.X. Santas, *Socrates: Philosophy in Plato's Early Dialogues,* London, Routledge & Kegan Paul Ltd., 1979, p. 209.

28. *Eth. Nic.* VII 2, 1145b23-24.

29. For more details on Aristotle's report on Socrates' intellectualism see : G. Seel, « L'enseignement de Socrate sur l'akrasia. Les témoignages d'Aristote, de Platon et de Xénophon », in M. Broze, B. Decharneux et S. Delcomminette (éds.), « *Mais raconte-moi en détail* » (*Odyssée, III, 97*), Mélanges de philosophie et de philologie offerts à Lambros Couloubaritsis, Paris-Bruxelles, Vrin-Ousia, 2008, pp. 259-284.

30. See *Eth. Nic.* VII 3, 1147a10-18 ; 7, 1150b6-16.

no influence, would be responsible for it. We will come back to the subject of ἀκρασία later in this paper.

Now, if the strength model doesn't work and if Aristotle doesn't use it to resolve our problem, the question arises whether he has a different model to propose. If it is not simply the relative strength of the opposed desires that decides in which direction the animal moves, we need a further faculty of the soul that plays the role of an arbitrator and makes the decision. What could be that faculty ?

Concerning this question Aristotle's theory of the soul allows only two possible answers. As he distinguishes only two parts of the practical soul, the rational and the non-rational part, the deciding faculty must either be found in the former or in the latter.

However, both possibilities are problematic. If the deciding faculty belongs to the non-rational part of the soul, Aristotle must vindicate a higher non-rational faculty. If on the other hand it belongs to the rational part we should find a higher rational faculty to which the will (βούλησις) is subordinate. As Aristotle considers the rational part of the soul as dominant the latter possibility is however the most probable.

The hypothesis that it is the rational part of the soul that plays the role of arbitrator between the opposed desires encounters however a couple of objections that have to be taken seriously.

1. As the rational part of the soul is one of the parties of the opposition how can it be an arbitrator at the same time ? The question here is not so much whether it can be considered as impartial, but rather whether by applying the very same type of reasoning it wouldn't necessarily come to the same result as before. In this case the opposition would simply be reproduced and not decided. Therefore it will be important to identify a type of reasoning that is different from the end-means syllogism or a universal-particular syllogism and therefore could come to a different result. In fact, as the decision concerns an opposition between ends, an end-means-syllogism couldn't do the job.

2. In *Nicomachean Ethics* III 2, 1111b26-27 Aristotle explicitly limits the role of προαίρεσις to the determination of the means that lead to a given end. He says the same about deliberation (βούλησις). If we take this limitation as exclusive, neither προαίρεσις nor βούλησις could play the role of arbitrator in our case.

To address these misgivings it is very important to see that Aristotle actually attributes a second type of practical reasoning to the rational part of the soul. The passages where he does this are very rare and therefore escaped the attention of scholars for a long period. One of these passages is in *De anima* III 11.

> Whether he will do this or that is already the function of reasoning (λογισμοῦ) and it is necessary that he measures [the alternative possibilities of action] by one single standard. For, he pursues the greater [good]. Consequently he is able to reduce several objects of imagination to one[31].

31. *De an.* III 11, 434a7-10.

To start with the last sentence, what are the several objects of imagination Aristotle is talking about ? The obvious answer is that these must be the mutually exclusive objects of the sensible and the rational desire. As we have seen before they must also be the objects of different imaginations, according to our example, the first presenting the image of enjoying wine, the second presenting the image of suffering liver-pains. How can these two objects of desire be reduced to one ? It certainly cannot be done by integrating one into the other or by finding a compromise between them. It must be the act of preferring one to the other. This again cannot be brought about without making a comparative value judgment. For, as Aristotle says in our passage, given such a value judgment, the agent pursues the greater of the two possibilities. It is interesting that Aristotle doesn't use the term βέλτιον here, but the term μεῖζον. The later signifies a quantitative relation. So the comparative value judgment must rely on a relation of quantities. It presupposes a common standard and this common standard must be a quantum. What this common standard is, Aristotle doesn't tell us in this passage. However, I have argued in a former paper of mine[32] that the standard of comparative value judgments is – according to Aristotle's theory – the amount and the duration of pleasure the activities in question bring about.

So, the new function of the rational part of the soul introduced in this passage is the comparison of possible ends on the basis of a common value standard. We now understand why Aristotle can characterize the desiring of an end as rational. It is rational if the desire is the effect of a comparative value judgment. However, if these judgments use the amount and duration of pleasure as common standard, the subject can form these judgments only if she is capable of experiencing the appropriate pleasures. It is here where ethical virtue comes in. For, only if the subject has ethical virtue it takes pleasure in doing ethically valuable actions. Again, these actions must be represented by imagination in order to compare the amounts of pleasure they will bring about.

One might doubt that Aristotle really has such a conception of rational desire. However, there are some indirect hints that point in this direction. In *Eudemian Ethics* I 2 he says :

> First then about these things we must enjoin every one who has the power to live according to his own choice to set up for himself some aim of living well whether honor or reputation or wealth or culture, with reference to which he will then do all his actions, since not to have planed one's life in view of some end is a sign of great lack of wisdom. Then above all he must first define in himself without hurry and carelessness of which of our possibilities the good life consists and (secondly) what are the conditions without which men cannot obtain the former[33].

32. See G. Seel, « È misurabile la felicità secondo Aristotele ? », in C. Natali (ed.), *Aristotle : Metaphysics and Practical Philosophy*, Essays in Honour of Enrico Berti, Louvain-la-Neuve, Peeters, 2011, pp. 143-164.

33. *Eth. Eud.* I 2, 1214b6-14.

In this text Aristotle distinguishes three possible ways of life that are ends in themselves. And he tells us that every free man has to determine which of them the good life is. And he tells us that not to do this in order to plan one's life is a sign of lack of wisdom (φρόνησις). So it is φρόνησις that does the job of determining what the best way of life is. But if we ask how it can do this, the obvious answer is : by comparing the value of the different ways of life. For it has to choose the best of them.

However, how can we be sure that in the passage of *De anima* III 11, 434a7-10 Aristotle is in fact talking about the conflict of rational and non-rational desire and how can we be sure that he introduces a second level of reasoning as the arbitrator that solves the conflict ? Couldn't he simply be talking about normal decision making by first level προαίρεσις ? The only way to answer these doubts is to look at the context of our passage. Here we find two important points which speak in favor of our conjecture. The first point is that our passage is embedded in an elucidation of the roles that αἰσθητικὴ φαντασία on the one hand and βουλευτικὴ φαντασία on the other play in giving precise objects to non-rational and rational desire. Therefore it is most likely that the decision he is talking about in lines 7-8 is a decision between the objects of these kinds of desires when they are opposed to each other. My second point is that in the following passage Aristotle speaks about cases where a desire of a higher level sets a desire of a lower level in motion and that in line 15 he introduces explicitly three moved and moving circles, the higher circle setting the next lower in motion.

However, the reading of this enigmatic passage is not clear at all and its interpretation is very controversial[34]. Here is my translation of *De anima* III 11, 434a10-15 :

> And the reason why they [*scil.* the non-rational animals] seem not to have opinion is that they do not possess the kind of imagination that is based on reasoning[35]. Therefore the faculty of non-rational desire does not have the faculty of deliberation at its disposal. But sometimes non-rational desire gets the upper hand and at times this one moves the first one [rational desire] and at times the first one [rational desire] moves this one [non-rational desire], like one sphere moves the other, desire moves desire when weakness of the will occurs. By nature, however, the upper faculty is predominant and moves, so that we have already three orbits that receive motion.

The interpretation of this passage is confronted with at least three problems. The first is the reading of line 12 in concern of the subject of νικᾷ. The second concerns the meaning of σφαῖρα in line 13 and the role the simile of the three spherical motions has in the overall argument. The third problem is what kind of ἀκρασία Aristotle is talking about in line 14.

34. *Cf.* the commentary of R.D. Hicks, in Aristotle, *De anima*, with Translation, Introduction and Notes, Cambridge, University Press, 1907, pp. 567-571.

35. I cut with Bywater αὕτη δὲ ἐκείνην in line 434a11.

1. Let me start with the first problem. Most scholars take it that the grammatical subject of νικᾷ is ὄρεξις, *i.e.* non-rational desire, as mentioned in line 12[36]. In this case we would get for lines 12-13 a translation like : « Sometimes it [*scil.* non-rational desire] gets the upper hand and sets rational desire (τὴν βούλησιν) in motion, but sometimes the former [*i.e.* non-rational desire] the latter [*i.e.* rational desire] ». Now, if we suppose as most scholars do, that the δ' ἐκείνη ταύτην – clause says the opposite of the preceding clause, we get a problem with the wording of the clause. For, if we read in line 13 τὴν βούλησιν with the codices CUXEL and Philoponus, Simplicius and Themistius, then grammatically ἐκείνη must refer to ὄρεξις and ταύτην must refer to τὴν βούλησιν and if so, the second clause would say exactly the same as the first and we had no opposition anymore. That's probably the reason why Bywater, followed by Ross in his edition, emendated the text reading ὁτὲ μὲν αὕτη ἐκείνην instead of ὁτὲ μὲν αὕτη τὴν βούλησιν. This is the only way to restore the opposition of the two clauses and therefore has to be adopted, despite the fact that the reading τὴν βούλησιν is well attested by the main manuscripts and the commentators (Philoponus, Simplicius and Themistius).

However, if we adopt Bywater's reading, to what do the expressions ἐκείνην and ἐκείνη in line 13 refer ? In line 11 we have the expression τὴν ἐκ συλλογισμοῦ. We should complete it by either φαντασίαν or ὄρεξιν. As the latter is suggested by the next sentence I follow this conjecture. However this may be, according to my interpretation it is this expression to which the expressions ἐκείνην and ἐκείνη in line 13 refer. If so, the αὕτη as well as the ταύτην in the same line must refer to ὄρεξις in line 12. Accordingly, what Aristotle wants to say in our passage is the following : in the case of ἀκρασία sometimes non-rational desire has the upper hand and sometimes rational desire. However, according to nature the higher faculty should always have the upper hand.

2. The second problem is the meaning of the term σφαῖρα and the question how to make sense of the simile of « σφαῖρα ». We find two different interpretations of the term in the ancient commentaries. (Pseudo-)Simplicius thinks that what Aristotle describes here is a state of ἀκρασία in the wider sense[37]. Ἀκρασία in the wider sense is a state of anarchy, where at one moment the rational desire has the upper hand and at the other the non-rational. (Pseudo-)Simplicius then takes σφαῖρα to mean « ball » and to refer to the game of ball when a ball is thrown from one player to the other and

36. M. Rodier, in Aristote, *Traité de l'âme*, Commentaire, Paris, Vrin 1985, thinks that the subject is « τὸ βουλευτικόν » in line 434a12. However, this doesn't fit the feminine expressions ἐκείνη ταύτην in line 13.

37. *Cf.* Simplicii *in libros Aristotelis De anima Commentaria*, edidit M. Hayduck, *CAG* 11, Berolini, Reimer, 1882, p. 310,28: « And it seems that he [*scil.* Aristotle] now calls each conflict [of desires] ἀκρασίαν, even if instead of the worse the greater desire has the upper hand ».

the one who has the most powerful stroke wins. This is according to him a simile for ἀκρασία in the wider sense[38]. However, we do not find any description of ἀκρασία in Aristotle that corresponds to this image[39]. We will address the dispute over the two kinds of ἀκρασία later. Let us first present the alternative interpretation of the σφαῖρα-simile.

This interpretation is to be found in Themistius. He thinks that the term refers to the heavenly spheres and that the structure of the movement of these spheres, where the upper sphere sets the lower in motion, is a simile of the faculties of desire where the higher faculty moves the lower[40]. I think that Themistius is right. Further evidence for this is the use of the expression φορὰ in line 15 which normally applies to the movement of the heavenly spheres and not to the movement of a ball that is thrown from one side to the opposite side. This observation was already made by Trendelenburg.

If this is the right interpretation of the term σφαῖρα, what are the consequences for the interpretation of the simile of the three spherical movements given in line 15 ? What we have here is a general remark concerning the normal or standard (φύσει) way the soul causes motion in rational animals. So the passage stands in opposition to the case of ἀκρασία treated in lines 12-14. It seems that Aristotle wants to establish an analogy between the way motion is caused in the rational animal and the transfer of movement from the heavenly spheres to the planets[41]. The movement of the later is caused by three movements of spheres one subordinate to the other in such a way that each time the upper sphere imposes its movement to the next lower sphere. From this triple spherical movement results the non-circular movement of the sun and the moon, as Eudoxus tried to argue. How does this correspond to the causation of movement in rational animals ? Themistius thinks that we have to distinguish three movements ; one is that of the rational ὄρεξις, one that of the non-rational ὄρεξις and the third is the movement of the animal itself prompted by the

38. *Cf. ibid.* 310,26.

39. Some scholars see in *Nicomachean Ethics* VII 6, 1149a2 *sqq.* an explanation of ἀκρασία in the wider sense. However, I cannot see any such conception in this passage.

40. *Cf.* Themistii *in libros Aristotelis De anima Paraphrasis*, edidit R. Heinze, *CAG* 5.3, Berolini, Reimer 1899, p. 121,34.

41. The analogy between the structure of the causation of the movement of the heavenly bodies – as described in *Phys.* VIII 5, 256b1 *sqq.* and 258a5 *sqq.* – and the structure of self-movement of the animals is clearly established in *De an.* III 10, 433b13-27. Of course, as the ancient commentators already remarked, the analogy with the movement of the heavenly spheres is not perfect. For in the latter case, we have not two movements that are diametrically opposed to each other as in the case of sensible desire and first order rational desire. However, we should not forget that in the case of the φρόνιμος the opposition of desires doesn't occur. So here we have a situation of movement that corresponds perfectly to the movement of the heavenly bodies.

two opposite desires[42]. However, this interpretation does not take into account that in the case of the movement of the spheres we have a clear hierarchy of the moving causes which influence simultaneously the resulting movement of the sun and the moon. (Pseudo-)Simplicius interpretation emphasizes the hierarchy of the causes, but neglects their simultaneous action somehow. He assimilates the first φορά to ἐγκράτεια, the second to ἀκρασία and the third to σωφροσύνη, the latter corresponding to a situation where rational and non-rational desire is in perfect harmony. In the first case λόγος has the upper hand, in the second case non-rational ὄρεξις turns out to be stronger and in the third case there is no opposition of the desires, but wisdom is naturally determining the action. I think that (Pseudo-)Simplicius is wrong in two regards : first, we have not three cases in our text, but only two, namely the case of ἐγκράτεια which is the normal case and the case of ἀκρασία which is the exceptional case. Σωφροσύνη is not mentioned at all in our passage. Now, in both cases do we have a hierarchy of moving causes and these causes are simultaneously active. On the lowest level we have sensible desire (I want to drink this glass of wine), on the next level we have first order rational desire which moves in the opposite direction (I should refrain from drinking this glass of wine) and on the third level we have a second order rational desire which results from a comparative value judgment brought about by second order βούλησις. In the normal case it is the higher order rational desire (βούλησις) which sets the lower order rational desire (προαίρεσις) in motion and thus prevents the non-rational desire (ἐπιθυμία) from triggering the action. But there is also the case of ἀκρασία where the latter has the upper hand. This brings me to my last problem.

3. In book VII of the *Nicomachean Ethics* Aristotle describes ἀκρασία as the case where people act according to their non-rational desire despite the fact that this is not the right course of action and they know it. He explains this by the fact that they either make a mistake in there reasoning or that one of there reasoning faculties is not active. In *Nicomachean Ethics* VII 3, he opposes two practical syllogisms, one leading to the conclusion that the tasting must be avoided and the other to the conclusion that the tasting has to be done[43]. However, the first is not active and so the second together with sensible desire determines the action. It is important to see, that in this case the non-rational desire (I desire so much this glass of wine) is transformed by the practical syllogism in a rational desire (προαίρεσις) (I intend to drink this glass of wine, notwithstanding my doctor's warnings).

However, it seems that in our passage of the *De anima* ἀκρασία is presented as a state of anarchy where sometimes non-rational desire has the upper hand and sometimes rational desire. This let (Pseudo-)Simplicius introduce the distinction of ἀκρασία in the wider sense and ἀκρασία in the narrower sense. The question is,

42. *Cf.* Them. *in De an.* 122,2.

43. *Cf.* *Eth. Nic.* VII 3, 1147a31-35 (see above n. 25).

however, whether Aristotle's description of ἀκρασία in our passage is consistent with what he says in book VII of the *Nicomachean Ethics*. First of all we should recognize that both conceptions make sense. Wouldn't we say that a ruler has lost his power when his subjects never obey him but also when they sometimes obey him and sometimes not and nobody can tell in advance what of the two will be the case. So if Aristotle defines ἐγκράτεια as a state where rational desire either always or for the most part has the upper hand, ἀκρασία should be defined as the negation thereof. Accordingly both cases, ἀκρασία in the wider sense and ἀκρασία in the narrower sense, would be cases of ἀκρασία as defined in the way indicated above. That Aristotle would probably accept this position can be seen from the passage of *Nicomachean Ethics* VII 10, 1152a25-27, where he gives a statistical definition of the ἐγκράτεια and the ἀκρασία. He says :

> ἀκρασία and ἐγκράτεια are about excess in relation to the state of most people. For the one [*scil.* the continent man] persists more and the other [*scil.* the incontinent man] less in the frame of the capacity of most people.

According to this passage the ἀκρατής abides less often than the average man by his practical reason.

The type of ἀκρασία described in our passage of the *De anima* opens a new round in our investigation. For it shows that even if the higher order rational desire decides in favor of the lower order rational desire it is possible that sensible desire has the upper hand nevertheless. How does Aristotle explain this ? It seems that in the state of ἀκρασία as described in our passage it is completely open whether in a given situation rational desire or non-rational desire will determine the course of action. In *Nicomachean Ethics* VII Aristotle explains cases of ἀκρασία either by the fact that the rational faculty is not active or by the fact that the subject makes some mistakes in his reasoning. But this can hardly be the explanation in the case described in our passage of the *De anima*. For, on the one hand we have an opposition of rational and non-rational desire. Therefore both must be active. On the other hand, in this context, Aristotle doesn't mention the possibility of an error in reasoning. I think that we have got only two possible explanations. One is to bring the strength-model into play again. But then we are confronted with the same objections we already explained above. The other explanation would be that the subject is not absolutely dependent on his faculties of desire when it comes to make a decision about which course of action to take. Especially when two faculties of desire contradict each other the subject must, without having a reason to do so, make a decision in the sense of one or the other. This must also be the case when higher order rational desire (βούλησις) has spoken against the object of non-rational desire and the latter persists. Only this kind of arbitrary decision, *i.e.* a decision that is not relying on reasons any more, could explain the wavering behavior of the subject, the decisions of which are always changing to the opposite, as Aristotle describes it in our passage. In the last chapter of my book on Aristotle's theory of modalities I have advocated such an interpretation of Aristotle's theory of action[44]. Unfortunately I have to admit that we have no decisive evidence in Aristotle's texts for or against this view.

44. *Cf.* Gerhard Seel, *Die Aristotelische Modaltheorie*, Berlin - New York, W. de Gruyter, 1982, pp. 412-468.

THE RELATION OF THE DIALOGUE *EUDEMUS* TO ARISTOTLE'S *DE ANIMA*

ÁLVARO VALLEJO CAMPOS

I. *Attempts to integrate the psychology of the* **Eudemus** *and Aristotle's* **De anima**

The *Eudemus* is one of the lost dialogues of Aristotle that has been most involved in the academic debate during the last century on the general interpretation of his thought. Two reasons underlie its importance in this sense. First, its date of composition, which is naturally a key fact for the possibility of tracing the development of Aristotle's thought. The *Eudemus*, according to the testimony of Plutarch, was a dialogue written on the occasion of the death of Eudemus of Cyprus[1], a fellow student of Aristotle in Plato's Academy, who fell in battle fighting by the side of Dion against Dionysius the Younger in Syracuse in 354/353 B.C. If Alexander, tyrant of Pherae, mentioned by Cicero in his work *On divination*[2], died in the year 359/358 B.C. and Eudemus died five years later, according to that passage, this would confirm that the news of Eudemus' death would reach Athens in 353 or 352 B.C. and that this work was probably written at that time or shortly afterwards[3]. I. Düring held that the idea of attributing the lost works of Aristotle to an early date was part of a *fable convenue* and O. Gigon reminded us of the example of the *Phaedo* written long after Socrates' death[4], which invites us to be very cautious about establishing an early date of the

1. *Cf.* Aristot. *Eud. fr.* 1(b) Ross = Plut. *Dion* 22, 3.
2. *Cf. ibid. fr.* 1(a) Ross = Cic. *De div. ad Brut.* I 25, 53.
3. See in this sense, *e.g.*, E. Berti, *La filosofia del « primo » Aristotele*, Padova, Cedam, 1962, Milano, Vita e Pensiero, 1997², p. 352 ; A.H. Chroust, « *Eudemus* or *On the Soul* », in Id., *Aristotle. New light on his life and on some of his lost works,* 2 voll., London, Routledge and P. Kegan, 1973, vol. II : *Observations on some of Aristotle's lost works*, p. 45 ; F. Nuyens, *L'Évolution de la Psychologie d' Aristote,* Louvain, Éditions de l'Insitut supérieur de philosophie, 1948 (reprinted 1973), p. 83, n. 7.
4. See I. Düring, *Aristóteles*, tr. Bernabé Navarro, México, Unam, 1990, p. 860 ; O. Gigon, « Prolegomena to an edition of the *Eudemus* », in I. Düring and G.E.L. Owen (eds.), *Aristotle and Plato in the Mid-fourth Century,* Papers of the Symposium Aristotelicum held at Oxford in August, 1957, Goteborg, Elanders, 1960, pp. 19-33, esp. p. 22.

work. A.P. Bos assumes that there is no « sound reason » to fix the date of the *Eudemus* directly or shortly after Eudemus' death and he even suggests a date after Plato's death, although before Aristotle's second stay in Athens[5]. Nevertheless, P. Moraux first, and, later, E. Berti, J.M. Rist, and other scholars showed the differences between the cases of Socrates and Eudemus, who is never mentioned again in the *Corpus Aristotelicum*, while Socrates is a central figure of Plato's dialogues and remains so in most of his works[6]. I think we would agree that the writing of a dialogue such as this, a consolation or funeral eulogy, many years after the death of the person to whose memory it was dedicated would lack its *raison d'être*. The burden of proof in this case lies on those who wish to attribute a date to the *Eudemus* later than is suggested by the historical facts mentioned in the testimonies of Cicero and Plutarch.

The other circumstance which has determined the importance of this dialogue for the general interpretations of Aristotle's philosophical development depends of course on the fact that the testimonies attribute to this work theses which seem to contradict the philosophical positions of Aristotle in his extant works. W. Jaeger in his famous book on the development of Aristotle's philosophy attributed the *Eudemus* to an initial period in which the Stagirite accepted Plato's theory of ideas, as well as the theory of knowledge as recollection and the immortality of the soul, which, as Plato said in the *Phaedo*[7], were linked to the theory of ideas with the same necessity[8].

Nevertheless, if these have been the merits of the *Eudemus*, we also have to face its disadvantages, because of its fragmentary status. The hermeneutic circle describes the necessity of understanding a text by reference to a whole and the whole by reference to the parts, but the problem in our case is that we have lost this whole and we have to deal with fragmentary texts transmitted by other authors who did not distinguish whether they were transmitting the opinion of Aristotle himself or viewpoints put forward by the characters who took part in the dialogue. We need the whole to compare our interpretation of the details, but in this case the task, naturally, is impossible to achieve. My aim is not to assume what is missing in favour of a general interpretation of Aristotle's development that accommodates the facts to a prejudiced whole. In order to counteract Jaeger's interpretation, who used the *Eudemus* to show the real magnitude of the changes undergone by Aristotle's phi-

5. See A.P. Bos, *The Soul and its Instrumental Body. A Reinterpretation of Aristotle's Philosophy of Living Nature*, Leiden-Boston, Brill, 2003, p. 240.

6. See P. Moraux, « From the *Protrepticus* to the dialogue *On Justice* », in I. Düring and G.E.L. Owen (eds.), *Aristotle and Plato in the Mid-Fourth Century*, *op. cit.*, pp. 113-132, esp. p. 120, n. 1 ; E. Berti, *La filosofia del « primo » Aristotele*, *op. cit.*, pp. 15; 387, n. 9 ; J.M. Rist, *The Mind of Aristotle. A Study in Philosophical Growth*, Toronto-Buffalo-London, University of Toronto Press, 1989, p. 166.

7. *Cf.* Plat. *Phaed.* 76E.

8. *Cf.* W. Jaeger, *Aristoteles. Grundlegung einer Geschichte seiner Entwicklung*, Berlin, Weidmann, 1923 (tr. José Gaos, México, Fondo de Cultura Económica, 1982).

losophy, different strategies have been attempted. The first great interpretation to which I wish to refer, as proposed by Berti in his great book on the lost works of Aristotle, consists of projecting the concept of form expounded on by Aristotle in *De anima* into the conception of the soul sustained in the *Eudemus*. Berti, while accepting Platonic elements in the *Eudemus*[9], saw « perfect continuity » between the two works[10] in relation to the concept of soul as form. However this strategic movement did not preclude the inverse one of projecting the *Eudemus* into the *De anima* in certain aspects, as Aristotle's idea of immortality, which in this treatise has been left highly undetermined. On this point, Berti did not hesitate to follow the indications given, according to testimonies, by the *Eudemus* in order to fill the gap which we find in *De anima* and establish consistency between the two works. He affirmed that the fact that the soul is inseparable from the body in *De anima* does not rule out the idea that the soul can and must be separated from the body when the body no longer exists[11], and in this way the substantiality of the soul as εἶδος in the *Eudemus* would be compatible with the concept of soul as entelechy of the body in *De anima*.

Against Jaeger's interpretation or against recognizing any break in Aristotle's psychology, Bos has attempted in a very different line a similar strategy in order to achieve « the integration of the psychology of Aristotle's *Eudemus* and his *De anima* »[12]. On both points, *i.e.*, the conception of the soul as an immaterial form and the immortality of the soul, Bos tries to work out an interpretation to harmonize what is stated in both works. He admits that Aristotle accepted the independence of the soul from the visible body in the *Eudemus*, but also in *De anima*, something that, as we know, is never affirmed in this work. In relation to immortality, Bos thinks that Aristotle in both works « described the soul as departing from the visible body at death and gradually dissolving into the heavenly ethereal sphere after the intellect, which is immortal in the proper sense [...] had separated from it »[13]. The possibility of integrating the psychology of the *Eudemus* and *De anima* is posed in this case in the proposal of a new interpretation of the definition of the soul given by Aristotle in *De anima* II 1, in a way that denies the traditional hylomorphic understanding of it[14]. In this sense, and to the extent that Bos relies heavily on a few doxographical reports of the lost works of Aristotle, we could argue that in a sense he is interpreting the definition of the soul in *De anima* taking into account not only what is said in the treatises but also in the reports of the lost works and thus projecting into this work philosophical

9. See E. Berti, *La filosofia del « primo » Aristotele*, *op. cit.*, p. 372.
10. See *ibid.*, p. 367.
11. *Cf. ibid.*, p. 368.
12. *Cf.* A.P. Bos, *The Soul and its Instrumental Body*, *op. cit.*, pp. 358-373 (chapter 17 : « The Integration of the Psychology of Aristotle's *Eudemus* and his *De anima* »).
13. *Ibid.*, p. 358. See also pp. 241-242 ; 279-280.
14. *Cf. ibid.*, pp. 363-364.

elements which are entirely absent from it[15]. The truth is that we never find any reference to the notion of πνεῦμα as the vehicle, instrumental or fine-material body of the soul in *De anima,* as Bos himself recognizes[16]. This alternative interpretation of the definition of the soul, where ὀργανικόν would mean not « equipped with organs » but « serving as an instrument » would « leave room for an independent existence of the soul complex after the visible, material body has dissolved », and Bos' strategical attitude is based on the assumption that « Aristotle's dialogues *force us* to allow for this possibility, in any case as regards the soul of man »[17].

Despite the great differences between the two interpretations, both seem to presuppose a single whole to which *De anima* and the *Eudemus* would belong with a continuity that enables the completion of what is missing in one of them with what is said in the other. Thus it is appropriate in my opinion to discuss certain issues which we find in the *Eudemus*, because many interpretations of this work have been based on *De anima* and even certain interpretations of this work have relied on the *Eudemus* in an effort to harmonize the two while assuming a continuity that is precisely what we have to discuss without any prejudiced whole. This will be my attempt without borrowing from one another.

II. *Consolation and psychology. Soul, form, and immortality in the* Eudemus *and* De anima

Considering that the *Eudemus* was a dialogue written to commemorate the death of a member of the Academy and that it was intended as a consolatory piece, many scholars have attributed to this character a great part of the philosophical contents which are found in it according to the testimonies, and have tried in this way to diminish the significance of the discrepancy with Aristotle's philosophical positions known to us through the extant treatises[18]. The *Eudemus* would thus represent a regression to an older position of Plato himself, for the theory expounded in the *Phaedo* would provide, in Chroust's own words, « an emotionally satisfying expression

15. *Cf. ibid.*, pp. 70-71.

16. *Cf. ibid.*, p. 369.

17. *Ibid.*, p. 368 (my italics).

18. *Cf.* P. Moraux, « From the *Protrepticus* to the dialogue *On Justice* », *op. cit.*, p. 120, held that Aristotle « could not do nothing other than reproduce the ideas of the *Phaedo* », leaving aside the theory of the soul as expounded in the *Republic*, the *Phaedrus* or the *Timaeus*, because the rule of the *genre* was to oppose the miserable life led by man on this earth to the blissful existence enjoyed by the soul in the other world. Nevertheless, as Guthrie says, in Hellenistic and Roman times *consolationes* developed into a conventional *genre,* but in Aristotle's time there existed neither *genre* nor rules (*cf.* W.K.C. Guthrie, *A History of Greek Philosophy*, vol. VI: *Aristotle. An encounter*, Cambridge, Cambridge University Press, 1981, p. 72).

befitting an exalted *consolatio mortis* »[19]. It is true that many elements which according to testimonies were present in the *Eudemus*, such as the existence of myths, could be explained due to the consolatory and not scientific character of this work[20], but in my opinion in relation to this we should distinguish between its value judgements and its properly philosophical contents. From an evaluative perspective the exalted consolatory character of the work may explain Silenus' words to Midas, declaring that life on earth is miserable for man and that the « best for all men and women is not to be born » and, « having been born, to die as soon as may be »[21]. Nevertheless, it would not be justified by the spirit of the *consolatio* to adopt a hypocritical attitude permitting the philosopher to defend a viewpoint which he could not maintain in accordance with his theory of the soul. In the *Phaedo*, Plato warns us that myth is possible in a realm where man has to assume the risk of believing[22] what cannot be demonstrated by means of reason, and that the literary freedom of myth, all the details of which could not be accepted by a reasonable man, is possible because rational discourse has previously demonstrated the substantiality, the preexistence, and the immortality of the soul. One thing is thus the pessimism of the *Eudemus*, which presents earthly life as a punishment (τιμωρία) in the famous text of Plutarchus, *Consolation to Apollonius*[23], and a very different thing the philosophical implications by which the myth is sustained or the theory of the soul that makes it possible. I would like to dedicate the following pages to explore these philosophical consequences.

In two fragments of the *Eudemus*, the soul is said to be « a certain form » (εἶδος τι)[24]. We cannot agree with those who, following Jaeger[25], saw in this expression « further evidence of his belief in separately existing forms »[26], but rather it seems unquestionable that Aristotle could make use of this vocabulary in order to express his conception of the substantiality of the soul. When in the *Eudemus* he opposed the harmony theory of the soul, as Plato had done before in the *Phaedo*, he argued against it, indicating that the soul has no contrary, in order to show that soul and harmony be-

19. A.H. Chroust, « *Eudemus* or *On the Soul* », *op. cit.*, p. 70.

20. *Cf.* E. Berti, *La filosofia del « primo » Aristotele*, *op. cit.*, p. 359.

21. *Eud. fr.* 6 Ross = Plut. *Mor.* (*Consol. ad Apoll.*) 115b-e (tr. by W.D. Ross, in Aristotle, *Selected Fragments*, in *The works of* Aristotle, translated into English under the editorship of W.D. Ross, vol. XII, Oxford, Clarendon Press, 1952, pp. 18-19). See also Á. Vallejo Campos, in Aristóteles, *Fragmentos*, Introducción, traducción y notas, Madrid, Gredos, 2005, p. 105.

22. *Cf. Phaedo* 114D.

23. *Cf. Eud. fr.* 6 Ross = Plut. *Mor.* (*Consol. ad Apoll.*) 115b4.

24. *Ibid. fr.* 7(a) Ross = Ioannis Philoponi *in Aristotelis De anima libros Commentaria*, edidit M. Hayduck, *CAG* 15, Berolini, Reimer, 1897, p. 144, 27 ; *fr.* 8 Ross = Simplicii *in libros Aristotelis De anima Commentaria*, edidit M. Hayduck, *CAG* 11, Berolini, Reimer, 1882, p. 221, 29.

25. W. Jaeger, *Aristoteles*, *op. cit.*, p. 59 thought that this must be understood as « an idea or something of the nature of an idea ».

26. W.K.C. Guthrie, *A History of Greek Philosophy*, *op. cit.*, p. 70.

long to different categories. Philoponus' text lacks what in Olympiodorus is plainly stated : « soul has no contrary, since it is a substance » (οὐσία γάρ)[27]. We cannot be sure whether Aristotle with the last statement committed a *petitio principii* in the *Eudemus*, assuming the substantiality of the soul to argue against the attunement theory, which signifies the negation of this substantiality. Nevertheless, we do know that in order to prove philosophically the immortality of the soul, which was one of the chief aims of the work, Aristotle was aware that he had to defend its substantial character to ensure its independence from the body and survival after death. The question is whether we can compare this « certain form » dealt with in the *Eudemus* with the same term which we find in the definition of the soul in *De anima*, where Aristotle states that the soul is substance « *qua* form of a natural body which has life potentially » (τὴν ψυχὴν οὐσίαν εἶναι ὡς εἶδος σώματος φυσικοῦ δυνάμει ζωὴν ἔχοντος)[28]. Some scholars have shown their scepticism about the possibility of extracting a « discernible content » from the identification of soul with a form in the *Eudemus*[29], while others have doubted that we are authorised to establish a contrast between this dialogue and *De anima* considering the eschatological character of our work and the scientific nature of this treatise[30]. Nevertheless, I think it is worth considering the concept of the soul implicit in this statement, especially if we add to it other indications which are given by the testimonies.

Proclus refers an explicit affirmation of Aristotle which has been unanimously attributed to the *Eudemus*, « that life without the body, being natural to souls, is like health, and life in the body, as being unnatural, is like disease ». For there, in the existence of their celestial life, independently from the body, « they live according to nature, but here contrary to nature »[31]. In my view the theoretical transcendence of this text cannot be diminished however much its platonic mood might befit the spirit of a *consolatio*. If we take it together in conjunction with the fact that Aristotle had declared in the *Eudemus* that the soul was a form, it seems to indicate something with all clarity regarding the φύσις of the soul, given that it is contrary to its nature (παρὰ φύσιν) to be linked to the body and, on the contrary, when separated from it, recovers its health and comes to be in accordance to its nature (κατὰ φύσιν). If we consider

27. *Eud. fr.* 7(d) Ross = Olympiodori philosophi *in Platonis Phaedonem Commentaria*, edidit W. Norvin, Lipsiae, Teubner, 1913, p. 173,20.

28. Aristot. *De an.* II 1, 412a19-21 (tr. by D.W. Hamlyn, in Aristotle's *De Anima. Books II and III*, Translated with Introduction and Notes, Oxford, Clarendon Press, 1993², 1968¹).

29. *Cf.* R.M. Dancy, « Keeping Body and Soul Together : On Aristotle's Theory of Forms », in W. Wians (ed.), *Aristotle's Philosophical Development. Problems and Prospects,* Lanham, Rowman & Littlefield, 1996, pp. 249-287, esp. p. 259.

30. *Cf.* F. Trabattoni, « La teoria dell'anima-armonia nell'*Eudemo* », *Acme*, 34, 1981, pp. 345-368, esp. pp. 365-367.

31. *Eud. fr.* 5 Ross = Procli diadochi *in Platonis Rempublicam Commentarii*, edidit G. Kroll, Lipsiae, Teubner, 1899-1901, II, p. 349,20-22.

this text, as well as the identification of the soul with a form and the idea of substance that it seems to transmit, I believe that we are facing a very different concept of the soul and even contradictory with regard to later Aristotelian theory expressed through its hylomorphic definition.

I cannot agree with Berti's opinion when he uses the term « perfect continuity » to describe the path that leads Aristotle from the *Eudemus* to *De anima* following the thread of the conception of the soul as form. In this work, the soul is form or « the first actuality of a natural body which has life potentially »[32] or « of a natural body which has organs »[33]. Let us examine two consequences of this definition of the soul which are clearly incompatible with the viewpoint of the *Eudemus*. The first is the inseparability of the soul in this definition. Aristotle declares as a result of this definition, contrary to what is affirmed in the *Eudemus*, that the soul and body are a unique reality, for « while unity and being are spoken of in many ways, that which is most properly so spoken of is actuality » or *entelechy* (τὸ γὰρ ἓν καὶ τὸ εἶναι ἐπεὶ πλεοναχῶς λέγεται, τὸ κυρίως ἡ ἐντελέχειά ἐστιν)[34]. If we really have understood in what sense the soul is *entelechy* of the body, we should not even ask « whether the soul and body are one »[35]. This question is not pertinent, for in a living body, the soul is not an independent entity housed in the body, but, as Nussbaum and Putnam expressed it, « a functional structure in and of matter »[36]. We must not loose sight that Aristotle's position in *De anima* is *sui generis*[37] in the sense that, if it is not materialist nor dualist, we cannot nevertheless forget that, after affirming that the soul is form[38] and *entelechy* of the body[39], he declares that « those have the right conception who believe that the soul does not exist without a body and yet is not itself a kind of body »[40].

Secondly, it is difficult to believe that the inseparability of the soul in *De anima* can be understood in the sense that the soul cannot be separated from the body « while the body lives »[41], rather it must be understood as not being possible to be conceived

32. *De an.* II 1, 412a27-8.

33. *Ibid.*, 412b5-6.

34. *Ibid.*, 412b9. Aristotle affirms in *Metaphysics* Δ 6, 1016b8-9, that « the things that are primarily called one are those whose substance is one » (tr. by W.D. Ross, in Aristotle, *Metaphysica*, in *The works of* Aristotle, *op. cit.*, vol. VIII, Oxford, Clarendon Press, 1908).

35. *De an.* I 1, 412b6.

36. M. C. Nussbaum and H. Putnam, « Changing Aristotle's Mind », in M. C. Nussbaum and A. Oksenberg Rorty (eds.), *Essays on Aristotle's* De Anima, Oxford, Clarendon Press, 1992, pp. 27-56, p. 56.

37. On the *sui generis* character of Aristotle's hylomorphism in his definition of the soul, see C. Shields, « Some Recent Approaches », in D.W. Hamlyn, in Aristotle's *De Anima, op. cit.*, pp. 157-187, esp. p. 160.

38. *Cf. De an.* II 2, 414a14.

39. *Cf. ibid.*, 414a18-19.

40. *Ibid.*, 414a19-20.

41. See Enrico Berti, *La filosofia del « primo » Aristotele*, *op. cit.*, p. 368.

independently from the body, for the body is in a certain sense involved in the definition of the soul. The λόγοι ἔνυλοι – formula which Aristotle employs in *De anima* to specify the kind of definition which befits the affections of the soul[42] – shows clearly that it is a form which cannot be conceived independently from the matter in which the corresponding function is realized[43]. If we leave aside other problems that the text presents[44], it seems clear that the soul is an object of study for physics, which cannot avoid taking its functions and affections (ἔργα καὶ πάθη)[45] as a form that corresponds to « such and such a body and such and such a matter » (τοῦ τοιουδὶ σώματος καὶ τῆς τοιαύτης ὕλης)[46]. In relation to this, Aristotle establishes the difference between the mathematician and the physicist, for the first can separate in his definition the line or the surface from the matter, but the physicist who studies these « enmattered accounts » has to make reference inevitably to matter, since these kind of affections are « inseparable in this way from the natural matter of the animals in which they occur » (ἀχώριστα τῆς φυσικῆς ὕλης τῶν ζῴων)[47]. This viewpoint is confirmed in the *Metaphysics* when Aristotle corrects Socrates the Younger, insisting that man cannot exist without his parts, unlike what happens in the case of the circle, which can be conceived without the bronze[48].

On the present occasion I cannot discuss in more detail the coherence of Aristotle's theory of definition[49], for it is clear that in the definition of an entity the material

42. *Cf. De an.* I 1, 403a25.

43. The definition of being angry that Aristotle uses as example, « a particular movement of a body of such and such a kind or a part or potentiality of it, as a result of this thing and for the sake of that » (τὸ ὀργίζεσθαι κίνησίς τις τοῦ τοιουδὶ σώματος ἢ μέρους ἢ δυνάμεως ὑπὸ τοῦδε ἕνεκα τοῦδε, *De an.* 403a26-7), sets out, (as it is indicated by R. Polansky, in Aristotle's *De anima*, Cambridge, Cambridge University Press, 2007, p. 56) the four causes (form, substratum, mover and end). The specific way in which these factors are related to one another in Aristotle's hylomorphism as applied to the psychophysical functions has been conceived very differently, but it is evident that this kind of enmattered forms cannot be understood independently from the body, with the exception of the intellect, which would enter the category of the parts that are « actualities of no body » (*De an.* II 1, 413a7).

44. *De an.* I 1, 403b9-10. *Cf.* R. Polansky, in Aristotle's *De anima*, *op. cit.*, p. 59, n. 49.

45. *Cf. De an.* I 1, 403b12.

46. *Ibid.*, 403b11-12.

47. *Ibid.*, 403b17-18.

48. *Cf. Metaph.* Z 11, 1036b24-25.

49. On this point, see R.M. Dancy, « Keeping Body and Soul Together », *op. cit.*, pp. 280-281. Although Aristotle affirms that « in the formula of the substance the material parts will not be present » (*Metaph.* Z 11, 1037a24-25), he distinguishes between intelligible things like the circle and sensible things such as the animal, and in the case of the animal its sensible parts must be mentioned (see W.D. Ross, in Aristotle's *Metaphysics*, a Revised Text with Introduction and Commentary, Oxford, Clarendon Press, 1981, *ad loc.*). It is true, as Reale says (*cf.* G. Reale, in Aristotele, *Metafisica*, saggio introduttivo, testo greco con traduzione a fronte e com-

parts are not included, but in the case of an animal or man, which are sensible realities, they cannot be defined « without reference to movement nor, therefore, without the parts' being in a certain state » (αἰσθητὸν γάρ τι τὸ ζῷον, καὶ ἄνευ κινήσεως οὐκ ἔστιν ὁρίσασθαι, διὸ οὐδ' ἄνευ τῶν μερῶν ἐχόντων πώς)[50]. From a certain point of view, it is true that Aristotle affirms repeatedly that soul is the primary substance, the body matter and man or animal the compound of both[51] and, therefore, when his theory of definition is applied, matter should be excluded from the definition. We could admit thus that a definition of man which refers only to form, *i.e.* to the soul, is possible and matter would not have to be mentioned. However, it is evident that his refusal of the position adopted by Socrates the Younger means that the definition of the soul must include a reference to ἔργον (οὐκ ἄνευ τοῦ ἔργου ὁριεῖται, ὃ οὐχ ὑπάρξει ἄνευ αἰσθήσεως)[52] and in this situation « to eliminate matter is useless labour » (ἀφαιρεῖν τὴν ὕλην περίεργον)[53], without mentioning the organs capable of performing the psychic functions. Therefore, we would need a kind of definition that would have to specify, in accordance with the constitution of sensible things, that they are « a particular form in a particular matter, or particular things in a particular state » (ἔνια γὰρ ἴσως τόδ' ἐν τῷδ' ἐστὶν ἢ ὡδὶ ταδὶ ἔχοντα)[54]. We can probably find texts in which matter is excluded following what we could call with Lloyd[55] a « narrow definition » and others, about animals and their parts, which point to a « broader notion of definition » that follow the pattern τόδ' ἐν τῷδ'. The hylomorphic model applied to artefacts, says Lloyd[56], enables us to distinguish clearly between form and matter, but Aristotle insists on the unity of the σύνολον and, in this second series of texts referring to the soul as the form of the living body, the composite whole is to be defined by both components, because we cannot conceive form without matter.

mentario, Milano, Vita e Pensiero, 1993, vol. III, p. 375), that one thing is the question of which are the parts of the form and another that we cannot avoid mentioning matter in the case of the sensible things, but the two questions are intimately related just as it « belongs to the student of nature to study even soul in a certain sense, *i.e.*, so much of it as is not independent of matter » (ὅση μὴ ἄνευ τῆς ὕλης ἐστίν, *Metaph.* E 1, 1026a6). The reference to Socrates the Younger reveals that the soul cannot be conceived without matter and this indicates that the essence of the soul makes reference to a form which is structurally linked to matter.

50. *Metaph.* Z 11, 1036b28-30.

51. *Cf. ibid.*, 1037a5-6.

52. *Ibid.* Z 10, 1035b18.

53. *Ibid.* 11, 1036b23.

54. *Ibid.*, 1036b23-24.

55. *Cf.* G.E.R. Lloyd, « Aspects of the Relationship between Aristotle's Psychology and his Zoology », in M. C. Nussbaum and A. Oksenberg Rorty (eds.), *Essays on Aristotle's* De Anima, *op. cit.*, pp. 147-167, esp. p. 159.

56. *Cf. ibid.*, p. 167.

In any case, as a conclusion for these considerations, it is evident that we face two different and divergent conceptions of form in the *Eudemus* and *De anima* : in the lost dialogue of Aristotle the soul was defined as an εἶδος τι to which its links to the body are contrary to its nature and, only when liberated from them, can it exercise its intellectual faculties, while in *De anima*, as well as in the *Metaphysics*, the unity between soul and body is such that, to use the words of this work, « the proximate matter and the form are one and the same thing, the one potentially, and the other actually » (ἡ ἐσχάτη ὕλη καὶ ἡ μορφὴ ταὐτὸ καὶ ἕν, δυνάμει, τὸ δὲ ἐνεργείᾳ)[57].

Another point from which to evaluate the differences between the two works arises from the arguments employed against the harmony theory of the soul. A noteworthy perspective, indeed, to analyse the concept of the soul in the *Eudemus* has come from an examination of the arguments which the *Phaedo*, the *Eudemus* and *De anima* have opposed to this theory, for all of them have argued against this theory, but with certain differences that are very instructive. Plato, contrary to Aristotle, never identified the soul with a form[58] and yet the textual base in the case of the *Eudemus* is not very promising, for it is based on the absence in *De anima* of one of the arguments used in the dialogue more than on an explicit statement that Aristotle could have established in that work in contradiction with his later treatise. The second argument used in the *Eudemus*, as Philoponus observes[59], is the same as we find in *De anima*, where Aristotle affirms that « it is more appropriate to call health (or generally one of the good states of the body) a harmony than to predicate it of the soul »[60]. And in the *Eudemus*, Aristotle said that if the lack of attunement of the living body is disease, weakness, and ugliness, attunement is health, strength and beauty, but the soul is none of these[61].

Nevertheless, scholars have observed that the first argument has disappeared from *De anima*. In the *Eudemus*, indeed, according to Philoponus[62], Aristotle would have affirmed that « attunement has a contrary, lack of attunement, but the soul has no contrary. Therefore the soul is not an attunement »[63]. Philoponus makes reference to a counterobjection the existence of which could explain the disappearance of the argument in the treatise. The first Aristotelian objection against the attunement theory was intended to demonstrate from contrariety that the concepts of attunement and soul belonged to two different categories, for one of these has a con-

57. *Metaph.* H 6, 1045b19.

58. On the use of the term εἶδος in relation to the soul in Plato and the Academy, see R.M. Dancy, « Keeping Body and Soul Together », *op. cit.*, pp. 249-254.

59. *Cf.* Philop. *in De an.* 145,9 Hayduck.

60. *De an.* I 4, 408a1-3 (tr. by J.A. Smith, in Aristotle, *De anima*, in *The works of* Aristotle, *op. cit.*, vol. III, Oxford, Clarendon Press, 1951, *ad loc.*).

61. *Cf.* Philop. *in De an.* 145,4-5 Hayduck = *Eud. fr.* 7 Ross.

62. *Cf. Eud. fr.* 7 Ross.

63. Philop. *in De an.* 144,24-25 Hayduck.

trary and the other not[64]. Nevertheless, someone could argue, says Philoponus, « that there is strictly no contrary to attunement, but rather an indefinite privation, and the soul, as being a form, has an indefinite opposite »[65]. We cannot be absolutely sure about the origin of this counterobjection. Some scholars have assumed that it could already have been present in the *Eudemus* and this would be the reason why Aristotle felt that it was not necessary to reproduce it in *De anima* for it had already been rejected there[66]. On the contrary, Jaeger held that it was a counterobjection formulated by Alexander of Aphrodisias who would have been followed by Philoponus and both would have opposed the first argument thinking that this represented the position of the « genuine Aristotle »[67].

Indeed, in accordance with the later doctrine, the argument looses all its force, for the form has its contrary in privation, the substratum of which is matter, and thus the soul would have a contrary, as well as attunement has. In Aristotle's *Physics* and *Metaphysics*[68], generation involves three factors of which matter is the subject, and the form and its privation are considered contraries, so that possibly a perceptive commentator of Aristotle as Alexander, very sensitive to the differences between the dialogues and the esoteric works, could have commented on the text observing that the argument of the *Eudemus* had lost all its probative force. It is highly improbable, as many scholars have observed[69], that Aristotle could have been the author of this

64. The relation between the psychology of Aristotle in the *Eudemus* and his doctrine of categories has been differently evaluated. Some scholars, such as G.E.L. Owen, « The Platonism of Aristotle », in Id., *Logic, Science and Dialectic*. Collected Papers in Greek philosophy edited by M. Nussbaum, Ithaca (N. Y.), Cornell University Press, 1986, pp. 200-220, esp. p. 204, opposed to Jaeger considering implausible that Aristotle could be independent from Plato in logic issues and not in metaphysics. Others denied that it could be affirmed that the soul is a substance for not having contraries, because other categories different from substance also meet this requirement (*e.g.* quantities, certain qualities, and relations ; *cf.* also K. von Fritz, « Der Ursprung der aristotelischen Kategorienlehre », *Archiv für Geschichte der Philosophie*, 40, 1931, pp. 449-496). Nevertheless, most scholars have accepted that the first argument involves a reference to the Aristotelian doctrine of categories (*cf.* F. Trabattoni, « La teoria dell'anima-armonia nell'*Eudemo* », *op. cit.*, pp. 350-351).

65. Philop. *in De an.* 144,25-27 = *Eud. fr.* 7 Ross.

66. *Cf.* E. Berti, *La filosofia del « primo » Aristotele*, *op. cit.*, p. 367, and A.H. Chroust, « *Eudemus* or *On the Soul* », *op. cit.*, p. 61.

67. W. Jaeger, *Aristoteles, op. cit.*, p. 59.

68. *Cf.*, respectively, Aristot. *Phys.* I 7, 190b24 *sqq.* and *Metaph.* Λ 2, 1069b33-34.

69. See in this sense, B. Dumoulin, *Recherches sur le premier Aristote*. Eudème, De la Philosophie, Protreptique, Paris, Vrin, 1981, p. 37 and F. Trabattoni, « La teoria dell'anima-armonia nell'*Eudemo* », *op. cit.*, pp. 357-358. R.M. Dancy, « Keeping Body and Soul Together », *op. cit.*, pp. 261-262, has suggested that once Aristotle has adopted the notion of matter, absent from the *Organon*, the first objection against the attunement theory (affirming that there is no contrary to soul) was no longer available to him and this would be the reason for its absence from *De anima*.

counterobjection which annuls the force of the first objection against the attunement theory.

The fact that this argument, which is missing also in Themistius[70], disappears from the treatise leads me to surmise that, as has been inferred by other scholars, it was due to a change in Aristotle's conception of the soul as form which would no longer be self-subsistent or a substance in itself, to become a form which is still substance, but in a very different way, for now is hylomorphically linked to the body and constitutes with it an inseparable unity.

Some scholars have justly indicated that in order to compare what is said in the *Eudemus* and *De anima*, we should be aware that in *De anima* Aristotle distinguishes between νοῦς and ψυχή, while this distinction is missing in the *Eudemus* and the *Phaedo*, which Aristotle adopted as model[71]. According to Themistius, the most weighty arguments, such as learning as recollection and the soul's likeness to God, that Plato used to prove the immortality of the soul « are referred to the intellect »[72] and, according to what he says, this is also true in the case of « the more convincing of those worked out by Aristotle himself in the *Eudemus* »[73]. Therefore, some scholars have referred to this text in order to eliminate the differences between the *Eudemus* and *De anima* : « if we recognize, asserts Berti[74], that in *De anima* Aristotle admits the immortality of the rational soul and that in the *Eudemus* the immortality is limited to it, any contrast between the two disappears ». On the contrary, Jaeger had insisted on the difference between the two works, for the immortality in the *Eudemus* was of the whole soul, while the immortality in later works refers exclusively to the intellect and all the rest of the functions linked to the soul as a psychophysical unity disappear after death[75]. This issue leads us back to the text of Proclus quot-

70. *Cf. Eud. fr.* 7 Ross.

71. *Cf.* D.A. Rees, « Theories of the soul in the early Aristotle », in I. Düring and G.E.L. Owen (eds.), *Aristotle and Plato in the Mid-fourth Century, op. cit.*, pp. 191-200, p. 194, held that Themistius was correct when he asserted that the conclusions reached by the *Phaedo*, arguing for the immortality of the soul, and by the *Eudemus*, arguing for that of the intellect, were identical, because « it was intellect that was for Plato the real soul » (Themistii *in libros Aristotelis De anima Paraphrasis*, edidit R. Heinze, *CAG* 5.3, Berolini, Reimer, 1899, pp. 106,29-107,5 = *Eud. fr.* 2 Ross) ; see also in this sense, B. Dumoulin, *Recherches sur le premier Aristote*, *op. cit.*, p. 32. Against, see A.P. Bos, *The Soul and its Instrumental Body*, *op. cit.*, chapter 13: « The Information on Aristotle's *Eudemus* », pp. 238-257, esp. pp. 241-242. Aristotle, in Bos' view, is unlikely to have made the *naïve* equation between intellect and soul, given the distinctions that Plato made in the *Republic* and the *Phaedrus* between the emotional and sensitive functions of the ψυχή and the logico-analytical and intuitive function of the νοῦς.

72. Them. *in De an.* 106,29 Heinze = *Eud. fr.* 2 Ross.

73. *Ibid.* 107,3-4 Heinze.

74. *Cf.* E. Berti, *La filosofia del « primo » Aristotele*, *op. cit.*, p. 358.

75. In a passage of the *Metaphysics*, quoted by Jaeger, Aristotle says, indeed, the following : « But we must examine whether any form also survives afterwards. For in some cases this

ed above[76]. The commentators disagree whether Plato's theory of recollection, linked to the theory of the ideas, is clearly implied by his words[77]. Proclus' text asserts that life in the body is like a disease for the soul, while when they are liberated from it they live in accordance with their true nature (ζῆν γὰρ ἐκεῖ μὲν κατὰ φύσιν αὐτάς, ἐνταῦθα δὲ παρὰ φύσιν)[78]. The consequence of this, Proclus says, is that incarnation brings with it forgetfulness and, consequently, in this world the soul cannot remember the things of the other world, but in the other life, once liberated from the body, does remember the things from this world. Some scholars have interpreted these words literally and have assumed that the dialogue rejected the theory of recollection, while others have seen in the account of forgetfulness an allusion to the theory presented in the *Republic*[79], by virtue of which the souls are obliged to drink the water which brings oblivion to them or the less mythical account of the *Timaeus*, where incarnation means a commotion of the soul that originates forgetfulness until its circles and revolutions return to their natural form[80].

In my opinion, to affirm or reject the presence of the theory of ideas and, its corollary, the theory of learning as recollection in the *Eudemus*, would be to go beyond the text. From one part, the question seems to be raised in strictly Platonic terms, but, from another part, it seems strange that Aristotle would have accepted the reminiscence theory and that the testimonies do not mention it as an argument for the immortality of the soul. One of the most important questions in relation to this issue is the memory that is attributed to the soul in the other life, when, according to Proclus' text, the soul « remembers yonder its experiences here » (ἐντεῦθεν δὲ ἐξιοῦσα μέμνηται ἐκεῖ τῶν ἐνταῦθα παθημάτων)[81]. The Aristotelian viewpoint, presented in *De anima*, is that psychological functions such as « thinking and loving or hating are not affections of the intellect » (τὸ δὲ διανοεῖσθαι καὶ φιλεῖν ἢ μισεῖν οὐκ ἔστιν ἐκείνου πάθη)[82], but of the individual subject that has it, so Aristotle is very

may be so, *e.g.* the soul may be of this sort, not all soul but the reason ; for doubtless it is impossible that all souls should survive » (*Metaph.* Λ 3, 1070a24-6). See W. Jaeger, *Aristoteles*, *op. cit.*, pp. 63-65.

76. *Cf. Eud. fr.* 5 Ross = Procl. *in Remp.* II, 349,20-22 Kroll.

77. Many scholars, from W. Jaeger, *Aristoteles*, *op. cit.*, to W.K.C. Guthrie, *A History of Greek Philosophy*, *op. cit.*, p. 68, have accepted that Aristotle in the *Eudemus* defended Plato's theory of learning as recollection and consequently the theory of ideas ; and many others have rejected it, see, *e.g.*, C.J. de Vogel, « Did Aristotle ever accept Plato's Theory of Transcendent Ideas. Problems around a New Edition of the *Protrepticus* », *Archiv für Geschichte der Philosophie*, 47, 1965, pp. 261-298, esp. p. 276 ; E. Berti, *La filosofia del « primo » Aristotele*, *op. cit.*, p. 361 ; A.P. Bos, *The Soul and its Instrumental Body*, *op. cit.*, pp. 244-247.

78. Procl. *in Remp.* II, 349,22-23 Kroll.

79. *Cf.* Plat. *Resp.* X, 621A-B.

80. *Cf.* Plat. *Tim.* 44A-B.

81. Procl. *in Remp.* II, 349,15-16.

82. *De an.* I 4, 408b25-26.

clear affirming that when the individual perishes, he cannot « remember or love » (οὔτε μνημονεύει οὔτε φιλεῖ)[83], since these functions do not belong to the intellect, but to the individual which has perished. The reason is that memory as well as sensation, passion, desire, and appetite are in animals « manifestly, attributes of soul and body in conjunction »[84].

This doctrine of *De Sensu* refers not only to animals. In the treatise *De memoria et reminiscentia*, Aristotle distinguishes between two aspects of remembering, of which man shares with animals the first, the μνήμη or memory, and he possesses exclusively recollection (ἀνάμνησις). Memory, in Aristotle's view, belongs to the same part of the soul « to which imagination (φαντασία) also appertains »[85] and refers to its physical counterpart, the picture or impression[86], to the corresponding part of the body (the heart), so that, as Aristotle himself explains, memory belongs only incidentally to the intellect and essentially to the primary faculty of sense-perception[87]. However, something similar can be said of what he calls ἀνάμνησις, a kind of recollecting that man does not share with animals[88]. Even this experience is a corporeal affection (ἐστὶ σωματικόν τι τὸ πάθος)[89] and Aristotle tries to reconstruct the physiological processes involved in recollection and its dysfunctions, making reference to physical factors such as « moisture around that part which is the centre of sense-perception », the weight which rests upon the organ of perception or the amount of movement going on within infants and very old persons who have bad memories[90]. The consequence which we can deduce from this is evidently that the memory preserved by the soul after its death referred to in the *Eudemus* has nothing to do with the later doctrine of the intellect. What we know of the Aristotelian conception of the intellect is not coherent with the theory of the soul which we have to presuppose if we have to accept the *Eudemus* version of the afterlife. Although it has been repeated over and over again since the commentary of Themistius[91] that for Plato and Aristotle in the *Eudemus* « only the intellect is immortal »[92], this concep-

83. *Ibid.*, 408b28.

84. Aristot. *De Sensu* 1, 436a7-8.

85. Aristot. *De Mem.* 1, 450a22-23.

86. *Cf. ibid.*, 450a29-30 : ζωγράφημά τι ; 450a31: τύπον.

87. *Cf. ibid.*, 450a13-14 (tr. by J.I. Beare, in Aristotle, *Parva naturalia*, in *The works of* Aristotle, *op. cit.*, vol. III, Oxford, Clarendon Press, 1952).

88. *Cf. ibid.* 2, 453a9. Recollecting involves processes of the mind such as inference (συλλογισμός), investigation (ζήτησις) or deliberation (τὸ βουλευτικόν, 453a10-14). On the difference between μνήμη and ἀνάμνησις, see J. Annas, « Aristotle on Memory and the Self », in M. C. Nussbaum and A. Oksenberg Rorty (eds.), *Essays on Aristotle's* De Anima, *op. cit.*, pp. 297-311, esp. pp. 306-307.

89. *Cf. De mem.* 2, 453a14-15.

90. *Cf. ibid.*, 453a20-453b7.

91. *Cf.* Them. *in De an.* 107,4-5 Heinze = *Eud. fr.* 2 Ross.

92. See in this sense A.P. Bos, *The Soul and its Instrumental Body*, *op. cit.*, p. 245.

tion of the soul is far closer to Plato's idea of the soul than to the later Aristotelian psychology. Even in a work such as the *Phaedo*, where the concept of the soul is very similar to a pure intellect, Plato refers to the influence that experiences lived by the soul during its incarnation exert on its existence in the other world. After death, although they are separated from the body, if they have yielded to their desires during their earthly life, there are souls that are « dragged back into the visible world » and they wander looking for bodies « by reason of the desires of that bodily attendant which is ever at their side »[93]. They are souls which are not really liberated from the body even after death, because « a bodily element has been worked into its substance »[94], which, after all, means that also in the *Phaedo* the bodily desires can be present in the soul and take part in its nature after being separated from the body. However, nothing of all these consequences of a polluted soul is possible in the hylomorphic conception of the soul in which nothing survives of its sensible nature. The relation of the intellect, which does not fit the definition of the soul as a hylomorphic entity, with the psychophysical complex constituted by soul and body is one of the most obscure issues of the Aristotelian philosophy of the mind[95], but it is clear that, if we follow the explicit declaration of Aristotle, memory is not an affection of the intellect, but of the subject which has it and, therefore, on perishing, that subject loses the capability of remembering or loving.

A remarkable point regarding the relation of the intellect with the soul is that in order to operate in human thinking it has to yield to the sensible and, as Aristotle himself asserts, it is not possible to think without images. Within the obscurity of the Aristotelian doctrine of the intellect, this point seems absolutely clear : « the soul never thinks without an image » (οὐδέποτε νοεῖ ἄνευ φαντάσματος ἡ ψυχή)[96]. When we exercise the theoretical thinking, « one must simultaneously contemplate an image » (ἀνάγκη ἅμα φάντασμά τι θεωρεῖν)[97]. Therefore, while concepts (νοήματα) and images are naturally not the same, the conceptual thinking of the intellect which operates in the soul can never get rid of the images (οὐκ ἄνευ φαντασμάτων)[98]. For this reason, it is not strange that Aristotle declares of this activity involved in the sensible, of this διανοεῖσθαι, that it has to disappear, being an affection of the subject who posseses the intellect[99]. In the Platonism of the *Phaedo*, on

93. Respectively, *Phaedo* 81C10 and 81D9-E1 (tr. by R. Hackforth, in Plato's *Phaedo*, Translated with an Introduction and Commentary, Cambridge, University Press, 1972).

94. *Ibid*. 81C4-6.

95. I agree with C.H. Kahn, « Aristotle on Thinking », in M. C. Nussbaum and A. Oksenberg Rorty (eds.), *Essays on Aristotle's* De Anima, *op. cit*., pp. 359-379, esp. p. 361, that there is no genuine resolution for this tension within Aristotle' s account of the ψυχή.

96. *De an*. III 7, 431a16-17.

97. *Ibid*. 8, 432a8-9.

98. *Cf. ibid*., 432a13-14.

99. *Cf. ibid*. I 4, 408b25-26.

the contrary, the ideal is the pure thought (εἰλικρινὴς διάνοια)[100] which gets rid of all sensible images and this is why philosophy is conceived of as an effort to release the soul from association with the body[101] and the full attainment of knowledge is possible only after death, when our souls will be « by themselves apart from the body »[102]. The psychology of the *Eudemus* is much closer to this than to the later treatise *On the Soul*.

III. *The Aristotelian theory of divination and life as punishment of the soul*

The testimonies provide us with additional information which in my view show the difficulty of integrating the conception of the soul which was set out in both works. Two indications provided by our sources in this sense are of an epistemological and ethical character, which are related to the Platonic theme of the conception of philosophy as training for death[103].

First, we find in the fragments which have been attributed to the *Eudemus* and to other lost dialogues of Aristotle a theory of divination. This theme appears in fragments 1 and 11, where two circumstances are referred to directly in relation to divination : disease and dreaming. Eudemus fell so gravely ill that, as well as the Greek king mentioned in fragment 11, he « had been near to leaving his body »[104] and, during a sleep, a handsome young man appeared to him who made three predictions. In another passage of the same work[105], attributed to the Aristotelian work *On philosophy*, we find an expression of the theory which is not explained in that text : there are states such as disease and dreaming when the soul is isolated and, as if in death, severed from the body. In these situations the soul can acquire the power of divination, just as it seems to be affirmed in fragment 11, from Al-Kindi and attributed to the *Eudemus*. On this occasion the divining powers of the Greek king are explained because, according to this text, his soul had been close to leaving the body, being in ecstasy, for many days between life and death. The divining power of the soul that fragment 1 attributes to a Eudemus who was hovering between life and death depends on the state of the soul during this trance, which had been in a certain way severed from the body. In the passage of Sextus attributed to *On philosophy* we find once more, in what seems to be a quotation from Aristotle, the connection of mantic with sleeping and death : « For when (he says) the soul is isolated in sleep, it assumes its true nature and

100. *Cf. Phaedo* 66A2.
101. *Cf. ibid.* 65A *sqq.*
102. *Ibid.* 67A1.
103. *Cf. ibid.* 63E-68B.
104. *Eud. fr.* 11(a) Ross = Al-Kindi *cod. Taimuriyye Falsafa* 55.
105. *Cf.* Aristot. *De phil. fr.* 12*a*(2) Ross = Cic. *De div. ad Brut.* I 30, 63-64.

foresees and foretells the future. So is it too with the soul, when at death it is severed from the body »[106]. It bears highlighting the differences between this theory of divination and that which has reached us through the extant treatises, however, I will limit myself to showing its consequences for the conception of the soul.

First, all these testimonies transmit a positive attitude in relation to divination in sleep, which is linked, as Sextus asserts, to the notion of the divine. The cases of Eudemus, the Greek king, Patroclus and Hector, mentioned in these fragments, are offered as examples of veridical predictions. In second place, the soul can exercise its power of divination because its cognitive faculty is improved in these situations, when it recovers « its true nature » in a process in which its bonds with the body are loosened. On the contrary, in the treatises, Aristotle manifests a negative attitude[107] in relation to divination and except in one case[108], the intervention of divinity[109] or any other supernatural process is excluded. It is true that veridical dreams are also admitted[110], but the account given diverges completely from what is transmitted to us by the testimonies of his lost works. The attitude of Aristotle before the existence of most of the veridical dreams consists in attributing them to mere coincidences (συμπτώματα)[111] between two events (dream, occurrence of something) with a chance relationship, for dreams are in general neither a sign (σημεῖον) nor a cause (αἴτιον) of what happened[112]. It would be, therefore, a relation between two factors which does not « take place according to a universal or general rule »[113].

However, in second place, when we have to face something which is more than mere coincidence, Aristotle highlights the continuity between dreams and all the events that are related to the body, for the dreams can be a sign of a process that takes place in the body or that it is going to be produced in the body and this is why « even

106. *Ibid. fr.* 12*a*(1) Ross = Sext. *Adv. Math.* IX (*Adv. Phys.* I), 20-23 (tr. by W.D. Ross, in Aristotle, *Select Fragments*, *op. cit.*, p. 84). See also Á. Vallejo Campos, in Aristóteles, *Fragmentos*, *op. cit.*, pp. 283-284.

107. Given the contrast between the examples of veridical predictions given in the lost dialogues and the spirit of the treatises in relation to divination, apart from other considerations, I cannot agree with Pellegrin when he sees an element of continuity between the testimonies of the lost works and the treatises in relation to this theme (*cf.* P. Pellegrin and J. Kany-Turpin, « Cicero and the Aristotelian Theory of Divination by Dreams », in W.W. Fortenbaugh and P. Steinmetz (eds.), *Cicero's Knowledge of the Peripatos*, New Brunswick, Transaction Publisher, 1989, pp. 220-245, esp. p. 233).

108. *Cf.* Aristot. *Eth. Eud.* VIII 2, 1248a38. On the possibility of harmonizing this text where the divine inspiration is not excluded with the other extant works, see L. Repici, « Aristotele e la divinazione », *Dianoia*, 11, 2006, pp. 7-40, esp. p. 21.

109. *Cf.* Aristot. *De div.* 1, 462b20-22; 2, 463b16; 464a21.

110. *Cf. ibid.* 1, 463a25; 2, 463b16; 464a27; 464b7; *Eth. Eud.* VIII 2, 1248a40.

111. *Cf. De div.* 1, 463a31.

112. *Cf.*, respectively, *ibid.*, 462b30 and 462b28.

113. *Ibid.*, 463a2-3 (tr. by J.I. Beare, in Aristotle, *Parva naturalia*, *op. cit.*).

scientific physicians tell us that one should pay diligent attention to dreams »[114]. On other occasions a causal relation[115] can be established between the images of a veridical dream and the actions that we undertake corresponding to them when awake, but even in these cases Aristotle stresses the continuity between the processes that connect the images of the dream with the events which occur in the daytime and the fact that the dreams and the daytime share the same beginnings or principles[116], so that the triggering factor of its causal relation can be motivated by one or the other, that is, « the movements which occur in the daytime » but that are not perceived during the daytime can influence the dream or, in turn, « the dream movements » can be « the starting-points of actions to be performed in the daytime »[117]. In this sense, what we never find is a reference to a state of separation or independence of the soul from the body which could provide the soul with a superior cognitive faculty. On the contrary, the veridical dreams or the power of foreseeing the future « are found in persons of inferior type », « garrulous and melancholic », who see sights of all descriptions and when « they just chance to have visions resembling objective facts, their luck in these matters is merely like that of persons who play at dice »[118].

However, other dreams which are examined by Aristotle in his work *De divinatione per somnum* refer to circumstances which are not so closely related to the events pertaining to the ordinary experience of the subject and their beginnings or principles are not situated in the immediate environment of the dreamer, but rather bear facts for which « time, place or magnitudes » cannot be in a direct relation to the one dreaming[119]. In this other type of dream the foresight can also be chance[120], but Aristotle examines a few cases of subjects who have dreams with certain predictive capacity. These persons, whether people whose mind « is not given to thinking » (οὐ φροντιστική) and are « liable to derangement » (ἐκστατικοί) or « atrabilious » (μελαγχολικοί)[121], perceive the action of slight movements that are more perceptible at night and cause the images « as a result of which sleepers foresee the future even relative to such events as those referred to above »[122], which are so extravagant or not related immediately to the dreamer, if that really happens. The divinity does not intervene in these processes, for otherwise, as Aristotle observes, this experience « would have regularly occurred both in the daytime and to the wise », and not « to people at ran-

114. *Ibid.*, 463a4-5.

115. *Cf. ibid.*, 463a22.

116. *Cf.* L. Repici, « Aristotele. Gli Stoici e il Libro dei Sogni nel *De Divinatione* di Cicerone », *Metis*, 6, 1991, pp. 167-203, esp. p. 193.

117. *Cf.*, respectively, *De div.* 1, 463a8 and 463a27.

118. *Ibid.* 2, 463b17-20.

119. *Cf. ibid.*, 464a1-2.

120. *Cf. ibid.*, 464a4-5.

121. *Cf.*, respectively, *ibid.*, 464a22-23, 464a25 and 464a32.

122. *Ibid.*, 464a18.

dom and not the most intelligent », which, on the contrary, seem to be the most apt to have such experiences (πάθος)[123]. Except in the case of the friends, who have special perception to experience these processes, derived from people to whom they are closely and emotionally related, we are before people who do not excel at an outstanding capacity of their intelligence and this is precisely what makes them perceptive to experience these processes that permit a foresight of distant objects.

In rigorous terms, according to the Aristotelian theory exposed in *De insomniis,* dreaming is « no exercise of opinion or thought »[124], but « an activity of the faculty of sense-perception, though belonging to this faculty *qua* imaginative »[125]. Aristotle refers to the dream images as « the remnant of a sensory impression taken when sense was actualizing itself » (ὑπόλειμμα)[126], which remains in absence of an exterior object, but the viewpoint in *De divinatione per somnum* is somewhat different, for here the question is to find a « reasonable cause » to explain the divining dreams which have as an object something distant which does not belong to the immediate environment of the subject. In the first place, it is clear that the dreamer receives a movement from the external world[127], but it can be transmitted in absence of the prime mover that originally produces that movement[128] or at a long distance from that source. This distance is saved in a similar way as the movement transmitted in water or air where the motion is propagated even when « the cause has ceased to operate »[129]. The psychophysical character of this process is evident, as one would expect in a hylomorphic theory of the soul, for these movements produce an impact « within the body owing to sleep » (ἐν τῷ σώματι ποιεῖν αἴσθησιν διὰ τὸν ὕπνον)[130], which enables the perception of slight movements that would go unperceived during the daytime. However, it is « a movement and a consequent sense-perception (κίνησίν τινα καὶ αἴσθησιν) that should reach sleeping souls from the objects », « in whatever way they arrive »[131]. Secondly, in my view, this account it is not difficult to reconcile with what Aristotle says in *De insomniis*, where the dream images are carefully distinguished from the actual perceptions, for these movements produce more than perceptions in strict sense, as those of daytime, « images » (φαντάσματα), and Aristotle insists that these images are the point of departure « as a result of which sleepers foresee the future »[132]. It is a

123. *Cf. ibid.*, 464a19.

124. *De insomn.* 1, 459a8 (tr. by J.I. Beare, in Aristotle, *Parva naturalia*, *op. cit.*).

125. *Ibid.*, 459a21-22.

126. *Ibid.* 3, 461b21.

127. *Cf.* P. Pellegrin and J. Kany-Turpin, « Cicero and the Aristotelian Theory of Divination by Dreams », *op. cit.*, p. 226.

128. *Cf.* L. Repici, « Aristotele. Gli Stoici e il Libro dei Sogni », *op. cit.*, p. 187.

129. *De div.* 2, 464a7-8.

130. *Ibid.*, 464a15-16.

131. *Ibid.*, 464a9-12.

132. *Ibid.*, 464a18-9.

sensorial or more precisely an imaginative activity in which the intellect is not involved and this is why this affection occurs in « people at random and not the most intelligent »[133]. This is very different for the psychology which seems to underlie the Aristotelian conception of divination that we have examined in the fragments attributed to the *Eudemus* and to *On philosophy*. In the treatises of the *Parva naturalia* we are dealing with images caused by a perceptive process and not with a course of thought in which the intellect or the soul could function with an extra capacity once having loosened its bonds with the body[134]. Of this account, to which the divination was referred to in the lost works according to the testimonies, we cannot find any trace in the extant treatises.

In the *Eudemian Ethics,* however, contrary to what we have seen in *De divinatione per somnum*, we find a passage where Aristotle seems to accept the existence of a divine inspiration. The context is the definition of the fortunate men, who are those « men who without the aid of reason are usually successful »[135] or who « though irrational succeed in whatever they start on »[136]. These people are lucky regardless of how they act, « contrary to all the teachings of science and correct calculation »[137] : their divination is speedy as if they were prudent and wise and yet they do not have to deliberate « for they have within them a principle of a kind that is better than mind and deliberation » (κρείττω τοῦ νοῦ καὶ τῆς βουλεύσεως)[138]. They are fortunate and proceed with a kind of divination that makes them succeed, although they lack reason (ἄλογοι) and it is not originated in reasoning (ἀπὸ τοῦ λόγου)[139]. Aristotle even compares this divination of the fortunate men with the veridical dreams of the melancholic ones already referred to in *De divinatione per somnum*. If in this work the divination was a matter of chance, here Aristotle seems to recognize the existence of an intervention of divinity in order to explain a success that is achieved repeatedly[140] through a kind of « inspiration » (ἐνθουσιασμόν)[141] which is strange to deliberation and reason. However, the most important point that I would like to highlight is that not even under this perspective is an integration possible with the theory of divination that he seems to propose in the exoteric works.

133. *Ibid.*, 464a20.

134. As is indicated by L. Repici, « Aristotele e la divinazione », *op. cit.*, p. 28, for Aristotle « the origin of the presentation of all these dreams is the sensible perception, the only path that remains to gather information from the external world, once the activity of reason and the divine intervention is excluded ».

135. *Eth. Eud.* VIII 2, 1247b26-27 (tr. by H. Rackham, in Aristotle, *Athenian Constitution, Eudemian Ethics, Virtues and vices*, Cambridge-London, Harvard University Press, 1952).

136. *Ibid.*, 1248a30.

137. *Ibid.*, 1248a3 *sqq.*

138. *Ibid.*, 1248a32

139. *Cf. ibid.*, 1248a34-36.

140. See L. Repici, « Aristotele e la divinazione », *op. cit.*, pp. 22-23.

141. *Cf. Eth. Eud.* VIII 2, 1248a33.

Berti denied the contradiction of this theory, which presupposes the separability of the soul from the body, with the psychology of *De anima*, because, in his view, the contradiction would exist only if we presuppose that what is separated is the soul « understood in the totality of its functions », and this would not be necessary for the only functions attributed by Aristotle to the separate soul were exclusively cognitive and rational[142]. However, in my view, the contradiction persists, because the extant works deny the existence of divination, considering predictions to be mere coincidences or investigating their « reasonable cause » (εὔλογος αἰτία)[143] in perceptive or physiological processes in which the continuity with the principles working during dreaming and daytime perfectly fits the hylomorphic definition of the soul. In the case of the *Eudemian Ethics*, where a certain divine inspiration seems to be accepted, this is proposed at the price of removing the intellect from the divining function which is accepted for the fortunate. Here, indeed, Aristotle affirms that this divination does not proceed rationally, for it operates in some cases « by experience » and others « by practice in the use of observation » ; and that « these men use the divine », so that this connection of the fortunate with a divine foresight capable of « discerning aright the future as well as the present »[144], never acts for a better employment of the intellect, but, on the contrary, under certain conditions in which reasoning is missing and must be « disengaged » from these activities, in order that the principle intervening in these processes can « have more strength »[145].

The psychology of the divination theory attributed to the exoteric works seems much closer to Plato than to the hylomorphic theory of the soul of *De anima* and the *Parva naturalia*. In the *Phaedo* philosophy, as we have seen, it is a kind of training for death, as the soul is prepared to leave the body and released from its ties, considering the body an obstacle to the attaining of truth[146]. When the soul accompanied by the body is deceived and the task for the philosopher is to get rid of « the body altogether » in order not to be confused by it, for it could not grasp an intelligible reality that can be apprehended only « by means of thought pure and simple » (εἰλικρινεῖ τῇ διανοίᾳ)[147]. In the *Phaedo* the visions that present themselves in dreams are respected[148] and a good indication of this is Socrates' obedience to the dream that bid him to compose music[149] ; however it is in the *Republic* where we come closer to the psychological theory of divination attributed to Aristotle. There are dreams in which the « beastly and savage part » of the soul manifests itself, while the rational part slum-

142. *Cf.* E. Berti, *La filosofia del « primo » Aristotele*, *op. cit.*, p. 354.
143. *De div.* 1, 462b19.
144. *Eth. Eud.* VIII 2, 1248a36-38.
145. *Ibid.*, 1248a39-b1 : ἀπολύεται ὁ λόγος ; 1248a40-b1 : ἀπολυμένου τοῦ λόγου.
146. *Cf. Phaedo* 63E-68B.
147. *Cf. ibid.* 65B-66A.
148. See Plat. *Crito* 44A-B, also quoted by Cic. *De div. ad Brut.* I 25, 52.
149. *Cf. Phaedo* 60E *sqq.*

bers and other dreams in which the soul manages to tame its appetitive and choleric parts arousing the rational part (τὸ λογιστικόν)[150]. The taming and quieting of the irrational part during sleep permits a liberation of reason in dreams and leads it « in isolated purity to examine and reach out towards and apprehend some of the things unknown to it » (καθ' αὐτὸ μόνον καθαρόν)[151]. The soul is thus habilitated to « apprehend truth » and discover what it is not known, « past, present and future »[152], so it is not strange that Cicero should paraphrase this passage and include it in his work *On divination*[153]. This seems to be the Platonic inspiration which takes the lead in the lost dialogues of Aristotle.

The interpretation of the *Eudemus* from *De anima* or vice versa seems extraordinarily difficult, for the differences between the two are irreconcilable in the present state of our knowledge of the lost dialogues. Bos has attempted to integrate the psychology of Aristotle in the two works, but his task is nearly impossible without a great amount of imagination, regardless of how clever and interesting his suggestions might be. In the case of divination, what has been generally interpreted in Sextus' testimony as a state in which the soul looses its bonds with the body, he proposes to read it from the idea sustained in the *Parva naturalia* that « sleep is said to be a condition, of the *aisthetikon soma*, *i.e.*, *pneuma* in its capacity of perceptive body, and in this condition, sense perception is halted because the vital *pneuma* withdraws to the heart region »[154]. Leaving aside his theory of *pneuma*, we should remember that the testimonies provide us with many examples quoted by Aristotle as a proof of the divination achieved through sleep, while what we have seen in the *Parva naturalia* is just the contrary to this spirit. What Sextus affirms has nothing to do with the naturalist account of dreams, but a state in which « the soul assumes its true nature » (τὴν ἴδιον ἀπολαβοῦσα φύσιν), which is the same state « when at death it is severed from the body »[155]. Bos attempts another strategy of integration, in my view, equally impossible, for Sextus refers to these experiences as a way by which people become aware of the existence of a being that possesses knowledge in the highest measure and that it is the invisible cause of order and movement in the heavenly spheres. Bos contends that this can be interpreted as a process referring to « the realization of the potential for intellectuality of the human soul » metaphorically interpreting dreaming and daytime so that « sleeping does not refer here to the sleep of a visible living creature, but to the

150. *Cf. Resp.* IX, 571D. See *Tim.* 71D-72B for a different account. In this other text he combines the role of the irrational in divining through dreams with the rational task of the interpreter.

151. *Resp.* V, 572A (tr. by P. Shorey, in Plato, *The Republic*, Cambridge-London, Harvard University Press, 1953, vol. II).

152. *Ibidem.*

153. *Cf.* Cic. *De div. ad Brut.* I 61.

154. *Cf.* A.P. Bos, *The Soul and its Instrumental Body*, *op. cit.*, p. 306.

155. *De phil. fr.* 12*a*(2) Ross = Sext. *Adv. Math.* IX (*Adv. Phys.* I), 20-23.

soul as potentially endowed with intellect »[156]. However, as we have seen, in the treatises, Aristotle maintains in relation to divination that the intellect does not intervene and affirms rather the contrary to this, because divination acts at the price of deactivating the reasoning capacity of the intellect, thereby weakening the principle that needs to operate. In the fragmentary state of our knowledge of the *Eudemus,* we can argue that perhaps the impossibility of integrating its psychology with that of *De anima* is due to the fact that the testimonies speak of what was affirmed by characters that did not represent Aristotle's views, as Repici observes in relation to divination[157], but it is also possible, as this scholar also suggests, that Aristotle « has made use of his sacred right of changing his mind », and we should not discard this possibility, as the testimonies do not affirm that in the *Eudemus* ideas contrary to those views, and more in accordance with what he posited in the treatises.

The other perspective from which the separation of the soul is contemplated is the philosophical ideal of life, so close to the Platonic view expressed in the *Phaedo*. In the well known fragment of Plutarch, quoted above, we find the topic of human life as punishment[158] and the same theme appears in other fragments from Iamblichus and Saint Augustine, attributed to Aristotle's *Protrepticus*[159]. Here I refer to the Etruscan robbers. In the *Eudemus* we find expressions which take death as a liberation of the soul : in the text of Cicero, the third prediction made to Eudemus – that he would return home in the fifth year – was interpreted in the sense that at the moment of death he had returned to his home (*domum revertisse videatur*)[160]; and in the conversation between Silenus and Midas it is clear that the only good that man can achieve is « to die as soon as possible »[161]. However, the theme of the Etruscan robbers, in which we find the topic of punishment, mentioned in the *Eudemus* by Plutarch, means not only a negative evaluation of human life, which we expect as something akin to the spirit of the *consolatio*, but also a theory of the conjunction of the soul with the body. To be linked to the corresponding parts of the body is for the soul the same as the punishment inflicted by the Etruscan robbers against their captives when they « chained dead bodies face to face with the living, fitting part to part »[162]. Berti[163] has seen in this

156. A.P. Bos, *The Soul and its Instrumental Body*, *op. cit.*, p. 306.

157. See L. Repici, « Aristotele e la divinazione », *op. cit.*, p. 35.

158. *Cf. Eud. fr.* 6 Ross = Plut. *Mor.* (*Consol. ad Apoll.*) 115b4.

159. *Cf.* Aristot. *Protrept. fr.* 10*b* Ross = Iambl. *Protrept.* VIII 47,21-48,9 Pistelli; August. *Contra Iul.* IV 15,78.

160. *Cf. Eud. fr.* 1(a) Ross = Cic. *De div. ad Brut.* I 25, 53.

161. *Eud. fr.* 6 Ross.

162. *Protrept. fr.* 10*b* Ross.

163. See E. Berti, in Aristotele, *Protreptico. Esortazione alla filosofia*, Torino, Utet, 2000, p. 102, n. 145. See another attempt to reconcile these texts with the psychology of the treatises in A.P. Bos, « Aristotle on the Etruscan Robbers : A Core Text of "Aristotelian Dualism" », *Journal of the History of Philosophy*, 49, 2003, pp. 289-306, esp. p. 299, who interprets the

precise connection with the body parts of the dead and the prisoner a conception of the soul not very different from the later Aristotelian doctrine of the soul as a vivifying principle of the body. In my view, the soul conceived in the indissoluble unity of the hylomorphic entelechy, could not consider its bond with the body as a punishment, a conception that is much closer to the Platonic substantialism to which the association with the body is a transitory and accidental bond which impedes the soul from achieving its divine destiny. The Aristotle of *De anima*, who criticizes the transmigration of the soul, refers to a community (κοινωνία)[164] between soul and body by which one acts and the other is acted upon, so that the soul cannot exist without the body (ἄνευ σώματος)[165] that provides the soul with the organs necessary to perform the corresponding functions. It is very difficult to accept that this conception of the community between soul and body could be considered a punishment : the image of corporeality given by the topic of Etruscan robbers seems more similar to *le pessimisme ultra-platonisant* peculiar to the conception of the soul maintained in the *Phaedo*[166], to which the bond with the body is a kind of prison[167] or tomb[168], where the soul is kept apart from its true nature. In conclusion, given the current state of our knowledge of the *Eudemus*, viewed from the conception of the soul in itself as well as from other perspectives directly related to it (divination, immortality, conception of the earthly life), it seems very difficult, if not impossible, to integrate its philosophy with the Aristotelian theory which has reached us through the extant treatises.

---

corpse and the living body in the image of the Etruscan robbers as a reference respectively to the visible body and the complex constituted by the πνεῦμα and the incorporeal principle.

164. *Cf. De an.* I 3, 407b17.

165. *Cf. ibid.* II 2, 414a20.

166. *Cf.* J. Brunschwig, « Aristote et les pirates tyrrhéniens. A propos des fragments 60 Rose du *Protreptique* », *Revue Philosophique de la France et de l'étranger*, 153, 1963, pp. 171-190, esp. p. 172.

167. *Cf.* Plat. *Crat.* 400C.

168. *Cf.* Plat. *Gorg.* 493A.

ARISTOTLE ON KNOWLEDGE AND IGNORANCE. AN EXERCISE ON THE ROLE OF ΝΟΥΣ IN PERCEPTION AND SCIENCE

ANTÓNIO PEDRO MESQUITA

Within the first book of *Posterior Analytics*, chapters 16-18 come as an unexpected excursus. Without any solution of continuity regarding both what precedes or follows it[1], we find a discussion on error and ignorance which, at first sight, nothing would lead us to anticipate[2]. Although these three chapters are closely interconnected, the reconstruction of their structure raises several difficulties which can only be solved by carefully considering the initial programmatic statement. Let us thus take a look at it.

Aristotle begins his analysis by saying :

> Ignorance – what is called ignorance not in virtue of a negation but in virtue of a disposition – is error coming about through deduction (διὰ συλλογισμοῦ). In the case of what holds or does not hold primitively it arises in two ways : either when you believe *simpliciter* that something holds or does not hold, or else when you get the belief through a deduction (διὰ συλλογισμοῦ). For simple belief the error is simple ; but when the belief comes about through a deduction (διὰ συλλογισμοῦ) there are several types of error[3].

From the point of view of what interests us here – the relation between knowledge and ignorance in Aristotle – the text is clearly divided into two fundamental mo-

1. Entirely dominated by the analysis of demonstration and demonstrative science in general.

2. In fact, the only parallel in the text would be a second *excursus* (this time a closing one) on two modes of non-demonstrative knowledge (chapters 33-34).

3. Aristot. *An. post.* I 16, 79b23-29 (all translations, with small corrections, by J. Barnes, in Aristotle's *Posterior Analytics*, Translated with Notes, Oxford, Clarendon Press, 1994[2], 1975[1]) : Ἄγνοια δ' ἡ μὴ κατ' ἀπόφασιν ἀλλὰ κατὰ διάθεσιν λεγομένη ἔστι μὲν ἡ διὰ συλλογισμοῦ γινομένη ἀπάτη, αὕτη δ' ἐν τοῖς πρώτως ὑπάρχουσιν ἢ μὴ ὑπάρχουσι συμβαίνει διχῶς· ἢ γὰρ ὅταν ἁπλῶς ὑπολάβῃ ὑπάρχειν ἢ μὴ ὑπάρχειν, ἢ ὅταν διὰ συλλογισμοῦ λάβῃ τὴν ὑπόληψιν. τῆς μὲν οὖν ἁπλῆς ὑπολήψεως ἁπλῆ ἡ ἀπάτη, τῆς δὲ διὰ συλλογισμοῦ πλείους.

ments : in the first moment, Aristotle distinguishes « dispositional ignorance »[4] from what we could call « negative ignorance » ; in the second, he defines and presents the variants of « dispositional ignorance »[5]. It is worth considering them separately, for such will enable us to make our way towards the fundamental point – the meaning of « negative ignorance » – which is here only alluded to.

The text quoted above begins by introducing a distinction between two types of ignorance (ἄγνοια) : ignorance *by negation* (κατ' ἀπόφασιν) and ignorance *by disposition* (κατὰ διάθεσιν). The difference seems to be as follows : in the former case, the ignorant person fails to know a particular fact because she / he lacks any type of belief about it ; in the latter, she / he fails to know it because she / he holds a *false* belief about it. Accordingly, the first type of ignorance is said to be *by negation* in that it amounts to a simple *negation of knowledge* : the ignorant person lacks any belief concerning the fact in question. The second type of ignorance is said to be *by disposition*, in the sense that it embodies a *disposition opposed to knowledge* : the ignorant person holds a belief regarding a particular fact, but his / her belief is false. This one is thus the ignorance in which error consists in and the disposition the ignorant person finds her / himself in is called *misconception* (ἀπάτη).

The two types of ignorance – by negation and by disposition – stand thus doubly opposed to each other : on the one hand, the former is negation (of any belief) while the latter is assertion (of a false belief) ; on the other hand, the latter generates a specific disposition (called error or misconception), whereas the former generates no disposition at all (being pure lack of knowledge). In this light, ignorance by negation is actually a double negation : it negates (a) *knowledge* and (b) any disposition *towards knowledge*. Ignorance by disposition, in turn, is also a double disposition : (a) *towards knowledge* and (b) as *a positive attitude in general*.

Now, according to Aristotle, what characterises the second type of ignorance (dispositional ignorance or error) is that it *always results from an inference* (διὰ συλλογισμοῦ). Such inference can assume, however, one of two forms : that of an inference which conclusion is opposed to an immediate proposition[6], or that of an infer-

4. *Cf. ibid.*, 79b23-24.

5. *Cf. ibid.*, 79b23-29.

6. An *immediate* (ἄμεσος), *primitive* (προτέρα) or *indivisible* (ἄτομον) proposition (these three terms are here equivalent : *cf. An. post.* I 2, 72a7-8, for ἄμεσος defined in terms of πρῶτον ; 23, 84b31-85a1, for the assimilation of ἄμεσος and ἄτομον ; 15, 79a38, in opposition to 79a33-36, for the use of προτέρα instead of ἄτομον) is an undemonstrable proposition (*cf.* 2, 71b26-27 ; 72a6-7 ; 3, 72b18-25), that is, a proposition that cannot be derived from a previous proposition (*cf.* 2, 72a7-8) where the causal middle term would occur (*cf.* 15, 79a33-36). Its non-derivability from a previous proposition makes it a *primitive* premise (*cf.* 2, 71b26-27 ; 72a6-7) and, in a sense, an *immediate* premise, since no other premise prior to it exists (*cf.* 72a7-8). Also, the fact that it does not admit any middle term makes it, literally, an *immediate* premise (*i.e.* « with no middle » : ἄμεσος) and, thus, an *indivisible* premise, precisely in that it lacks a mid-point where it could be divided (*cf.* 15, 79a33-36).

ence which conclusion is opposed to a non-immediate proposition[7]. In either situation[8], the false conclusion can simply be postulated, without constructing the inference, in which case it will be but a simple belief or a simple notion (ἁπλῶς), or it can be made to derive from an actual inference[9].

In the first case, the error assumes only one form : it is always a matter of postulating the conclusion opposed to the true proposition, and for every true proposition there is only one opposing proposition – its negation[10]. In those cases where the inference is effectively constructed, the argument can assume a variety of syllogistic forms ; consequently, the error can be produced in different ways.

The conditions under which the error can occur constitute the subject of chapters 16 and 17. Chapter 16 deals with error in the inference of a conclusion opposed to an immediate proposition and chapter 17 with error in the inference of a conclusion opposed to a non-immediate proposition. Chapter 18, in turn, will address the nature and source of negative ignorance.

After having examined the first and second types of dispositional ignorance (or *error*), which result from drawing a conclusion opposed to an immediate proposi-

7. The second part of the alternative is not explicitly stated, rather implicitly assumed, in the programmatic statement : to speak of ἐν μὲν τοῖς πρώτως ὑπάρχουσιν ἢ μὴ ὑπάρχουσι entails, as a counterpole, speaking of ἐν μὲν τοῖς μὴ πρώτως ὑπάρχουσιν ἢ μὴ ὑπάρχουσιν. In fact, this is the clause chapter 17 begins with, via the mere replacement of πρώτως with ἀτόμως (*cf. ibid.* 17, 80b17-18) and the possible elision of ἢ μὴ ὑπάρχουσιν.

8. Aristotle mentions the first case, and only the first case, explicitly, and nowhere does he explicitly broadens the lesson to include the second. It is clear, however, that what he says about inferences of conclusions opposed to immediate propositions is, in this respect, also valid concerning inferences of conclusions opposed to non-immediate propositions. This is also the perspective Barnes endorses in his commentary on this chapter (*cf.* J. Barnes, in Aristotle's *Posterior Analytics*, *op. cit.*, p. 164).

9. In Ross' opinion, Aristotle contradicts himself : « He first (*cf.* Aristot. *An. post.* I 16, 79b24) identifies the latter [ἄγνοια as a positive state] with wrong opinion reached by reasoning, but later (79b25-28) corrects himself by dividing it into wrong opinion so reached and that formed without reasoning » (W.D. Ross, in Aristotle's *Prior and Posterior Analytics*, a Revised Text with Introduction and Commentary, Oxford, Clarendon Press, 1949, p. 559). The truth, though, is that we do not need to attribute such a twist to Aristotle (within no more than two lines in between, at that!). Instead, we can consider that Aristotle suggests, not that the error is produced without inference, but that it is produced without the inference being *effectively* or *expressly constructed*. Otherwise, we would have to discard the inferential character as dispositional ignorance's differentiation trait, thus as error's differentiation trait, when the latter constitutes Aristotle's axial thesis on this subject : all error results from an inference, even when, as it happens here, inference is not *effectively* constructed (the conclusion being taken from someone else) or when it is not *expressly* constructed (one is not aware of having constructed it and, via athematic consideration of the premises, jumps directly to the conclusion).

10. This is the reason why Aristotle will not mention this variant again. Truth be told, he only mentioned it in the first place out of utmost scrupulousness.

tion[11] and to a mediate proposition[12], respectively, Aristotle devotes chapter 18 to the analysis of negative ignorance (or *strict* ignorance), *i.e.* that type of ignorance which stems from the condition of being deprived of one sense.

Aristotle's words as follows :

> It is clear too that if some perception is wanting, some understanding (ἐπιστήμην τινά) must also be wanting. And such an understanding will be impossible to get if [it is true that] (1) we learn either by induction or by demonstration, (2) demonstration depends on universals and induction on particulars, (3) it is impossible to study universals except through induction [...] and (4) it is impossible to make an induction without having perception (for particulars are grasped by perception). Hence, it is not possible to get understanding of these items (λαβεῖν αὐτῶν τὴν ἐπιστήμεν) – neither from universals without induction nor through induction without perception[13].

The thesis Aristotle intends to establish is, quite clearly, that all knowledge impairment (*i.e.* according to *Posterior Analytics* I 16, all negative ignorance) stems from perception impairment, here strictly understood as a condition of want – being deprived of, or being unable to properly use, one of the sensory organs[14]. The fundamental premise of the demonstration is that, ultimately, all knowledge depends on sense perception[15].

11. *Cf. An. post.* I 16, 79b29-80b16.

12. *Cf. ibid.* 17, 80b17-81a37.

13. *Ibid.* 18, 81a38-b9 : Φανερὸν δὲ καὶ ὅτι, εἴ τις αἴσθησις ἐκλέλοιπεν, ἀνάγκη καὶ ἐπιστήμην τινὰ ἐκλελοιπέναι, ἣν ἀδύνατον λαβεῖν, εἴπερ μανθάνομεν ἢ ἐπαγωγῇ ἢ ἀποδείξει, ἔστι δ' ἡ μὲν ἀπόδειξις ἐκ τῶν καθόλου, ἡ δ' ἐπαγωγὴ ἐκ τῶν κατὰ μέρος, ἀδύνατον δὲ τὰ καθόλου θεωρῆσαι μὴ δι' ἐπαγωγῆς (ἐπεὶ καὶ τὰ ἐξ ἀφαιρέσεως λεγόμενα ἔσται δι' ἐπαγωγῆς γνώριμα ποιεῖν, ὅτι ὑπάρχει ἑκάστῳ γένει ἔνια, καὶ εἰ μὴ χωριστά ἐστιν, ᾗ τοιονδὶ ἕκαστον), ἐπαχθῆναι δὲ μὴ ἔχοντας αἴσθησιν ἀδύνατον, τῶν γὰρ καθ' ἕκαστον ἡ αἴσθησις· οὐ γὰρ ἐνδέχεται λαβεῖν αὐτῶν τὴν ἐπιστήμην· οὔτε γὰρ ἐκ τῶν καθόλου ἄνευ ἐπαγωγῆς, οὔτε δι' ἐπαγωγῆς ἄνευ τῆς αἰσθήσεως.

14. Which, in Aristotle's view, seems to lead to the Salomonic rule : to each wanting sense there corresponds a wanting science (*cf. An. post.* I 18, 81a39-40 : φανερὸν δὲ καὶ ὅτι, εἴ τις αἴσθησις ἐκλέλοιπεν, ἀνάγκη καὶ ἐπιστήμην τινὰ ἐκλελοιπέναι). From this viewpoint, the scholastic motto *nihil est in intellectu quod non prius fuerit in sensu* falls very short of Aristotelian empiricism. Obviously enough, the hypothesis assumed here supposes the theory of proper sensibles, the perception of which is conditonal upon having the corresponding sense (*cf.* Aristot. *De an.* II 6, 418a11-16; *De insomn.* 1, 458b4-6 ; in detail : *cf. De an.* II 7-11 ; *De sensu* 3-5). This same question is raised by Aristotle in *Metaph.* A 9, 993a7-8 : it is not possible to perceive objects of a specific sense without having that sense.

15. Or, more basically, on *the sensation*. The phrase αἴσθησις is perhaps the most difficult to translate in this text. In fact, its first occurrence (*cf. An. post.* I 18, 81a39 *sqq*.: φανερὸν δὲ καὶ ὅτι, εἴ τις αἴσθησις ἐκλέλοιπεν ...) seems to require its translation as « sense » (« it is evident that if a sense ... »), since the accompanying indefinite pronoun, be it interpreted as an

The chain of reasoning appears to be the following :

1. all knowledge comes either from demonstration or from induction ;
2. demonstration deals with universals ;
3. universals can only be reached through induction ;
4. all induction depends on sense perception ;
5. therefore, all knowledge depends directly (induction) or indirectly (demonstration) on sense perception ;
6. therefore, sense perception want brings about knowledge want ;
7. therefore, negative ignorance (*i.e.* knowledge want) arises from sense perception want, in the sense just indicated.

These last two consequences, as presented, are relevant only within the strict domain of the problem Aristotle discusses in this section of *Posterior Analytics* – the problem of ignorance, particularly of « negative » ignorance. On the contrary, the premises (1-4) on which the argument is based and the first consequence (5) drawn from it are highly significant for purposes of understanding the Aristotelian theory of science.

Every commentator will agree that Aristotle argues here in favour of what Barnes, in an adequately very vague and generic fashion, has dubbed « some sort of empiricist thesis »[16]. The problem lies precisely in accurately characterising the kind of empiricism Aristotle is here advocating.

In order to answer this question, we must start by clarifying the assumptions of the argument.

We have two collateral assumptions right on the outset :

3a. a demonstration depends on induction for its matter (premises and, ultimately, terms) ;

4a. the matter of demonstration (premises and terms) is ultimately obtained from sense perception, or, in general, from experience.

Now, extending these assumptions parallel to the main issue of the text and abstracting from them, 1, 2, 3-3a, 4-4a and 5 lead us to the fundamental conclusion that

5a. all knowledge starts with experience.

---

article or as a pronoun, does not easily tolerate alternatives such as « sensation » or « perception » (in the current context, what would be the meaning of stating that *one* sensation, or *one* perception, or a *certain* sensation, or, as in Barnes translation, *some* perception, is wanting ?). Now, this first decision conditions the translation of all subsequent occurrences of the term. In reality, Aristotle's point in this chapter is to examine which consequences ensue from *lacking one sense*, not the general problem of absence of sensory data or the even more general problem of knowledge depending on perception. That said, the extraordinary conceptual and theoretic battery summoned to situate the problem makes it perfectly legitimate to evaluate it *per se*, freeing the expounded doctrine from its immediate argumentative circumstance, which is here clearly negligible.

16. J. Barnes, in Aristotle's *Posterior Analytics*, *op. cit.*, p. 167.

Note, however, that one cannot infer from the argument (a) the type of experience required or (b) that all knowledge comes from experience.

It is not legitimate to infer that all knowledge comes from experience because demonstrations depend on induction only *for its matter* ; moreover, it is solely *where its matter is concerned*, and in no other regard, that it is founded on sense perception. The whole theory of syllogism, particularly the theory of demonstrative syllogism, is – in straight opposition to all strict empiricism – a moment of emancipation from sense perception.

Also, one cannot infer as to the type of experience required because there is no basis to infer the *type of induction* Aristotle is here advocating. Now, it is precisely on the answer to this question, for which the text offers no contribute, that the characterisation of the kind of « empiricism » that Aristotle proposes depends.

We can, however, glimpse at the beginnings of an answer to it if we examine the meaning and the consequences of negative ignorance in their broadest scope – an issue Aristotle addresses rather circumspectly in these texts.

In fact, other reasonings of Aristotle elsewhere in the *Posterior Analytics* allow us to conclude that, if we do take the notion of negative ignorance as suggested (*i.e.* broadly), then *all human knowledge can be seen as a type of ignorance*. Furthermore, as a type of *negative* ignorance, in the technical sense assumed along that chapter : as ignorance derived from a defective sense perception. And this is, evidently, the fundamental point – and also the key to eventually ascertain the contours of the Aristotelian « empiricism » accurately.

In a lengthy development on the relation between sense perception and knowledge of the universal, Aristotle readdresses – only once in the whole treatise – the subject of defective sense perception. He does it, however, in different terms (precisely in *broader* terms) than those he elaborated upon in the sections we have been analysing.

After excluding the notion that scientific knowledge could be obtained *via* simple perception – universals cannot be perceived and all scientific knowledge in its strictest sense (*i.e.* all demonstrative science) is, necessarily, knowledge of the universal, because the universal is that which « displays the cause » (ὅτι δηλοῖ τὸ αἴτιον)[17] ; for this reason, even if it were possible to exhaust through sense perception all cases which verify a certain principle, we still would not know the cause that unites them under such principle and, therefore, we still would not have grasped the principle itself[18] –, Aristotle introduces this curious restriction :

> Nevertheless, certain features in problems are referred to want of perception [or : can be traced back to a sensorial failing] (ἔστι μέντοι ἔνια ἀναγόμενα εἰς αἰσθήσεως ἔκλειψιν ἐν τοῖς προβλήμασιν). In some cases, if we saw we should not seek (ἔνια

17. *An. post.* I 31, 88a5-6.
18. *Cf. ibid.*, 87b28-88a11.

> γὰρ εἰ ἑωρῶμεν οὐκ ἂν ἐζητοῦμεν) – not because we have knowledge by seeing (οὐχ ὡς εἰδότες τῷ ὁρᾶν), but because we grasp the universal from seeing (ἀλλ' ὡς ἔχοντες τὸ καθόλου ἐκ τοῦ ὁρᾶν). *E.g.*, if we saw the glass to be perforated and the light coming through it, it would also be plain why it does (δῆλον ἂν καὶ διὰ τί καίει)[19]. In fact, by seeing in each case separately (τῷ ὁρᾶν μὲν χωρὶς ἐφ' ἑκάστης), it would be recognised simultaneously that is thus in all of them (νοῆσαι δ' ἅμα ὅτι ἐπὶ πασῶν οὕτως)[20].

Now, this is not a mere fortuitous concession, since Aristotle reiterates the same lesson elsewhere :

> That the search is for the middle term is shown by those cases in which the middle term is perceptible (δηλοῖ ὅσων τὸ μέσον αἰσθητόν). In effect, we investigate it because we do not perceive it (ζητοῦμεν γὰρ μὴ ᾐσθημένοι)[21] ; *e.g.* we seek if there is a middle term for the eclipse or not. But if we were on the moon we would seek neither if there is an eclipse nor why there is : rather, these things would be plain at the same time (ἀλλ' ἅμα δῆλον ἂν ἦν). By perceiving (ἐκ γὰρ τοῦ αἰσθέσθαι) we would come to know the universal (καὶ τὸ καθόλου ἐγένετο ἂν ἡμῖν εἰδέναι) : perception would tell us that the earth is now screening it (it is plain that it is now eclipsed) ; and from this the universal would come about (ἐκ δὲ τούτου τὸ καθόλου ἂν ἐγένετο)[22].

19. According to Philoponus (*cf.* Ioannis Philoponi *in Aristotelis Analytica posteriora Commentaria cum Anonymo in librum II*, edidit M. Wallies, *CAG* 13.3, Berolini, Reimer, 1909, p. 311,16), followed by J. Tricot, in Aristote, *Organon*, IV : *Les secondes analytiques*, Traduction nouvelle et Notes, Paris, Vrin, 1962, p. 148, n. 4, and by J. Barnes, in Aristotle's *Posterior Analytics*, *op. cit.*, p. 194), καίει means here φαίνει (therefore « lit » = « seing through »). Accordingly, Tricot explains the paragraph in the following way : « Certains problèmes ne se posent qu'en raison de l'imperfection de nos sens. Le problème de la transparence du verre, par exemple, serait vite résolu, si nous pouvions voir la lumière et les pores du verre ». W.D. Ross, in Aristotle's *Prior and Posterior Analytics*, *op. cit.*, p. 599, however, redirects the example to the explanation of the ignition of glass given by Gorgias (*cf.* H. Diels und W. Kranz, *Die Fragmente der Vorsokratiker*, Zurich-Berlin, Weidmannsche Verlagsbuchhandlung, 1964, B. II, fr. 5B = Theophrasti *De igne*, edidit A. Gercke, Greifswald, F.W. Kunike, 1896, 73). When one assumes the former solution, the problem (again mentioned in *An. post.* II 11, 94b28-31) is found explained by the *Problemata*'s author in XI 58, 905a35-b23 (*cf.* also XXV 9, 939a10-15).

20. *An. post.* I 31, 88a11-17.

21. This is Eustratius' interpretation (*cf.* Eustratii *in Analyticorum Posteriorum librum secundum Commentarium*, edidit M. Hayduck, *CAG* 21.1, Berolini, Reimer, 1907, p. 29,24-27), also adopted by Tricot, instead of the usual permutation of clauses : if we did not perceive it, we investigate it (found in Ross and Barnes).

22. *An. post.* II 2, 90a24-30. This last text is controversial, since it seems to say exactly the opposite of what one reads in a passage preceding the first excerpt we have here examined. In *An. post.* I 31, 87b39-88a5, Aristotle says in effect : « This is why, if we were on the moon and saw the earth screening it, we would not know the explanation of the eclipse (οὐκ ἂν ᾔδειμεν τὴν αἰτίαν τῆς ἐκλείψεως). We would perceive that it is now eclipsed but not why ; for we have seen that there is no perception of universals (οὐ γὰρ ἦν τοῦ καθόλου αἴσθησις). Ne-

What exactly are these two texts really claiming ?

At first glance, we find ourselves before a simple occurrence of what Ross would call « generalising induction » or « induction by generalisation »[23] : because one sees

vertheless, if we observed this happening often and then hunted for the universal, we would possess a demonstration ; for it is from many particulars that the universal becomes plain (ἐκ γὰρ τῶν καθ' ἕκαστα πλειόνων τὸ καθόλου δῆλον) ». The divergence found in these two passages is, notwithstanding, more apparent than real. It is easy to reconcile them if one assumes the doctrinal harmony of the passages quoted in the text. Assuming such harmony, the solution can be found in the fundamental clause of the first passage : « in some cases, if we saw we should not seek – not because we have knowledge by seeing (οὐχ ὡς εἰδότες τῷ ὁρᾶν), but because we grasp the universal *from seeing* – » (*ibid.*, 88a12-14). The Aristotelian thesis is not that perception, *per se*, constitutes knowledge of the universal. What Aristotle's thesis does state is that, in certain circumstances, the universal is immediately freed by perception, and therefore, under such (specific) circumstances, knowledge of the universal is *simultaneously* produced *from perception* : *cf.* in the second text : « by perceiving (ἐκ γὰρ τοῦ αἰσθέσθαι) we would come to know the universal (καὶ τὸ καθόλου ἐγένετο ἂν ἡμῖν εἰδέναι) [...] » (*ibid.* II 2, 90a28-29). Now, this is not denied – in fact, it is confirmed – by the passage 87b39-88a5, in spite of its immediate argumentative interest justifying a form which seems, superficially, to contradict *An. post.* II 2. To prove it, let us clear it from ambiguity, rendering explicit all it assumes implicitly. In Aristotle's words : « This is why, if we were on the moon and saw the earth screening it, we would not know [through perception] the explanation of the eclipse (οὐκ ἂν ᾔδειμεν τὴν αἰτίαν τῆς ἐκλείψεως). We would perceive that it is now eclipsed but [we would not have perceived] why ; for we have seen that there is no perception of universals (οὐ γὰρ ἦν τοῦ καθόλου αἴσθησις) » (*ibid.* I 31, 39-88a2). Clearly, the doctrine is now homogeneous in the three cases, although the aim of the final one is different from that of the remaining two : in that case, the aim is to underline that perception, *per se*, never is knowledge of the universal ; in the remaining cases, it is a matter of assuring that, *even though that is the case*, perception can sometimes be sufficient for such knowledge to be immediately produced from it. Only this way could one understand that Aristotle is not contradicting himself when he chooses to follow the text we just quoted in this footnote with the text we quoted in the main text above.

23. To distinguish it from both « intuitive induction » and « perfect induction » (or « inductive syllogism ») : *cf.* W.D. Ross, in Aristotle's *Prior and Posterior Analytics*, *op. cit.*, pp. 48-50. The phrase « intuitive induction », which Ross relegates to common usage (« this is in fact what modern logicians call intuitive induction »), was in fact coined by the British logician W.E. Johnson (*cf. Logic*, part II : *Demonstrative Inference: Deductive and Inductive*, Cambridge, Cambridge University Press, 1922 ; reedited New York, Dover Publications, 1964, vol. II, chapters VIII-IX) ; the phrase « inductive syllogism » belongs to Aristotle himself (ὁ ἐξ ἐπαγωγῆς συλλογισμός : Aristot. *An. pr.* II 23, 68b15-16 ; ὁ διὰ τῆς ἐπαγωγῆς : 68b36-37) ; « generalising induction » and « perfect (or "complete") induction » are phrases immediately constructed on the actual procedures of the respective types of induction : the former generalises from a given number of instances, the latter has to exhaust the total sum of such instances (διὰ πάντως). In many regards, Ross' analysis remains unsurpassable ; it stands, at any rate, as an inescapable landmark when dealing with this issue (see pp. 47-51 and also the incidental comments to the various occurrences of the concept).

many cases in which *P* obtains, one concludes that *P* is true for all cases. And, in fact, the example Aristotle introduces towards the end of the first text seems to lean in that direction : « if we saw the glass to be perforated and the light coming through it, it would also be plain why it does » ; and « by seeing *in each case separately*, it would be recognised simultaneously (νοῆσαι δ' ἅμα) *that is thus in all of them* ».

However, if there really is uniformity of lesson between the two texts, then the doctrine cannot be accepted as being the one assumed in the first text. For the second text unequivocally emphasises that in certain instances (namely, if we were to see the eclipse of the moon *in loco)* « by perceiving we would come to know the universal ; [since] perception would tell us that the earth is now screening it [...] and from this the universal would come about ». Nowhere in this second text do we find any mention to the need for a multiplicity of coincident experiences ; on the contrary, the entire text is constructed to illustrate a situation in which « the middle term is perceptible », and, thus, in which the very act of perceiving *one* instance – in itself evidence of the cause and, as such, rendering the universal principle *at the same time* (ἅμα) – makes any further inquiry unnecessary and superfluous.

That said, there is yet another and much more significant reason why we should not reduce the entire import of the first text to « generalising induction ». Were we to do so and we would lose sight of its fundamental point, for this text's specificity lies not in requiring a multiplicity of experiences in order to extract the universal[24], but, precisely on the contrary, in the idea that such multiplicity of experiences is required only because our sense perception is constitutionally deficient.

In fact, the fundamental point of the text is that, *if vision were sharp or keen* enough[25], the universal would immediately appear before it. Now, it is precisely because vision is not keen enough (one would say : because it is not in itself sufficiently intelligent, νοητική) that it becomes necessary to resort to inquiry « from many particulars »[26] and to begin « by seeing in each case separately »[27], in order to be able finally to « understand simultaneously that is thus in all of them »[28]. And this is exactly the rule the second text establishes when it introduces a situation in which our vision would be sufficient to immediately apprehend the universal from a single instance.

24. A highly debatable procedure for obtaining it (on this issue, see Ross' judicious observations on generalising induction), which would not sustain Hume's critiques against the inferential value of induction. A study entirely devoted to this notion would show that Aristotle never understands this procedure as ἐπαγωγή.

25. « In certain cases, if we saw we should not seek » (ἔνια ... εἰ ἑωρῶμεν οὐκ ἂν ἐζητοῦμεν : *An. post.* I 31, 88a12-13) ; alternatively, in the strongest version found in II 2, 90a25, « we investigate because we do not perceive » (ζητοῦμεν γὰρ μὴ ᾐσθημένοι).

26. *Ibid.* I 31, 88a4-5 : ἐκ ... τῶν καθ' ἕκαστα πλειόνων (*cf. supra*, n. 22, for the complete quotation).

27. *Ibid.*, 88a16 : τῷ ὁρᾶν μὲν χωρὶς ἐφ' ἑκάστης.

28. *Ibid.*, 88a16-17 : νοῆσαι δ' ἅμα ὅτι ἐπὶ πασῶν οὕτως.

> If we were on the moon we would seek neither if there is an eclipse nor why there is : rather, these things would be plain at the same time. By perceiving we would come to know the universal : perception would tell us that the earth is now screening it (it is plain that it is now eclipsed) ; and from this the universal would come about[29].

However, if it is indeed possible to discern that such will be the case *in all instances* from scrutinising many (not *all*) instances and even from scrutinising *only one* instance (were our vision *keen enough*), then it is obvious that that is because what allows us to move from *some* (many, a few or one) to *all,* in other words, from the particular to the universal, is not the multiplication of instances (in theory, one instance would be enough), even less so the abusive transition from many to all, but in fact the ability to discern *what is said of all* (*i.e.* the universal) in some (many, a few or one) of those of which it is said.

The rule recommending scrutiny of many instances is not therefore rooted in any type of illusion regarding the inferential or evidentiary value of a multiplicity of « experiences ». On the contrary, it is clear Aristotle believes that, when it comes to inferring what is the case *for all*, scrutinising many or a few (instances) has virtually the same value. Such a rule is nothing more than a prudent bow before the intrinsic limitation of our perceptive abilities : indeed, *our vision is not keen enough*.

But where does this limitation lie ?

It lies, of course, in the insufficient sharpness of our sensibility, *i.e.* in its incapacity to, by itself, discern the universal. The limitation of our sensibility is thus a *noetic limitation*, namely an inability to intellectually grasp or discern what appears before it.

This would be the same as saying that the limitation of our sensibility is an intelligence flaw. However, that sensibility does not see things intelligently is not its flaw. Rather, it is our flaw, *i.e.* a flaw pertaining to our actual nature, as beings endowed with such type of sensibility. It is, in effect, a flaw that results from the fact that we do not see things *with our* intelligence[30].

In all this lies, however, a decisive implicit assumption : that the universal *reveals itself*[31]. For only within the assumption that the universal shows itself in some way or other is it possible to expect that the perception of things (be that of many, of few, or

29. *Ibid.*, 87b39-88a5.

30. In the current text, we assume two theses without developing them : (a) that, in Aristotle, νοῦς is basically a discriminatory capacity ; (b) that, in Aristotle, νοῦς is articulated with sensitivity, intervening right at the level of perception. Due to the impossibility of fully demonstrating these two theses here, we redirect (with no additional comment), to the Aristotelian text : on (a), see, *De an.* III 3, 427a19-21; 9, 432a15-17 ; Aristot. *De motu an.* 6, 700b15-23 ; on (b), see *De motu an.* 6, 700b15-23; Aristot. *Eth. Nic.* VI 12, 1143a35-b5; b9-11.

31. Ἐκ γὰρ τῶν καθ' ἕκαστα πλειόνων τὸ καθόλου δῆλον : *An post.* I 31, 88a4-5 (*cf. supra*, n. 22)

of one) could enable its apprehension. Accordingly, to claim that, if vision were keen enough, the universal would appear, immediately, before it, is but to claim that, were it the case, *the universal would immediately display itself in singular instances*[32].

Now, this assumption that the universal manifests itself and offers itself to perception and that a trained or exceptionally intuitive intelligence is capable to discern it immediately in singular instances[33] is what justifies the role of experience in Aristotle's doctrine of science.

In fact, if it is true that, depending on the intellectual ability of the subject, moving on from the particular to the universal can be equally accomplished whether one departs from many instances, from a few instances or from one instance, it is also true that *there has to be at least one*.

And herein lies the proverbial « empiricism » of Aristotle : the process of discerning universals does not operate on its own ; rather, it requires that in which all universals can be grasped, *i.e.* singular instances. The νοῦς does not operate on its own ; rather, it requires that an object is given to it and such object can only come from perception[34].

Thus, to state, as we did at the beginning, that all knowledge begins with experience (because science requires universals as its object and universals can only be reached through induction, *i.e.* through perception) is but to state that there can only be science if there is a certain faculty by which the universals discerned in experience

32. This is the undeniable Platonism of the Aristotelian theory of science, which Aristotle himself implicitly recognises in the passages where he wisely comments on the Platonic doctrine of recollection (*cf. An. pr.* II 21, 67a8-26 ; *An. post.* I 1, 71a17-b8).

33. On this point, see the expressive definition of acumen (or, in the suggestive translation of Lesher, « quickness of νοῦς » : ἀγχίνοια) in *An. post.* I 34, 89b10-15: « Acumen (ἡ ἀγχίνοια) is a talent for hitting upon the middle term in an imperceptible time (εὐστοχία τις ἐν ἀσκέπτῳ χρόνῳ τοῦ μέσου). *E.g.* someone sees that the moon always has its bright side toward the sun and quickly sees why this is so – because it gets its light from the sun ; or he knows that someone is talking to a rich man because he is borrowing from him ; or why they are friends – because they are enemies of the same man. Seeing the extreme terms he gets to know all the explanatory middle terms » (*cf.* Aristot. *Eth. Nic.* VI 12, 1143b11-14 and also *An. post.* II 8, 93a16-20). On this ability as a product of an intellectual *habitus* similar in all aspects to the *habitus* of morality, see Aristot. *Top.* VIII 14, 163b9-16 (*cf.* L.A. Kosman, « Understanding, Explanation and Insight in the *Posterior Analytics* », in E.N. Lee, A.P.D. Mourelatos and R.M. Rorty, eds., *Exegesis and Argument. Studies in Greek Philosophy presented to Gregory Vlastos*, Assen, van Gorcum, 1973, pp. 374-392 ; D.W. Hamlyn, « Aristotelian Epagoge », *Phronesis*, 21, 1976, pp. 167-187 ; M. Burnyeat, « Aristotle on Learning to be Good », in A. O. Rorty, ed., *Essays on Aristotle's* Ethics, Berkeley, University of California Press, 1980, pp. 69-92 ; R. Smith's excellent commentary on this passage in Aristotle, *Topics: Books I and VIII with excerpts from related texts*, Translated with a Commentary, Oxford, Clarendon Press, 1997, pp. 154-155).

34. Even in this regard, Aristotle does not stand very far from his master Plato (if we keep in mind what the latter states in *Phaed.* 74A-75D on the conditions for recollection).

are brought to it, which in turn will lead to the conclusion that science lies in νοῦς as its principle[35]. But it also means that νοῦς itself is activated only in the presence of a specific experience which has to have been previously given to it[36].

The crucial element it all hinges upon, and which was left out in the first group of texts quoted is thus the νοῦς, both as the capacity to discern the universal in singulars and as the principle of ἐπιστήμη itself[37].

That said, an immediate illation ensues regarding the understanding of the second group of texts mentioned. Contrary to what one would initially be led to assume, what we have in the first text is not « generalising induction ». What we do have there (as the second text rends obvious) is « intuitive » induction, *i.e.* that type of induction that does not operate through generalisation (and is therefore dependent on a significant number of instances), but operates instead via noetic insight of the universal, based on *any* number of instances (many, a few or one).

Moreover, it is not induction thought of in terms of the second text[38] which needs to be reinterpreted in the terms of the first[39], nor is it « intuitive » induction in general which needs to be reinterpreted as a form (or, rather, as a gap) of « generalising » induction. On the contrary, the latter is, in fact, a particular expression of the former, in the strict sense that the limitations of our sensibility require a multiplication of instances in order to display the universal (but not its generalisation, aimed at a putative inference).

This is the key that allows us to understand the actual place of sense perception want (in a broad sense) within the Aristotelian reflection on knowledge. Consequently, the key that enables us to achieve a general overview of the relation between ignorance and knowledge in Aristotle.

True sense perception want is a result of our possessing a sensibility that is not *intelligent* or *intellective*, *i.e.* that is not capable of immediately discerning the universal. True sense perception want lies in the fact that we lack an *intellectual intuition* (in its strict sense), in other words, a sensitive faculty which *as such* is capable of intellection.

This is the reason why we *have to seek* : for, if all instances were like those the two texts describe, « if we saw we should not seek ».

All our knowledge lies thus on a structural failure of our senses. All knowledge is

35. A thesis repeatedly stated in various passages : see *An. post.* I 3, 72b23-25 ; 23, 84b37-85a1 ; 33, 88b36 ; II 19, 100b14-15.

36. *Cf.*, once again, *ibid.* I 31, 88a14-17 : « if we saw the glass to be perforated and the light coming through it, it would also be plain why it does ; in fact, by seeing in each case separately, it would be understood simultaneously that is thus in all of them ».

37. *Cf. ibid.* I 3, 72b18-25 ; 23, 84b31-85a1 ; 33, 88b30-89a4 ; II 19, 100b5-17 ; see also I 24, 86a22-30.

38. *Cf. ibid.* II 2, 90a26-30.

39. *Cf. ibid.* I 31, 88a2-5.

therefore nothing but a type of fundamental ignorance – provided, of course, we understand « to know » as the hyperbolic claim of a sensitive seeing that is simultaneously intellective.

Yet, what characterises the Aristotelian thought in this regard is precisely *the rejection* of such claim. In other words, what characterises it is precisely its conformity with the peculiar nature of our cognitive capacity. And thus, despite such ignorance, *i.e.* despite the intrinsic deficiency of our sense perception, knowledge constructed by inquiry, which final form is that of an explanatory demonstration, deserves unreservedly, and by antonomasia, the name of « knowledge ». On the contrary, knowledge obtained via sense perception, limited as it is to providing that in which the universal is discerned, and never, by itself, discerning the universal, is not knowledge, but a *path towards knowledge*.

The path which starting point is that ignorance in which our nature is primitively embedded is also, at the same time, already a path for transcending it and, furthermore, the very path on which this transcendence is effected.

Accordingly, in the play of knowledge and ignorance in which the meaning and orientation of the Aristotelian theory of science begins to be decided, it is not knowledge that appears as ignorance. Rather, the very *locus* where ignorance seems to dwell, the very source from where it apparently emanates, will come to reveal itself as *locus* and source of the only true knowledge.

But this would be a subject for another study.

LE PROBLÈME DE L'INTELLECT DANS LE *DE ANIMA* ET LES *PARVA NATURALIA*

LAMBROS COULOUBARITSIS

I. *Introduction*

Comme on le sait, le problème de l'intellect (νοῦς) aristotélicien intègre l'histoire de la philosophie occidentale dès la formation de l'École d'Aristote, avec un premier commentaire entrepris par son élève et ami de Théophraste[1]. Celui-ci y révèle des difficultés, et sa lecture des textes oriente les débats ultérieurs jusqu'au néoplatonisme[2]. Dans la mesure où l'intellection joue un rôle central chez Plotin, dans la deuxième hypostase, où l'être et l'intelligence s'accordent intimement, il était naturel que le néoplatonisme ait profité des réflexions d'Aristote, les imposant au fil du temps. Toutefois, leur fécondité s'est révélée plus tard, d'abord, avec les commentaires de Themistius[3], Simplicius[4] et Jean Philopon[5], et ensuite avec la pensée d'al

1. *Cf.* E. Barbotin, *La théorie aristotélicienne de l'intellect d'après Théophraste*, Paris-Louvain, Publications Universitaires de Louvain - Vrin, 1954

2. *Cf.* O. Hamelin, *La théorie de l'intellect d'après Aristote et ses commentateurs*, Paris, Vrin, 1953.

3. *Cf.* Themistii *in libros Aristotelis De anima Paraphrasis*, edidit R. Heinze, *CAG* 5.3, Berolini, Reimer, 1899 ; Themistius, *On Aristotle On the Soul*, tr. by R.B. Todd, London, Duckworth - Cornell University Press, 1996 ; aussi Thémistius, *Commentaire sur le Traité de l'Ame d'Aristote*, traduction de Guillaume de Moerbeke, édition critique et étude sur l'utilisation du commentaire dans l'œuvre de Saint Thomas par G. Verbeke, Leiden, Brill, 1973.

4. *Cf.* Simplicii *in libros Aristotelis De anima Commentaria*, edidit M. Hayduck, *CAG* 11, Berolini, Reimer, 1882 ; Simplicius, *On Aristotle On the Soul*, tr. by C. Steel, J.O. Urmson and H. Blumenthal, London, Duckworth - Cornell University Press, 1995-2000.

5. *Cf.* Ioannis Philoponi *in Aristotelis De anima libros Commentaria*, edidit M. Hayduck, *CAG* 15, Berolini, Reimer, 1897 ; Philoponus, *On Aristotle's "On the Soul"*, tr. by P.J. van der Eijk, Ithaca - New York, Cornell University Press, 2005-2006 ; Philoponus, *On Aristotle's On the Soul*, tr. by W. Charlton, London, Duckworth - Cornell University Press, 2000. Voir aussi Jean Philopon, *Commentaire sur le De anima d'Aristote*, traduction de Guillaume de Moerbeke, édition critique avec une introduction sur la psychologie de Philopon par G. Verbeke, Louvain-Paris, Publications Universitaires de Louvain - Béatrice-Nauwelaerts, 1966 ; M. de Corte, *Le Commentaire de Jean Philopon sur le Troisième Livre du « Traité de l'âme » d'Aristote*, Paris, Les Belles Lettres, 1934.

Kindî[6] et d'autres penseurs arabes et perses, plus spécialement avec al Fârâbi, Avicenne et Averroès[7].

Ces différentes variantes compliquèrent la tâche des lecteurs d'Aristote. D'autant plus que la problématique arabe et perse des intellects successifs qui s'inspire d'un texte attribué à tort à Aristote, sous le titre de la *Théologie d'Aristote*, et des écrits des néoplatoniciens tardifs, a réussi le coup de force de réduire les ordres successifs des dieux intelligibles et intellectifs du polythéisme néoplatonicien en une procession d'Intellects régis par le principe d'après lequel de l'Un provient l'Un. Cette analyse a situé, selon plusieurs versions, l'intellect agent, introduit dans le *De anima* III 5, comme l'intellect qui achève la procession des intellects dans la proximité de l'intellect humain. Considéré comme étant en acte et comme permettant l'actualisation de l'intellection humaine, cet intellect est situé à l'extérieur de l'homme comme médiateur de la pensée qu'il éclaire d'une façon analogue à la lumière du soleil pour la vision.

Cette prise de position qui s'accorde à la littéralité du texte d'Aristote suscite des interrogations concernant l'âme et son destin. S'il existe un Intellect agent extérieur, l'activité intellective de l'homme devient peu active, ce qui pose le problème de la responsabilité et de l'immortalité. Cette position a suscité des controverses majeures au XIIIe siècle, animées surtout par saint Albert, saint Thomas d'Aquin, saint Bonaventure, Siger de Brabant et leurs adeptes[8].

Pour rendre compatible la pensée d'Aristote avec le christianisme, saint Thomas d'Aquin a situé l'intellect agent en l'homme comme reflétant la lumière divine en lui, source de la pensée. Les choses provenant des sens atteindraient leur intelligibilité *via* les images. La spécificité (*species*) serait tributaire non pas des choses mêmes mais du mode par lequel l'intellect pense, l'intelligible étant la condition et non objet de la pensée. En accordant à l'imagination un rôle décisif dans ce processus, saint Thomas inaugure la philosophie de la représentation et de la réflexion, donc aussi celle du sujet. Cette thèse garantit à l'intellect agent le statut de condition d'intelligibilité et d'assise de l'immortalité de la partie substantielle et intellective de l'âme. Elle permet ainsi à rapprocher la pensée d'Aristote avec le christianisme[9].

Bien que ces différents thèmes historiques aient perdu dans la suite leur caractère éminent, ils ont été néanmoins transplantés d'une façon oblique au cours de la philosophie. Par exemple, on retrouve quelques options de saint Thomas chez F. Brentano,

6. *Cf.* Al-Kindî, *Épîtres*, éd. et tr. fr. par l'équipe du CNRS, Paris, CRNS, 1976. Voir aussi J. Jolivet, *L'Intellect selon Kindî*, Leiden, Brill, 1971.

7. Voir mon *Histoire de la philosophie ancienne et médiévale*, Paris, Grasset, 1998, pp. 945-955 ; 1013-1022 ; ainsi que H.A. Davidson, *Alfarabi, Avicenna, and Averroes, on Intellect. Their Cosmologies, Theories of the Active Intellect and Theories of Human Intellect*, New York - Oxford, Oxford University Press, 1992.

8. Sur tout ceci, je me permets de renvoyer le lecteur à mon *Histoire de la philosophie ancienne et médiévale*, *op. cit.*

9. *Cf. ibid.*, pp. 1206-1214.

précurseur de la phénoménologie contemporaine[10]. Le renouveau aujourd'hui de la philosophie de l'esprit rencontre souvent les textes d'Aristote ou du moins les intuitions aristotéliciennes.

Face à cette profusion d'appropriations d'une thématique inaugurée par Platon, grâce à sa théorie de l'intelligibilité, et prolongée par Aristote à travers sa théorie de l'intellection, un retour à la pensée d'Aristote est toujours utile pour circonscrire les données d'une question historiale, qui ne cesse de nous intriguer. En s'écartant de Platon, Aristote a porté un regard pénétrant sur la proximité de la pensée aux choses. Les « choses, il les envisage tantôt comme distinctes – les « substances » ou, comme je préfère le dire, des étances – et tantôt comme leurs propriétés (les autres modalités de l'être ou catégories secondes). Au-delà de la traduction anachronique de οὐσία par « substance » (qui renvoie à ὑπόστασις et non à ὑποκείμενον), ce qui doit nous interpeller, c'est la confusion régnante entre specificité (εἶδος) et forme (μορφή). Car l'étance qui exprime la spécificité (εἶδος) selon la première catégorie se manifeste phénoménalement comme forme (μορφή), c'est-à-dire comme étance achevée, où domine la cause finale et les activités qui y sont impliquées. En revanche, la notion de spécificité (εἶδος) concerne également d'autres modes attributifs ou catégories secondaires, impliquant les étants indépendamment du moment où ils y apparaissent, y compris l'étape préalable à leur imposition par ce qui le meut et les transmet. Par suite, la spécificité ne se réduit pas à la forme (μορφή), sauf pour l'étance déterminée sur le plan de son achèvement. Dès lors, lorsqu'on parle d'intelligible (νοητόν) chez Aristote, il ne s'agit pas de « forme », mais de tout type de « spécificité » ou d'« espèce » envisagée relativement à intellect. En bref, alors que la *forme* concerne l'achèvement de l'étance uniquement, l'εἶδος existe comme fil conducteur des processus issus de la cause efficiente qui transmet la spécificité selon telle ou telle catégorie[11]. Et ce sont les différents types de spécificités (εἴδη) qui sont convertibles en *intelligibles* (νοητά) relativement à l'intellect (νοῦς).

Aristote rappelle que certains (platoniciens) disent que « l'âme est le lieu des spécificités (τόπων εἰδῶν), en les rapportant à sur le mode de l'entéléchie à l'âme noétique, alors que pour lui elle concernent toute l'âme mais sur le mode de la puissance (δυνάμει τὰ εἴδη) »[12]. Les sensibles aussi sont tributaires de la spécificité, dans la mesure où chaque couleur (rouge, bleu, jaune…) a sa propre spécificité (εἶδος) et constitue l'espèce (εἶδος) de la couleur (qui est son genre, son γένος). Cependant, pour distinguer les deux processus, il parle, pour l'intellect et l'intellection, d'εἶδος εἰδῶν, de spécificité des spécificités, et de spécificité des sensibles (εἶδος αἰσθη-

10. *Cf.* F. Brentano, *Die Psychologie des Aristoteles, insbesondere seine Lehre vom Nous Poietikos. Nebst einer Beilage über das Wirken des Aristotelischen Gottes*, Mainz am Rhein, Kirchheim, 1867.

11. Voir mon livre *La* Physique *d'Aristote: L'avènement de la science Physique*, Bruxelles, Ousia, 1997², pp. 265 *sqq*.

12. Aristot. *De an*. III 4, 429a27-29.

τῶν) pour le sens et la sensation[13]. Parmi les spécificités que spécifie l'intellect figurent également les choses *abstraites*, comme les objets mathématiques. Et, d'autre part, les sens qui spécifient les divers types de sensibles se laissent déborder par le sens commun qui inclut, le nombre, le mouvement, etc. Aristote accentue davantage la différence entre sensation et intellection, lorsqu'il considère que les sens mettent en jeu un intermédiaire, comme la lumière pour vision, le son pour l'audition, la peau pour le toucher, etc., et précise qu'ils peuvent être détruits par un excès de lumière, de son, etc., tandis que l'intellect suppose une identité avec ce qui est pensé, et pense davantage sous l'action et la puissance de l'intelligible[14]. Cela ne l'empêche pas d'accorder ces facultés opposées dans sa formule célèbre d'après laquelle « l'âme est d'une certaine façon tous les étants, car les étants sont soit sensibles, soit intelligibles »[15]. Dans ce texte, les sensibles et les intelligibles expriment la façon dont l'âme envisage les spécificités des étants sur le mode de la puissance et relativement aux sens et à l'intellect. D'autre part, comme on le sait, en dépit d'une identité entre ce qui pense et ce qui est pensé, Aristote fait une dérogation en introduisant l'analogie de l'intellect agent avec la lumière, inaugurant les débats dont je viens de faire allusion concernant l'intellection.

Pour unifier les trois problématiques, celles de l'étant, de la spécificité et des modes de leur appréhension, il faut considérer que le réel qui se manifeste selon la plurivocité des étants est circonscrit sur le plan de l'ensemble des spécificités dont chacune spécifie les étants qui y sont concernés, les distribuant selon les divers modes d'être (les catégories) et pouvant, par surcroît, être appréhendés par les sens et l'intellect. En dépit de la confusion due à l'identification abusive de la spécificité (εἶδος), applicable à toutes ou certaines catégories, et de la forme (μορφή) appartenant uniquement à l'étance achevée (c'est-à-dire comme τέλος), ou encore de celle qui parle d'immatériel chez Aristote, alors que celui-ci ne parle que de ce qui est ἄνευ ὕλης, sans matière (c'est-à-dire sans substrat / sujet), on peut dire qu'un certain consensus règne chez les aristotélisants. Les difficultés commencent lorsqu'ils commentent les textes concis qui traitent de l'intellection et ceux qui convertissent les spécificités à des sensibles et à des intelligibles. Après des siècles de lectures d'Aristote, on peut toujours se poser la même question : quelle est sa pensée véritable concernant l'intellect et l'intellection ? Cette question aurait peu d'importance si elle ne concernait pas le fond de notre façon de penser, laissant ouverte la question toujours recherchée : qu'est ce que le penser ?

13. *Cf. ibid.* 8, 432a2-3.
14. *Cf. ibid.* 4, 429a29-b4.
15. *Ibid.* 8, 431b21-22.

II. *Les données d'une recherche*

Depuis les années cinquante du siècle passé, certains chercheurs ont tenté de revenir aux sources, mais souvent pour justifier la doctrine philosophique à laquelle ils étaient attachés. Le débat a pris un accent particulier dans les écoles néo-thomistes, puis en phénoménologie et, enfin, chez les philosophes analytiques. Cette appropriation contemporaine provoqua des réactions, surtout dans les milieux des philosophes qui s'occupent de l'Antiquité. Le désir de revenir à la conception authentique d'Aristote concernant l'intellect s'est imposé au fil du temps, mais s'est toujours heurté à la difficulté des textes.

C'est dans ce contexte que j'ai tenté, dans les années quatre-vingt, de proposer des solutions nouvelles. Mes analyses ont malheureusement paru d'une façon dispersée, ce qui n'a pas permis, jusqu'ici, d'amorcer quelque débat autour de mes propositions. Du reste, j'ai souvent hésité sur le sens à accorder à tel ou tel texte, négligeant ou différant sans cesse une prise de position plus franche qui aurait pu créer une meilleure publicité de mon point de vue. Ce colloque m'apparaît comme une occasion pour revenir sur la question, non pour imposer une solution qui serait la meilleure ou la plus authentique, mais pour réajuster les problèmes et pour compléter certains points que j'avais laissés en suspens dans mes études précédentes. Le but principal de mon intervention est de susciter une discussion pour relancer le débat. Surtout qu'en analysant mes propres analyses jusqu'ici, j'ai conscience que certains points doivent être encore élucidés ou complétés. Je songe, d'abord, au rôle de la mémoire, surtout si l'on s'arrête sur le passage énigmatique d'Aristote en *De anima* III 5, où il considère que l'intellect agent demeure en dehors d'un souvenir ou d'un mémoriser (οὐ μνημονεύομεν)[16]. Mais je pense aussi à la dimension *métaphysique* de l'intellect, du fait qu'il n'appartient pas à l'ontologie, mais concerne partiellement à l'hénologie et, d'une façon plus essentielle, l'*agathologie*, comme le révèle Aristote lui-même, lorsqu'il parle de l'intellect et de Dieu[17]. Or, si jusqu'ici j'ai beaucoup insisté sur l'importance de l'hénologie chez Aristote, j'ai traité seulement certains thèmes agathologiques, notamment à propos du temps dans l'action[18]. Je souhaite, dans ce travail, éclairer le rôle de la mémoire relativement à l'intellection, mais aussi esquisser les données qui révèlent le caractère agathologique de la problématique de l'intellect chez Aristote – ce qui m'obligera de déborder un peu sur *Métaphysique* Λ. Mais, pour commencer, il me semble utile de rappeler quelques données que j'ai établies dans mes études précédentes.

16. *Cf. ibid.* 5, 430a23-24.

17. *Cf.* Aristot. *Eth. Nic.* I 6, 1096a24-25.

18. *Cf.* L. Couloubaritsis, « Le temps propre à l'action », *in* P. Gérard (éd.), *L'accélération du temps juridique*, Bruxelles, Facultés universitaires Saint Louis, 2000, pp. 75-92 ; Id., « Temps et action dans l'*Éthique à Nicomaque* », *in* L.-N. Cordero (éd.), *Ontologie et dialogue. Hommage à Pierre Aubenque,* Paris, Vrin, 2000, pp. 131-148.

(a) L'analyse de l'intellect aristotélicien que j'ai proposée progressivement depuis mes études de 1980[19], se situe dans la problématique de l'instauration des principes, en séparant institution originaire et institution élaborée[20]. L'institution élaborée des principes, en particulier de la science et de l'action, est tributaire de l'induction et de la division élaborées, et plus généralement de l'aporétique (aporie, diaporie, euporie). J'ai illustré cette méthode aporétique dans plusieurs travaux, et plus spécialement dans mon livre sur la *Physique* d'Aristote[21] et dans un étude consacrée à la justice[22].

Mais, en réalité, ce type d'institution suppose un ensemble de notions ou principes plus originaires, notamment les notions originaires de départ, liées à la formation de l'intellect qui garantit la pensée, le discours et le savoir. Pour être plus précis, rappelons que la forme originaire de l'instauration des principes concerne directement l'intellect et la formation des intelligibles en nous. Ce procédé n'est pas de l'ordre de l'intuition, comme le pensent certains exégètes[23], mais de l'ordre de l'induction qui révèle les spécificités constitutives de l'unité la plus poussée dans le troisième mode de l'Un et du Multiple, qui concerne les universaux[24], ou encore de la division qui spécifie les expériences globales.

Ces deux processus, bien qu'ils soient opposés entre eux, dans la mesure où le premier produit l'unité à partir du divers et le second le divers à partir de l'unité, font sorte les intelligibles qui se sont formés en lui lors des rapports originaires de l'homme aux choses. C'est dans ce contexte qu'Aristote introduit sa célèbre analogie de la tablette ou ardoise vide, c'est-à-dire qui ne possède au départ aucun écrit en entéléchie[25], et qui a été popularisée par les empiristes de toutes les époques, en occultant le fait que la pensée d'Aristote n'est pas empiriste, mais met en œuvre un *idéalisme institué*. Cette perspective, qui se fonde sur l'induction et la division, suppose l'intervention et la médiation de la connaissance sensitive, perturbant la différence radicale

19. *Cf.* L. Couloubaritsis, « Y a-t-il une intuition des principes chez Aristote ? », *Revue Internationale de Philosophie,* 133-134, 1980, pp. 440-471 ; Id., « Le problème du *noûs thyrathen* », *in* Id., (éd.), *Studies presented to Évangelos Papanoutsos*, Athènes, Ousia, 1980, pp. 159-195 ; ainsi que mon livre *La* Physique *d'Aristote*, *op. cit.*

20. Voir la synthèse que j'ai proposée dans mon livre *Aux origines de la philosophie européenne*, Bruxelles, De Boeck, 2003[4] (1992[1]), pp. 419-470.

21. *Cf.* L. Couloubaritsis, *La* Physique *d'Aristote*, *op. cit.*, pp. 49-264.

22. *Cf.* L. Couloubaritsis, « La fondation aristotélicienne de la notion de justice », *in* Id., (éd.), *Mélanges offerts à Robert Legros,* Bruxelles, Éditions de l'Université de Bruxelles, 1985, pp. 79-102.

23. Interprétation souvent avancée abusivement, dont j'ai montré le caractère erroné dans mon étude « Y a-t-il une intuition des principes chez Aristote ? », *op. cit.*

24. Sur cette question, voir mon étude « Le statut de l'un et du multiple dans la *Métaphysique* », *in* M. Narcy et A. Tordesillas (éds.), *La « Métaphysique » d'Aristote. Perspectives contemporaines*, Paris-Bruxelles, Vrin-Ousia, 2005, pp. 17-48. Je reviendrai plus loin sur la question de ce type d'universalité.

25. *Cf. De an.* III 4, 429b31-430a2.

entre sensation et intellection[26]. Nous verrons que, pour surmonter cette difficulté, Aristote fait entrer en ligne de compte la mémoire et l'imagination, bien qu'il refuse pour l'intellect une mémoire, parce que l'instauration de l'intellect qui pense est l'intellect même (en entéléchie ou en acte) – ce qui rend la mémoire inutile. Si ce thème est bien présent dans mes études précédentes, en revanche, le rapport entre la pensée et la mémoire, *via* la sensation et l'imagination y est resté en retrait. J'ai écrit à propos de la médiation de la connaissance sensitive, que « le fait de savoir comment s'accomplit ce processus est un autre problème qui soulève d'autres difficultés », parmi lesquelles figurent « les problèmes du "sens commun" et du rapport entre phantasmes et intelligibles »[27]. C'est le problème que je souhaite élucider dans ce nouveau travail.

(b) De ce qui précède, il ressort que l'intellect *patient* n'est pas le même originairement et rétrospectivement, une fois qu'il a appris et trouvé, et qui le rend capable de penser par lui-même[28]. Ces deux états doivent être distingués, car le premier suppose, par analogie avec la tablette, que l'intellect est pur de toute inscription en lui et s'introduit à l'homme par sa naissance, tandis que le second se forme grâce à la présence ou l'action des intelligibles qui viennent du dehors. Ce point, je crois l'avoir clarifié dans le passé, en me référant à la *Génération des animaux* II, où Aristote introduit d'une façon énigmatique, l'expression νοῦς θύραθεν, « l'intellect qui vient du dehors »[29]. J'ai montré qu'il ne faut pas confondre cet « intellect » avec l'intellect qui est transmis génétiquement grâce au géniteur extérieur.

En effet, l'intellect patient préexiste dans le germe (γονή) de l'homme et pénètre dans l'utérus de la femme par le sperme du mâle (σπέρμα). Par ce processus, l'homme apporte la spécificité (l'εἶδος) et la femme la matière, réalisant l'embryon humain. Ce qui caractérise l'intellect patient qui devient toutes choses par l'action des intelligibles, c'est le fait qu'il est constitué d'un corps proche du corps céleste et divin, et, de ce fait, diffère des quatre éléments (feu, air, eau, terre). Comme tel il est séparé (χωριστός) de ces éléments, mais se transmet et s'instaure néanmoins dans un contexte où se déploie le « souffle vital » (πνεῦμα), composé d'une nature qui inclut une chaleur psychique associée à la qualité humide[30]. En accordant à l'intellect patient son caractère propre et apparenté au corps astral (éther), Aristote lui refuse tout mélange (il est ἀμιγής) et toute affection (il est ἀπαθές). Pourtant, il pâtit d'une certaine façon en s'identifiant avec les intelligibles qu'il reçoit. Mais s'il pâtit par cette

26. C'est ce que j'ai montré dans mon étude « Y a-t-il une intuition des principes chez Aristote ? », *op. cit.*

27. *Cf.* mon étude sur « Le problème du *noûs thyrathen* », *op. cit.*, p. 189, y compris la note 154.

28. *Cf. De an.* III 4, 429b8-9.

29. *Cf.* Aristot. *De gen. an.* II 3, 730b27-29 ; 736b8-30.

30. Voir L. Couloubaritsis, « Le problème du *noûs thyrathen* », *op. cit.*, pp. 190 *sqq.*

action, l'affection qu'il subit est d'un autre type (ἕτερον) que celle qui est impliquée dans les processus de changement, car elle met en jeu une autre forme d'altération que celle qui est destructrice. Cet autre type d'altération est à la base de tout ce qui se préserve et se réalise de performant (ἐπίδοσις)[31].

Cette transmission de l'intellect patient, associé à l'âme intellective, se situe au terme ou en parallèle avec la formation successive de l'âme végétative et de l'âme sensitive. À l'origine, ces deux âmes sont également en puissance, mais s'actualisent sous l'action des objets qui leur correspondent : la nourriture pour l'âme végétative, et les sensibles pour l'âme sensitive. Pour ce qui est de l'intellect, ce sont les intelligibles qui l'actualisent en produisant la pensée (νόησις). Ces intelligibles proviennent des spécificités (εἴδη) qui spécifient les choses (étances, états et propriétés). Cette provenance *extérieure* relativement à l'intellect qui reçoit les spécificités, révèle qu'il les reçoit, non pas en elles-mêmes comme spécificités, mais comme des intelligibles. C'est en analysant de près ce processus que je me suis permis d'avancer l'hypothèse que l'expression de νοῦς θύραθεν concerne l'ensemble des intelligibles actualisant l'intellect exprimables selon une terminologie originale d'Aristote, en « intellect qui vient du dehors ». J'ai établi cette nouvelle approche en m'inspirant de la théorie de la respiration qu'Aristote accorde à Démocrite. De plus, je me suis permis d'approcher cet intellect avec l'intellect agent, introduit en *De anima* III 5, qualifié de *séparé*, *sans mélange* et *impassible*, ce qui ne peut qu'intriguer, après avoir analysé la transmission génétique de l'intellect (patient) comme possédant des caractères analogues. L'hypothèse qui a guidé mes analyses précédentes est que l'intellect agent est constitué à partir de l'intellect patient après que celui-ci s'est constitué par les intelligibles extérieurs, qualifiés par Aristote d'intellect qui vient du dehors. Or, s'il en est ainsi, l'instauration de l'intellect agent par actualisation de l'intellect patient grâce à l'intellect qui vient du dehors (c'est-à-dire les intelligibles qui expriment les spécificités), devrait mettre en jeu la question de la mémoire, car, nous le verrons, le passé est lié à la mémoire. Or, Aristote affirme clairement, comme je l'ai rappelé au début de mon exposé, que cet intellect on ne le mémorise pas. Voilà l'énigme qu'il convient d'élucider, et qui pose en plus le problème de la relation entre mémoire et intellection, alors que, chez Aristote, la mémoire appartient structurellement, on le verra aussi, à la faculté sensitive. Voyons ces points de plus près en commençant par l'éclairage que nous apporte la pensée de Démocrite, telle qu'Aristote l'interprète.

III. *Le jeu subtil des intellects*

Ce thème, je l'ai étudié en 1980, en m'appuyant sur traité *Sur la respiration*, où Aristote utilise l'expression νοῦς θύραθεν pour les sphéroïdes de Démocrite, chez

31. *Cf. De an.* II 5, 417a31-b7.

qui ils contribuent, grâce à leur sphéricité et leur mobilité, à la respiration et à la pensée[32]. J'ai considéré le substantif νοῦς, comme un collectif, où le multiple peut être unifié avec l'usage d'uns forme singulière. L'intellect provenant du dehors signifierait alors l'ensemble des spécificités des étants, qualifiés d'« intellect » dans la mesure où, en tant qu'intelligibles, contribuent à instituer et à constituer, dans l'âme intellective, l'intellection. D'autre part, en transplantant cette idée au texte de la *Génération des animaux* II, où il est question du νοῦς θύραθεν, j'ai indiqué que celui-ci exprime les intelligibles qui actualisent l'intellect patient transmis génétiquement.

La transmission de la spécificité de l'espèce humaine s'accompagne ainsi de l'intellect par l'action du mâle[33]. Tout se passe comme si l'homme, en tant qu'il porte l'intellect (pur ou patient), l'instaure en lui en acte par l'*acquisition* des intelligibles qui s'actualisent en lui, agissant, pour la pensée, d'une façon analogue à la respiration : comme on respire sans cesse sans y penser, on pense sans cesse. Autrement dit, l'homme pense comme il respire. Toutefois, entre les deux processus, il existe une nuance importante : la respiration suppose une partie corporelle (les poumons), tandis que l'intellect est dit séparé (χωριστός), sans affection (ἀπαθές) et sans mélange (ἀμιγής). Cela n'empêche pas Aristote de faire état pour l'intellect dit agent d'une forme de possession (ἕξις τις), tout en se référant, d'une façon analogique à la lumière[34]. Comme je l'ai indiqué ci-dessus, la difficulté de ses analyses tient dans le fait qu'il utilise les mêmes références concernant la séparation, l'absence de mélange et l'impassibilité tant pour l'intellect patient dans la *Génération des animaux* que pour l'intellect agent dans le traité *De l'âme* III 5. Aussi convient il de voir comment les intelligibles sont accessibles à un intellect impassible et comment ils sont possédés en jouant un rôle analogue à celui de la lumière, afin d'arriver à faire la part de ce qui appartient à l'un et à l'autre de ces intellects.

Pour simplifier l'analyse, j'avais envisagé, dans mes études, le lien entre l'intellect patient et les intelligibles par une triple approche, qui m'a conduit progressivement à l'analyse vers l'intellect agent. D'abord, j'ai repéré le lieu à partir duquel les intelligibles sont appréhendés, car ils sont en puissance dans les choses matérielles, en tant qu'ils sont issus de *spécificités* susceptibles d'être intelligées. Ensuite, j'ai situé le rapport originaire de ces intelligibles avec l'intellect qu'ils actualisent en le constituant selon un mode particulier qui est celui d'une identité entre ce qui pense et ce qui est pensé. Enfin, j'ai indiqué comment l'intellect une fois constitué, met en jeu l'entéléchie ou / et l'acte, grâce à une possession (ἕξις) susceptible d'exercer la pensée d'une façon toujours plus importante du fait qu'il se lie davantage à l'intelligibilité.

32. *Cf.* L. Couloubaritsis, « Le problème du *noûs thyrathen* », *op. cit.*, pp. 185 *sqq.* Voir aussi Id., « Considérations sur la notion de *Noûs* chez Démocrite », *Archiv für Geschichte der Philosophie*, 62, 1980, pp. 129-145.

33. *Cf. De an.* II 5, 417a31 *sqq.*

34. *Cf. ibid.* III 5, 430a15.

Le fil qui lie ces trois situations révèle un rapport possible entre l'intellect qui vient du dehors (νοῦς θύραθεν) et l'intellect agent (νοῦς ποιητικός) qui conclut le processus. Dans cet itinéraire, la clé réside dans un paradoxe, que j'ai évité d'affronter à l'époque, parce qu'il m'avait semblé opaque. Aujourd'hui, je vois plus clair dans cette question, et même cette clarté me semble illuminer le fond métaphysique qui sous-tend la thématique de l'intellect. Le paradoxe réside dans le fait que les intelligibles sont ancrés dans les choses sur le mode de la puissance, et pourtant ils agissent sur l'intellect patient, qui est puissance pure, comme s'ils étaient efficients, c'est-à-dire en acte. Qu'est-ce qui produit le passage en acte des intelligibles pour rendre aussitôt en acte l'intellect patient ? L'analogie avec la lumière a fait penser à la plupart des commentateurs que l'actualisation s'accomplit par un intermédiaire qui transforme le visible à ce qui est vu. Et c'est pourquoi ils ont tiré aussitôt une conclusion crédible : c'est l'intellect agent en tant qu'il produit en illuminant l'intelligibilité de toutes choses, qui joue ce rôle, par analogie. Toutefois, cette analogie n'est pas évidente si l'on compare l'intellect agent avec le soleil plutôt qu'avec sa lumière. Et elle est moins encore si, comme je l'ai proposé, on identifie l'intellect agent avec les intelligibles qui viennent du dehors et qui agissent sur l'intellect patient pour transformer sa puissance et sa pureté en plénitude d'intelligibilité. Comment dès lors surmonter ce paradoxe ?

IV. *L'apport cinétique de la cause finale*

Face à ces difficultés, un passage d'Aristote m'a aidé à voir plus clair. Il écrit en effet en *Métaphysique* Λ, que « l'intellect est mû *sous l'action* de l'intelligible » (νοῦς δὲ ὑπὸ τοῦ νοητοῦ κινεῖται)[35]. Autrement dit, l'intelligible semble agir comme une cause efficiente face à l'intellect patient qui joue en quelque sorte le rôle d'une cause matérielle. Bien que cette affirmation renforce ma thèse selon laquelle les intelligibles, dans leur unité, constituent aussi bien l'intellect qui vient du dehors (avant qu'il y ait pensée) que l'intellect agent (après la formation de la pensée), il est difficile d'imaginer que l'action des intelligibles soit ici animée par la problématique de la cause efficiente.

En fait, le contexte dans lequel apparaît ce passage en vue de fonder le caractère noétique de Dieu, est celui du désir, du vouloir et du souhait. À ce titre le mouvement que produit en l'occurrence l'étance divine en acte est analogue au mouvement produit par ce qui est désiré (ἐπιθυμητόν), ce qui est souhaité (ὀρεκτόν), ce qui est voulu (βουλητόν). C'est dire que le mouvement est produit, non pas comme en *Phys.* III, par la cause efficiente, mais par la cause finale, qui ouvre à l'horizon du bien[36]. Or,

35. Aristot. *Metaph.* Λ 7, 1072a30.
36. *Cf. ibid.*, 1072a26-28.

dans son élan, Aristote associe l'intelligible à ces attitudes qui sont de l'ordre de l'action, et c'est pourquoi il enchaîne en disant que « la pensée (νόησις) un principe », tout en ajoutant aussitôt l'énoncé que je viens d'extraire du contexte, et selon lequel que l'intellect est mû sous l'action de l'intelligible.

Transposé sur l'ensemble de l'activité de l'intellect relativement aux intelligibles, cet énoncé fait voir que l'intellect (patient) est en quelque sorte attiré par les intelligibles, comme l'âme nutritive par la nourriture et l'âme sensitive par les sensibles. Mais, à la différence de l'activité sensitive, ce qui agit à la façon de la lumière ou du son, ce n'est pas une force extérieure mais l'ensemble des intelligibles expérimentés. Ceux-ci sont considérés, face à l'intellect patient, comme un tout. Ils sont envisagés comme étant un intellect venant du dehors et devenant agent, c'est-à-dire comme un tout, dans la mesure où la pensée est caractérisée par un processus d'identité entre l'intellect (νοῦς) et l'intelligible (νοητόν) ou, plus exactement, entre ce qui pense (τὸ νοοῦν) et ce qui est pensé (τὸ νοούμενον). Je reviens plus loin sur cette double approche. Mais pour le moment, il faut relever plus clairement ces subtilités et leurs conséquences, en abordant de plus près le passage célèbre du livre III 5 du traité *De l'âme*. Ce texte commence par une approche globale sur la nature, qui révèle la nécessité d'un agent et d'un patient, puis transpose cette opposition dans l'âme en utilisant l'analogie de la lumière relativement aux choses visibles Par cette transposition il accorde une valeur éminente à l'intellect agent, non sans provoquer une ambiguïté qui n'a cessé d'interpeller les commentateurs. C'est pour lever cette ambiguïté que j'ai inséré, dans le creux qui sépare les intellects patient et agent « l'intellect qui vient du dehors ». Voyons le texte :

> Puisque, dans la nature entière, pour chaque genre, il existe, d'une part, la matière (c'est ce qui est en puissance ces choses) et, d'autre part, la cause, c'est-à-dire le producteur qui produit toutes choses, comme le fait par exemple l'art à l'égard de la matière, il est nécessaire aussi que ces différences existent dans l'âme. Et effectivement, il existe l'intellect qui est tel qu'il devient toutes choses et l'intellect qui est tel qu'il produit toutes choses, comme un certain état possédé, comme par exemple la lumière, car d'une certaine façon, la lumière aussi fait en sorte que les couleurs qui sont en puissance deviennent des couleurs en acte. Et cet intellect est séparé, impassible et sans mélange, étant par essence en acte. En effet, ce qui produit est toujours plus digne que ce qui pâtit et le principe relativement à la matière. Du reste, la science en acte est identique à ce qu'elle traite, tandis que la science en puissance est certes antérieure selon le temps dans la personne qui l'acquiert, mais d'une façon globale elle ne l'est même pas selon le temps, et [ainsi pour cet intellect] on ne peut pas dire [globalement] que tantôt il pense et tantôt il ne pense pas. Aussi, il est seulement ce qu'il est vraiment lorsqu'on le sépare, et c'est cet état seul qui est immortel et perpétuel. Nous ne souvenons pas, parce qu'il est impassible, tandis que l'intellect patient est corruptible. Et sans cet [*scil.* intellect agent] on ne peut rien penser[37].

37. *De an.* III 5, 430a10-25.

En rapprochant les éléments que j'ai retenus plus haut (l'intellect venant du dehors comme l'ensemble des intelligibles et les intelligibles comme cause efficiente actualisant l'intellect patient) avec le texte qui associe intellect patient qui devient tout et l'autre intellect qui produit tout, analogue à l'action de l'art, on peut discerner les connivences implicites entre diverses problématiques. Pour nous rapprocher davantage de l'âme sensitive et intellective, Aristote ajoute l'analogie de la lumière, qui actualise le visible pour produire la vision. Or, si l'on prend l'analogie littéralement (comme l'ont fait les penseurs arabes et persans), on devrait considérer que le visible exprime la cause efficiente (comme cela se passe, on l'a vu, pour les intelligibles) et non (seulement) la lumière. Mais je viens de l'indiquer, cela perturbe l'argumentation. Que l'on puisse affirmer que la cause efficiente ou finale est, d'une part, l'intelligible et, d'autre part, l'intellect qui produit toutes choses, nous oblige à supposer que les intelligibles s'identifient à l'intellect agent (tout comme ils s'identifient à l'intellect qui vient du dehors). C'est dire qu'il faut interpréter avec prudence l'analogie avec la lumière. Plus proche de l'activité sensitive que l'art, cette analogie peut être étendue à d'autre médiations, comme le son pour l'audition ou la peau pour le toucher.

Or, dans *Métaphysique* Λ, Aristote ose avancer une analogie plus poussée, où il est question du « toucher ». Il le fait au moment où il dit que « l'intellect se pense lui-même après sa participation à l'intelligible, car il devient intelligible lui-même en le *touchant* (θιγγάνων) et en pensant, de sorte que c'est la même chose l'intellect et l'intelligible »[38]. Ce dernier énoncé est exprimé ailleurs plus correctement en faisant intervenir l'actualisation réciproque : « la même chose est ce qui pense et ce qui est pensé »[39]. Le glissement est subtil, car dès lors qu'on passe du côté de l'intellection, la médiation s'efface au profit de l'identité, rendant inutile l'intermédiaire.

Cela éclaire davantage l'exposé que je viens de développer et confirme une fois encore la thèse que je défends, à savoir que l'on doit comprendre les textes *De la génération des animaux*, *De la respiration* et du traité *De l'âme* (III 5), comme impliquant une *identité* entre intellect (signifiant un collectif) et les intelligibles. Et, pour achever mon raisonnement, je peux ajouter que cette identité fait certes irruption à l'état pur avant d'avoir pensé, appris et trouvé, comme le révèle l'expression « intellect qui vient du dehors », mais elle se transforme néanmoins en plénitude après avoir pensé, appris et trouvé, comme l'indique l'expression complémentaire « intellect qui produit tout ». Voilà pourquoi, à plusieurs reprises, Aristote prolonge l'analyse de l'intellect par celle de l'acquisition d'un savoir plus élaboré, celui de la science, en clamant que « la science théorique et l'objet de la science sont identiques »[40]. Bien plus, il précise le statut de la possession (ἕξις) de la science comme étant en entélé-

38. *Metaph.* Λ 7, 1072b19-21.
39. *De an.* III 4, 430a3-4.
40. *Ibid.*, 430a4-5.

chie première, c'est-à-dire une entéléchie qui est encore en puissance, qui s'actualise par l'exercice de la science[41].

Tous ces éléments qui se suivent, nous poussent vers une nouvelle thèse : l'intellect patient, une fois qu'il a acquis les intelligibles, les possède au sens d'une ἕξις en entéléchie première, capable de s'actualiser davantage en pensant et en se pensant lui-même. Autrement dit, cet intellect, envisagé, non plus dans son origine pure, transmis génétiquement et avant d'avoir pensé pour la première fois, mais rétrospectivement, une fois institué et constitué, est en acte et devient condition permanente de la pensée. Comme le dit Aristote – au cœur du texte que je viens de citer –, la différence entre ce qui devient tout et ce qui produit tout doit se retrouve au-delà l'ensemble de la nature, *dans* l'âme, notamment sur le plan de l'intellect, lequel, en dépit de son statut d'acte (ἐνέργεια), est toujours séparé, impassible et sans mélange[42].

En d'autres termes, on découvre ici, en creux, le champ d'irruption d'un intellect qui vient du dehors pour actualiser l'intellect patient et, en clair, le statut véritable de cet intellect, dès lors qu'il est envisagé d'une façon plus active, comme producteur, grâce à la thèse de la supériorité de l'agent par rapport au patient. Entre les deux, comme l'indique la suite du texte, il y a la *temporalité*, illustrée par l'exemple de la science : « la science en acte est identique à ce qu'elle traite, tandis que la science en puissance est certes antérieure selon le temps dans la personne qui l'acquiert, mais d'une façon globale elle ne l'est même pas selon le temps, et [ainsi pour cet intellect] on ne peut pas dire [globalement] que tantôt il pense et tantôt il ne pense pas »[43]. Pourquoi, même en puissance, la science et l'intellect ne sont pas antérieurs selon le temps ? Tout simplement parce que, chez Aristote, il faut recourir à une cause efficiente et dans le cas de la science, qui existe dans l'enseignant qui transmet voir, et dans le cas de l'intellect, à une cause finale issue des intelligibles, rassemblée dans « l'intellect qui vient du dehors », qui attire en quelque sorte l'intellect pur pour se nourrir de son homologue, et pour devenir lui-même intelligible, après sa constitution. D'où cette phrase lourde de sens : « ce qui produit est toujours *plus digne* que ce qui pâtit et le principe relativement à la matière »[44]

Je laisse provisoirement entre parenthèses ce thème de la « supériorité » ou même de la « dignité », lesquelles rejoignent, d'une autre façon, la notion de *bien*, qui fait son apparition à travers le désirable, le souhaitable, le voulu et l'intelligible, – notion qui sont dignes ou indignes. J'y reviendrai à la fin de mon exposé pour introduire l'agathologie aristotélicienne, qui s'impose grâce aux thématiques de l'intellect et de Dieu. En revanche, avant d'aborder le dernier thème de mon exposé, celui de la mémoire, je souhaite résumer, plus clairement qu'auparavant, ce qui est acquis.

En effet, le premier des deux intellects circonscrit le lieu d'origine qui réalise l'in-

41. *Cf. ibid.* II 1, 412a22-23.
42. *Cf. ibid.* III 5, 430a13 *sqq.*
43. *Ibid.*, 430a19-22.
44. *Ibid.*, 430a18-19.

tellect (patient) transmis génétiquement, tandis que le second est l'intellect qui vient du dehors mais, désormais, converti en intellect agent, non pas comme quelque chose de substantiellement séparé, comme un soleil ou autre chose, mais comme s'*identifiant* avec ce qui est actualisé en propre dans l'intellect patient. Seulement, comme dans la science, l'autonomie est garantie par son essence même, et indépendamment des agents qui l'assument par l'apprentissage, de même dans l'intellect en acte, son autonomie intelligible est garantie uniquement lorsqu'elle est envisagée dans sa séparation : « il est seulement ce qu'il est vraiment lorsqu'on le sépare, et c'est cet état seul qui est immortel et perpétuel »[45]. C'est dans cet état seulement qu'il est impassible et, en plus, il se manifeste en sorte qu'on ne se souvient pas de son contenu, puisque celui-ci constitue notre propre intellect, c'est-à-dire le fonds qui nous permet de penser. En revanche, considéré selon son statut génétique et temporel, c'est-à-dire selon son statut originaire d'intellect patient, même s'il est désormais en entéléchie, il est « corruptible »[46]. Ainsi compris, le texte ne fait pas état d'une âme noétique substantielle qui serait immortelle, mais seulement d'une immortalité de l'intelligibilité issue des spécificités propres aux choses d'un monde éternel. Au contraire, l'âme propre à chaque individu est mortelle. Il n'empêche que le statut particulier de l'intellect, atteste le dépassement de la physique vers la métaphysique, assurant au traité *De l'âme* (et des textes connexes) un statut spécial, intermédiaire entre les deux. L'achèvement de son contenu, dès lors qu'il traite de l'intellection, s'accomplit dans le livre *Lambda* de la *Métaphysique*, où l'intellection est attribuée à Dieu, fondant ainsi définitivement l'agathologie au détriment de l'ontologie.

Par conséquent, on peut dire que l'intellect agent atteste à la fois son extériorité (par l'intellect qui vient du dehors) et son intériorité dans l'âme (par l'actualisation de l'intellect pur, qui possède désormais les intelligibles en tant qu'actifs). Grâce à sa double origine, il est l'intellect proprement dit de l'homme. Étant en entéléchie ou en acte, il agit en lui sans cesse, faisant en sorte que l'homme pense sans cesse comme il respire. C'est parce qu'il est identique aux intelligibles qu'il a expérimentés dans le rapport de l'homme aux choses depuis sa naissance, que cet intellect peut signifier les choses immédiatement dans leur vérité, sans intermédiaire, si ce n'est lui-même, *éclairant* pour ainsi dire les choses. D'où l'analogie de la lumière, qu'il faut comprendre comme analogie limitée concernant l'éclairage immédiat. Mieux, c'est parce qu'il y a *identification* des intelligibles venant du dehors et agissant sur l'intellect patient en l'actualisant, que la *mémoire* est inutile dans cet état originaire, préalable à toute expérience particulière, laquelle est mémorisée. Mais comme l'intellection requiert les sens et l'imagination ou, pour être plus exact, la *fantastique*, la mémoire joue un rôle essentiel en l'homme. Seulement, nous le verrons, cela pose des problèmes pour ce qui est le rapport entre intellection et mémorisation, dès lors que l'in-

45. *Ibid.*, 430a22-23.
46. *Cf. ibid.*, 430a24-25.

tellect proprement dit constitue les intelligibles sans les mémoriser. Ce qui est mémorisé appartient à l'ordre des choses particulières perçues dans un contexte déterminé, qui forment, grâce au temps qui s'est écoulé, la mémoire.

J'illustre habituellement cette situation par un exemple : quand je cherche une clé, j'essaie de me remémorer l'endroit où je l'ai placée, mais je ne cherche pas à me remémorer la clé en tant que clé, dont l'intelligibilité est possédée définitivement par mon intellect depuis mes premières expériences de la clé. La clé en tant que notion (νόημα), résultat d'une expérience originaire, je ne l'oublie jamais (sauf dans un cas de maladie grave), parce qu'elle fait partie de mon intellect, et elle y existe en entéléchie première ou en acte. Ce que j'oublie, c'est telle ou telle clé particulière située dans un contexte spatio-temporel qui la concerne et qui, au moment où je la cherche, peut être encore dominé par l'oubli jusqu'au moment où mon imagination et mes raisonnements me conduisent jusqu'au lieu où elle se trouve. C'est la possession de fond qui produit le fonds in-oubliable de mon intellect, et c'est la temporalisation de mes expériences particulières qui concerne ma mémoire, avec l'oubli et le souvenir qui s'y mêlent. Cela m'a autorisé de qualifier l'intellection selon Aristote, d'*idéalisme institué*. Cette thèse peut se résumer en disant que l'intellect patient *devient* en acte les spécificités des choses envisagées par Aristote comme venant en lui activement de l'extérieur, sur le mode *unitaire* d'intellect qui vient du dehors ou d'intellect agent. Ces intelligibles globalisés grâce au terme d'intellect actif sont possédés par l'âme désormais sans oubli (donc au-delà de toute mémoire[47]) en tant que notions (νοήματα), lesquelles se manifestent à travers les expériences particulières. Cela met en jeu deux situations paradoxales : l'intellect agent fait également partie de l'âme, même si, au départ, il est extérieur, et toute opération intellective, qu'elle soit originaire ou postérieure, met en jeu les sens et, nous le verrons, l'imagination ou la « fantastique ».

Observons ici que l'intellect met en jeu plusieurs facteurs, dont un semble concerner la *mémoire* originaire (sémantique ou autre), si l'on se réfère aux données actuelles en sciences cognitives. Mais, en réalité, Aristote refuse pour l'intellect comme tel son statut d'instrument qui se fonde sur une mémoire, car l'intellect constitué est préalable à toute mémoire et s'identifie avec les intelligibles qui le constitue en l'instituant par le rapport de l'agent avec les choses et leurs spécificités. Il est ce fonds grâce auquel chaque homme pense parce qu'il a été institué par son rapport aux choses, annulant toute distance à la spécificité et, par suite, à leur intelligibilité.

Dans ces conditions, la présence de la mémoire en l'homme et son rapport aux intelligibles manifeste un autre statut qu'il convient maintenant d'éclairer.

47. En vertu du passage *De an*. III 5, 430a23-24, sur lequel je reviendrai plus longuement dans la suite.

V. *Mémoire et intellection*

Le lien entre spécificité et intelligible n'est possible que parce que les spécificités qui spécifient les choses (étances et autres états ou propriétés) sont de l'ordre de l'indivisible (ἄτομον)[48]. Ce type d'unité appartient au troisième mode de l'Un, à savoir l'unité la plus propre de l'universel (καθόλου), qui fait en sorte que l'intellect est susceptible d'atteindre chaque spécificité sur le mode de l'intelligible. Les autres modes de l'universel sont le genre et l'analogie[49]. Toutefois, il faut savoir qu'au niveau originaire de la formation de l'intellect, il ne s'agit pas, d'une façon absolue, d'« universel », qui signifie quelque chose de conforme au tout (καθόλου), donc de quelque chose de compliqué – ne serait-ce que parce que le « tout » (ὅλον) appartient au deuxième mode de l'Un et de Multiple, et doit être envisagé par rapport aux parties ou relativement à chaque chose particulière (καθ' ἕκαστον). Le domaine de ce qui est pensé originairement, mais qui peut impliquer de l'universel selon les cas[50], est le domaine de l'intelligible originaire qui concerne la spécificité, et qui est de l'ordre du « simple ». Il en va de même de l'intellect qui, relativement à la multiplicité des cinq sens, est de l'ordre aussi du simple. Il se manifeste, on l'a vu, comme « séparé » et en dehors de tout mélange (ἀμιγής) et de toute affection (ἀπαθές), ne serait-ce que parce qu'il appartient à un autre type de corps, différent de celui qui se constitue par les quatre éléments (donc aussi par les homéomères et les anhoméomères). Il reste à voir comment l'intellect est en rapport avec des intelligibles issus des spécificités (εἴδη), alors qu'il doit nécessairement passer par les sens. En somme, la question qui s'impose est la suivante : comment s'accomplit cette appréhension dès lors que l'intuition est exclue ?

Aristote recourt aux sens, ce qui entraîne aussitôt une aporie importante, qui concerne le statut de la spécificité relativement, d'une part, aux intelligibles accessibles (uniquement) par l'intellect et, d'autre part, aux sens, comme par exemple les différentes espèces de couleur par rapport à la vue. Je ne reviendrai plus ici sur le problème des médiations, ni des diverses analogies qui se succèdent dans les textes d'Aristote. L'interprétation de ces analogies doit rendre compte du rapport de chacune des facultés avec les spécificités qui, tantôt concernent le sensible et tantôt l'intelligible. Aussi, pour éclairer cette différence et le rôle de chacune des relations entre les facultés et les spécificités, il faut élucider le troisième point, auquel j'ai déjà fait allusion : l'intellect institué devient *en entéléchie* ou *en acte*, selon le contexte qui entoure l'action de l'intellect. Car cette perspective concerne le *présent*, ce qui permet

48. *Cf. ibid.* II 3, 414b27 ; *Metaph.* Z 8, 1034a8 ; I 8, 1058a18-19 ; *De part. an.* I 3, 643a7-8 ; 4, 646a29-33.

49. Voir mon étude « Le statut de l'un et du multiple dans la *Métaphysique* », *op. cit.*

50. *Cf.* Aristot. *An. post.* II 19. Voir mon étude « Y a-t-il une intuition des principes chez Aristote », *op. cit.*

de comprendre pourquoi l'intellect possédant les intelligibles (intellect agent) est la condition permanente et actuelle de notre pensée.

En effet, on l'a vu, Aristote qualifie « entéléchie première » la possession de la science c'est-à-dire une entéléchie qui peut encore l'actualiser par l'exercice de la science, réalisant l'entéléchie seconde[51]. Pourtant la science s'est instituée et, de ce fait, elle est tributaire de la temporalité, d'un passé et d'un présent accompli. Par analogie, on peut dire la même chose pour l'intellect lorsqu'il était semblable à une tablette sur laquelle rien n'était écrit et qui ne possédait rien en entéléchie, et qui s'est institué et constitué en nous, pour devenir par ce qu'on y a écrit. Cet état diffère de l'idée qu'il reçoit quelque chose en plus de ce qu'il est. Il signifie que dans son état de puissance pure, la tablette n'était rien, mais est devenue tablette du fait qu'elle possède désormais l'écrit, qui s'actualise à chaque lecture.

Cette ambivalence met en jeu deux processus : la réalisation en entéléchie (première) et l'actualisation de ce qui est possédé (entéléchie seconde). Mais contrairement à la tablette, en laquelle l'écrit peut être effacé et réécrit, l'intellect patient devient véritablement intellect par l'intelligibilité qu'il reçoit et qui en même temps l'instaure. Cette différence est aussi celle de ce qui est mémorisé en nous et de ce qui n'est pas mémorisé parce qu'il est notre intellect institué. J'ai déjà insisté sur cette différence qui fait en sorte que l'état de l'intellect constitue une intelligibilité sans oubli, c'est-à-dire elle n'a pas besoin d'être mémorisée et remémorée, car, une fois instituée, elle est *toujours* en entéléchie ou en acte[52]. Quant à la tablette, en tant qu'elle peut être effacée et réécrite, elle représente bien la question de la mémoire, comme Aristote s'applique à le montrer dans son traité *De la mémoire*.

En effet, la mémoire concerne le passé, c'est-à-dire ce qui est appris à propos de ce qui est déjà arrivé (γενόμενον). Il faut que l'âme qui fait acte de mémoire ait antérieurement entendu une chose ou sentie ou encore pensée. Aussi est-elle une possession (ἕξις) ou affection (πάθος) de ces expériences lorsque se produit du temps[53]. Or, pour ce qui est de la pensée, elle n'existe pas, dit-il, sans fantasmes, et cela se produit quand se trouve dans l'âme une affection semblable à celle qui se passe dans le dessin d'une figure sur une tablette[54]. Autrement dit, Aristote insiste sur le fait que l'intellect, lorsqu'il pense, utilise comme on dit généralement « l'imagination ».

Compte tenu du langage, plein de nuances, qu'il utilise et de l'analyse qu'il propose, je préfère utiliser le terme « *fantasia* » au lieu d'imagination, afin d'accorder les expressions φανταστική, φαντασία et φάντασμα. D'autant plus qu'il évite le terme *image* (εἰκών) qu'il met en relation surtout avec l'art et, par extension, avec la re-

51. *Cf. De an.* II 1, 412a20-b6. Sur cette double entéléchie, voir mes livres *La* Physique *d'Aristote, op. cit.*, pp. 265-299, et *Histoire de la philosophie ancienne et médiévale*, *op. cit.*, p. 370.

52. *Cf. De an.* III 5, 430a23-24.

53. *Cf.* Aristot. *De mem.* 1, 449b10-28.

54. *Cf. ibid.*, 449b31-450a2.

présentation d'un souvenir. Il affirme ainsi que « jamais l'âme ne pense sans fantasmes »[55]. On traduit d'habitude φάντασμα dans ce passage par « image », occultant le fait que la terminaison « -μα » implique le résultat d'un processus, ce qui permet à Aristote d'associer l'expression φάντασμα à celle d'αἴσθημα et de νόημα, qui impliquent, chacune à sa façon, le résultat d'un processus. En ce sens, la pensée joue bien un rôle important comme complément de la fantastique de l'homme. La médiation ici de la fantastique dans la question de la pensée est liée à la problématique de la mémoire.

Or, on l'a vu, lorsqu'il parle de l'intellect agent, Aristote dit bien que l'on ne se remémore pas son contenu[56]. Si l'on tient compte maintenant de la thèse qui lie la pensée et les fantasmes, on comprend une fois encore qu'il faut distinguer, d'une part, la formation originaire de l'intellect patient qui, en vertu de l'identité entre ce qui pense et ce qui est pensé, se constitue grâce aux intelligibles qu'il reçoit, en se transformant en intellect agent qui agit en dehors de toute mémoire, et, d'autre part, son fonctionnement relativement à la mémoire et à la création libre de fantasmes. Pour que ce second processus puisse se réaliser, il faut logiquement que la mémoire domine la pensée, ce qui devrait faire des choses pensées (νοήματα) des accidents. C'est sans doute le fait que la faculté sensitive (αἰσθητική) et la fantastique sont, sinon identiques, du moins proches, qui provoque ce glissement du résultat de la pensée (νόημα) vers l'accidentalité. Aristote affirme en effet que, « dans l'âme dianoétique les fantasmes existent comme des sentiments (αἰσθήματα) ; et lorsqu'elle affirme ou nie le bien ou le mal, elle fuit ou poursuit »[57]. Parler ici de « sentiments » plutôt que de « sensations » me semble naturel dès lors que le terme αἴσθημα concerne le résultat de la sensation comme processus de sentir (αἴσθησις), et dès lors aussi que le contexte de l'argumentation concerne également l'agréable et le pénible, la poursuite et la fuite, qui nous éloignent du domaine purement cognitif. Cela signifie aussi que la mémoire concerne non seulement le savoir mais également les désirs et l'action. Une fois ces données établies, nous pouvons faire un pas vers l'élucidation du rapport entre mémoire et pensée, en recourant au traité *De la mémoire*.

En effet, c'est lorsqu'il justifie le lien entre penser (νοεῖν) et fantasme qu'Aristote précise que « l'affection (πάθος) qui se produit dans le penser est la même que celle qui se produit dans l'activité de dessiner (ἐν τῷ διαγράφειν) »[58]. Il illustre cette thèse par un exemple qu'il prolonge pour la pensée : bien que nous ne pensons pas nécessairement une quantité lorsqu'on pense un triangle, nous ne le dessinons pas moins avec une quantité. Et lorsqu'on pense au triangle, même si nous ne pensons pas à la quantité qu'il implique, le triangle est mis devant nos yeux avec une quantité. Toute-

55. *De an.* III 7, 431a16-17 ; *cf. De mem.* 1, 449b30-b1.
56. *Cf. De an.* III 5, 430a24.
57. *Ibid.* 7, 431a14-16.
58. *De mem.* 1, 450a1-2.

fois, la pensée ne pense pas le triangle en tant que quantité, mais le pense en tant que triangle[59].

Cette *schématisation*, qui anticipe et annonce le « schématisme » kantien, contraint Aristote à se demander pour quelle raison il n'est pas possible de penser sans le continu, ni sans le temps – même les choses qui ne sont pas dans le temps. La réponse qu'il donne est importante : c'est parce que nous connaissons la grandeur et le mouvement avec la même faculté que nous connaissons le temps, et le fantasme lui-même est une affection (πάθος) du sens commun (κοινῆς αἰσθήσεως). Leur connaissance est donc tributaire de la faculté sensitive première ou prochaine (πρώτῳ αἰσθητικῷ)[60]. Reste, dans ce contexte, à circonscrire le rôle de la mémoire. « Quant à la mémoire, dit-il, y compris celle des intelligibles, elle n'existe pas sans un fantasme ; de sorte que ce ne serait qu'accidentellement (κατὰ συμβεβηκός) qu'il y a mémoire de la faculté intellective, alors qu'il y a mémoire en soi (καθ' αὐτό) de la faculté sensitive première (ou prochaine) »[61].

Cette analyse de la mémoire nous permet de constater que les choses mémorisée sont tantôt en soi, et ces choses Aristote les qualifie de φάντασμα, c'est-à-dire de ce qui peut être porté sur le mode de fantasme, tandis que ceux qui sont de l'ordre de l'accident, comme la mémoire des choses pensées, ne peuvent exister sans la φαντασία[62]. Je laisse ici entre parenthèses la question de savoir comment se produit la mémorisation, pour circonscrire la façon dont se manifeste le souvenir de quelque chose qui a été mémorisé. Dans ce cas, de nouveau, Aristote recourt à l'exemple du dessin inscrit sur une tablette, en l'occurrence celui d'un animal. L'inscription en tant que telle il faut l'envisager, dit-il, en soi comme signifiant l'animal, tandis que sa référence à l'animal réel fait en sorte qu'elle est, en même temps une *image* (εἰκών). Ainsi s'impose une ambivalence, car le dessin doit être envisagé à la fois comme animal et comme image[63]. Transposé aux fantasmes qui sont en nous, dit Aristote, cette démarche révèle qu'il faut considérer la fantasme également en lui-même comme quelque chose en soi et en même temps comme fantasme d'autre chose.

> En tant qu'il est en lui-même, le fantasme est le résultat d'un spectacle (θεώρημα) ou d'un fantasme imaginé (φάντασμα), et en tant qu'il se rapporte à autre chose, il est image (εἰκών) ou souvenir (μνημόνευμα). De sorte que, lorsque le mouvement du fantasme s'actualise, s'il existe en lui-même, l'âme perçoit le fantasme comme le résultat d'une pensée (νόημα) ou comme fantasme, dans la mesure où quelque chose semble survenir, tandis que s'il se rapporte à autre chose, comme dans le cas du dessin inscrit, il visionne comme une image (ὡς εἰκόνα) Coriscos sans l'avoir vu. Partant de

59. *Cf. ibid.*, 450a2-5.
60. *Cf. ibid.*, 450a5-12.
61. *Ibid.*, 450a12-14.
62. *Cf. ibid.*, 450a22-25.
63. *Cf. ibid.*, 450b20-24.

> là, on constate [...] dans l'âme que tantôt le fantasme advient comme résultat d'une pensée (νόημα) et tantôt comme image et souvenir[64].

Nous constatons ainsi que la pensée n'est pas étrangère à la problématique de la mémoire, mais elle se déploie surtout grâce aux fantasmes lorsqu'il s'agit de les penser en eux-mêmes, dans leur intelligibilité, et non dans leur rapport aux choses, qui s'impose soit comme image, voit comme souvenir. Nous découvrons, par là, la complexité de la philosophie d'Aristote dès lors qu'elle cherche à circonscrire l'intellection dans son contexte organique et fonctionnel, même si l'intellect est de nature séparée matériellement, si j'ose dire.

Il n'empêche que lorsqu'on approfondit la problématique de l'intellection en dehors des fantasmes et des souvenirs, on constate que l'intellect est présenté comme quelque chose de *divin* en l'homme[65]. Cette prise de position, que je me suis permis de fonder par le biais de la biologie aristotélicienne, nous rapproche d'une certaine façon de Dieu, qui est une étance dont la fonction est, on le sait, d'être « pensée de la pensée » et, par surcroît, capable de mouvoir l'univers en tant que cause finale – selon le mode que j'ai rappelé ci-dessus. Tout cela est en grande partie connu.

En revanche, ce qui me semble en retrait dans les études consacrées à Aristote, c'est le fait que toute cette problématique, développée dans les derniers chapitres du livre Λ de la *Métaphysique*, met en évidence, à travers le lien entre Dieu et l'intellect / intellection, la problématique du Bien. Au point qu'au début du chapitre 10, de ce livre, Aristote cherche d'une façon explicite ce qui est le bien et la perfection dans le tout de la nature, en situant Dieu comme ce vers quoi tout est ordonné relativement à l'Un qu'il est (πρὸς ἕν)[66]. Et plus loin, il précise que dans toute chose, c'est le bien qui est principe au plus haut degré[67]. Or, comme il le souligne dès le début de son exposé de la *Métaphysique* A 2, la science qui est la plus principielle, c'est celle qui connaît le bien de chaque chose, ce qui ressort de la finalité. Cette référence lui permet d'associer la finalité et le bien comme l'une des causes. Tous ces éléments qui peuvent être prolongés à volonté, nous conduisent directement à l'agathologie. Finalement, il apparaît clairement que l'association entre intellect et Dieu accomplie par l'analyse du bien dans l'*Éthique à Nicomaque*, a une portée plus grande qu'il n'apparaît à première vue. Tout se passe dès lors comme si l'agathologie aristotélicienne complétait son hénologie dans un sens que l'un comme l'autre débordent largement son ontologie[68]. Mais c'est là une autre problème qu'il faudrait approfondir un jour.

64. *Ibid.*, 450b25-451a2.
65. Voir *Eth. Nic.* X 7.
66. *Cf. Metaph.* Λ 10, 1075a11-19.
67. *Cf. ibid.*, 1075a36.
68. Il faudrait ici rapprocher ces questions avec l'analyse proposée par S. Delcomminette dans son livre *Le* Philèbe *de Platon. Introduction à l'agathologie platonicienne*, Leiden-Boston, Brill, 2006.

DANS L'ATELIER DE LA VIE : L'ÂME ET LA RESPIRATION CHEZ ARISTOTE*

LUCIANA REPICI

La question que j'entends aborder concerne le rapport entre l'âme et la respiration, à savoir entre la faculté de la ψυχή, qui chez Aristote est chargée des fonctions vitales du vivant, et la fonction respiratoire. Elle est traitée en particulier dans un des écrits des *Parva naturalia* : le *De respiratione*[1]. Mon but est d'examiner si le point de vue soutenu dans le *De respiratione* peut s'accorder avec les grands traités de psychologie et de biologie, ou au contraire, s'il présente une conception tout à fait différente, comme l'on a pensé souvent. Mais la question est encadrée dans un tableau théorique complexe qu'il faut préalablement essayer de reconstruire dans ses lignes essentielles.

I. *Un écrit et sa méthode*

Dans le *De respiratione* le phénomène respiratoire est étudié selon deux perspectives. Il est abordé, d'un côté, par une approche dialectique qui découvre l'explication véritable par rapport à d'autres positions théoriques, qui à l'analyse se montrent incomplètes ou erronées ; mais, de l'autre côté, il est examiné à la lumière de la doctrine des causes et interprété en termes téléologiques.

Pour ce qui concerne le premier aspect, on peut dire que le *De respiratione* emploie la même méthode des ἔνδοξα, qu'on voit opérer, par exemple, dans le premier

* Cette étude a été présentée et discutée au Colloque sur « La Psychologie d'Aristote » (Padova, 13-15 mars 2008) et dans un séminaire au Département de Philosophie de l'Université de Gênes (octobre 2008). Je remercie tous ceux qui ont participé à la discussion pour leurs suggestions ; c'est moi seule qui suis responsable des inexactitudes éventuelles.

1. D'après l'ordre traditionnel, ce petit écrit fait partie d'un ensemble unitaire au moins du point de vue thématique, c'est-à-dire : *De juventute et senectute*, 1-6 ; *De respiratione* 1-16 (ou *De juventute et senectute* 7-22) ; *De vita et morte* 1-5 (ou *De juventute et senectute* 23-27, ou *De respiratione* 17-22). Leur sujet commun concerne en général les problèmes de la formation et de la conservation de la vie ; c'est là la raison pour laquelle on a jugé difficile de distinguer les différents traités l'un de l'autre.

livre de la *Métaphysique* ou dans le premier livre du *De anima* et, bien que dans une mesure mineure, dans quelques écrits des *Parva naturalia* aussi[2]. Il s'agit, comme on sait, d'une méthode historique et critique, par laquelle Aristote discute les théories d'autres penseurs et s'en sert comme point de départ aporétique pour essayer d'établir la validité de ses théories. Mais le *De respiratione* représente un cas dans lequel les ἔνδοξα ne sont pas seulement des opinions réputées, mais aussi des données de l'observation[3]. Ici, Aristote se soucie de justifier préalablement sa procédure, en affirmant la nécessité d'introduire directement les thèses des autres, afin de les discuter sans paraître « porter des accusations vides contre ceux qui sont absents »[4]. D'autant plus que sur le sujet de la respiration, il ajoute, « les naturalistes qui nous ont précédés ont été peu nombreux à en parler », et ceux qui en ont parlé l'ont fait « d'une manière incorrecte et plus ignorante encore de ce qui se passe effectivement », jusqu'à soutenir que tous les animaux respirent, ce qui n'est pas vrai[5].

Les critiques aristotéliciennes sont développées premièrement au niveau de l'évidence empirique. Anaxagore et Diogène d'Apollonie, Démocrite, Platon lui-même, quelques interlocuteurs anonymes et Empédocle sont réfutés à cause de leur ignorance anatomique et leur conséquent aveuglement épistémologique[6]. C'était la connaissance de l'anatomie qui pouvait (*a*) prouver qu'il y a deux types de respiration (aérienne par les poumons ou aquatique par les branchies) ; (*b*) établir quels sont les animaux qui respirent de l'une ou de l'autre façon et pourquoi, et enfin s'il est vrai que tous les animaux respirent ; (*c*) montrer que la respiration ne peut pas avoir lieu chez les animaux s'ils n'ont pas des organes appropriés à cette fonction (à savoir, des poumons ou des branchies) et que, par conséquent, ni certains animaux, comme les insectes, ni les plantes respirent ; (*d*) reconnaître qu'il y a un rapport nécessaire entre les organes et leurs fonctions et aboutir finalement à reconnaître l'existence d'une cause finale, qu'ils n'ont pas même deviné[7]. Aristote peut donc mettre en lumière d'une part

2. Si l'on exclut le *De respiratione* et le *De sensu et sensibili* et une référence très brève à la théorie de Démocrite sur les songes en Aristot. *De div.* 2, 464a5, l'examen dialectique est presque absent dans les autres traités des *Parva naturalia*.

3. *Cf.* Aristot. *De resp.* 1-5 et 14, en particulier.

4. *De resp.* 1, 470b11-13 : tr. fr. de P.-M. Morel, *in* Aristote, *Petits traités d'histoire naturelle* (*Parva naturalia)*, traduction originale, introduction, notes, bibliographie et index, Paris, Flammarion, 2000. Des expressions semblables se trouvent en Aristot. *De caelo* I 10, 279b4-12 ; II 12, 291b24-28.

5. *Cf. De resp.* 1, respectivement 470b6-7 ; 470b8-10 ; 470b10-11.

6. Anaxagore et Diogène d'Apollonie sont discutés en *De resp.* 2, 470b30-471a6 (sur Diogène voir aussi *De resp.* 3, 471b15-17) ; Démocrite en *De resp.* 4, 471b30-472a26 (voir aussi Aristot. *De an.* I 2, 403b1-404a16) ; Platon, en *De resp.* 5 (avec référence à Plat. *Tim.* 79A5-E9) ; les anonymes, en *De resp.* 6 ; Émpedocle, en *De resp.* 7.

7. Dans le cas des plantes, la privation s'explique par leur immobilité et l'absence des organes respiratoires. Dans le cas des insectes, Aristote montre qu'ils ne respirent pas parce

que la respiration est un phénomène typiquement animal, qui sous certaines conditions appartient à la nature essentielle des animaux, à savoir dans tous les cas où la fonction est nécessaire et l'organisation du corps est appropriée. Dans le *De respiratione* il donne aussi des indications pour esquisser une véritable classification des vivants qui se développe à partir de l'appartenance ou non de cette propriété à leur essence et tient compte des caractéristiques des οὐσίαι selon leurs genres propres, selon la conformation et selon les lieux correspondants de croissance, sans négliger la possibilité d'exceptions[8]. D'autre part, la respiration se révèle comme une fonction qui ne peut pas être réduite à des facteurs purement mécaniques, car elle appartient aux vivants qui en ont nécessité afin qu'ils puissent refroidir leur chaleur naturelle et préserver leur vie : si on ignore ce but, la respiration ne sera jamais bien comprise.

Cette remarque nous introduit à l'autre aspect de la méthode du *De respiratione* : le recours à la finalité et à l'explication téléologique. Plus que certains autres traités des *Parva naturalia* où la cause finale n'est pas même indiquée (l'écrit sur les songes, par exemple), le *De respiratione* abonde en déclarations d'ordre téléologique. On y lit que « la nature accomplit toutes choses en vue de quelque fin » et cela explique pourquoi les animaux qui respirent sont équipés des organes respiratoires. On y lit encore que « la nature ne fait rien d'inutile » et cela explique pourquoi il n'est pas possible qu'on possède en même temps des poumons et des branchies. On y lit également que « en toutes choses la nature réalise, parmi les possibles, le meilleur » et cela explique pourquoi la région du corps qui accueille le principe de la nutrition et de la sensation est située au centre des vivants, là où la nature a localisé le cœur ou quelque partie analogue. Cette assertion se révèle décisive pour comprendre la fonction respiratoire, car c'est la chaleur vitale qui réside dans le cœur qu'il faut refroidir afin que la vie

qu'ils n'ont pas des poumons, bien qu'ils meuvent la région centrale du corps *comme* les animaux qui respirent l'air extérieure qu'ils par les poumons et *comme* les poissons par les branchies. Dans le cas des insectes, le mouvement est produit par le « souffle naturel interne » (ἔμφυτον πνεῦμα), qui alternativement se soulève et s'affaisse et qui assure un refroidissement suffisant : *cf. De resp.* 9, 474b31-475a20 ; le passage est répété presque identique en Aristot. *De somno* 2, 456a11-23. C'est le seul endroit des *Parva naturalia*, à ma connaissance, où on parle de l'ἔμφυτον πνεῦμα.

8. Ces aspects sont décrits dans des passages différents du texte : *cf. De resp.* 1, 470b12-27 ; 9-10 ; 12. Plusieurs lignes dichotomiques se croisent dans le cadre général, car les distinctions concernent des animaux qui sont pourvus ou dépourvus de sang, terrestres ou aquatiques, plus ou moins chauds, d'où le besoin majeur ou mineur de refroidissement, etc. La même différence entre les animaux qui respirent et les animaux qui ne respirent pas est signalée en Aristot. *De part. an.* III 6, 669a5 ; IV 5, 678b1 ; IV 13, 697a21 ; *De gen. an.* II 1, 732b30 ; *Hist. an.* IV 9, 535b5 ; V 12, 566b13 ; *De an.* II 8, 421a4. Une explication de cette différence du point de vue causal et en termes comparables à ceux de *De resp.* est proposée en *Hist. an.* VIII 2, où Aristote reconnaît aussi l'existence des animaux qui sont *amphibies* (ἐπαμφοτερίζει) et peuvent vivre sur la terre aussi bien que dans l'eau (*cf. Hist. an.* VIII 2, 589a30-590a10).

puisse se conserver[9]. En même temps la nature rend « un unique instrument suffisant à une seule chose » et c'est pour cette raison qu'un seul mode de refroidissement par la respiration suffit à chaque animal. Mais il y a aussi des cas où la nature se sert du même organe pour deux opérations différentes ; c'est ainsi que chez certains animaux la langue est employée à la fois pour la perception des saveurs et pour la communication, et la bouche de son côté pour la nutrition et le passage de l'air ou de l'eau, et donc pour le refroidissement et la respiration[10].

En plus, la nature a le pouvoir de remédier à des situations virtuellement dangereuses pour l'animal. Dans notre cas, l'ingestion de la nourriture pourrait faire obstacle à l'entrée de l'air et l'animal pourrait étouffer, si la nourriture s'insinue dans les poumons par la trachée. Pour éviter ce danger, la nature a prédisposé l'animal à ne pas absorber la nourriture dans le même temps qu'il respire et a placé l'épiglotte dans une position stratégique. Cet organe, en effet, fait office de couvercle pour la trachée : lorsque les animaux absorbent la nourriture, le couvercle se contracte ou se ferme ; dès que la nourriture est passée, le couvercle se soulève ou, chez d'autres animaux, la trachée s'ouvre, afin que le souffle puisse pénétrer à l'intérieur et assurer le refroidissement[11]. Et c'est encore la nature qui doue les vivants d'une conformation qui leur est appropriée et les engendre de telle sorte que « chacun a sa place dans le lieu qui lui est propre ». Par opposition à Empédocle, Aristote montre que, même si « les propriétés naturelles de la matière se trouvent être de même qualité que le lieu qu'elles occupent : les chose humides dans l'eau *etc.* », on peut dire que « les dispositions, toutefois, trouveront plutôt leur salut dans le froid, si elles sont excessivement chaudes, et dans le chaud, si elles sont excessivement froides, car le lieu rétablit la mesure dans l'excès de la disposition »[12].

La finalité de la nature n'est donc pas en question. Mais il s'agit chez Aristote d'une finalité qui n'exclut pas la nécessité et les buts de la nature, laquelle vise à engendrer une οὐσία parfaitement accomplie, ne peuvant se réaliser que si la matière

9. Sur ces points, *cf. De resp.* 3, 471b25 ; 10, 476a13 (voir aussi *De part. an.* II 13, 658a8-9 ; III 1, 661b23-24 ; IV 11, 691b4 ; 691b12 ; 694a15 ; 13, 659b19) ; Aristot. *De juv.* 4, 469a29 (voir aussi Aristot. *De inc. an.* 2, 704b15, où le principe est énoncé à côté du principe selon lequel la nature ne fait rien d'inutile).

10. Sur le premier point, *cf. De resp.* 10, 476a6-15 (voir aussi *De part. an.* IV 12, 694b13-14) ; sur le deuxième, *cf. De resp.* 11, 476a16-19 ; 7, 473a21-27. Il y a aussi le cas, discuté par Aristote en *De part. an.* III 7, 670a22-26 et 670b23-27, où deux organes différents sont destinés à la même fonction, comme le foie et la rate, destinés à la digestion, et les reins et la vessie, destinés à la sécrétion des résidus. Mais la rate est une formation « accidentellement nécessaire » (*De part. an.* III 7, 670a29), tandis que les reins sont une formation donnée « en vue du beau et du bien » (*De part. an.* III 7, 670b23-24).

11. *Cf. De resp.* 11, 476a26-b12. D'une manière analogue, l'épiglotte est considérée comme un « remède fabriqué » par la nature dans le but de corriger une situation de danger potentiel pour l'animal en *De part. an.* III 3, 664b20-665a9.

12. *De resp.* 13, 477a26-31 ; 14, 477b11-478a7.

est dominée par la forme d'une manière complète. Cela, toutefois, n'arrive pas toujours et dans tous les cas, d'où la possibilité que les résultats des processus soient accidentellement différents par rapport au but. Il y a, en d'autres termes, une nécessité conditionnelle dans les processus naturels de formation. Ces processus achèvent leur réalisation complète pourvu qu'il y aient les conditions nécessaires pour cette réalisation[13]. On peut dire par conséquent que dans le cas de la respiration les organes respiratoires sont possédés, si et seulement s'il est nécessaire que la chaleur intérieure soit refroidie afin que la vie soit préservée. D'où l'exigence d'étudier le phénomène par sa finalité autant que par les dispositions de la matière qui en conditionnent l'accomplissement[14]. Dans le *De respiratione*, en effet, beaucoup d'espace est attribué aux opérations de la cause matérielle, mais ceci est dans une certaine mesure inévitable. C'est la cause matérielle qui détermine les types de respiration par rapport au degré différent de chaleur chez les différents animaux et les types de refroidissement par l'air ou par l'eau par rapport à la conformation différente des organes correspondants (poumons ou branchies)[15]. D'ailleurs, même la naissance et la préservation de la vie exigent de la matière, ou bien plusieurs matières, car dans l'animal le sang est la matière de la nourriture pour tout le corps ; la chaleur vitale produit la transformation dans le cœur de l'aliment en sang et le souffle (πνεῦμα), à savoir l'exhalation humide de la nourriture produite par la chaleur dans le cœur, fait pulser cet organe par ses mouvements naturels de dilatation et contraction. Et c'est encore une matière, celle de l'air inspiré et expiré, qui empêche à la chaleur présente dans la région cardiaque de devenir brûlante et lui permet de se conserver dans un état tempéré[16].

13. Ce principe est formulé en *De part. an.* I 1, 640a33-b2 et, dans les *Parva naturalia*, en *De somno* 2, 455b25-28.

14. *Cf. De resp.* 8, 474b23-24 ; 11, 476a16-18 ; 16, 478a28-34. La même exigence d'étudier le cas dans les deux perspectives est explicitement posée en *De part. an.* I 1, 642a31-b2, où elle est présentée comme un cas emblématique du type de méthode qu'Aristote est en train d'appliquer dans sa recherche.

15. La nature sanguine et spongieuse du poumon est décrite en *De resp.* 15, 478a13-15 ; 21, 480b5-9 ; voir aussi *De part. an.* III 6, 669a25 ; *Hist. an.* III 3, 513a22. Au contraire, en *Tim.* 70C6, Platon affirme que le poumon a nature spongieuse, mais non pas sanguine. C'est ce point de vue qui en fait est énoncé par Aristote en *De part. an.* III 6, 669b9 ; mais, à la lumière des passages cités en *De respiratione* et en *Hist. an.* I 17, 469b8, on peut supposer qu'Aristote visait à dire ici tout simplement que le poumon n'a pas du sang à l'intérieur, mais qu'il est traversé par des vaisseaux sanguins.

16. Cette thématique est développée dans les chapitres 4-5 du *De vita et morte*, qui sont toutefois considérés équivalents à *De resp.* 20-21. C'est donc dans le cœur que le souffle se forme ; par conséquent, Aristote peut faire de la respiration un des « états » (συμβαίνοντα) du fonctionnement du cœur, ainsi que la palpitation et la pulsation. Ces passages et d'autres semblables (*cf.* ci-dessus, note 9) présupposent l'adhésion au cardiocentrisme, soutenu en *De part. an.* III 4-5 ; *De gen. an.* II 1, 735a10-25 ; 6, 742a16-b19, autant que en *De somno* 2-3 et en *De juv.* 2-4.

Dans cette perspective Aristote peut comparer les mouvements coordonnés des poumons et du cœur à ceux des soufflets dans les forges[17]. C'est dans cette sorte d'atelier que la vie se manifeste et c'est par la continuité de ces mouvements alternés qu'elle est préservée, car – il écrit – « la vie consiste à inspirer et à expirer »[18]. Mais cette comparaison à saveur mécaniste n'est pas déplacée dans le cadre d'une téléologie, dans laquelle les causes nécessaires jouent un rôle important et aucune référence est faite à un projet intelligent dans l'organisation des choses et dans le gouvernement du monde. La différence entre le modèle aristotélicien et celui du *Timée* platonicien est, à mon avis, insurmontable et la discussion du phénomène respiratoire est un cas qui permet d'évaluer cette distance. Un indice est déjà donné par la critique adressée à Platon de n'avoir pas expliqué d'une façon satisfaisante le mécanisme de la respiration et de n'avoir pas indiqué sa cause finale[19]. Mais il y a aussi – nous le verrons – d'autres indices.

II. *La respiration parmi les fonctions du vivant animé*

Aristote allègue toutes les causes qui sont nécessaires pour définir la respiration : l'air est son instrument matériel ; ses mouvements typiques sont l'inspiration et l'expiration ; la faculté des organes chargés du refroidissement (poumons ou branchies) constitue sa forme, ou bien son essence ; son but est le refroidissement de la chaleur vitale qui réside dans le cœur[20]. Mais il distingue aussi la respiration des autres fonctions vitales qui lui sont apparentées. Il ne faut pas confondre, en effet, l'activité de respirer avec l'activité de l'odorat ou d'émettre des sons et de parler, ou encore de se nourrir, quoique les organes intéressés (narines, bouche, langue, trachée, œsophage) soient communs et l'animal introduise l'air ou l'eau par la même voie que la nourriture. Cette distinction est achevée par le recours, sur le plan de l'observation et de l'évidence empirique, à l'anatomie et à l'explication téléologique sur le plan du raisonnement. Dès lors que la nature ne fait jamais rien d'inutile et agit selon la meilleure entre les différentes possibilités, ces fonctions sont disposées de manière que la respiration par les narines et l'odorat soient « accessoires » à l'autre (la respiration par la bouche), ou que l'une (la respiration) ne soit pas empêchée par la nourriture ou par la perception de saveurs ou par l'émission des sons[21].

17. *Cf. De resp.* 21, 480a20-29 ; 7, 474a11-17.
18. Aristot. *De vita* 5 = *De resp.* 21, 480b12 ; b19-20.
19. *Cf. De resp.* 5 ; *Tim.* 78A6-79E9.
20. Pour tout cela *cf. De vita* 5 = *De resp.* 21.
21. *Cf. De resp.* 7, 473a23-27. L'aspect « accessoire » de la respiration est mis en lumière ailleurs aussi. Voir par exemple *De an.* II 9, 421b14-19 : il n'y a pas un rapport « nécessaire » entre la respiration et l'odorat ; *De sensu* 5, 444a19-445a4 : il y a une fonction « essentielle » et une fonction « accessoire » de la respiration dont « la nature tire parti ». Voir aussi *De part.*

Il y a encore un troisième aspect, parce que, selon Aristote, la respiration est une des fonctions communes à l'âme et au corps, car elle, ou plutôt ses mouvements contraires alternés d'inspiration et d'expiration, sont classés parmi les πράξεις (activités, actions) qui appartiennent à presque tous les animaux et qui constituent un des « couples » les plus importants pour le caractériser, autant que la veille et le sommeil, la jeunesse et la vieillesse, la vie et la mort[22]. Comme les fonctions qui lui sont apparentées, la respiration présuppose donc une corrélation étroite entre la ψυχή et les états du corps. Mais quelle est, dans ce cas, la faculté de l'âme impliquée ? Le *De respiratione* renvoie à la faculté qui préside à la nourriture et à l'accroissement, car Aristote dit explicitement que la respiration est en vue du refroidissement de la « partie où se trouve le principe nutritif »[23] et il ajoute que ses mouvements se développent en correspondance des mouvements de cette partie, c'est-à-dire le cœur chez les animaux qui en sont pourvus. Par conséquent, c'est de l'âme qu'Aristote appelle « l'âme première »[24], c'est-à-dire de l'âme nutritive, que la respiration dépend dans son emploi essentiel. Dans son emploi « accessoire » toutefois, comme nous avons vu, la fonction respiratoire est au service aussi de la perception des odeurs, de l'émission des sons et, dans le cas de l'homme, de la communication linguistique. On peut donc dire que, quoique d'une façon complémentaire et indirecte, la respiration est un instrument de l'âme sensitive aussi. Mais Aristote n'exclut pas l'existence d'un certain rapport entre cette fonction et la locomotion animale, une faculté de l'âme, qu'il distingue de la faculté sensitive. Les mouvements respiratoires ne sont pas du même type que ceux de la locomotion ; ces derniers dépendent de l'appétit et de la tendance, tandis que les autres sont « non volontaires » (ni volontaires, ni involontaires). Néanmoins, le souffle est l'instrument de la faculté locomotrice, car ses deux mouvements typiques, à savoir traction et poussée, dépendent justement des mouvements du souffle, c'est-à-dire de la contraction et de la dilatation. À leur tour, les mouvements

an. II 16, 659b14-19 ; *De gen. an.* II 16, 659b13-660a8. Dans le *De anima*, à la distinction de la double fonction de la respiration, « nécessaire » (pour goûter les aliments) et « en vue du bien » (pour parler et s'exprimer) (*cf. De an.* II 8, 420b16-22 ; II 7, 419a30-b2 ; 9, 421b14-21), fait suite une identification des parties correspondantes du corps dans leur organisation coordonnée : pour la réfrigération la séquence va de la larynx au poumon jusqu' au cœur ; pour la phonation, de la bouche (lèvres et langue) à la larynx à la trachée au poumon au cœur (*cf. De an.* II 8, 420b20-421a6). De même que dans les *Parva naturalia*, le point de vue physiologique intègre donc le point de vue fonctionnel (psychologique), quoique le vocabulaire adopté dans le *De anima* rappelle quelques expressions du *Timée* platonicien (*cf. Tim.* 75D5-E5).

22. *Cf.* Aristot. *De sensu* 1, 436a1-17. En *De part. an.* I 1, 639a15-b10, la classification inclut la respiration parmi les « traits communs » à tous les animaux avec le sommeil, la croissance, la décroissance et la mort.

23. *De vita* 5 = *De resp.* 21, 480a16.

24. *De resp.* 8, 474a25-b9 ; voir aussi *De juv.* 4, 469a24-b1 ; 5, 470a5-7 ; 6, 470a19-22 ; *De an.* II 4, 415a24 ; 416b22.

mêmes de la veille et du sommeil dépendent des mouvements du souffle, car le mouvement de contraction produit par le souffle engendre la force de l'animal pendant la veille, tandis que pendant le sommeil la respiration et par conséquent la mobilité ralentissent lorsque la faculté de percevoir est inactive. Dormir et veiller, respirer (inspirer et expirer), être en mouvement ou en repos sont donc des activités coordonnées, qui trouvent dans un seul organe (le cœur) leur siège physiologique de référence. Elles se rattachent toutefois à de fonctions psychiques différentes, qui ne peuvent pas être réduites l'une à l'autre, car le sommeil et la veille sont des « affections » de l'âme sensitive, tandis que la respiration se rapporte à l'âme nutritive et, d'une façon subordonnée, à la faculté locomotrice aussi. C'est à cause de cela que ces fonctions peuvent interférer aussi entre elles ; c'est justement le cas de la fonction nutritive qui en effet ne permet pas à la fonction sensitive de se réaliser pendant le sommeil[25].

III. *L'âme, le souffle et le « feu psychique »*

Quand dans le *De respiratione*[26] Aristote associe la formation du souffle dans le cœur à l'origine même de la vie, la question n'est pas envisagée à cet endroit en termes psychiques, à savoir du point de vue du rôle de l'âme dans le processus par lequel la nourriture se transforme en sang et en souffle, annonçant la naissance d'une vie. Aristote n'en parle qu'en termes physiques ou physiologiques, c'est-à-dire par rapport à la cause matérielle et du mouvement. Pourrait-on dire alors que la question est abordée d'une manière tout à fait mécaniste ? Cette conclusion pourrait trouver un appui sur le fait que dans le contexte en question Aristote soulève une série des problèmes concernant l'âme qui est impliquée dans le processus de la constitution de la

25. Tout cela découle d'une lecture intégrée de textes différents, qui toutefois se complètent réciproquement. Les mouvements respiratoires sont distingués de la locomotion, des mouvements d'accroissement et de diminution (qui dépendent de l'âme nutritive) et des mouvements du sommeil et de la veille en *De an.* III 9, 432b7-433a8. Le statut de la faculté locomotrice dans son aspect mécanique est défini en *De an.* III 10, 433b13-30. Pour un examen plus détaillé de ces problèmes ces deux passages renvoient à d'autres écrits; il faut voir, évidemment, le *De respiratione*. La locomotion est étudiée du point de vue psychologique (et comme un cas d'automotricité) en *De an.* III 10, 433a9-b13. Sur la connexion des mouvements respiratoires et ceux de la locomotion, *cf. De an.* III 10, 433b13-30 ; Aristot. *Phys.* VII 2, 243a17 ; *De inc. an.* 2, 704b22 ; Aristot. *De motu an.* 8, 702a21-b10 ; 10, 703a4-b 2 ; *De part. an.* III 3, 665a10 ; 4, 666b13. La distinction entre les types de mouvement (« naturels » comme l'accroissement et la diminution ; volontaires ; involontaires ; « non volontaires ») est explorée en *Phys.* VIII 6, 259a32-b20 et en *De motu an.* 11, 703b3-11. Les modalités de génération du sommeil sont présentées en *De somno* 1-3. Sur l'affaiblissement de la respiration, de la force et de la mobilité pendant le sommeil, *cf. De somno* 2, 456a6-24, un passage qui est répété presque identique en *De resp.* 9, 474b31-475a20 ; voir aussi *De gen. an.* II 4, 737b35.

26. *Cf. De vita* 5, qui, comme on a remarqué, correspond à *De resp.* 21.

vie, à partir de la relation qu'il faut poser entre celle-ci, d'un côté, et le souffle et la chaleur vitale de l'autre.

L'identification de l'âme (nutritive) avec le souffle, c'est-à-dire avec la matière de la respiration, doit être exclue : tout l'effort du *De respiratione* vise à montrer que l'air inspiré et expiré n'est qu'un instrument de refroidissement. De son côté, le *De anima* dénonce l'erreur des philosophes qui avaient identifié l'âme avec un élément comme l'air, qui entre dans le corps de l'extérieur. Chez les Pythagoriciens en fait l'âme était « la fine poussière qui est dans l'air », tandis que chez les soi-disant « chants orphiques » l'identification était avec ce qui « entre de l'univers dans les êtres qui respirent, porté par les vents », chez Diogène d'Apollonie avec ce qui est composé d'air et chez Démocrite avec « la soi-disant fine poussière qui est dans l'air et qui apparaît par les rayons traversants les fenêtres ». Ils faisaient évidemment dériver l'âme des mêmes éléments du macrocosme, dans ce cas l'air, auquel ils attribuaient le rôle de principe moteur du corps. De même que dans le *De respiratione*, ces auteurs sont réfutés par Aristote par le recours soit à l'évidence soit au raisonnement, car il objecte que, si l'âme était composée d'un élément de la même espèce que celui que les vivants tirent de l'extérieur, de la même façon qu'ils respirent l'air extérieur, il n'y aurait pas des âmes différentes par espèce. Mais cela contredit l'observation, qui montre que chaque genre des vivants (plantes, animaux et hommes) a son âme appropriée[27].

Quelque difficulté se pose à propos du rapport entre l'âme et la chaleur en vue de laquelle le refroidissement se produit. Le problème naît du fait qu'Aristote dans ces contextes emploie des expressions quelque peu frappantes. Il parle d'une âme qui est « comme embrasée » ; il dit aussi que c'est dans le « feu naturel » que « la nature a embrasé l'âme » et que le refroidissement est nécessaire « à cause de l'embrasement de l'âme dans le cœur ». En plus, il utilise une expression unique dans le corpus de ses ouvrages, à savoir ψυχικὸν πῦρ, littéralement « feu psychique » ; et dans d'autres passages encore il écrit que « l'âme n'existe pas sans (οὐκ ἄνευ) une chaleur naturelle » et que « la vie et la possession d'une âme s'accompagnaient nécessairement à (μετά) une certaine chaleur »[28]. Tout cela – pourrait-on s'interroger – ne montre-t-il pas l'adoption d'un point de vue immanent, ou pis encore matérialiste ? Dans ce cas, comment pourrait-on exclure que l'âme soit la même chaleur vitale tempérée par le souffle ?

27. *Cf. De an.* I 2, 403b30-404a16 (Démocrite) ; 2, 404a16-21 (les Pythagoriciens) ; 2, 405a21-25 (Diogène d'Apollonie) ; 5, 410b27-411a2 (les « soi-disant chants orphiques »).

28. *Cf. De juv.* 4, 469b15-16 ; *De resp.* 8, 474b12-13 ; 16, 478a28-30. Sur le « feu psychique », *cf. De resp.* 15, 478a16 ; cette expression a été traduite des manières différentes par les interprètes anciens et modernes : *chaleur naturelle* (Michel d'Éphesus) ; *feu vital* (Mugnier) ; *vital fire* (Ross) ; *chaleur vitale* (Morel) ; *fuoco vitale* (Laurenti) ; *fuoco animante* (Lanza). En *Meteor.* I 3, 340b23, Aristote définit le feu comme « un excès de chaleur et une sorte d'ébullition ».

La question se pose d'autant plus (1) qu'Aristote admet dans ces contextes que, en ce qui concerne l'âme, il est « clair que sa substance n'est pas celle d'un corps ». Mais ensuite il dit qu'elle « réside bien dans une certaine partie du corps et dans l'une des parties qui exercent leur puissance sur les autres », c'est-à-dire dans le cœur[29] – ce qui confirme, d'un côté, que l'âme n'est pas corporelle, mais de l'autre qu'elle peut partager toutes les modifications et les affections qui concernent son siège physiologique. Et (2) il est vrai que c'est l'âme nutritive qui est « embrasée » *dans* les parties du corps où réside le principe de la chaleur ou *dans* le « feu naturel »[30] et que c'est elle qui « n'existe pas sans (οὐκ ἄνευ) une chaleur naturelle », ou « sans le feu naturel »[31] et qu'elle s'accompagne d' « une certaine chaleur »[32]. La raison en est que « la digestion, en effet, qui fait que les animaux s'approprient la nourriture, ne s'effectue pas non plus sans une âme ni sans chaleur », car c'est grâce au feu qu'elle « transforme toutes choses (πυρὶ ἐργάζεται πάντα) »[33]. Mais cette « âme première », comme Aristote l'appelle ici[34], est l'âme aussi *sans* laquelle les autres facultés (δυνάμεις) psychiques ne peuvent pas subsister, de même qu'elle ne peut pas subsister *sans* le « feu naturel » là où la nature l'a « embrasée »[35]. D'où le soupçon que l'incendie concerne toutes les autres facultés aussi, la pensée incluse. Mais dans ce cas aussi, il ne faudrait pas s'étonner. On sait qu'Aristote relie la possession de l'intelligence (l'âme intellective) à la possession de l'âme nutritive et de l'âme perceptive[36]. En plus, il admet que la qualité du sang, c'est-à-dire le degré de chaleur et de raffinement du dernier résidu de la nourriture, peut conditionner le degré de sensibilité et d'intelligence[37].

Le véritable problème est que dans le *De anima*[38] la « nature du feu » joue un rôle de « cause adjuvante » dans le processus de la nutrition par rapport à l'âme qui en est la cause proprement dite, à savoir la cause formelle et finale, tandis que dans le *De respiratione* il paraît que l'âme est tombée, pour ainsi dire, dans le feu comme dans son substrat et dans le feu elle accomplit sa fonction. Mais la contradiction entre ces

29. *Cf. De juv.* 1, 467b13-18.
30. *Cf. ibid.*, 469b14-16 ; *De resp.* 8, 474b13.
31. *Cf. De juv.* 6, 470a1 ; *De resp.* 8, 474b12.
32. *Cf. De resp.* 8, 474a25-26.
33. *Ibid.*, 474a26-28.
34. *Ibid.*, 474a31. *Cf. De an.* II 4, 415a2 ; 416b22.
35. *Cf. De resp.* 8, 474b10-13.
36. L'âme nutritive est donc la « première » dans l'ordre chronologique (*cf. De an.* II 4, 415a24 ; 416b22), mais elle est aussi la fonction psychique *sans* laquelle l'être vivant ne peut pas exister, ni par conséquent percevoir, ni même, dans le cas de l'homme, penser : le sujet de toutes activités psychiques, de la pensée aussi, est non pas directement l'âme, mais l'homme dans sa composition d'âme et de corps (*cf. De an.* I 4, 408a1-15). En *De somno* 1, 454a12-14, d'ailleurs Aristote paraît assurer un statut de relative indépendance à la faculté perceptive par rapport à la faculté intellective. *Cf.* aussi *De an.* II 2, 413a31-32.
37. *Cf. De part. an.* II 2, 648a2-4.
38. *Cf. De an.* II 4, 416a13-18.

deux positions est peut-être plus apparente que réelle. Je ne me bornerai qu'à quelques considérations.

(i) L'impossibilité que l'âme nutritive subsiste *sans* chaleur naturelle ou *sans* feu naturel (ou la nécessité qu'elle *s'accompagne à*, « μετά », ceux-ci) sont des formules par lesquelles Aristote visait peut-être à souligner que la « communauté » (κοινωνία) entre l'âme et le feu n'est pas accidentelle et qu'il fallait la présupposer, si la fonction de la nutrition doit être accomplie. D'ailleurs, c'est précisément une telle « communauté » qu'Aristote établit entre l'âme et le corps dans un autre contexte[39].

(ii) La localisation de l'âme (nutritive) dans une partie spécifique du corps (le cœur) peut sous-entendre qu'entre la fonction et l'organe il y a le même rapport institué entre l'âme et le corps dans le *De anima*, où Aristote, polémiquant peut-être justement, avec Platon, dit que « l'âme n'est pas un corps, mais quelque chose du corps et c'est pourquoi elle est dans un corps, et dans un corps d'une nature déterminée, et nullement à la façon dont nos prédécesseurs l'adaptaient au corps, sans ajouter aucune détermination sur la nature et la qualité de ce corps »[40]. On peut penser que le *De respiratione* applique en petit à la fonction et l'organe le même rapport qui subsiste en grand entre l'âme et son substrat corporel, un rapport, c'est-à-dire, qui n'est pas d'identification, mais une fois encore d'implication réciproque.

(iii) Dans l'écrit sur les *Parties des animaux* il y a un passage parallèle où Aristote relève que ceux qui « tiennent l'âme pour du feu ou quelque puissance (δύναμις) semblable » parlent « d'une manière grossière » (φορτικῶς) et suggèrent par opposition qu'il « est mieux peut-être de dire que l'âme prend consistance (συνεστάναι) dans un corps de ce type ». La cause est que le chaud est le corps qui, parmi tous les corps, « sert des mieux » (ὑπηρετικώτατον) les fonctions de l'âme. Mais dire que l'âme est constituée par le feu équivaut à dire que le charpentier ou l'art du charpentier sont la scie ou la tarière, parce que « l'œuvre se réalise par la proximité réciproque de l'ouvrier et de l'outil »[41]. On peut donc penser par analogie que le *De respiratione* interprète le rapport entre l'âme (nutritive) et son organe dans les mêmes termes que le rapport entre un technicien et ses instruments : l'œuvre ne se réalise que par le voisinage de l'utilisateur et de l'outil, mais ceux-ci ne peuvent pas être identifiés. D'ailleurs, c'est précisément une pareille relation instrumentale que, dans le même contexte, Aristote présuppose entre les régions du corps. En effet, dans les vivants la région centrale est « la région de ce qui dirige » et c'est grâce à elle que les autres régions (la supérieure / la tête et l'inférieure / le ventre) peuvent accomplir au mieux leur fonction propre. Mais la région du principe doit être distinguée des autres ainsi qu'on distingue entre l'instrument et l'utilisateur, comme dans le cas des flûtes et des mains de ceux qui jouent d'elles[42].

39. *Cf.* Aristot. *De long.* 2, 465a30-32.

40. *De an.* II 2, 414a19-25.

41. *De part. an.* II 7, 652b26-27.

42. *Cf. De juv.* 4, 469a27-b3.

(iv) Il faut enfin remarquer que la primauté du rôle causal de l'âme est reconnue de quelque manière dans le *De respiratione* aussi. Cela arrive quand il s'agit d'expliquer « pourquoi » (διὰ τί) il y a des animaux qui ont des poumons et nécessitent de respiration aérienne. Du point de vue de « la cause nécessaire et du mouvement », la raison est qu'il y a un degré différent de chaleur qui distingue la conformation des types différents de vivants : là où le degré de chaleur est plus haut et les poumons sont plus irrigués de sang, le refroidissement doit être plus rapide et se propager partout à l'intérieur, ce que l'air a la capacité de produire facilement par la subtilité de sa nature[43]. Mais du point de vue de « la fin pour laquelle » il y a des animaux qui possèdent ce type de respiration, la cause est que « les animaux les plus nobles se trouvent être ceux qui ont le plus de chaleur, car ils se trouvent en même temps nécessairement avoir aussi l'âme la plus noble » ; ces animaux ont en effet « une nature plus noble que celle des [animaux] froids ». Voilà la raison aussi d'après laquelle ceux-ci sont les animaux qui ont la taille la plus grande et, dans le cas de l'homme, la station la plus droite. En effet, le sang de l'homme est le plus pur et le plus abondant et l'homme est le seul animal dont le haut du corps est dirigé vers le haut de l'univers, précisément grâce à la conformation de ses organes respiratoires[44].

Cela signifie, à mon avis, que le degré de chaleur est plus haut en raison directe de la « noblesse » de l'âme et que, par conséquent, le degré de chaleur est le *signe*, non pas la *cause* de la possession d'une âme « plus noble ». C'est donc par le fait que l'animal possède une âme de plus en plus « noble » qu'il possède de la chaleur en quantité de plus en plus haute, d'où le besoin de plus en plus urgent de respiration aérienne. Ce n'est pas la *quantité* de chaleur qui conditionne la *qualité* de l'âme, c'est au contraire celle-ci qui exige la présence d'une quantité de chaleur proportionnée à sa valeur. Et puisque « noble » signifie ici très probablement *précieux* ou *apprécié*, on peut conclure que c'est l'âme, non pas la chaleur, la *partie* la plus appréciable de l'animal (ou du vivant) et que c'est en raison de la valeur de son âme que l'animal (ou le vivant) est à son tour plus ou moins *précieux* ou *apprécié* dans l'échelle de la natu-

43. *Cf.*, respectivement, *De resp.* 13, 477a26-30 et 15, 478a11-20.

44. *Cf. ibid.* 13, 477a11-25. À la ligne 477a18 quelques éditeurs lisent τῶν ψυχῶν au lieu de τῶν φυτῶν des manuscrits. Dans ce cas l'opposition concernerait l'homme (et sa respiration aérienne) et les plantes, qui ne respirent pas du tout. Dans l'autre cas, au contraire, l'opposition serait entre l'homme (et son haut degré de chaleur) et le animaux « froids », mentionnés aussi par Aristote en *De gen. an.* I 10, 718b35 (voir aussi II 8, 748a23). Mais même l'opposition entre l'homme et les plantes est plausible, si on tient compte que l'un et les autres ont la station droite, quoique dans les plantes le rapport entre l'haut et le bas soit bouleversé (sur ce point, voir *De long.* 6, 467a30-b6). Les plantes seraient alors opposées à l'homme, soit parce qu'elles ne respirent pas (elles seraient donc chaudes et « nobles » dans une mesure minime), soit parce qu'elles ne peuvent pas soulever leur tête vers l'haut de l'univers, puisque elles n'ont pas beaucoup de chaleur, ni des poumons arrosés de sang et même leur tête est logée dans la terre.

re. Mais, du fait que l'âme et la chaleur chez les êtres vivants se rapportent d'une manière directement proportionnelle, il s'agirait d'une échelle dont les marches constituent une hiérarchie. Par conséquent, l'homme est supérieur aux animaux et aux plantes, soit du côté physiologique (il possède en effet la plus grande quantité de chaleur), soit du côté psychologique, car il possède en plus la sensation par rapport aux plantes et la pensée par rapport aux animaux. Ainsi, le cadre qui vient se dessiner n'est pas très différent de celui qu'Aristote présente dans le *De anima* à propos de la distribution graduelle des facultés psychiques parmi les êtres vivants. Ce point trouve une correspondance dans les grands traités biologiques aussi, dans lesquels les animaux les plus « nobles » sont considérés comme ceux qui manifestent la gamme la plus complète des facultés psychiques, de même que la distinction sexuelle et la taille la plus grande. Mais il s'agit de caractères qu'ils ne peuvent posséder que grâce à la « chaleur psychique » (θερμότης ψυχική) qui les s'accompagne nécessairement (οὐκ ἄνευ)[45].

Nous pouvons donc admettre, à mon avis, qu'Aristote parle de *feu psychique* sans lui attribuer une conception matérialiste ou une réduction des fonctions psychiques à la puissance (δύναμις) d'un corps comme le feu, en dépit du fait que celui-ci accomplit une tâche décisive pour la naissance et la conservation du vivant. À vrai dire, la phénoménologie de la vie telle qu'elle est présentée dans le *De respiratione* a les contours d'une *phénoménologie du feu*, car vivre et mourir dépendent de la possibilité que celui-ci s'allume ou s'éteint. En effet, la nécessité du refroidissement par la respiration est inférée du fait que sans cette aide le *feu* ne peut pas être alimenté, car en ce cas il serait détruit par « consomption » (μάρανσις), si la chaleur est excessive, ou par « extinction » (σβέσις), si la chaleur est éteinte par son contraire[46]. En plus, il s'agit d'un *feu* dont la « prépondérance » (ῥοπή) est « petite », d'où l'exigence d'un refroidissement très rapide surtout dans le cas des animaux sanguines très chauds[47].

45. *Cf. De gen. an.* II 1, 732a11-24 ; sur la « chaleur psychique » voir aussi II 4, 739a11 ; III 1, 752a2 ; 11, 762a20. Sur ce point, *cf. De part. an.* IV 10, 686a25-b2 (et aussi II 7, 653a27-32), où la station droite de l'homme est justifiée soit par rapport à « sa nature et son essence [qui sont] divines », soit par rapport à son degré de chaleur et à sa respiration par des poumons. En *De part. an.* III 3, 665a21-26, Aristote renvoie au principe selon lequel « le meilleur et le plus noble se trouvent toujours, à moins rien d'autre de majeur ne l'empêche pas », dans le but d'expliquer la position du cœur sur le devant du corps et sur la droite. On peut trouver des expressions semblables dans le *Timée* de Platon ; voir par exemple *Tim.* 45A3, mais sans aucune référence à la nécessité conditionnelle.

46. *Cf. De juv.* 5, 469b21-470a5 ; le passage est répété presque identique en *De resp.* 8, 474b13-24. Dans le premier cas seulement la mort est « naturelle » et « indolore » ; sur cette question *cf. De vita* 1 = *De resp.* 17, 478b22-31 ; 479a7-28 ; *De vita* 2 = *De resp.* 18, 479a30-37.

47. *Cf. De resp.* 15, 478a15-18. Le terme ῥοπή est employé à la ligne 478a16 et en *De resp.* 9, 474b31 (*cf.* aussi *De part. an.* II 7, 652b17). Il est traduit de façon différente, par exemple *resistance* par Ross, tandis que chez d'autres traducteurs il est rendu en deux manières différentes dans les deux contextes : voir par exemple (chez Mugnier) *influence* (*De resp.* 15, 478a16) et *impulsion* (*De resp.* 8, 474b31).

Mais, comme nous avons vu, l'âme est ce qui se sert du feu et aucune confusion est possible entre l'utilisateur et son instrument. Il est toutefois possible que ces propositions aient chez Aristote, du moins implicitement, une valeur polémique par opposition aux prédécesseurs qui avaient à leur tour parlé de *feu psychique*, bien que d'une manière différente. Démocrite, par exemple, comme Aristote lui-même nous apprend[48], avait (*a*) expliqué que la respiration empêche que l'âme soit expulsée (ἐκθλίβεσθαι) du corps ; (*b*) identifié l'âme avec la chaleur, ou avec « une certaine chaleur et feu » ; (*c*) réduit l'âme et la chaleur à des « premières figures sphériques » qui pénètrent à l'intérieur avec l'air respiré et qui empêchent à l'âme de se répandre ; (*d*) appelé l'âme « intellect » aussi, parce qu'ils résultent des mêmes « premières figures sphériques », et associé l'intellect au feu. Il avait donc (*a*) expliqué l'utilité de la respiration, mais non pas sa cause finale ; (*b*) identifié l'âme avec la matière de la vie – la « chaleur et le feu » et le souffle – ; (*c*) réduit toutes les fonctions psychiques à la composition matérielle de l'âme, à savoir les « premières figures sphériques », de sorte que l'intellect ne se distingue pas des fonctions vitales et lui aussi « vient du dehors », comme Aristote lui reproche[49]. De tout cela Démocrite lui-même tirait la conclusion que « la vie et la mort consistent dans l'inspiration et l'expiration »[50] ; mais on peut constater quelles différences désormais séparent ses thèses de celles d'Aristote.

Le feu d'Héraclite aussi est peut-être l'objet implicite de la critique aristotélicienne. En effet, si j'ai bien compris, Héraclite (*a*) identifiait l'âme avec une *exhalaison sensitive* de matière chaude et humide, composée en partie de fluides internes au corps et en partie de l'air inspirée de l'extérieur ; (*b*) trouvait que la respiration est utile en tant qu'elle permet l'entrée dans le corps du « λόγος qui est commun » à tout, c'est-à-dire du *feu intelligent et divin* qui nous procure l'intelligence ; (*c*) distinguait les fonctions psychiques selon l'état physique de cette exhalaison, supposant que l'intelligence soit de l'exhalaison à l'état sec[51]. Les différences entre ces positions et

48. *Cf. De resp.* 4, 471a30-472a16 et les passages parallèles du *De an.* I 2, 403b31-404a15 ; 404a27-31 ; 405a8-13.

49. *Cf. De resp.* 4, 472a20-24. Comme on sait, l'expression « l'intellect [qui vient] du dehors » (ὁ θύραθεν νοῦς) de la ligne 472a22, employée ici pour désigner la provenance de l'extérieur de la pensée selon Démocrite aussi, est employée par Aristote lui-même en *De gen. an.* II 3, 763b28 pour désigner le statut spécial de la seule faculté psychique qui à son avis n'est pas transmise par le sperme. Dans la suite de sa critique, en *De resp.* 4, 472a25, Aristote introduit la notion de « souffle [qui vient] du dehors » (τὸ θύραθεν πνεῦμα) aussi.

50. *De resp.* 4, 472a10-11.

51. *Cf.*, respectivement, Eracl. *test.* 15 et *fr.* 36 ; *fr.* 12 et *fr.* 118 ; *test.* 16 Diels-Kranz. Héraclite toutefois n'est jamais cité explicitement par Aristote dans nos contextes. On peut se demander si une référence à ses positions est contenue en *De juv.* 5, 470a6-18, où Aristote établit une analogie entre la conservation de la chaleur cardiaque par la respiration et la conservation du feu chez les charbons. Mais il s'agit d'une référence très faible, à vrai dire. En effet, nous savons par Sextus Empiricus (*cf.* Sext. *Adv. Math.* VII, 126-134 = Eracl. *test.* 16 Diels-Kranz)

celles d'Aristote sont donc tout à fait évidentes et il est possible qu'il ait implicitement critiqué Héraclite aussi. Je crois toutefois qu'Aristote vise à distinguer son *feu psychique* surtout de Platon et de son type de *feu*.

Dans le *Philèbe*[52], Platon fait provenir le « feu chez nous (παϱ' ἡμῖν) » du « feu dans l'univers (ἐν τῷ παντί) »[53], qui nourrit et fait croître le « feu chez nous ». Les deux feux diffèrent par rapport au degré respectif de quantité, de pouvoir et de « beauté », qui sont tout à fait majeurs dans le feu extérieur. On peut dire la même chose de tous les autres éléments qui entrent à composer les corps vivants, jusqu'à la terre, qui est différenciée en termes de « terre d'ici-bas » (γῆς τῆς ἐνθάδε)[54], et « terre dans l'univers ». De ce point de vue Platon établit une analogie aussi entre le microcosme – à savoir, l'homme en tant que composé de corps et d'âme – et le macrocosme, qui est lui-même par conséquent un *animal*, doué d'un corps et d'une âme. Celle-ci enfin est identifiée dans le microcosme avec l'intelligence incorporelle et, dans le macrocosme, avec l'intelligence divine qui gouverne toutes choses. Or, le feu du *De respiratione* est fragile et facile à s'éteindre s'il n'est pas refroidi, mais il est *psychique* et, par conséquent, congénital, pas dérivé de l'extérieur et c'est *dans* ce substrat matériel que la nature a « embrasé » la première âme *dans* les êtres vivants. Il va sans dire qu'il n'y a pas chez Aristote aucune âme du monde.

Par ailleurs, dans le *Timée* Platon attribue au « feu intérieur » une double fonction. D'une part, grâce à sa composante aérienne, il se meut par contraction et dilatation et entre et sort sans cesse du corps selon un processus alterné et circulaire, typique des mouvements respiratoires, tandis que d'autre part, dans son mouvement à l'intérieur, il rejoint aussi le lieu du corps où les aliments sont réunis – à savoir, la cavité abdominale – et les cuit[55]. Respiration et cuisson de l'aliment (la digestion) sont donc une seule fonction et la respiration n'a pas un but spécifique, qui la distingue du but de la digestion, auquel elle est subordonnée. Par contre, dans le *De respiratione* Aristote

---

qu'Héraclite expliquait l'alternance entre la veille et le sommeil d'une manière analogue à l'embrasement et à l'extinction du feu chez les charbons : veille et sommeil s'alternent selon que l'intelligence chez nous est ou non en communication avec l'intelligence hors de nous, tout comme les charbons s'embrasent près du feu, mais s'éteignent loin de lui. Mais Aristote emploie la même analogie d'une façon très différente, car dans le passage mentionné il s'en sert pour montrer que la chaleur doit être nécessairement refroidie par le souffle ; autrement, elle ne pourrait pas être conservée et la vie même finirait, tout comme « dans le cas de charbons que l'on étouffe : lorsqu'ils sont entièrement recouverts, de manière continue, par ce qu'on appelle un étouffoir, ils s'éteignent rapidement », tandis que « si on l'enlève et le repose à plusieurs reprises, ils demeurent longtemps in ignition ».

52. *Cf.* Plat. *Phil.* 29A9-30D4.

53. *Ibid.* 29B9-10.

54. *Ibid.* 29D2.

55. *Cf. Tim.* 77E6-80D7 ; sur le « feu intérieur », *cf.*, en particulier, *Tim.* 78A2 ; 78B4 ; 79D-E.

tient à distinguer très nettement ces deux fonctions, à doter chacune d'une finalité propre, à préciser que la respiration peut avoir aussi des finalités accessoires et à caractériser la première âme par son activité exclusive de nourrir les vivants, tandis que Platon associait maladroitement à la fonction nutritive « le désir de la nourriture et des boissons »[56]. C'est donc probablement à Platon, non pas – ou pas seulement – à des médecins hippocratiques, comme on a parfois pensé, qu'Aristote fait référence quand il critique dans le *De respiratione* certains anonymes qui attribuaient à la respiration la finalité d'alimenter le « feu intérieur »[57].

C'est enfin dans le *Phédon* que Platon range le feu et l'âme parmi des réalités d'ordre *idéal* en tant qu'elles accueillent en soi par leur nature l'idée du chaud et de la vie respectivement, de manière qu'elles excluent absolument les idées contraires. Elles appartiennent donc au domaine de ces réalités qui sont immortelles et indestructibles, par opposition aux réalités qui sont mortelles et corruptibles, parce que celles-ci accueillent en soi les contraires. C'est à ce dernier genre qu'appartiennent les corps animés ainsi que, on peut ajouter, les feux qui continuellement s'allument et s'éteignent dans l'expérience commune[58].

Or, dans le *De respiratione* le feu est exposé à des modalités d'extinction, donc il n'est pas incorruptible ni par conséquent de la même espèce *idéale* que l'âme ; il est plutôt son substrat matériel et son instrument. Aucun feu est indestructible, comme Aristote montre ailleurs, parce que la matière implique la contrariété et le contraire détruit son contraire. Seulement dans un lieu dépourvu de contraires le destructible pourrait devenir indestructible, comme c'est le cas pour « le feu en haut (τὸ πῦϱ ἄνω), où son contraire ne se trouve pas ». Cela ne veut pas dire toutefois qu'il y ait du feu immatériel et, puisque la matière a toujours son lieu et admet des contraires aussi, il est évident qu'il n'y a pas un lieu sans contraires où ce feu indestructible, s'il existait, pourrait résider[59]. D'autre part, selon Aristote ce n'est pas parce que l'âme est de la même espèce du *feu idéal* qu'elle peut être déclarée indestructible ; d'autant plus qu'elle aussi est dans un certain sens destructible à cause de sa « communauté » avec le corps, à savoir par accident, quand le corps est détruit[60].

Un esprit polémique se manifeste aussi, à mon avis, dans le recours très fréquent dans le *De respiratione* au langage de l'immanence et à l'emploi des formules que nous avons rencontré à propos de l'âme (nutritive) qui est nécessairement *accompagnée par* ou *n'est pas sans* la chaleur naturelle et le feu. L'expression même *feu psychique*, qui semble réduire l'utilisateur à son instrument, peut être éclairée, si on la lit par opposition à la condition de séparabilité du *feu idéal* chez Platon. Enfin, on peut

56. *Ibid.* 70D6.

57. *Cf. De resp.* 6, 473a3-14. Pour les références hippocratiques on a pensé à Hipp. *De flat.* 3, 1-3, ou à Hipp. *De alim.* 29-30, quoique ce dernier soit peut-être un écrit tardif.

58. *Cf.* Plat. *Phaedo* 100B-107B, en particulier 103A10-107A1.

59. *Cf. De long.* 3.

60. *Cf. ibid.* 2, 465a26-32.

interpréter par opposition à Platon le passage aussi dans lequel Aristote définit la naissance (γένεσις) comme « la première participation (μέθεξις) de l'âme nutritive *à* [mais le grec dit *dans*, ἐν] la chaleur »[61]. La construction grammaticale est insolite, car le verbe grec μετέχειν (participer) est habituellement accompagné par le génitif (participer *à* quelque chose). C'est peut-être le contraste avec Platon qui peut neutraliser l'irrégularité de la grammaire. Bien que d'une manière peu rituelle, Aristote ne manque pas de souligner encore une fois que l'âme qui participe de la chaleur ne peut pas être séparée de ce dont elle doit participer afin que la naissance ait lieu. Mais c'était chez Platon que les choses « participent » aux idées, qui néanmoins sont séparées d'elles. Et c'est dans la *Métaphysique*[62] qu'Aristote reproche à Platon d'avoir soutenu cette thèse, lorsqu'il objecte que la notion de participation n'explique rien, si on l'applique au rapport entre réalités idéelles séparées et réalités sensibles. Il n'est donc pas par hasard peut-être que dans nôtre passage la notion est regagnée et appliquée au niveau psychologique et physiologique pour qualifier un rapport d'inséparabilité, au prix minime d'un petit bouleversement des règles grammaticales.

IV. *Conclusion de l'histoire*

Pour conclure, nous pouvons essayer de répondre à la dernière question, c'est-à-dire quel est dans le *De respiratione* le rôle causal de l'âme par rapport au corps, et résoudre le problème initial, à savoir si le *De respiratione* présente un point de vue apparenté ou différent des majeurs écrits psychologiques et biologiques.

À vrai dire, Aristote ne fait aucune allusion dans ces pages à la conception bien connue de l'âme-*forme* du corps-*matière*, qui est présentée dans le *De anima*[63]. Dans le *De respiratione* l'explication s'appuie plutôt sur un modèle instrumental. Je ne sais pas si cette absence peut être interprétée comme une preuve de l'antériorité temporelle du *De respiratione* par rapport au *De anima*, qui serait par conséquent le dernier mot d'Aristote à ce sujet. Ce que je me demande est s'il est possible de justifier cette absence. On pourrait penser, par exemple, que la doctrine de l'âme-*forme* soit présupposée dans un texte comme le *De respiratione*, où l'intérêt est focalisé plutôt sur le corps-*matière*. Autrement dit, dans ce texte Aristote peut avoir abordé la question du côté physiologique et délégué au *De anima* l'exploration du côté psychologique. Dans ce cas, les deux écrits pourraient être jugés en termes de complémentarité, d'autant plus que le *De respiratione* fournit plusieurs explications sur les interactions du corps et de l'âme dans les processus vitaux. Et puisqu'il s'agissait de l'âme nutritive, l'étude approfondie du rôle du corps s'imposait à cause de la relation très complexe que cette âme a avec la matière.

61. *De vita = De resp.* 18, 479a29-30.
62. *Cf.* Aristot. *Metaph.* A 6, 987b13-14 ; 9, 991a20-21.
63. Voir en particulier *De an.* II 1-3.

Nous pourrions penser aussi que le *De respiratione* visait à mettre au point la question du cardiocentrisme, un aspect qui est présupposé, mais non pas étudié d'une façon détaillée dans la discussion de l'âme nutritive du *De anima*. Dans ce cas, le *De respiratione* pourrait être interprété comme une intégration du *De anima,* en tant qu'il clarifie la relation entre cette fonction psychique et l'organe principal du vivant animal. Une perspective analogue se manifeste dans un autre petit écrit des *Parva naturalia*, c'est-à-dire le *De somno et vigilia*, à propos de l'âme sensitive : ici aussi la théorie de l'âme-*forme* n'est pas rappelée ; en revanche, Aristote explore de la façon la plus soignée le rôle du cœur en tant qu'il est le siège primaire de la « première sensation », d'où toutes les autres dépendent[64]. Il est, toutefois, possible qu'Aristote prenait l'occasion dans le *De respiratione* pour expliquer le phénomène respiratoire (ce qu'il ne fait pas dans *De anima*), non seulement du point de vue technique, mais aussi et surtout du point de vue dialectique. Il aurait donc laissé de côté la thèse de l'âme-*forme* et se serait concentré à réfuter, comme il fait dans le premier livre du *De anima*, les erreurs de ceux qui avaient identifié l'âme avec la matière de la respiration, ou qui n'avaient pas donné une explication causale complète du phénomène ; d'où le danger d'interpréter faussement la relation de l'âme avec le corps.

Enfin, on pourrait soulever une question quelque peu naïve : n'est-il pas dans le *De anima* qu'Aristote applique également un modèle instrumental, lorsqu'il compare le corps et ses parties à la hache et la fonction psychique à l'activité de trancher[65] ? Cela ne prouve-t-il pas qu'à ses yeux une conception instrumentaliste pouvait coexister avec l'explication par l'âme-*forme* ? On pourrait donc penser que, sans oublier ce dernier modèle, dans le *De respiratione* Aristote se posait comme but d'explorer surtout les potentialités du modèle instrumental, d'autant plus que l'objet de l'enquête était ici l'âme nutritive, dont le rapport avec la matière est très étroit. À cela on pourrait objecter que dans le *De anima* il y a un niveau d'explication plus complet. Mais une explication plus complète peut-elle constituer une preuve que le *De respiratione* a été composé avant le *De anima* ? On pourrait également penser qu'Aristote, après avoir élaboré l'explication plus complète du *De anima*, visait à développer dans le *De respiratione* le modèle instrumental[66].

64. *Cf. De somno* 2, 455a4-26, avec une référence explicite au *De anima*.

65. *Cf. De an.* II 1, 412b25-413a2.

66. Le *De respiratione* n'a pas été édité comme traité séparé, mais on trouve l'édition du texte dans les éditions complètes des *Parva naturalia*. L'édition la plus utilisée actuellement est celle de W.D. Ross, *in* Aristotle, *Parva naturalia*. A revised Text with Introduction and Commentary, Oxford, Clarendon Press, 1955. Une édition avec traduction et commentaire en latin a été publiée par P. Siwek, *Parva naturalia Graece et Latine*, Rome, Desclée, 1963.

Pour des traductions françaises, on peut se référer à celles de P.-M. Morel, *in* Aristote. *Petits traités d'histoire naturelle* (*Parva naturalia)*, traduction originale, introduction, notes, bibliographie et index, Paris, Flammarion, 2000, et à celle de R. Mugnier, *in* Aristote, *Petits traités d'histoire naturelle*, Texte établi et traduit, Paris, Les Belles Lettres, 1953. Voir aussi les traductions italiennes de D. Lanza, *in* Aristotele, *Opere biologiche*, a cura di D. Lanza e M. Vegetti, Torino, Utet, 1996[2], 1971[1] et A. Carbone, *in* Aristotele, *L'anima e il corpo. Parva naturalia*, Milano, Bompiani, 2002 et la traduction anglaise de J. Barnes, *in The Complete Works of* Aristotle, The Revised Oxford Translation, Princeton, Princeton University Press, 1984, vol. I.

Pour une comparaison entre les œuvres aristotéliciennes de biologie et le *corpus hippocraticum*, *cf.* S. Byl, « Les grands traités biologique d'Aristote et la Collection hippocratique », *in* R. Joly (éd.), *Corpus hippocraticum.* Actes du Colloque hippocratique de Mons (22-26 sept. 1975), Mons, Université de Mons, 1977, pp. 313-326 et, sur l'héritage des *Parva naturalia* dans l'antiquité et le moyen âge, C. Grellard et P.-M. Morel (éds.), *Les* Parva naturalia *d'Aristote. Fortune antique et médiévale*, Paris, Publications de la Sorbonne, 2010.

Sur les méthodes employées dans le *De respiratione* aussi, on peut voir : J. Barnes, « Aristotle and the Methods of Ethics », *Revue Internationale de Philosophie*, 34, 1980, pp. 490-511 ; E. Berti, *Le ragioni di Aristotele*, Roma-Bari, Laterza, 1989 ; Id., *Nuovi studi aristotelici,* vol. I : *Epistemologia, logica, dialettica*, Brescia, Morcelliana 2004 ; C. Rossitto, *Studi sulla dialettica in Aristotele*, Napoli, Bibliopolis, 2000 ; L. Seminara, *Carattere e funzione degli* endoxa *in Aristotele*, Napoli, La Città del Sole, 2002 ; J.M. Cooper, « Aristotle on natural teleology », *in* M. Schofield and M. C. Nussbaum (eds.), *Language and Logos. Studies in ancient Greek Philosophy*, Cambridge, Cambridge University Press, 1982, pp. 197-222 ; G.E.R. Lloyd, « The empirical Basis of the Physiology of the *Parva naturalia* », *in* G.E.R. Lloyd et G.E.L. Owen (eds.), *Aristotle on mind and the senses*, Proceedings of the Seventh Symposium Aristotelicum, Cambridge, Cambridge University Press, 1978, pp. 215-239 ; D. Quarantotto, *Causa finale, sostanza, essenza in Aristotele. Saggio sulla struttura dei processi teleologici naturali e sulla funzione del* telos, Napoli, Bibliopolis, 2005.

Sur les questions de psychologie et de biologie qui concernent le *De respiratione* aussi, *cf.* B. Besnier, « L'âme végétative selon Aristote », *Kairos*, 9, 1997, pp. 33-56 ; A.P. Bos, *The Soul and its Instrumental Body. A Reinterpretation of Aristotle's Philosophy of Living Nature*, Leiden-Boston, Brill, 2003 ; G. Freudenthal, *Aristotle's Theory of Natural Substance. Heat and Pneuma, Form and Soul*, Oxford, Oxford University Press, 1995 ; P.J. van der Eijk, *Medicine and Philosophy in classical Antiquity. Doctors and Philosophers on Nature, Soul, Health and Disease*, Cambridge, Cambridge University Press, 2005 ; A. Jaulin, « L'âme et la vie selon Aristote », *Kairos*, 9, 1977, pp. 121-140 ; R.A.H. King, *Aristotle on Life and Death*, London, Duckworth, 2001 ; A. Laks et M. Rashed (éds.), *Aristote et le mouvement des animaux. Dix études sur le* De motu animalium, Villeneuve d'Ascq, Presses du Septentrion, 2004 ; C. Lefèvre, « Sur le statut de l'âme dans le *De anima* et les *Parva naturalia* », *in* G.E.R. Lloyd and G.E.L. Owen (eds.), *Aristotle on mind and the senses*, *op. cit.*, pp. 21-67 ; Id., *Sur l'Évolution d'Aristote en Psychologie*, Louvain, Institut Supérieur de Philosophie, 1972 ; M.J. Loux, *Nature, Norm, and Psyche. Explorations in Aristotle's philosophical Psychology*, Pisa, Scuola Normale Superiore, 2004 ; P.-M. Morel (éd.), *Aristote et la notion de nature. Enjeux épistémologiques et pratiques*, Bordeaux, Presses Universitaires de Bordeaux, 1997 ; Id., « Démocrite dans les *Parva naturalia* », *in* A. Laks et C. Louguet (éds.), *Qu'est-ce que la philosophie présocratique?*, Villeneuve d'Ascq, Presses du Septentrion, 2002, pp. 449-464 ; Id., « Volontaire et non volontaire dans le chapitre 11 du *De motu animalium* chez Aristote », *in* A. Laks et M. Rashed (éds.), *Aristote et le mouvement des animaux*, *op. cit.*, pp. 167-183 ; Id., *De la matière à l'action. Aristote et le problème du vivant*, Paris, Vrin, 2007 ; M. C. Nussbaum and A. Oksenberg Rorty (eds.), *Essays on Aristotle's* De anima, Oxford, Clarendon Press, 1992 ; D. O'Brien, « The Effect of a Simile : Empedocle's Theories of Seeing and Breathing », *Journal of Hellenic Studies*, 90, 1970, pp. 149-179 ; L. Repici, « L'epiglottide nell'antichità tra medicina e filosofia », *History and Philosophy of Life Sciences*, 12, 1990, pp. 67-104 ; Ead., « "Tutto invecchia ad opera del tempo" : senilità e senescenza in Aristotele », *in* C. Crisciani, L. Repici e P.B. Rossi (a cura), Vita longa. *Vecchiaia e durata della vita nella tradizione medica e aristotelica antica e medievale*, Atti del Convegno Internazionale (Torino 13-14 giugno 2008), Firenze, Edizioni del Galluzzo, 2009, pp. 19-40 ; Ead., « Le jardin des *Parva naturalia* », *in* C. Grellard et P.-M. Morel (éds.), *Les* Parva naturalia *d'Aristote*, *op. cit.*, pp. 31-45 ; F. Solmsen, « The Vital Heat, the Inborn Pneuma and the Aether », *Journal of Hellenic Studies*, 72, 1957, pp. 119-123 ; G. Verbeke, « Doctrine du *pneuma* et entéléchisme chez Aristote », *in* G.E.R. Lloyd and G.E.L. Owen (eds.), *Aristotle on mind and the senses*, *op. cit.*, pp. 191-214.

RHÉTORIQUE ET PSYCHOLOGIE : *RHÉTORIQUE* ET *TRAITÉ DE L'ÂME*

ALONSO TORDESILLAS

La *Rhétorique* d'Aristote s'ouvre par la phrase célèbre selon laquelle « la rhétorique est l'antistrophe de la dialectique » et précise un peu plus loin que sa « fonction propre n'est pas de persuader mais de déceler les moyens de persuader »[1]. Parmi ces moyens, les uns sont extra-techniques et préexistent à l'orateur, les autres sont techniques (πίστεις ἔντεχνοι) et relèvent de l'invention parce que les preuves sont apportées par le moyen du discours[2]. Trois espèces sont convoquées : le discours lui-même et la structure de son argumentation, le caractère de l'orateur qui doit paraître digne et crédible, les dispositions passionnelles ou émotionnelles que l'orateur doit savoir susciter dans l'auditeur. Cette description des moyens de persuasion articulée aux trois types d'éloquence décrits également dans la *Rhétorique* (délibérative, judiciaire et épidictique) conduit Aristote à se départir des compilateurs de Traités de rhétorique qui ne se seraient occupés que des preuves relatives à l'art judiciaire, c'est-à-dire d'« expédients » permettant d'influer sur les émotions et les passions des juges et des jurés[3], ce que faisant, dit Aristote, ils traitent de ce qui est « hors de la cause »[4], et, comme le rappelle Pierre Aubenque[5], ils contreviennent de ce fait aux règles qui prévalent dans les tribunaux car « la suspicion, la pitié, la colère et les πάθη τῆς ψυχῆς de ce type ne portent pas sur la cause »[6]. Ces quelques premières indications d'Aristote ont fait l'objet d'une abondante littérature qui se concentre sur deux points qui font toujours l'objet de débats : la question de savoir si les indications relatives aux moyens émotifs rentrent dans le cadre d'une condamnation ou du moins d'une évaluation morale du type de celle dont on croit trouver une trace dans le *Gorgias* de Platon et la question de la relation complexe qu'Aristote entretient avec Platon dans son

1. Aristot. *Rhet.* I 1, 1354a1 et 1355b10-11.
2. *Cf. ibid.* I 2, 1355b35.
3. *Cf. ibid.*, 1356a16.
4. *Ibid.* 1, 1354a13.
5. P. Aubenque, « *Logos* et *pathos*. Pour une définition dialectique des passions (*De anima*, I 1 et *Rhétorique*, II) », *in* G. Romeyer Dherbey et C. Viano (éds.), *Corps et âme. Sur le* De anima *d'Aristote*, Paris, Vrin, 1996, pp. 37-49.
6. *Rhet.* I 1, 1354a16-18.

analyse de ce que Pierre Aubenque appelle une « rhétorique des passions », la distinguant d'une « physique des passions » telle qu'on la trouve dans le *De anima* dans la distinction entre une définition dialectique et une définition physique des passions. Ce point de rencontre ou d'écart entre Platon et Aristote renvoie principalement au *Phèdre* et à la question de la psychagogie.

Pour ce qui concerne la première question, lorsque Aristote en *Rhétorique* II 1, 1378a19-22, dans le cadre d'une recherche des moyens de se donner l'apparence de la prudence et de l'honnêteté, en vient aux passions, il en donne une définition dialectique :

> Les passions sont les causes qui font varier les hommes dans leurs jugements et ont pour consécution la peine et le plaisir comme la colère, la pitié, la crainte et toutes les autres émotions de ce genre ainsi que leurs contraires.

Cette définition semble se rapprocher d'autres indications que l'on trouve dans l'*Éthique à Eudème*[7], dans l'*Éthique à Nicomaque*[8], ou dans la *Grande Morale*[9], qui laissent penser que l'on se trouve dans une perspective morale. Mais de fait, les chapitres 2-11 du livre II de la *Rhétorique* qui traitent des passions donnent de celles-ci des traits qui confèrent à cette partie de la rhétorique une spécificité propre :

> Les développements relatifs aux passions se doivent diviser en trois chefs : pour la colère par exemple, en quel *habitus* y est-on porté ; contre quelles personnes se met-on habituellement en colère ; et sur quels sujets. Si, en effet, nous ne possédions qu'une ou deux de ces notions, sans les posséder toutes les trois, il nous serait impossible d'inspirer la colère ; et il en est pareillement des autres passions[10].

C'est sur cette spécificité que se fonde Pierre Aubenque pour considérer que la définition rhétorique des passions correspond à ce que le *De anima* propose comme définition dialectique dans le cas de la colère[11], en raison de la proximité entre la rhétorique et la dialectique rappelée par le début du livre I de la *Rhétorique* :

> Il est une différence entre les définitions que peuvent fournir, de chacune de ces passions, le physicien et le dialecticien. Ainsi, qu'est-ce que la colère ? Le second peut dire, en effet, qu'il s'agit d'un appétit de vengeance ou quelque chose de semblable, et le premier qu'il s'agit d'un bouillonnement du sang qui entoure le cœur ou celui d'un élé-

7. *Cf.* Aristot. *Eth. Eud.* II 4, 1221b37.
8. *Cf.* Aristot. *Eth. Nic.* II 3, 1104b15.
9. *Cf.* Aristot. *M. Mor.* I 8, 1186a34.
10. *Rhet.* II 1, 1378a22-26.
11. *Cf.* P. Aubenque, « *Logos* et *pathos*. Pour une définition dialectique des passions », *op. cit.* ; Id., « Sur la définition aristotélicienne de la colère », *Revue philosophique de la France et de l'étranger*, 147, 1957, pp. 300-317.

> ment chaud. Or l'un rend compte de la matière et l'autre de la forme ou de la raison, car la raison est la forme de la chose et elle doit être inhérente à telle sorte précise de matière pour être une raison. [...] Lequel des deux représente donc le physicien ? Est-ce celui qui considère la matière, en ignorant la raison ou celui qui n'envisage que la raison ? N'est-ce pas plutôt celui qui se place ensemble des deux points de vue ?[12]

Mais, d'une part, dans les chapitres consacrés aux passions de la *Rhétorique*, celles-ci sont présentées comme un phénomène physico-psychique, toujours accompagné de plaisir et de peine, qui répond à une disposition permanente ou passagère qui ne présente aucun caractère moral. Et, d'autre part, si les *Éthiques* s'intéressent aux normes et aux conduites vertueuses qui permettent une maîtrise des passions, elles fournissent également un certain nombre d'éléments qui montrent amplement qu'il y a chez Aristote plusieurs manières de considérer cette question[13] : aux dispositions naturelles s'opposent en effet les dispositions acquises qui configurent les tempéraments et ce sont ces dernières qui permettent d'aborder le problème des passions. Même si la présentation de l'*Éthique à Nicomaque* répond à des questions spécifiquement morales, il n'en reste pas moins que son approche permet et peut-être présuppose une inflexion dans l'anthropologie aristotélicienne, qui va d'un modèle classique et normatif de description des conduites humaines vers un modèle de causalité psychologique qui réélabore à son tour des notions apparemment défendues ou débattues, au moins dans le dernier Platon du *Philèbe* et des *Lois*[14]. De surcroît, le contexte même de l'exposition relative aux passions dans la *Rhétorique* est proprement dialectique, outre que dans le *De anima* on trouve superposé à la consécution des passions une autre consécution qui montre que, dans le cas des hommes, le rapport de la conviction et de la persuasion implique le discours et renvoie au champ même de la rhétorique[15]. Il n'y a donc aucune condamnation morale ni aucun rejet des preuves relatives aux passions et c'est pourquoi, comme le fait remarquer Pierre Aubenque, « la preuve pathologique a sa place dans une rhétorique sainement comprise simplement, cette place ne doit pas être exclusive, ce qui permet à Aristote sans contradiction [...] de faire une place, à côté des preuves logiques, aux preuves sur la passion et aux preuves sur

12. Aristot. *De an.* I 1, 403a29-b9 (tr. fr. de R. Bodéüs, *in* Aristote, *De l'âme*, traduction inédite, présentation, notes et bibliographie, Paris, Flammarion, 1993, *ad loc.*, légèrement modifiée).

13. *Cf.* Q. Racionero, note à *Rhet.* II 1, 1378a19-22, *in* Aristóteles, *Retórica*, Introducción, traducción y notas, Madrid, Gredos, 1990, p. 310, note 9.

14. Voir encore Q. Racionero, *in* Aristóteles, *Retórica*, *op. cit.*, p. 257, n. 256 ; p. 284, n. 325 et p. 243, n. 222, qui montre comment la loi est interprétée différemment notamment en Plat. *Resp.* VIII et en *Resp.* IX, où elle interprétée par référence aux parties et fonctions de l'âme dans une analogie que l'on retrouve dans les *Lois* (voir Plat. *Leg.* VII, 800B-802B ; 809B-E ; XII, 958C-960C).

15. *Cf. De an.* III 3, 428a23-24 : « Il y a des bêtes qui ont la possibilité d'imaginer, mais aucune ne dispose du discours ».

le caractère »[16]. Il y aurait donc une « saine rhétorique » qui pourrait sans dommage comprendre la « rhétorique des passions ». Et c'est là le deuxième point qui fait débat et que nous évoquions au départ ; le rapport complexe d'Aristote à Platon sur cette question des passions dans sa relation à la psychologie et plus particulièrement à la psychagogie.

On considère traditionnellement qu'Aristote rompt avec la tradition platonicienne en réévaluant la place, l'importance et l'enjeu de la rhétorique qui aurait été écartée par Platon au profit de la dialectique, conçue comme science suprême, rupture dont la première ligne de la *Rhétorique* se ferait l'écho. Certes, en apparence du moins, Platon, dans le *Gorgias*[17], avait refusé à la rhétorique le statut de τέχνη et la renvoyait à une pratique irrationnelle sans fondement cognitif et proche de la cuisine. Elle est flatterie et contrefaçon des véritables savoirs techniques. Si le terme d'antistrophe se trouve également chez Platon[18], il est encore plus remarquable que le terme de τριβή qui semble rare chez Aristote et qui est lié à ἐμπειρία chez Platon tant dans le *Gorgias*[19], que dans le *Phèdre*[20], ou dans les *Lois* et dans le *Philèbe*[21], se trouve précisément dans un contexte rhétorique dans les *Réfutations sophistiques* d'Aristote[22]. Qui plus est, la question du rejet de la rhétorique dans le *Gorgias* est un plus complexe. Il ne s'agit pas de reprendre ici la démonstration du *Gorgias* en vue de destituer la rhétorique du rang d'art en montrant qu'elle est seulement ἐμπειρία καὶ τριβή, et que ce qui est en question dans le *Gorgias* est de s'opposer à la fin de la rhétorique (la persuasion) en sorte que pour rejeter la rhétorique dans son ensemble il suffirait d'en disqualifier la fin. Ainsi la routine (τριβή) qui sert une fin explicite : la flatterie réussit sans difficulté à tromper et c'est en raison de ce succès qu'elle est rejetée par Platon en tant que πειθοῦς δημιουργός[23], dont la finalité est de « produire la persuasion dans l'âme des auditeurs »[24]. Ce débat était clairement connu d'Aristote et la littérature secondaire a souvent rappelé ces points, depuis Solmsen jusqu'à Fortenbaugh[25]. En revanche,

16. P. Aubenque, « *Logos* et *pathos*. Pour une définition dialectique des passions », *op. cit.*, p. 38 ; *cf. Rhet.* II 1, 1378a22-26.

17. *Cf.* Plat. *Gorg.* 465A-466A.

18. *Cf. ibid.* 465D.

19. *Cf. ibid.* 463B.

20. *Cf.* Plat. *Phaedr.* 270B.

21. *Cf.*, respectivement, *Leg.* XI, 938A et Plat. *Phil.* 55E.

22. *Cf.* Aristot. *Soph. El.* 34, 184b2-3. Sur cette question voir J. Brunschwig, « Rhétorique et dialectique, *Rhétorique* et *Topiques* », *in* D. J. Furley and A. Nehamas (eds.), *Aristotle's* Rhetoric. *Philosophicals Essays*, Proceedings of the Twelfth Symposium Aristotelicum, Princeton, Princeton University Press, 1994, pp. 57-96, spéc. p. 77, n. 45.

23. *Cf. Gorg.* 453A.

24. *Ibidem.*

25. *Cf.* F. Solmsen, *Die Entwicklung der aristotelischen Logik und Rhetorik*, Berlin, Weidmann, 1929, pp. 197-198 ; W.W. Fortenbaugh, « Aristotle's Rhetoric on Emotions », *Archiv für Geschichte der Philosophie*, 52, 1970, pp. 40-70.

lorsqu'il n'en va pas de la seule fin de la rhétorique, mais, comme dans le *Phèdre*, lorsqu'on se trouve dans le cadre de l'élaboration d'une rhétorique philosophique, un examen des moyens susceptibles d'être mis en œuvre par la rhétorique est non seulement nécessaire mais même indispensable. Dans le *Gorgias*, il suffisait de destituer la rhétorique de son statut d'art pour en faire « une expérience et une routine » vouée définitivement aux gémonies de Socrate. En revanche, dans le *Phèdre*, en posant la question de savoir si la rhétorique est une τέχνη ou « une routine (τριβή) dépourvue d'art (οὐκ ἔστι τέχνη ἀλλ' ἄτεχνος τριβή) »[26], Socrate renvoie à une recherche des moyens, quand bien même cette recherche pourrait sembler vaine. Aussi, en *Phèdre* 260E, quand il pose cette question, le terme ἐμπειρία disparaît-il, car cette rhétorique dont il est question dans le *Phèdre* n'a rien à faire avec « l'expérience ».

Il y a une proximité étonnante entre ces analyses des moyens dans le *Phèdre* et la manière dont, dans la même lignée, Aristote définit la fonction de la rhétorique, en arguant contre la définition traditionnelle de la rhétorique par la persuasion que « la fonction propre de la rhétorique n'est pas de persuader, mais de déceler les moyens de persuader que comporte chaque chose »[27]. Examiner les moyens est très probablement la recherche qui reste en suspens en *Phèdre* 266D, puisqu'il reste encore à dire ce peu qui reste de l'art rhétorique. On peut dire que la τριβή change de statut en fonction de la thèse à défendre[28] : de tromperie qu'elle était dans le *Gorgias* à connaissance impure ou imprécise dans le *Philèbe*, sa présence dans ce passage du *Phèdre*, où il s'agit de cerner ce qui reste de la rhétorique, indique du même coup que celle-ci n'est pas un intermédiaire entre la discussion vulgaire qui oppose des opinions à des opinions et une dialectique philosophique qui se situerait au-delà de toute pratique rhétorique du διαλέγεσθαι, qu'elle n'est pas davantage une propédeutique à la véritable dialectique au titre d'exercice préparatoire ou préliminaire, à la manière où sont parfois présentées les antilogies, et dont la valeur et la légitimité se mesureraient à l'aune de la dialectique, pour autant qu'elle en dépendrait, mais qu'elle est dans ses moyens comme dans son exercice un élément constitutif de cette dialectique, laquelle est rhétorique philosophique, art non seulement d'adaptation du discours à son propos et à ses auditeurs, mais d'adéquation des discours aux âmes de ceux auxquels ils sont adressés.

C'est dans ce contexte qu'intervient le terme ψυχαγωγία et la question de la *psychagogie*. Dans le *Phèdre*, il ne s'agit pas, comme dans le *Gorgias*, de se contenter de dire que le rhétorique visait la persuasion, mais qu'il faut examiner la rhétorique au niveau des moyens qu'elle mettait en œuvre. La distinction entre la πειθὼ πιστευτική et la πειθὼ διδασκαλική que l'on trouve dans le *Gorgias* permet de

26. *Phaedr*. 260E4-5.

27. *Rhet*. I 1, 1355b10-11.

28. *Cf*. R. Hackforth, *in* Plato's *Phaedrus*, Translated with Introduction and Commentary, Cambridge, University Press, 1952, p. 122.

constater que le problème de la persuasion est loin d'être simple lorsqu'il concerne les facultés de l'âme que celui qui cherche à persuader veut atteindre et l'état qu'il veut produire dans l'âme de celui qu'il cherche à persuader, en sorte qu'il est très difficile de considérer que la πίστις concerne seulement la partie irrationnelle de l'âme, comme semble le dire Platon, en *Timée* 70D-71A. Tout discours persuasif, même s'il agit sur la partie irrationnelle de l'âme, produit une πίστις qui ne peut laisser étrangères les autres parties de l'âme et qui affecte donc aussi la partie rationnelle. Et si, dans le *Gorgias*, cette question est en partie délaissée, c'est que la réfutation de la rhétorique ne vise pas exclusivement la finalité de la rhétorique comme persuasion, et cela parce que ce n'est pas parce que la rhétorique est persuasion qu'elle n'est pas un art, mais parce que la persuasion n'est pas spécifique de l'art rhétorique et que tous les arts visent la persuasion. Le *Gorgias* ne parvient donc pas à une réfutation en règle de la persuasion et, à dire le vrai, tel n'était pas d'ailleurs son propos.

Dans les passages que le *Phèdre* consacre à la rhétorique ce qui fait qu'une âme agit sur une autre, ou pâtit de la part d'une autre, ce sont bien les discours qui, par leur force persuasive, la guident et la conduisent à penser et à se comporter comme il se doit[29]. Ainsi, celui qui veut cerner la τέχνη des discours persuasifs doit discerner la nature des âmes auxquelles ces discours s'adressent. Le rhéteur véritable sera donc celui qui, analysant l'âme, s'emploiera à dénombrer et à décrire les diverses espèces d'âmes, et, comme l'âme est une chose composée, il y aura nécessairement une diversité dans les rapports des éléments qui, dans chaque cas spécifique, composent ce composé. Il est donc nécessaire de procéder à des classifications des « caractères », présentées en 270C-271C comme similaires aux classifications des « tempéraments » auxquelles procède la médecine et, de même, il faut procéder à une division et à un classement des diverses espèces de discours aptes à persuader telles âmes en fonction de leurs différences spécifiques correspondant aux différents caractères qui rendent l'une telle et l'autre autre.

L'indication générale de *Phèdre* 277C, relative aux discours *simples* (ἁπλοῖ) ou articulés et bigarrés (ποικίλοι) selon les qualités (εἴδη) de l'âme, suggère que la discussion relative aux discours des rhéteurs traditionnels et les classifications auxquelles ceux-ci procédaient étaient étroitement liées à des recherches de ce type, puisque peuvent être aisément repérés des discours *concis* et des discours *prolixes* capables de susciter la compassion ou la fureur. Les différents genres d'âmes auxquels doivent correspondre les différentes espèces de discours sont déterminés par la présence plus ou moins importante de l'un ou de l'autre de ses composants. À une âme en laquelle domine le λογιστικόν convient la démonstration, tandis que l'encouragement s'adresse à une âme caractérisée par la prédominance du θυμός et que le discours qui fait des remontrances convient aux âmes intempérantes dominées par les passions. Et c'est peut-être ainsi que peut s'expliquer la diversité des discours que

29. *Cf. Phaedr.* 270D-271B.

l'on trouve dans les œuvres de Platon (apologies, anecdotes historiques, ἀπόδειξις, voire mythes, et, bien entendu, la *palinodie* qui, en *Phèdre* 265B, est définie comme un tout mélangé non totalement dénué de force persuasive), et que l'on trouve dans l'œuvre de Platon de nombreux exemples de discours qui sont fonction des divers caractères des interlocuteurs de Socrate ; ainsi en va-t-il avec le discours que tient ce dernier à Calliclès dans le *Gorgias*[30]. Et après avoir étudié les divers caractères, le rhéteur véritable devra s'appliquer à procéder aux variations nécessaires en fonction des diverses circonstances et individus en adaptant le style de ses discours, parce que « la puissance du discours est œuvre de psychagogie »[31].

Il n'est donc pas illégitime de dire que même la proximité de la dialectique et de la rhétorique chez Aristote a partie liée avec ce que Platon dit à ce sujet dans le *Phèdre* et que liée comme elle l'est à la philosophie elle répond également à l'exigence du *Phèdre*, sans compter que « la rhétorique est comme une ramification de la dialectique et de la science morale qu'il est juste de dénommer politique »[32], dénomination d'autant plus pertinente quand elle porte sur les caractères et les passions. L'étude des passions est en effet instrument de persuasion quand elle dépend et est œuvre du discours :

> La persuasion est produite par la disposition des auditeurs quand par l'œuvre du discours (ὑπὸ τοῦ λόγου) ils sont amenés à éprouver une passion, car l'on ne rend pas les jugements de la même façon selon que l'on ressent peine ou plaisir, amitié ou haine[33].

On voit donc que l'étude des passions telle qu'on la trouve dans les chapitres du livre II de la *Rhétorique* se situe à plusieurs niveaux : dans le prolongement des recherches que l'on trouve dans le *Gorgias*, le *Phèdre* ou même le *Philèbe*, où Platon, comme Aristote, distingue les démangeaisons qui se rapportent au corps des désirs comme la faim ou la soif qui se rapportent au corps et à l'âme et la colère, la crainte, le regret, l'amour, la jalousie, l'envie, qui relèvent des passions de l'âme. Il se peut que dans le prolongement de ces recherches, les réponses d'Aristote participent de débats internes à l'Académie, comme le soutient Fortenbaugh. Dans ces débats, certaines réponses approfondissent les rapports de l'âme et du corps, ainsi des définitions des passions dans le *De anima* selon la méthode dialectique et les deux niveaux de la physique, celui qui ne rend compte que de la matière, et qui serait celui des φυσικοί dont Aristote traite par la suite dans le *De anima*, et celui qui tient compte de la matière et de la forme. D'autres réponses approfondissent et réélaborent le rejet platoni-

30. *Cf. Gorg.* 506C-507A.

31. *Phaedr.* 271C. Sur tout ce qui précède, *cf.* A. Tordesillas, « Anima e anime : Platone e la psicagogia », *in* M. Migliori, L. M. Napolitano Valditara, A. Fermani (a cura), *Interiorità e anima. La psychè in Platone*, Milano, Vita e Pensiero, 2007, pp. 293-306.

32. *Rhet.* I 2, 1356a25-26.

33. *Ibid.*, 1356a14-16.

cien de l'assignation de la technique à la rhétorique des passions, et s'accordent avec Gorgias quant à la puissance des discours et à son traitement des émotions. Et, en effet, Aristote semble retenir de Gorgias la notion de force[34], de pouvoir du discours sur l'âme et le lien avec les passions[35] ; mais contre Gorgias, il sépare l'étude des passions de la simple description des effets (comparables à la magie ou au charme que l'on peut exercer par la parole) même s'il procède comme Gorgias au recueil des arguments qui peuvent accroître ou apaiser telle ou telle passion dans l'auditoire au point que les passions peuvent apparaître véritablement comme des lieux[36].

Le λόγος rhétorique est donc aussi bien le lieu de la compréhension des attitudes émotionnelles que celui de leur production, dans la mesure où la rhétorique à la fois parle des passions et les suscite. Si les commentateurs divergent sur la place qu'il convient d'accorder aux textes de la *Rhétorique* par rapport aux exigences du *De anima* dans l'étude des passions, considérant que ces textes peuvent être complémentaires ou totalement indépendants, il semble cependant que le livre II de la *Rhétorique* contribue de manière spécifique à la constitution de ce qui donne son titre à ces Rencontres : *La psychologie d'Aristote*, ne serait-ce qu'en ce qu'il procure un réservoir de τόποι où puiser à la fois pour traiter des passions et pour les produire.

34. *Cf.* Gorg. *fr.* 11,14 Diels-Kranz (*Éloge d'Hélène*).

35. *Cf. ibid.*, *fr.* 11,10.

36. *Cf.* W.M.A. Grimaldi, *Studies in the Philosophy of Aristotle's* Rhetoric, Wiesbaden, Steiner, 1972; M. Dufour, *in* Aristote. *Rhétorique*, Texte établi et traduit, Paris, Les Belles Lettres, 1938, II, 2, p. 25 et P. Aubenque, « *Logos* et *pathos*. Pour une définition dialectique des passions », *op. cit.*, p. 40, n. 5.

LA « RHÉTORIQUE DES PASSIONS » ET LE *DE ANIMA*. UNE QUESTION DE FONDATION ?

CRISTINA VIANO

I. *Trois modèles de définition des passions de l'âme dans De anima I 1*

La dernière aporie soulevée dans l'introduction méthodologique de *De anima* I 1, concerne les « affections » de l'âme. Aristote se demande si ces affections appartiennent aussi à l'être vivant, ou bien si l'une d'entre elles appartient seulement à l'âme et donc de manière indépendante du corps. La solution de la séparabilité du νοῦς, exprimée ici encore sous une forme dubitative, deviendra définitive seulement à la fin du traité, en *De anima* III 5.

Aristote remarque à ce propos que la plupart des émotions de l'âme sont liées au corps, et s'accompagnent d'une modification du corps (ἅμα γὰρ τούτοις πάσχει τι τὸ σῶμα)[1]. Il apporte comme preuve le fait que la présence et l'intensité des impressions externes (παθήματα) ne suffisent pas à expliquer le mécanisme des émotions, mais qu'en revanche celles-ci sont déterminées en premier lieu par les dispositions physiques du sujet, c'est-à-dire par sa constitution matérielle. Par exemple, une moindre provocation de l'extérieur pourra déchaîner une colère violente dans un sujet dont le corps se trouve dans la disposition physique favorable à la colère, par exemple dans un état d'échauffement du sang. Je voudrais souligner que cette remarque d'Aristote présente un intérêt extrême parce qu'elle met tout de suite en lumière cette notion de disposition physique, passive et réceptive, transitoire ou permanente, qui est au cœur de sa conception hylomorphe des émotions et du caractère. En prenant l'exemple paradigmatique de la colère, Aristote esquisse ensuite le célèbre modèle de définition physique « scientifique » des passions, définition capable de rendre compte aussi bien de la forme que de la matière :

> S'il en est ainsi, il est évident que les affections sont des formes engagées dans la matière (λόγοι ἔνυλοι). En conséquence, leurs définitions seront de tel genre : on définira par exemple la colère comme un mouvement de tel corps, ou de telle partie, ou de telle faculté, pour telle fin. Et c'est pourquoi, dès lors, l'étude de l'âme relève du physicien,

1. *Cf.* Aristot. *De an.* I 1, 403a18-19.

soit qu'il s'agisse de l'âme toute entière, soit qu'il s'agisse de l'âme telle que nous la décrivons[2].

De fait, ce modèle de définition physique, qui réunit les causes formelle, efficiente, matérielle et finale, résume en soi deux définitions partielles : celle du « dialecticien », qui rend compte seulement de la forme et celle, plus limitée, d'un « physicien », qui rend compte seulement de la matière :

> Le physicien et le dialecticien définiraient ainsi différemment chacune de ces affections, ce qu'est, par exemple, la colère : pour le dernier, c'est le désir de rendre l'offense, ou quelque chose de ce genre, pour le premier, c'est l'ébullition du sang qui entoure le cœur, ou bien de l'élément chaud[3]. L'un rend compte de la matière, et l'autre de la forme et de la notion : car la notion est la forme de la chose (εἶδος τοῦ πράγματος)[4], mais il est nécessaire qu'elle se réalise dans telle matière (ἐν ὕλῃ τοιᾳδί), si l'on veut qu'elle soit. C'est ainsi que la notion de la maison est la suivante : elle est un abri protecteur contre la destruction causée par les vents, les pluies et les chaleurs. Mais tel la décrira comme des pierres, des briques et des poutres, tel autre encore dira qu'elle est la forme réalisée dans ces matériaux en vue de telle fin. Qui donc de ceux-ci est le physicien ? Est-ce celui qui s'intéresse à la matière et qui ignore la forme, ou celui qui s'intéresse à la forme seule. N'est-ce pas plutôt celui qui tient compte de l'une et de l'autre ?[5]

On remarquera tout de suite une certaine asymétrie entre les deux définitions incomplètes : la définition « physique » se présente comme une « physique » inférieure par rapport à la définition de la « physique » complète. En revanche, la définition dialectique semble se situer à un autre niveau, plus autonome et plus proche de la définition authentique puisqu'elle exprime à la fois la forme et la notion (λόγος καὶ εἶδος). La supériorité de la définition dialectique, due principalement à sa fonction « eidétique » (c'est à dire capable d'exprimer la forme), a été soulignée par les commentateurs[6]. Elle permet d'identifier à la fois la notion de colère (action d'un sujet phy-

2. *Ibid.*, 403a24-28.

3. R. Renehan, « Aristotle's definition of anger », *Philologus*, 107, 1963, pp. 61-74, analyse la tradition directe et indirecte de ce passage et en conclut que καὶ θερμοῦ (ou ἢ θερμοῦ, selon les manuscrits et les *testimonia*) constitue une glose qu'il faut supprimer. En effet, puisqu'Aristote définit dans *De gen. et corr.* II 3, 330b26-28 et dans *Meteor.* I 3, 340b23, l'ébullition comme un excès de chaleur, si l'on y ajoute καὶ θερμοῦ, on obtient une expression redondante signifiant quelque chose comme « un excès de chaleur de chaleur ».

4. Le texte est incertain, εἶδος est *lectio facilior*, mais elle se trouve dans deux manuscrits mineurs, U et X. En revanche, la plupart des manuscrits présentent ὅδε ou ὁ δέ, et cela est confirmé par Simplicius et Philopon. R.D. Hicks, *in* Aristotle, *De anima*, with Translation, Introduction and Notes, Cambridge, University Press, 1907, p. 202, *ad loc.*, suppose que l'original aristotélicien devait présenter une forme plus simple : ὁ μὲν γὰρ λόγος τοῦ πράγματος.

5. *De an.* I 1, 403a29-b9.

6. *Cf.* P. Aubenque, « Sur la définition aristotélicienne de la colère », *Revue philosophique de la France et de l'étranger*, 147, 1957, pp. 300-317, spéc. p. 314.

sique) et de maison (être physique), alors que la définition physique seule apparaît floue et, en tout cas, moins évidente. L' « ébullition du sang autour du cœur » pourrait se référer aussi à un état pathologique permanent, ou bien à une autre émotion. Des matériaux comme « pierres, briques et poutres » pourraient évoquer non seulement une maison mais aussi un monument ou une statue. Le modèle de définition physique naïve pourrait se référer aux doctrines des φυσικοί, qui ont conçu les principes des choses ἐν ὕλῃ σχήματι et qu'Aristote critique dans la suite de *De anima* I.

Mais revenons au modèle « dialectique ». Tout d'abord, comment faut-il entendre le terme « dialectique » ? Je ne crois pas que ce terme signifie ici simplement « aimant des discussions »[7], ou qu'il revêt le sens péjoratif de κενός, « vide »[8]. Je crois plutôt qu'il se réfère au sens de « dialectique » théorisé dans les *Topiques*, comme méthode euristique d'enquête qui démontre à partir de prémisses qui sont ἔνδοξα, comme le langage commun, et dont le champ d'application est le monde de l'ὡς ἐπὶ τὸ πολύ, ayant ses propres règles.

Or ce modèle de définition exhaustive des passions de l'âme du « bon physicien » restera de fait purement programmatique du moment qu'il n'est développé nulle part dans le corpus aristotélicien que nous connaissons[9].

Nous disposons, en revanche, d'une ample analyse détaillée des passions dans un contexte éminemment « dialectique », à savoir dans la *Rhétorique*[10]. Il s'agit de la cé-

7. *Cf.* R. Bodéüs, *in* Aristote, *De l'âme*, traduction inédite, présentation, notes et bibliographie, Paris, Flammarion, 1993, *ad loc.*

8. *Cf. De an.* I 1, 402b25-403a1 : « [...] de sorte que les définitions qui n'entraînent pas la connaissance des propriétés, ou qui ne facilitent même pas une conjecture à leur sujet, il est clair qu'elles sont toutes dialectiques et vides ».

9. De nombreuses hypothèses ont été faites sur un ouvrage perdu consacré par Aristote aux passions et, en particulier, à la colère. *Cf.* par ex. J. Fillion-Lahille, « La colère chez Aristote », *Revue des Études anciennes*, 72, 1970, pp. 46-79. Aspasius remarque que l'on ne trouve aucune définition d'émotion chez aucun membre de l'école péripatéticienne (Aspasii *in Ethica Nicomachea quae supersunt Commentaria*, edidit G. Heylbut, *CAG* 19.1, Berolini, Reimer, 1889, p. 44,19). Selon W.W. Fortenbaugh, « Aristotle's *Rhetoric* on Emotions », *Archiv für Geschichte der Philosophie*, 52, 1970, pp. 40-70, spéc. p. 61 et Id., « On the composition of Aristotle's *Rhetoric* : Arguing the Issue, Emotional Appeal, Persuasion through Character, and Characters Tied to Age and Fortune », *in* C. Müller-Golldingen und K. Sier (hrsg.), *LHNAIKA. Festschrift für Carl Weiner Müller,* Stuttgart, 1996, pp. 165-188, spéc pp. 174-175, Aristote aurait traité systématiquement les définitions des émotions dans un ouvrage perdu comme les *Divisions* et il aurait ensuite inséré ces définitions dans la *Rhétorique*. Une trace de cela serait le critère de division (διαιρεῖν) qu'il applique à l'analyse des passions en *Rhétorique* II 1, 1378a25 : quelles dispositions d'âme, contre quelles personnes et à propos de quels sujets ?

10. Dans la *Rhétorique*, la rhétorique est présentée comme une « spécialisation » de la dialectique. Aristote exprime la « parenté » entre rhétorique et dialectique en termes d' « analogue, *pendant* » (ἀντίστροφος : *Rhet.* I 1, 1354a1) ; de « ramification » (παραφυές τι : *Rhet.* I 2, 1356a25) ; de « partie » et de « ressemblance » (μόριόν τι ... καὶ ὁμοίωμα : *Rhet.* I 2, 1356a31).

lèbre « rhétorique des passions »[11] du second livre, qui analyse et définit un certain nombre de passions fondamentales, sociales et pour la plupart compétitives, en tant qu'instruments de persuasion.

La définition « dialectique » de la colère du *De anima*, « désir de rendre l'offense (ὄρεξις ἀντιλυπήσεως) – ou quelque chose de ce genre »[12], semble justement une forme abrégée de la définition de la colère de la *Rhétorique* : « Définissons la colère comme le désir, accompagné de douleur, de vengeance manifeste, provoquée par ce qui apparaît comme un dédain en ce qui regarde notre personne ou celle des nôtres, ce dédain n'étant pas mérité »[13].

Or, selon Aubenque, la définition rhétorique de la colère remplirait exactement le programme de la définition dialectique de *De anima* I[14].

Je voudrais maintenant poser deux questions :

(1) Il y a sans doute parenté entre les deux définitions, vu l'étroite parenté qui existe entre rhétorique et dialectique[15]. Mais peut-on affirmer que les définitions des passions de la *Rhétorique* remplissent vraiment un programme dialectique ?

(2) Quel rapport existe-t-il entre les définitions des passions de l'âme de la *Rhétorique* et le programme scientifique de définition des passions esquissé par Aristote dans le *De anima* ? En d'autres termes : comment situer la « rhétorique des passions » par rapport à la « physique des passions » ? S'agit-il d'une prémisse, d'une conséquence ou bien d'une analyse indépendante ?

Regardons maintenant de plus près les définitions des passions dans la *Rhétorique*.

II. *Les définitions des passions de* Rhétorique *II*

Dans le livre II de la *Rhétorique*, les passions sont analysées en tant que « preuves techniques » (πίστεις ἔντεχνοι), à savoir en tant que moyens de persuasion produits

11. *Cf.* P. Aubenque, « *Logos* et *pathos*. Pour une définition dialectique des passions (*De anima*, I 1 et *Rhétorique*, II) », *in* G. Romeyer-Dherbey et C. Viano (éds.), *Corps et âme. Sur le* De anima *d'Aristote*, Paris, Vrin, 1996, pp. 7-49, spéc. p. 46 : « Ce que propose le livre II n'est donc pas une psychologie des passions entendue comme réquisit scientifique, mais bien une rhétorique des passions, supposée seule adéquate à fournir en arguments un discours rhétorique destiné à agir sur l'affectivité ». *Cf.* le titre du livre de M. Meyer, *Aristote ou la Rhétorique des passions*, Paris, Petite Bibliothèque Rivages, 1989.

12. ὄρεξις ἀντιλυπήσεως (litt. : « désir de rendre la peine ») ; R.D. Hicks, *in* Aristotle, *De anima*, *op. cit.*, *ad loc.* traduit « desire of the retaliation ».

13. Aristot. *Rhet.* II 2, 1378a31.

14. *Cf.* P. Aubenque, « Sur la définition aristotélicienne de la colère », *op. cit.*, et P. Aubenque, « *Logos* et *pathos*. Pour une définition dialectique des passions », *op. cit.*

15. *Cf. Rhet.* I.

par l'orateur. En *Rhétorique* II 1, Aristote commence par définir les passions en général et les paramètres de son analyse :

> Les passions sont les causes par les quelles les hommes, en subissant un changement, diffèrent dans leurs jugements, et qui sont suivies de peine ou de plaisir, par exemple la colère, la pitié, la crainte etc. ainsi que leurs contraires. L'examen de chacune d'elles doit être divisé en trois. Je veux dire, par exemple, au sujet de la colère : quelles sont les dispositions des colériques, quelles sont les personnes contre qui on se met d'ordinaire en colère, et à quels sujets. Car si nous ne connaissions qu'un ou deux de ces éléments, mais pas tous, il serait impossible de produire la colère. Il en va de même pour les autres passions. De la même façon que, dans les parties précédentes, nous avons décrit et distinct, de la même façon sur les passions, nous allons procéder et distinguer selon le même critère[16].

Dans ce passage programmatique qui précède l'analyse détaillée des passions, on peut saisir quelques points essentiels : (a) les passions sont les causes des jugements des hommes ; (b) elles sont accompagnées de plaisir et de douleur ; (c) il faut les analyser selon trois aspects : la disposition de celui qui éprouve une émotion (πῶς διακείμενοι), les personnes auxquelles s'adressent les émotions et les choses qui les provoquent ; (d) ce critère d'analyse est en vue de leur production (ἐμποιεῖν) chez l'auditeur.

Dans les chapitres 1-10 Aristote définit et analyse 15 états émotionnels : colère (ὀργή) / calme (πραότης) ; amitié (φιλία) / haine (μῖσος) ; peur (φόβος) / assurance (θαρρεῖν) ; honte (αἰσχύνη) / impudence (ἀναισχυντία) ; obligeance, faveur (χάριν ἔχειν) / désobligeance (ἀχαριστεῖν) ; le trio pitié (ἔλεος) / indignation (νέμεσις) / envie (φθόνος) ; émulation (ζῆλος) / mépris (καταφρονεῖν). On remarquera tout de suite qu'il ne s'agit pas d'une liste exhaustive d'émotions telles que l'on pourrait les entendre aujourd'hui. Il s'agit surtout d'émotions « sociales » fondamentales : par exemple, un certain nombre d'entre elles sont liées à l'honneur.

Chaque passion est présentée selon un schéma assez constant dans ses points principaux. D'abord est énoncée la définition de la passion, précédée par ἔστω δή (« soit donc », « définissons donc »)[17] ; la passion est définie comme un « désir » dans le cas

16. *Ibid.* II 1, 1378a19-29.

17. Sur les différents sens de ἔστω δή chez Aristote (*hypothetical, resumptive, endoxical)* *cf.* G. Most, « The use of *endoxa* : philosophy and rhetoric in *Rhetoric* », *in* D.J. Furley and A. Nehamas (eds.), *Aristotle's Rhetoric, Philosophical Essays*, Princeton, Princeton University Press, 1994, pp. 179-181. Cette formule ἔστω δή a été considérée par certains (Brandis, Cope-Sandys etc.) comme le signe qu'Aristote se réfère ici à des opinions populaires et non philosophiques, et donc en contraste avec ses théories éthiques. Plus récemment, selon d'autres (Arhnart, Natali, Fortenbaugh, Grimaldi), il se réfère, au contraire, à ses propres doctrines philosophiques. En particulier, selon W.W. Fortenbaugh, *Aristotle on Emotion*, London, Duckworth, 1975, p. 16, la formule ἔστω δή signale l'application de la méthode déductive. La formule εἰ δή ... ἀνάγκη montre qu'il tire des inférences en rapport logique avec la définition. Most

de la colère (ὄρεξις) et de l'amitié (βούλεσθαι), et comme une forme de douleur (λύπη) (ou cessation de celle-ci ou insensibilité, dans les cas contraires). Dans tous les autres cas[18] la cause qui provoque la passion est souvent précédée par le verbe φαίνομαι, ou par le terme φαντασία (imagination) qui indique que la cause est ce qui apparaît comme telle. Prenons l'exemple de la colère :

> Définissons donc la colère comme le désir accompagné de douleur de vengeance manifeste (τιμωρίας φαινομένης)[19] provoquée par ce qui apparaît comme un dédain (διὰ φαινομένην ὀλιγωρίαν) en ce qui regarde notre personne ou celle des nôtres, ce dédain n'étant pas mérité[20].

Ou bien la définition de la peur :

> Définissons donc la peur comme une souffrance et une perturbation issues de la représentation d'un mal à venir susceptible de causer destruction et souffrance[21].

La définition est par la suite développée selon les trois paramètres : dispositions, personnes, choses. Des distinctions ultérieures concernent les espèces d'une passion (par exemple, pour l'amitié : compagnie, familiarité, parenté) et les incompatibilités entre passions. Par exemple, la peur exclut la compassion à cause de son intensité, la colère et l'assurance excluent la peur car elles ne tiennent pas compte du futur. Il est important de connaître les incompatibilités entre les passions car il ne s'agit pas seu-

---

partage la thèse que dans la *Rhétorique*, Aristote emploie cette formule pour introduire des prémisses afin de démontrer quelque chose. Mais il pense que ces définitions peuvent être indifféremment des théories philosophiques acceptées par Aristote ou des expressions de la *vox populi*, peu importe qu'elles soient vraies ou fausses : elles doivent seulement servir à construire l'enthymème rhétorique. Je ne partage pas la thèse de Most qui me semble trop radicale et se fonde sur une confusion entre la méthode du discours rhétorique décrite dans la *Rhétorique* et la méthode employée par Aristote lui-même pour exposer la rhétorique comme discipline. Or, il ne me semble pas possible qu'Aristote lui-même puisse accepter d'employer des prémisses qu'il considère fausses dans cette longue analyse systématique des passions de *Rhétorique* II.

18. La « faveur » (χάρις) représente une exception. Elle semble avoir un statut particulier car elle signifie l'état émotionnel de celui qui rend un service totalement gratuit. P. Chiron, *in* Aristote, *Rhétorique*, Paris, Flammarion, 2007, p. 305. n. 1, observe que la χάρις est l'un des termes grecs les plus difficiles à traduire car elle peut indiquer, selon les contextes, tout aussi bien la bienveillance que la gentillesse ou la reconnaissance.

19. La première occurrence de φαινομένης semble posséder ici la nuance de « manifeste » dans le sens de « public », ce qui apparaît publiquement, et non seulement de « perçu » (αἰσθητόν), comme le comprend D. Konstan, *The Emotions of Ancient Greeks*, Toronto-Buffalo-London, University of Toronto Press, 2006, p. 42. C'est la deuxième occurrence qui signifie « perçu », dans le sens de ce qui est « perçu » comme une offense.

20. *Rhet*. II 2, 1378a31.

21. *Ibid*. 5, 1382a20.

lement de les produire, mais aussi d'empêcher qu'elles ne se produisent chez un individu. Les développements sont introduits par la formule « s'il en est ainsi [...] il s'ensuit nécessairement » (εἰ δή ... ἀνάγκη). Par exemple, la définition de la colère se poursuit ainsi : « Si c'est bien en cela que consiste la colère, il s'ensuit nécessairement que l'on se met toujours en colère contre un individu déterminé, par exemple Cléon, et non pas contre l'homme en général »[22].

Chaque analyse se termine presque toujours par une formule conclusive du genre « il est clair, il est évident (φανερὸν δή) d'après ce qu'on a dit que [...] » qui évoque les trois points de l'analyse et le but rhétorique de la passion analysée. Par exemple, nous lisons à la fin de l'analyse de la colère : « Quelles sont les personnes contre qui l'on se met en colère, dans quelles dispositions l'on est alors et pour quelles sortes de raisons, tous ces points ont été traités ensemble. Il est clair qu'il nous faudra nous-mêmes, par le discours, mettre le public dans une disposition telle qu'il sera porté à la colère, rendre nos adversaires responsables de ce contre quoi l'on se met en colère et pareils à ceux contre qui l'on se met en colère »[23].

L'analyse des passions est complétée par une analyse des caractères (ἤθη) des auditeurs que l'orateur doit connaître afin que son discours soit efficace[24]. En particulier, les chapitres 12-14 analysent les caractères selon les trois époques de la vie : jeunesse, maturité, vieillesse. Il s'agit d'une description lucide et sans pitié de tous les défauts et de toutes les misères des vieillards. L'un des aspects les plus intéressants de cette analyse est qu'Aristote introduit la composante physiologique de la chaleur et du froid dans le corps humain pour expliquer certaines caractéristiques contraires appartenant au caractère des jeunes et des vieux : les jeunes ont, par nature, un tempérament chaud (διάθερμοι ... ὑπὸ τῆς φύσεως)[25], cela explique le courage, l' ardeur, l'espoir ; les vieux ont un tempérament froid (κατεψυγμένοι), ils sont donc lâches, enclins à la peur, et la peur est définie justement comme « une forme de refroidissement » (ὁ φόβος κατάψυξις τίς ἐστιν)[26].

Ces définitions « dialectiques » sont donc proprement « rhétoriques », c'est-à-dire qu'elles sont orientées par un but bien défini qui est celui de la τέχνη rhétorique : il s'agit de *produire* la passion, de *disposer* (παρασκευάζειν) l'âme des auditeurs à éprouver, par exemple, la colère ou la compassion. Il ne s'agit pas de définitions dialectiques généralisées, finalisées à la discussion, mais « rhétoriques », à savoir propres à cette spécialisation de la dialectique[27] qui est la rhétorique et qui a comme but la persuasion dans une assemblée ou dans un tribunal.

22. *Ibid.* II 2, 1378a32-34.
23. *Ibid.*, 1380a1-4.
24. *Cf. Rhet.* II 12-17.
25. *Ibid.* II 12, 1389a19.
26. *Ibid.*, 1389b31-32.
27. *Cf.* la définition de la rhétorique de *Rhet.* I 2, 1355b26 : « Posons que la rhétorique est la capacité de discerner (θεωρεῖν) dans chaque cas ce qui est potentiellement persuasif ».

Par ailleurs, on remarquera que les définitions de la *Rhétorique* sont différentes du modèle dialectique de *De anima* I. Par exemple, si la définition de la dialectique de la colère est « désir de rendre l'offense, ou quelque chose de ce genre », la définition rhétorique ajoute au désir de rendre l'offense la cause et précise qu'il s'agit du désir d'un individu particulier contre un autre individu particulier. La mention de l'individu particulier rend concrète la description de la colère, alors que la description dialectique reste sur un plan plus abstrait, plus général, λογικῶς[28]. En effet, l'individu particulier est l'individu concret, dont la substance est un σύνολον de matière et forme.

Pour revenir à la première question posée, il ne me semble donc pas que la définition dialectique de la colère remplisse exactement le programme de la définition dialectique du *De anima* : elle remplit plutôt le programme d'une définition rhétorique. Il s'agit en effet d'une définition rhétorique, à savoir finalisée pour produire ou entraver les passions chez les auditeurs (voir l'analyse des passions incompatibles), c'est-à-dire chez des individus concrets, de chair et d'os. Toutefois le fait de pouvoir reproduire les passions paraît exiger une connaissance de la psychologie humaine qui semble aller plus loin qu'une simple enquête formelle. En *Rhétorique* I 2 nous lisons :

> Puisque les moyens de persuasion procèdent ainsi, il est évident que leur maîtrise est le fait de quelqu'un qui est capable de manier le syllogisme, de voir clair (θεωρῆσαι) dans le domaine des caractères et des vertus ou, troisièmement dans le domaine des passions, de voir quelle est chacune des passions, quelle est sa nature, d'où elle naît et comment[29].

III. *Les opinions de la critique*

La plupart des interprètes de ces cinquante dernières années ont souligné de manière plus ou moins intense les liens entre la *Rhétorique* et le *De anima*. Selon Fortenbaugh, les définitions de la colère et des autres émotions sont acceptées et complétées dans le *De anima* et constituent une contribution importante à la psychologie

28. Chez Aristote λογικῶς est synonyme de διαλεκτικῶς, *cf.* H. Bonitz, *Index Ar.*, *s.v.* λογικός. Pour les sens de λογικός, voir M. Burnyeat, *A Map of* Metaphysics Z, Pittsburg, 2001, pp. 19-24, qui renvoie à Simplicius (*cf.* Simplicii *in Aristotelis Physicorum libros quattuor posteriores Commentaria*, edidit H. Diels, *CAG* 10, Berolini, Reimer, 1895, pp. 440,19-441,22), lequel, commentant Aristot. *Phys.* III 3, 202a21, où apparaît une aporie λογική, distingue trois sens de λογικῶς : (1) il s'agit d'une argumentation issue d'ἔνδοξα ; (2) il s'agit d'une argumentation persuasive uniquement au niveau des mots mais qui ne se fonde pas sur les faits ; (3) il s'agit d'une argumentation qui n'est pas propre à une science particulière mais à un discours. Burnyeat remarque que ce dernier sens est le plus répandu dans le corpus aristotélicien. En effet, Aristote critique souvent les Platoniciens pour leur approche λογικῶς, à savoir leur penchant non scientifique pour les discours généraux et abstraits.

29. *Rhet.* I 2, 1356a20-23.

scientifique[30]. Cette contribution consiste dans le fait que ces définitions impliquent le facteur cognitif comme essentiel et causal : le fait de croire ou d'imaginer une insulte est un facteur essentiel dans la définition de la colère et constitue la cause de la réponse émotive. Nehamas la définit comme une intégration nécessaire (*supplementation*) à la pleine définition physique des passions[31]. Pour Cooper, la liste de *Rhétorique* II constitue la préparation dialectique à une enquête scientifique sur les émotions, enquête qu'Aristote n'a pourtant jamais faite et qui aurait dû présenter les traits d'une théorie générale et unifiée des passions que la *Rhétorique* n'offre pas[32]. Mais c'est Aubenque, qui souligne avec le plus de force la fonction « fondatrice » de la « rhétorique des passions »[33]. Il la définit comme « un manuel d'anthropologie pratique » et, en reprenant les mots d'Heidegger, comme « une herméneutique de l'être pour autrui »[34]. Pour Aubenque, « le livre II de la *Rhétorique* occupe une place singulière, originelle et fondatrice, dans l'histoire de la psychologie antique. Il ne contient pas une application de la théorie psychologique, mais constitue plutôt l'un des "lieux" à l'intérieur et à partir desquels celle-ci a pu se constituer comme science »[35].

Contre ces thèses qui considèrent *Rhétorique* II comme une prémisse de l'enquête scientifique sur les passions, G. Striker[36] a réagi en renversant complètement la perspective : la théorie des passions de la *Rhétorique* présuppose les résultats de recherches scientifiques. Striker remarque que pour provoquer ou prévenir les émotions, l'orateur devrait avoir une connaissance scientifique de la vérité et non se fonder uniquement sur des opinions populaires. Cela n'implique pourtant pas qu'il soit lui-même un psychologue. De même que les avocats et les juges de notre époque, l'orateur d'Aristote peut se contenter d'accepter les résultats des recherches scientifiques sans enquêter sur leur fondement théorétique. Striker observe pourtant que

30. *Cf.* W.W. Fortenbaugh, « Aristotle's *Rhetoric* on Emotions », *op. cit.*

31. *Cf.* A. Nehamas, « Pity and fear in *Rhetoric and poetics* », *in* D.J. Furley and A. Nehamas (eds.), *Aristotle Rhetoric, op. cit.*, 1994, pp. 257-82.

32. *Cf.* J. Cooper, « On Aristotelian Theory of Emotions », *in* A. Oksenberg Rorty (ed.), *Essays on Aristotle's* Rhetoric, Berkeley, University of California Press, 1996, pp. 238-257.

33. *Cf.* P. Aubenque, « *Logos* et *pathos*. Pour une définition dialectique des passions », *op. cit.* ; Id., « Sur la définition aristotélicienne de la colère », *op. cit.*

34. P. Aubenque, « *Logos* et *pathos*. Pour une définition dialectique des passions », *op. cit.*, p. 47, qui traduit ainsi un passage de *Sein und Zeit* (pp. 138-139) de Heidegger: « la première herméneutique systématique de la quotidienneté de l'être-avec-autrui (*die erste systematische Hermeneutik der Alltäglichkeit des Miteinanderseins*) ».

35. P. Aubenque, « *Logos* et *pathos*. Pour une définition dialectique des passions », *op. cit.*, p. 49.

36. *Cf.* G. Striker, « Emotions in Context : Aristotle's Treatment of the Passions in the *Rhetoric* and his Moral Psychology », *in* A. Oksenberg Rorty (ed.), *Essays on Aristotle's* Rhetoric, *op. cit.*, pp. 286-302.

dans la *Rhétorique* il n'y a pas mention des analyses scientifiques aristotéliciennes des émotions et attribue la raison de cela au fait qu'Aristote n'en avait pas une théorie scientifique spécifique. Aristote se rapporterait donc à « the best available substitute », à savoir les théories développées dans l'Académie qui de fait ne constituaient pas une théorie unifiée et dont des traces restent dans les *Topiques*[37]. Cette dernière thèse est assez radicale car elle considère au fond *Rhétorique* II et *De anima* I, comme indépendantes. Elle a pourtant le grand mérite de mettre en lumière que la capacité de produire des passions requiert une connaissance préalable de celles-ci qui soit plus approfondie que de simples opinions populaires.

IV. *Vers une analyse scientifique des passions*

Suivant Aubenque, il me semble que les définitions de la *Rhétorique* peuvent être considérées comme un répertoire dans lequel puiser pour cerner les passions et en tirer des définitions formelles afin de construire une « physique des passions » qui puisse rendre compte de ces phénomènes de manière exhaustive. Et j'irai encore plus loin : il me semble qu'elles contiennent aussi des traces de la composante matérielle. Ces traces, sans qu'elles soient développées, semblent indiquer le chemin vers une psychologie scientifique et donc vers des définitions physiques complètes des passions. Ces traces se trouvent à mon avis : (a) dans la présence de douleur / plaisir comme éléments constitutifs de la définition de chaque passion ; (b) mais surtout dans l'importance attribuée aux états et aux dispositions réceptives des passions. Par

37. Les définitions des passions critiquées par Aristote dans les *Topiques* apparaissent plutôt *floues* et imprécises. Aristote introduit des critères pour les corriger. Par exemple, dans Aristot. *Top*. VI 13, 151a14-20, il évoque la définition de la colère comme exemple de définition fondée sur une association de termes, énoncée par la formule : *A* μετὰ τοῦ *B*. Dans ce cas, la formule n'est pas correcte car elle masque une relation causale : « Mais certaines formules qui sont données de cette façon ne tombent nullement dans la division qui vient d'être indiquée, par exemple, si l'on définit la colère comme "douleur plus représentation d'être méprisé" (οἷον εἰ ἡ ὀργὴ λύπη μεθ' ὑπολήψεως τοῦ ὀλιγωρεῖσθαι). En effet, que ce soit à cause d'une représentation de ce genre (διὰ τὴν ὑπόληψιν τὴν τοιαύτην) que la douleur apparaît, voilà ce que l'on veut mettre en évidence ; mais "que quelque chose apparaisse à cause de ceci" (δὲ διὰ τόδε γίνεσθαί τι οὐκ ἔστι ταὐτὸ τῷ μετὰ τούτου τόδ' εἶναι), n'est identique à "que ce soit ceci plus cela" selon aucun des modes qui ont été indiqués ». De fait, nous trouvons ici la règle pour la définition correcte, à savoir causale, de la colère. On remarquera que dans la *Rhétorique*, la définition de la colère et des autres passions, présentent le modèle causal : la colère est bien le désir se ve venger *accompagné de douleur* (μετὰ λύπης) *à cause d'un* mépris manifeste (διὰ φαινομένην ὀλιγωρίαν : *Rhet*. II 2, 1378a31) ; la crainte est une forme de douleurs *qui dérive de l'*imagination (ἐκ φαντασίαν) d'un mal imminent. *Cf*. aussi *Top*. VIII 1, 156a32, où le mépris manifeste est considéré comme la cause du fait que l'homme en colère désire la vengeance.

exemple, dans l'analyse de la colère, nous trouvons la description de certains « états » favorables à cette émotion, liés à des désirs insatisfaits purement physiques, comme la soif, la maladie, le désir érotique ; et à propos des caractères, nous trouvons la description du tempérament ardent des jeunes et froids des vieux dans le but de fournir une explication unitaire de leur inclinaison vers certaines passions.

Nous avons vu comment en *De anima* I, se dessine dès le début l'importance fondamentale de la disposition du corps dans le mécanisme des passions. Cette notion de « passivité réceptive » ou « réceptivité passive » constitue un élément fondamental dans l'analyse scientifique des passions. Elle est développée par Aristote de manière transversale et complexe dans certains endroits du corpus. En particulier, en *Catégories* 8 et en *Physique* VII 3, elle est exprimée à travers la notion de « qualités affectives » (παθητικαὶ ποιότητες). Ces qualités qui sont le résultat d'une altération de la matière corporelle, qualifient l'individu de manière stable ou transitoire et déterminent sa manière de subir les passions aussi bien de l'âme que du corps. Simplicius, dans son commentaire aux *Catégories*, suivant Archytas, attribuait à ces qualités affectives une nature intermédiaire entre corps et forme : corps, puisque celui-ci subit une affection, et forme, puisque ces qualités se présentent comme des formes issues d'une affection[38]. Mais celui-ci est le point de départ pour une autre recherche[39].

38. *Cf.* Simplicii *in Aristotelis Categorias Commentarium*, edidit C. Kalbfleisch, *CAG* 8, Berolini, Reimer, 1907, p. 259,25.

39. Sur les « qualités affectives », je me permets de renvoyer à trois études sous presse : C. Viano, « *Phys*. VII 3, 246b20 - 247 a19 : the States of the Soul », à paraître dans C. Natali, S. Maso and G. Seel (eds.), *Aristotle's* Physics *VII*, Parmenides Publishing ; Ead., « *Categ*. 8, 8b 25-10 a 10 : stati e disposizioni, capacità e incapacità naturali, qualità affettive e affezioni », à paraître dans M. Bonelli e F. Masi (éds.), *Studi sulle Categorie di Aristotele*, Amsterdam, Hakkert ; Ead., « États du corps, états de l'âme, 'matière' du caractère : Aristote et la doctrine des qualités affectives », à paraître dans M. Bonelli (éd.), *Physique et Métaphysique chez Aristote*, Paris, Vrin.

THE TREATMENT OF ANGER IN ARISTOTLE'S *RHETORIC* AND *ETHICS*

CHRISTOPHER ROWE

I. *Introduction*

This brief discussion paper is concerned with a particular aspect of the relationship between Aristotelian and Platonic treatments of the soul[1]. It may be helpful, however, to begin by sketching in what I take to be the general outlines of those treatments, *i.e*. Plato's, as developed especially in book IV of the *Republic* ; Aristotle's, as offered in the *De anima* as well as in the *Rhetoric* and in the ethical treatises.

A. For Plato in at least some parts of the *Republic*[2], the human soul represents a combination of three elements or factors, which can be compared respectively to a man, a lion and a monster. Each of these elements or factors – Socrates in the *Republic* does also call them « parts », but generally uses other terms or circumlocutions – comes equipped with its own desires, which can directly or indirectly cause a person to act ; thus there will be actions caused by reason, actions caused by the « thumoeidic » or « spirited » aspect of us, and actions caused by our appetites. For Aristotle, by contrast, it is as if the zoo-keeper (the man in Plato's simile) merges with his charges

1. The present paper was originally presented at the Fourth International Symposium on Aristotelian Philosophy, organized by the Society for Aristotelian Studies « The Lyceum », in Athens in 2002, and published by the Society, in English, in the resulting volume, entitled *On Aristotle's Poetics and the Art of Rhetoric*, ed. by D.N. Koutras, Athens, Society for Aristotelian Studies « The Lyceum », 2003 ; at the 2008 colloquium in Padova, it was presented in Italian. I am grateful to the editor of the Greek volume, Professor D. Koutras, and to the Society for Aristotelian Philosophy, for permission to reprint what is, essentially, the paper I delivered in Athens in 2002.

2. I say « some parts of the *Republic* », because in others (book I, books V-VII, and parts of X) a quite different account of the soul dominates : one in which there is no conflict, and there are no parts to be in conflict. I discuss this other, and I believe more fundamental, Platonic psychology elsewhere, especially in my book on *Plato and the Art of Philosophical Writing*, Cambridge, Cambridge University Press, 2007, chapters 3-5. Quite how and why Plato allows the two treatments of the soul to sit side by side in the same work is a difficult question, but in any case lies beyond the scope of the present paper.

(lion and monster). Aristotle is interested not so much in « parts » of the soul as in types of soul : the soul is analysed into faculties, with each higher faculty presupposing those below it, and with the presence of reason, in human beings, enhancing the desires and capacities of what Plato tended to treat as essentially sub-human (the leonine and the monstrous). Rational and irrational, for Aristotle, must work together, if action is to take place at all.

B. Aristotle's new model is what makes possible the kind of approach to education he advocates, through rhetoric and drama / poetry. The model gives us an essentially humane view of individuals in assembly, law-court, and theatre, which allows emotion and desire to be directed and informed by reason. The irrational in us is amenable to reason ; we can talk to it, as it were. Plato has more of a problem in showing exactly how reason will deal, as he needs it to deal, with aspects of us that are actually lacking in that very ingredient (reason). How far could one reasonably expect to get by talking to lions, let alone monsters[3] ?

C. Aristotle does – I claim – have some sort of tendency to divide the soul, at least in the ethical context, insofar as he distinguishes separate drives towards the good, on the one hand, and the pleasant on the other. Our actions generally aim at what is good for us, or at any rate what appears to us to be such – which may be something one of us finds pleasant and attractive, but is not so to the person in the right condition ; this person will go for what is « good and fine » (καλόν), *i.e.* good *qua* admirable, not what is merely good qua pleasant, though the « fine » itself will also be pleasant. As Aristotle puts it at the beginning of his discussions of φιλία in both *Eudemian* and *Nicomachean Ethics*, there are two fundamental objects of « love » (or desire), the good and the pleasant. This leaves us with something analogous to the Platonic « partition » of the soul. But, so I wish to argue, and for reasons that I shall briefly mention, it is no more than an analogy ; it remains true that Aristotle ultimately has little use for any idea of « parts » of the soul in the Platonic sense.

II. *Anger in Aristotle's* Rhetoric *and* Ethics

The origins of the following, main section of the paper lie in an encounter I had some years back with Professor John Cooper of Princeton, when in discussion (as I remember it) Professor Cooper hazarded the suggestion that Aristotle advocated a tripartite division of the soul like Plato's, *i.e.* into rational, « spirited » and appetitive

3. We should note, however, that Aristotle himself fails to give any clear account of the relationship between the rational and the irrational ; merely to say, as he does, that the latter, or an aspect of it, is potentially « obedient to » reason does not obviously take us very far.

(λογιστικόν, θυμοειδές, ἐπιθυμητικόν). That, at any rate, is what I took Cooper to be suggesting, and since it came as something of a surprise to me (though not, as I remember, to others), I promised myself that I would in due course take a closer look at the issues. The present paper is a late fulfilment of that promise to myself.

More precise statements of Professor Cooper's view are to be found in his essay on *Plato's Theory of Human Motivation* (1984), and in *An Aristotelian Theory of the Emotions* (1996)[4]. On the one hand,

> Aristotle (*Nic. Eth.* I 13 ; II 5-6), describes virtue of character simply as the proper coordination between reason on the one side and non-rational desire, in general, on the other. He says nothing in this context about any differences there may be in kinds of non-rational desire. In other parts of his ethical theory, however, Aristotle does in fact preserve the distinctions that led Plato to regard the human soul as having three parts. He regularly divides ὄρεξις (desire) into three subkinds, βούλησις, θυμός and ἐπιθυμία (see *de An.* II 3, 414b2, III 9, 432b3-7 ; *de Motu* 6, 700b22 ; *EE* II 7, 1223a26-27 ; 10, 1225b25-26 ; *MM* I, 12, 1187b36-37)[5], and he assigns the first to reason itself (*de An.* 432b5 ; 433a23-25 ; *Topics* IV, 5, 126a13), making the latter two belong to the « nonrational element » (*de An.* 432b6). Thus Aristotle holds (with Plato [...]) that reason has a special kind of desires of its own and he divides non-rational desires into the same two species as Plato recognised [...]. His acceptance of the Platonic theory that there are three distinct kinds of desire has important though frequently unappreciated effects on his moral psychology [...][6].

In his 1996 essay, Cooper goes on to add the *Rhetoric* to the list of Aristotle's works that recognise this threefold division of desire, though the emphasis here is rather different :

> From what we have already seen, it is clear enough what makes anger not only a desire but an emotion, according to Aristotle. Because it is accompanied by *lupē*, anger is a distressful, agitated desire for revenge ; the angry person is upset about having been treated with apparent disregard and belittlement. In other words, it is not a cool and « rational » desire, a desire judiciously considered, to inflict pain or other punishment. In *Rhetoric* 1.10.1369a1-4, Aristotle uses « anger » (*orgē*) itself as the name of one of the three types of desire that he there distinguishes (the other two being wish and appetite). That would imply that the type of desire to which anger belongs, according to the *Rhetoric* definition, was by its nature agitated and distressful. In other writings, however, Aristotle regularly distinguishes between anger and « spirited » desire (*thu-*

4. *Cf.*, respectively, J. Cooper, « Plato's Theory of Human Motivation », *History of Philosophy Quarterly*, 1, 1984, pp. 3-21 ; Id., « An Aristotelian Theory of the Emotions », in A. O. Rorty (ed.), *Essays on Aristotle's* Rhetoric, Berkeley, University of California Press, 1996, pp. 238-257.

5. Cooper regards *Magna Moralia* as a genuine work of Aristotle's ; at any rate it is not out of line, on the point at issue here, with other undoubtedly genuine Aristotelian works.

6. J. Cooper, « Plato's Theory of Human Motivation », *op. cit.*, pp. 18-19.

> *mos*), using the latter as the name for his second type of desire and treating anger as a special case of it, the case where the desire is extremely agitated and distressed[7].

So – to sum up – anger is a πάθος, but it is also a species, and indeed a subspecies, of desire, the species itself being πάθος. And θυμός, as a species of desire, is one of the three motivating forces in the human soul, the other two being rational and appetitive desire. If rational desire belongs to reason, as Cooper evidently holds, then we do indeed have something very like the tripartite soul of Plato's *Republic*.

There are, I think, few grounds for accepting, and rather more for rejecting, Cooper's view of reason[8] in Aristotle as possessing desires of its own[9]. If we do reject that part of Cooper's picture, then the parallel with Plato is already seriously under threat. However the way in which Aristotle conceives of reason and its relationship to desire is not one of my present concerns ; my aim, here in the present paper, is just to try to get clear about his treatment of anger, *i.e.* of ὀργή and of θυμός. Quite what is at issue here ? The important point, I myself suppose, is about the number of fundamental types of motivation that Aristotle recognises. Plato, at least in parts of the *Republic* (and elsewhere), recognises three : reason, « spirit » or θυμός, and appetite, where the second is not reducible to the third : to quote Cooper again, « on Plato's tripartite theory [...] competitiveness and the desire for esteem and self-esteem – which, as Cooper argues, are the essence of Plato's notion of the θυμός, or the θυμοειδές – are an innate form of human motivation, distinct from the appetites and reason itself and equally as basic as they are to human nature »[10]. Cooper argues strongly against those who, like Terry Penner, downplay the impor-

7. J. Cooper, « An Aristotelian Theory of the Emotions », *op. cit.*, pp. 249-250. The « other writings » cited are *De an.* II 3, 414b2, *M. mor.* I 12, 1187b37 (« on θυμός »), and, « for ὀργή as a special case of θυμός-desire », *De an.* I 1, 403a30 and *Top.* VIII 1, 156a32, with *Top.* IV 5, 126a8-10 and II 7, 113b1.

8. « Reason » here, as I take it, means « the [part] that has reason » in the primary sense : *cf.* Aristot. *Eth. Nic.* I 13.

9. None of the three passages Cooper cites as showing Aristotle assigning βούλησις « to reason itself » (*cf.* Aristot. *De an.* III 9, 432b5 ; 10, 433a23-25 ; Aristot. *Top.* IV 5, 126a13), on my reading, needs to be understood in this way. Strong motivation for not supposing βούλησις to be assigned to reason is surely provided *e.g.* by the fact that it can be directed towards the wrong objects ; if βούλησις « belonged », in any but the very weakest sense, to reason, then this would apparently leave reason itself desiring things that no (Aristotelian) rational person would desire. Or, if that is not obstacle enough : is it not an essential part of Aristotelian ethical theory that our character depends crucially on the education of our non-rational aspects, and that the quality of what we wish for (rationally) will accord with the quality of that education ? But if βούλησις belonged (again, in any but the weakest sense) to reason, then education could be directed exclusively to reason itself. I admit, however, that I may have failed to grasp accurately what Cooper in fact means by « assigning » βούλησις to reason.

10. J. Cooper, « Plato's Theory of Human Motivation », *op. cit.*, p. 17.

tance of the « spirited » part[11] : not only, according to Cooper, is it crucial for Plato's, and the Greek, conception of human nature[12], but it actually ought to form part of any decent modern conception of it. « There is certainly no denying that this kind of motivation, in its many guises, does play a very large part in the conduct of any human being. Any plausible theory of human motivation must surely pay special attention to it »[13]. If Aristotle had anything like a « tripartite theory of soul » like Plato's, this would be the essential point of it – to identify those basic forces that motivate human beings to act. Aristotle recognises reason, and rational desire (however that is to be interpreted) ; he recognises the existence of appetite, which he typically regards as having « the pleasant » as its object[14] ; does he also typically recognise the presence of a fundamental drive in us that is characterised by « competitiveness and the desire for esteem and self-esteem » (Cooper's description) ?

There is no denying that Aristotle not infrequently divides desire into three species : βούλησις, θυμός, and ἐπιθυμία. For present purposes I shall suppose that βούλησις, or « rational wish », is simply or primarily desire that has been informed by, or derives from, or even is merely consistent with, the operations of reason (I say « or primarily », just because there may be some desires, like the universal desire to know, famously announced at the beginning of the *Metaphysics*, which it will be difficult to associate with any non-rational part. So, one might say, it must belong to the rational part ; and that opens the way to Cooper's view that the rational part in general is to be understood as possessing its own desires. I should myself want to resist this inference, while admitting that the sort of « rational desire » in question might be difficult to fit into Aristotle's tripartite division of ὄρεξις). The overwhelmingly predominant view that we get from the *Ethics* – both *Nicomachean* and *Eudemian* – is of reason working along with, or failing to work along with, the desires. But if that is so, then the tripartite division of desires is plausibly, and uncontroversially, also a bipartite division : desires are either rational or they are irrational, and it is just that irrational desires fall into, or can be seen as falling into, two irreducibly different sorts, « thumoeidic » and appetitive. As I have already suggested, this kind of division in fact already implies a considerable divergence from the Plato of the *Republic*, *i.e.* if « rational desires » are not actually desires of the « rational part » (τὸ λόγον ἔχον) in

11. *Cf. ibid.*, p. 4 ; see T. Penner, « Thought and Desire in Plato », in G. Vlastos (ed.), *Plato: A Collection of Critical Essays*, II: *Ethics, Politics, and the Philosophy of Art and Religion*, Garden City (N. Y.), Anchor Books, 1971, pp. 96-118, esp. pp. 111-113.

12. See Angela Hobbs' splendidly argued *Plato and the Hero : Courage, Manliness and the Impersonal Good*, Cambridge, Cambridge University Press, 2000.

13. J. Cooper, « Plato's Theory of Human Motivation », *op. cit.*, p. 4.

14. *I.e.* the pleasant as divorced especially from any consideration of what is καλόν, or praiseworthy : see § 1 above, and *cf. e.g.* G. Striker, « Emotions in Context: Aristotle's Treatment of the Passions in the *Rhetoric* and His Moral Psychology », in A. O. Rorty, *Essays on Aristotle's* Rhetoric, *op. cit.*, pp. 286-302, esp. p. 190.

the primary sense, or, to put it more transparently, if calculation, reasoning, and so on are thought of as essentially separate functions from desiring in all or any of its forms. And that makes it perhaps appropriate to talk, not so much of Aristotle's maintaining Plato's tripartite account of the soul, but rather – to borrow Striker's phrase, of « the Platonic psychology » as being « in the background » in Aristotle[15].

In fact, of course, one can raise questions[16] about how committed Plato himself remained to his tripartite division (so that any general description of it as « the Platonic psychology » will to that extent be controversial). *Republic* IV is perhaps the text for the idea of tripartition, containing as it does the basic argument for it ; the *Phaedrus* gives it graphic expression in the story of the charioteer of the soul, while Timaeus builds it into his account of human nature in the *Timaeus*. Then again, the last part of the *Politicus* divides human beings into two types, both of which can plausibly be seen as centred on the θυμοειδές : the one type is competitive and aggressive, the other pacific and unaggressive. But it cannot be said that « spirit » and « spiritedness » are central in the *Laws*, which (if we think of these ideas as quintessentially Platonic) is surprising in light of the extent to which that dialogue is concerned with « moral » training ; the threat of the appetites at any rate seems to be taken rather more seriously than any potential role, negative or positive, for the θυμός in the city of Magnesia. Be that as it may, clearly there is a case for saying that tripartition is at least a dominant idea in contexts relating to moral psychology and the explanation of action in the Platonic dialogues from the *Republic* onwards. But then I am myself impressed by just how little influence this « Platonic psychology » seems to have had on Aristotle's writing in the same contexts. In those texts that are most directly concerned with moral psychology, *i.e.* the ethical treatises and the *Rhetoric*, it is actually the absence of tripartition that is, overall, most noticeable.

I begin with the ethical treatises, or, to be precise (since this paper remains one written for discussion, not as an attempt at a comprehensive treatment of its subject), with the *Nicomachean Ethics* – pausing only to notice that there is probably no real contrast between this work and the *Eudemian* : if the latter takes up the threefold division of desire to an extent that the former does not, still there are plenty of occasions where the *Nicomachean* itself presupposes a division of irrational desire into θυμός and ἐπιθυμία[17]. Given also the number of references to this kind of division in other works[18] we should probably think of the division as something which is always avail-

15. *Cf.* G. Striker, « Emotions in Context », *op. cit.*, p. 189.

16. As indeed I myself have done : see note 2 above.

17. So *e.g.* in *Eth. Nic.* III 2 ; or in *ibid.* VII 3, 1147a15.

18. A list is supplied by John Cooper, in the first of the two extended passages I quote from him above. In the *Nicomachean Ethics* itself, the full list of three types of desire in fact (I think) occurs only once, *i.e.* in Aristot. *Eth. Nic.* III 2, 1111b11 *sqq.*, with reference to the views of others.

able to Aristotle but which he does not always find equally useful. In the *Nicomachean Ethics*, it generally seems to be « in the background », but is not actually used in any particularly constructive way. Indeed, what seems to me remarkable is the way that, when we might expect it to be used, it is actually left on the shelf. Take for example the treatment in book VII of ἀκρασία, or (as it is traditionally translated in English) « weakness of will », which is where the opposition between different types of motivation seems to be most at issue : on the one hand, Aristotle does recognise a specific sort of ἀκρασία that has to do with θυμός (VII 6) ; on the other, it is only ἀκρασία κατὰ μεταφοράν[19], like ἀκρασία in relation to money, or profit, or honour[20]. If the θυμός were being regarded as one of the basic forces at work in the human soul, on the side of the irrational, then perhaps one might have expected ἀκρασία θυμοῦ to be treated on exactly the same footing, and given the same prominence, as ἀκρασία « in the proper sense » (ἁπλῶς), *i.e.* ἀκρασία as relating to the appetites. Or, if this just a matter of Aristotle's treating θυμός here as a synonym of ὀργή, then this in itself is striking : the basic opposition to reason in the Aristotelian scheme here is from the appetites, the irrational desires – to which θυμός is evidently treated as belonging. So much is surely implied by the list of qualified kinds of ἀκρασία at 1147b33-34 : one can be akratically inclined towards money, profit, honour – and θυμός, which in this context[21] surely has the specific sense of anger, and the desire for revenge[22].

And this, despite the reference to the standard tripartite division of desires in *Rhetoric* I 10, seems to be Aristotle's position in the *Rhetoric* generally : that is, to treat anger on all fours with other aspects of the irrational in us. Given what Aristotle actually says in I 10, this is at least partly unexpected :

> Now all human actions are either the result of man's efforts or not. Of the latter some are due to chance, others to necessity. Of those due to necessity, some are to be attributed to compulsion, others to nature [...]. Of those things they do of themselves and of which they are the cause, some are the result of habit, others of desire (ὄρεξις), and of the latter some are due to rational [λογιστικός : « based in calculation » ?], others to irrational desire. Now wish is a desire for good, for no one wishes for anything unless he thinks it good ; irrational desires are anger (ὀργή) and appetite. Thus all the actions of men must necessarily be referred to seven causes : chance, nature, compulsion, habit, reason, anger (θυμός) and appetite[23].

19. *Cf. Eth. Nic.* VII 5, 1149a22-24.
20. *Cf. ibid.* 4, 1147b33-34.
21. Not least because the desire for honour (which belongs to Plato's θυμοειδές) is mentioned separately.
22. *Cf. Eth. Nic.* VII 6, and Aristot. *Rhet.* I 10.
23. *Rhet.* I 10, 1368b32-1369a7 (tr. by J.H. Freese, in Aristotle, *Art of Rhetoric*, London-Cambridge, Heinemann - Harvard University Press, 1926, modified).

On the one hand, anger (ὀργή) is treated as just a species of irrational desire ; but on the other, it is actually distinguished from other irrational desires – and the lexical shift from ὀργή to θυμός, together with the elevation of ὀργή / θυμός to the status of one of the fundamental causes of human behaviour, does immediately put one in mind, once again, of that Platonic tripartition, with all that it entails. But so far as I can see, we are given practically no further encouragement to think in such terms : anger is treated either as a species of desire (for revenge)[24], or as just one of the πάθη – and that Aristotle sees no contradiction between these two descriptions (why should he ?) is shown by the fact that in *Rhetoric* I 10 he refers explicitly to the treatment of ὀργή in II 2, « in the discussion of the πάθη »[25].

Given that the *Rhetoric* is necessarily much concerned with questions about how human beings function – if indeed the aim is, at least in part, to enable Aristotle's listeners to understand how audiences may be induced to change their beliefs and attitudes – then it is surely striking that he has so little to say about the « spirited » part or aspect of human nature. Or rather, it would be striking, if he thought – as Cooper does, and as Plato may possibly have done[26], at the time of writing the *Republic* and other dialogues – that « competitiveness and the desire for esteem and self-esteem » (if these are what the « spirited » part stands for) were « an innate form of human motivation, distinct from the appetites and reason itself and equally as basic as they are to human nature »[27]. One place where the need does arise for a θυμοειδές type of person, or at least of thumoeidic traits, is, significantly, in the *Politics*[28]. Is it just that Aristotle for the most part simply sees no need to treat the thumoeidic aspects of human nature as a separate category, on a par with reason and appetite ? When it is a matter of types of desire, then, certainly, ὀργή and θυμός need to be treated separately : the desire for revenge (and whatever that might imply for attitudes towards self-esteem, and so on ?) does look somewhat different from other, perhaps less complicated, sorts of desires, like hunger and thirst ; but, by and large, all the relevant aspects will come

24. So later, of both θυμός and ὀργή, in *ibid.*, 1369b11.

25. *Ibid.*, 1369b15.

26. Although I am inclined myself to doubt it (how could he suppose such a factor to be innate in all of us, if he still also remains committed, somehow, to a model of human psychology that actually removes it from the scene altogether (see note 2 above) ?

27. One possibility that might in principle be worth considering is that all the πάθη should be treated as belonging to the θυμοειδές – so giving us some kind of distinction between emotions, on the one hand, and (primarily ?) physiological appetites / desires on the other : *cf.* S.R. Leighton, « Aristotle on the Emotions », in A. O. Rorty, *Essays on Aristotle's* Rhetoric, *op. cit.*, 206-237. Fatally, however, some of the πάθη look rather far removed from, even incompatible with, competitiveness and the drive for « esteem » of the sort that one looks for in Plato's φιλότιμος. There is surely not much room, for example, for pity.

28. See *i.e.* Aristot. *Pol.* VII 7, 1327b36 *sqq.*, with an actual, and unmistakeable, reference to Plato's *Republic*.

up under different ἀρεταί (« virtues », « excellences »), and will be subject to the dominant analysis in terms of the oppositions between reason and unreason, thought and desire. But here, I think, there does also lie a significant difference between Aristotle and Plato. Plato made a great deal of play of the supposed natural affinity between the θυμός and reason. Aristotle is prepared to accept, at most, that θυμός « follows reason in a way »[29] ; but the same will be true, as the *Rhetoric* in particular makes clear, of all the πάθη – it is this feature, if anything, that distinguishes them from the appetites. If it is true that « any plausible theory of human motivation must surely pay special attention to thumoeidic aspect of us »[30], then there will be a clear sense in which Aristotle's own theory of motivation must be deemed implausible. But for myself, at least for the moment[31], the premise looks doubtful. Or, alternatively, Aristotle paid enough « special attention » to the « spirited » aspect under other heads – for John Cooper noticeably stops short of saying that any decent theory must treat it, as Plato does, as a fundamental « part » (one of three ?) of the human mind. « This kind of motivation » surely « does play a very large part in the conduct of any human being », or at least of most human beings, or of many human beings ; to treat it as « innate », or even as inevitable, hardly seems inevitable, or particularly helpful.

29. *Eth. Nic.* VII 6, 1149b1.

30. J. Cooper, « Plato's Theory of Human Motivation », *op. cit.*

31. A « moment » that, by 2011, has actually extended to almost a decade ; the premiss looks even more doubtful to me now than it did in the autumn of 2001, when I first began putting the present paper together.

SCIENTIA DE ANIMA : NATURAL ENQUIRY AND AWARENESS OF THE SELF IN THE MEDIEVAL TRADITION OF *DE ANIMA*

FRANCESCO BOTTIN

I. *Medieval transmission of* De anima

As with many other works by Aristotle that had already begun circulating in Latin, medieval thinkers could first glean the basic doctrines of Aristotelian psychology, despite holding the Latin translation of *De anima*, from the revision made by Avicenna in *Sextus de naturalibus* within his vast encyclopaedia *Al-Shifa*, or *The Book of Healing*, and later from the textual commentary by Averroes. Contrary to a common belief of medieval thinkers, Avicenna's œuvre was neither a commentary nor a paraphrase of the *De anima*, but – as expressly stated by Avicenna himself and confirmed by his secretary – it was rather « a complete work sorted in the order that [Avicenna] had laid out » and whose objective was therefore to present the great Persian scientist's teachings[1].

It was translated into Latin in Toledo around the middle of the 12th century thanks to the help of Jewish philosopher Abraham ben David (known as Avendauth) and archdeacon Dominicus Gundissalinus with a translation method that has remained unique : as the Jewish philosopher read the Arabic text « singula verba vulgariter proferente » Gundissalinus translated the text in Latin (*singula in latinum convertente*). Currently, scholars agree that the expression *vulgariter*, which appears in the preface, may refer to vulgar Romance speech, or to Vulgar Latin, or to spoken Arabic. In any case, the translation was the result of complex linguistic mediation.

In those same years, in fact, a Latin translation had begun to circulate in the Latin-speaking world. Its author, James of Venice[2] had penned a highly faithful translation directly from the Greek source of *De anima* (*translatio vetus*). While the work cer-

* Strategic Project n. STPD08XMXP_002

1. See *The Life of Ibn Sina*, A Critical Edition and Annotated Translation by W.E. Gohlman, Albany (N. Y.), State University of New York Press, 1974, p. 109.

2. See L. Minio-Paluello, « Le texte du *De anima* d'Aristote : la tradition latine avant 1500 », in Id., *Opuscula. The Latin Aristotle*, Amsterdam, Adolf M. Hakkert, 1972, pp. 250-276.

tainly enjoyed remarkable popularity and became the basic text for the review undertaken some time later by William of Moerbeke, Latin-speakers however experienced serious difficulties in comprehension both from a linguistic and conceptual standpoint[3]. For sure such endeavours by James of Venice, who translated many other works by Aristotle, were the result of a « Rebirth of Aristotelianism » that had swept Byzantium in the early 12th century. From 1220 onwards Latin-speakers could also avail themselves of the major Commentary of Averroes, translated by Michael Scot, in which many of Avicenna's assumptions were openly criticized in a bid to submit once again Aristotle's original teachings on the soul. Yet Avicenna's treatise seems to have borne heavily and for a long time upon the outlook manifested in almost all commentators to the Aristotelian text. Indeed, many elements in Avicenna's original approach to psychological problems also continued to play an important part in medieval psychology.

II. *Two* scientiae *on the soul*

In his vast psychological encyclopaedia Avicenna draws a distinction between the study of the soul itself, which belongs to metaphysics, and that of the soul as a principle of animation, which rests with natural philosophy. The soul in itself is a spiritual substance, and not dependent on the body : « anima est substantia solitaria, id est per se ». It follows that its very existence and definition in metaphysical terms does not imply, *per se*, any reference to the body. This separation of the soul in itself from the body is argued on the basis of the subject's awareness of the Self and of its soul with no reference to the body (*esse animae aliud est quam esse corporis*).

In point of fact, however, the human soul requires the body because, according to Neo-Platonist understanding, it is the lowest form of separate intellect and owing to its ontological weakness it could not perform its activities without assistance from the body. The body and soul dualism that is put forward here is based on a distinction between what the soul is in itself, and the performance of its functions. Avicenna examines in detail the body-and-soul relationship, but even though he traces a strong mutual bond, he nonetheless believes the soul in itself to be a spiritual substance. All the activities that it fulfills in its capacity as the principle of life for a body only relate to its functions, but do not express its true nature : « anima est nomen huius rei non ex eius essentia »[4]. The soul's animating function with regards a body, whence the soul

3. It is a well known fact that John of Salisbury accused James of Venice of employing an excessive number of « Graecisms » in his translations : see F. Bottin, « Traduttori veneti alle origini dell'aristotelismo medievale », *Atti e memorie dell'Accademia Galileiana di Scienze, Lettere ed Arti in Padova. Memorie della Classe di Scienze Morali, Lettere ed Arti*, 121, 2008-2009, pp. 399-424.

4. See Avicenna Latinus, *Liber de anima seu Sextus de naturalibus,* Édition critique de la

draws its name (*anima*), does not amount to its true essence. The fact that the soul's function is to breathe life into a body does not in any way characterize its true nature, but only describes the task or duty that it is called upon to fulfill. In other words, it represents an accidental aspect of its nature, for its essence is to be an immaterial substance.

In ascertaining the nature of this peculiar body-and-soul relationship, which is often presented as unexplainable in rational terms[5], Avicenna avoids using the Aristotelian term « form » to describe the soul, and resorts to using terms such as *perfectio* and *motor* : « [anima] certe non est forma materiae, nec in materia ; forma etenim quae est in materia, est forma impressa in illa et existens per illam »[6]. Avicenna believes it would be a serious mistake to think of safeguarding the true nature of the soul by saying that the soul is a substantial form : « erravit igitur qui putavit hoc sufficere ad eam esse substantiam sicut ad esse formam »[7].

Even though use of the term *perfectio* to describe the soul's accidental relationship with the body certainly derives from the Latin translation of the Arabic word *kamal* found in the *De anima* by Avicenna[8] one should point out that prior to this translation Latin-speaking writers had fully grasped that same concept, if not in the same words, from a few passages in Augustine. In his *De Genesi ad litteram* Augustine had conceded that « inest ei [*scil.* animae] naturalis quidam appetitus corpus administrandi ». Later, in his *De natura et animae origine* Augustine stated that the noun *anima* does not refer to its essence in any way, but only to its function of animating a body : « animae nomen est ab eo quod corpus animet »[9]. This etymological meaning of the word

---

traduction latine médiévale par S. van Riet, Introduction sur la doctrine psychologique d'Avicenne par G. Verbeke, Louvain-Leiden, Peeters-Brill, 1972, *pars* I, *cap*. 1, pp. 26,24-27,29 : « Cum nos scierimus animam esse perfectionem ... non dicemus nos tamen propter hoc scire animam quid sit, sed sciemus eam secundum hoc quod est anima ... hoc enim nomen anima non est inditum ei ex sua substantia, sed ex hoc quod regit corpora et refertur ad illa ... ».

5. See *ibid.*, *pars* V, *cap*. 3, p. 109,88-89 : « Quamvis non facile intelligatur a nobis illa affectio et illa comparatio ».

6. *Ibid.*, *pars* I, *cap*. 1, p. 20,31-33.

7. *Ibid.*, p. 26,22-23.

8. Wisnovsky is known to believe that Avicenna consistently used the term *kamal*, instead of the term *istikmal*, which Ishaq ben Hunayn had used in his Arabic translation of *De anima* to convey the meaning of the Greek word ἐντελέχεια, thus expressing the kind of perfection that a change or an alteration entails, see R. Wisnovsky, *Avicenna's Metaphysics in Context*, London, Duckworth, 2003, p. 115.

9. Sancti Aureli Augustini *De natura et origine animae libri quattuor*, in Eiusd. *Opera*, VII/I, rencensuerunt C.F. Urba et I. Zycha, Vindobonae-Lipsiae, Tempsky-Freytag, 1913 (reprinted New York - London, Johnson Reprint Corporation, 1962), IV, 23, 37 : « Remotis omnibus dubitationis ambagibus, generale animae nomen esse intelligimus ... ergo nomen animae spiritus est ab eo, quod spiritalis est ; animae nomen est ab eo, quod corpus animet, hoc est uiuificet ». See also Sancti Aureli Augustini *De fide et symbolo*, in Eiusd. *Opera*, V/III, ex

anima that Augustine certainly must have drawn from Greek sources[10] spread throughout the Latin-speaking world thanks to a lesser pseudo-Augustinian treatise

recensione I. Zycha, Pragae-Vindobonae-Lipsiae, Tempsky-Freytag, 1900 (reprinted New York - San Francisco - London, Johnson Reprint Corporation, 1979), 10, 23 : « tria sunt quibus homo constat, spiritus, anima, corpus : quae rursus duo dicuntur quia saepe anima simul cum spiritu nominatur ; pars enim quaedam eiusdem rationalis, qua carent bestiae, spiritus dicitur : principale nostrum spiritus est ; deinde vita qua coniungimur corpori, anima dicitur ... sed haec etiam visibilis caro quae naturaliter est caro, cuius nomen anima non propter naturam, sed propter affectiones carnales accepit ».

10. The noun « *anima* » (from *animare* « to enliven ») goes further back than Latin, as it was already present in Greek, clearly in connection with the term ψυχή. John Philoponus – being the unlikely source of Augustine, but most likely the source of Avicenna – actually sets forth as an acquired fact (thereby suggesting that Augustine may have been influenced by other neo-Platonic sources prior to Philoponus) that « the rational soul (ἡ λογικὴ ψυχή) on account of its being furnished with a separate substance (χωριστὴν οὐσίαν) is not the act of a body (ἐντελέχεια σώματος) [...] but once it has attained such a relationship with the body (ὡς μέντοι τοιάνδε σχέσιν ἀναλαμβάνουσα πρὸς τὸ σῶμα), whereupon it is also known as soul (indeed, it is referred to as soul – ἡ γὰρ ψυχὴ πρὸς τὸ σῶμα λέγεται – on account of its relationship with the body) it is an act of the body wherefrom it is inseparable » (Ioannis Philoponi *in Aristotelis De anima libros Commentaria*, edidit M. Hayduck, *CAG* 15, Berolini, Reimer, 1897, p. 225,1-4). The specific terminology of Philoponus and the issue of the distinctive relationship (σχέσις) of the soul with the body that (in the view of Gutas, Wisnovsky, and Hasse) constitute the direct source of Avicenna (see D. Gutas, « Philoponos and Avicenna on the Separability of the Intellect: A Case of Orthodox Christian-Muslim Agreement », *The Greek Orthodox Theological Review*, 31, 1986, pp. 121-129, reprinted in Id., *Greek Philosophers in the Arabic Tradition*, Aldershot - Burlington (USA) - Singapore - Sydney, Ashgate 2000, chapter XI ; Id., « Avicenna's Marginal Glosses on *De anima* and the Greek Commentatorial Tradition », in P. Adamson, H. Baltussen and M.W.F. Stone (eds.), *Philosophy, Science and Exegesis in Greek, Arabic and Latin Commentaries*, London, Institute of Classical Studies, 2004, II, pp. 77-88, esp. p. 83 ; R. Wisnovsky, *Avicenna's Metaphysics*, *op. cit.*, pp. 113-114 ; D.N. Hasse, « The Early Albertus Magnus and his Arabic Sources on the Theory of the Soul », *Vivarium*, 46, 2008, pp. 232-252, esp. pp. 242-244) are actually drawn from the doctrines, and the relevant vocabulary, of Porphyry and Iamblichus. Indeed, Philoponus' commentary to *De anima* does not appear to have been translated into Arabic. In his *Sententiae*, Porphyry thus lays down the essence of that tendency of incorporeal things towards bodies : « things essentially incorporeal are not locally present (τοπικῶς) with bodies but are present with them when they please, by verging towards them as far as they are naturally adapted so to verge (ῥέπειν) ; they are not, however, present with them locally, but through alliance (τῇ σχέσει) » (see Porphyre, *Sentences*, études d'introduction, texte grec et traduction française, commentaire par l'UPR n. 76 du Centre National de la Recherche Scientifique, sous la responsabilité de L. Brisson, Paris, Vrin, 2005, *Sent.* 3). Besides, he points out that « things essentially incorporeal are not present with bodies, by hypostasis and essence, for they are not mingled with bodies. But they impart a certain power (δύναμις) which is proximate to bodies, through verging towards them. For tendency (ῥοπή) constitutes a certain secondary power proximate to bodies » (see Porph. *Sent.* 4). The term ῥοπή, derived from the image in Plato's *Phaedrus* (247B4) of the horse that steers its

(*De spiritu et anima*), which during the Middle Ages was held to be – if not a true account – at least a faithful summary of Augustine's thought. Herein, it was reiterated that « anima nominatur totus homo interior, qua vivificatur, regitur et continetur lutea illa massa, humectata succis, ne arefacta dissolvatur ... dum ergo vivificat corpus anima est ... »[11].

---

chariot earthwards, cannot be taken in Plotinus as meaning a free-willed tendency towards the body (see C. D'Ancona, « Les Sentences de Porphyre entre les Ennéades de Plotin et les Eléments de Théologie de Proclus », in Porphyre, *Sentences, op. cit.*, vol. I, pp. 139-274, esp. p. 200). Yet if associated with the term νεῦσις, which Plotinus employs to describe the soul's natural tendency towards sensibles, the aforementioned term seems to have influenced Porphyry's doctrine of the soul's free-willed tendency towards the body. After all, as Priscian tells us, the same words crop up in Iamblichus to express the soul's natural (albeit still deemed blameworthy) tendency towards a body (see C. Steel, *The Changing Self. A Study on the Soul in Later Neoplatonism : Iamblichus, Damascius and Priscianus,* Brussel, Koninklijke Vlaamse Academie België voor Wetenschappen en Kunsten, 1978, tr. by L.I. Martone, Bari, Pagina, 2006, p. 95). For the very reason that an incorporeal thing may never present with a body locally (τοπικῶς), Porphyry goes on, one cannot think of σχέσις along the lines of a relationship such as that between a container and its content, *e.g.* like a wild animal in a den, or like liquid or wind in a bladder, but « it is requisite that it should give subsistence to certain powers (δυνάμεις) which verge (ῥεπούσαι) to what is external, through its union with body ; by which powers, when it descends, it becomes complicated with body » (see Porph. *Sent.* 29). Still, after this description even Porphyry holds this enclosure of an incorporeal thing in a body to be « ineffable » (ἄρρητον). Therefore, while Porphyry upholds Plotinus' original belief that incorporeal things cannot be deemed to willingly tend towards bodies, he then states that this tendency does not affect hypostases as such, but by identifying hypostases with particular beings, so that these particular beings have a natural tendency to verge towards bodies : « but in partial hypostases, and which are able to verge to many things, there is also a desire of being converted to their progeny. Hence, likewise, in these there is error, in these there is reprehensible incredulity [...] but imperfection converts primary to posterior natures, and causes them to love the beings which have departed from Divinity prior to themselves » (Porph. *Sent.* 30). For sure medieval thinkers came into contact with these doctrines through the influence wrought by the sentences on Aristotle's pseudo-theology and on the *Liber de causis,* but also through Nemesius' *De natura hominis*, translated into Latin by Burgundio of Pisa. The book goes to great lengths to show that the body / soul alliance may only take place through a relationship : « it is thanks to such an alliance (τῇ σχέσει) and to such a tendency (τῇ τι ῥοπῇ) towards something and to a disposition (διαθέσει) that the soul is bound to the body [...] neither in a bodily manner, nor locally, but on the strengths of a habitude ». In the Latin translation medieval readers could find : « etenim habitudine et favore et affectione ligatam esse dicimus a corpore animam ... non corporaliter neque localiter, sed secundum habitudinem » (Némésius d'Émèse, *De natura hominis*, Traduction de Burgundio de Pise, Édition critique avec une introduction sur l'anthropologie de Némésius par G. Verbeke et J.R. Moncho, Leiden, Brill, 1975, p. 56,85-87).

11. See Sancti Aureli Augustini *De spiritu et anima*, in *Patrologiae Cursus Completus,* series latina, accurante J.-P. Migne, Paris, Garnier, 1865, vol. 40, *cap.* 34, *col.* 803, *ll.* 26-28. The passage, however, was already found in treatises from the circle of Alcuin (see J. Marenbon,

Yet while that same concept was being incorporated almost verbatim in practically all subsequent treatises, such as the *De anima* by Cassiodorus – also heavily influenced by Augustinian thought[12] – it was becoming part of a shared heritage by way of the many medieval writings of an encyclopaedic nature, starting with the *Etymologiae* by Isidore of Seville[13], and ultimately forging the common knowledge of the time. Thus, it is possible to collect a wealth of documentation to that effect in all medieval dissertations on the soul long before Avicenna's treatise was translated.

In addition to Augustine and the encyclopaedias, Latin scholars already had access to *inter alia De differentia animae et spiritus* by Constabulus, translated into Latin in the mid-12th century by John of Seville (perhaps identifiable with Avendauth, the Jewish translator of Avicenna's *De anima*). Here, the term *motor* referring to the soul was traced back to Plato, while the term *perfectio* was traced back to Aristotle. While acknowledging that « diversitas sive discordia philosophorum, scilicet Platonis et Aristotelis et Galeni ... et eorum similiter qui post illos venerunt ... », in his work Constabulus argues that the Platonic standpoint whereby the soul is a substance (« anima est substantia incorporea movens corpus ») and the Aristotelian view whereby the soul is *perfectio vis-à-vis* the body are mutually compatible and complementary[14].

All this helped to convey the idea that the Augustinian and the Aristotelian perspectives were not conflicting – indeed, the latter had been recently rediscovered in the original source texts – because the Aristotelian view was construed in light of the

---

From the circle of Alcuin to the school of Auxerre. Logic, Theology and Philosophy in the Early Middle Ages, Cambridge, Cambridge University Press, 1981, p. 161). On the pseudo-Augustinian treatise, see the papers by L. Norpoth, *Der pseudo-augustinische Traktat: De spiritu et anima*, Köln und Bochum, Institut für Geschichte der Medizin der Universität zu Köln, 1971 (Philosophische Dissertation, München 1934) ; F. Regan, *A study of the Liber de spiritu et anima ; its doctrine, sources and historical significance*, Ph.D. Thesis, 1948.

12. See Magni Aureli Cassiodori *De anima*, in Eiusd. *Opera*, vol. I, cura et studio J.W. Halporn, Brepols, Turnholti, 1973, III, 1 : « Alii vero appellatam animam dicunt eo quod animet substantiam corporis sui atque vivificet ».

13. See Isidori Hispalensis Episcopi *Etymologiarum sive Originum*, recognovit brevique adnotatione critica instruxit W.M. Lindsay, Oxonii, Clarendon, 1911 (reprinted 1971), t. II, XI, 1, 10-13 : « anima dicta propter quod vivit ... dum ergo vivificat corpus anima est ». The passages by Cassiodorus were taken up verbatim by Rabanus Maurus in his *De rerum naturis*, VI (see *Hrabanus Maurus, De rerum naturis. Il codice 132 dell'Archivio di Montecassino*, riproduzione integrale (CD Rom), Cassino, Università degli Studi di Cassino, 1997). This encyclopaedia may well also refer to Pietro Alighieri's commentary to Dante's Comedy (see *Comentum super poema Comedie Dantis: A Critical Edition of the Third and Final Draft of Pietro's Alighieri's Commentary on Dante's* The Divine Comedy, edited by M. Chiamenti, Tempe, Arizona, Arizona Center for Medieval and Renaissance Studies, 2002, *Purgatorio*, commentary on the verses XXV, 60-61), as if to show that it is the stuff of common knowledge.

14. See Costa-Ben-Lucae *De differentia animae et spiritus liber*, translatus a Johanne Hispalensi, Innsbruck 1878 (reprinted Frankfurt, Minerva, 1968), pp. 134-136.

Avicennian scheme. In point of fact, Avicenna's thought is marked by an express and forthright body / soul dualism that is acknowledged and justified only as a tool to perform certain functions, so much that the body / soul relationship loses all meaning after death and ceases entirely. The soul is not woven into the body as form is cast upon matter ; rather, it is an embodied spirit that finds itself in such a state owing to circumstances beyond its nature. To exist it does not necessarily have to be tethered to a body, thus it is in itself fully spiritual.

As its existence inside a body is accidental *vis-à-vis* its true nature, then – in its representing the perfection of an organic body – the soul can no longer be object of studies by metaphysics, but belongs to the realm of physical or natural science. From this point of view the definition of soul put forth by Avicenna as « perfectio prima corporis naturalis instrumentalis habentis opera vitae » does not seem to stray much from the famous Aristotelian definition. Yet, if placed within a spiritualist concept of the soul and in a clear-cut body / soul dualism his definition ultimately casts a significantly different meaning upon the original Aristotelian definition.

While Avicenna clearly marks out the separate nature of the soul, if considered in itself, he nonetheless sets forth a number of doctrines showing how the soul needs the body on account of its ontological weakness, given that – according to neo-Platonist thought – it is the lowest of the separate intellects and could not carry out its activities if it were to find itself bereft of the body. The body / soul dualism that is put forth here is therefore grounded upon the distinction between what the soul is in itself and the performance of its functions. Avicenna examines the body-and-soul relationship in detail and concludes that all the activities that the soul fulfills in its capacity as the principle of life for a body only relate to its functions, but do not express its true nature.

The fact that the soul has the task of breathing life into a body should not lead us into thinking the soul in itself on the basis of such accidental functions, in that they merely describe its mission or the tasks it is called upon to perform. From a certain perspective, this relationship is therefore presented as accidental, because its true essence rather lies in being a substance. Yet from another point of view, this relationship is both essential and necessary, for the soul separated from the body could no longer function in the same way. This instance is well-stated in Avicenna, as Philoponus had done beforehand, through the analogy to the bond between a ship and its helmsman. In truth, from a general standpoint, there is no necessary connection between a ship and its helmsman, for they are separate entities. However, the *perfectio* of the ship, namely the performance of all the activities that a ship can do, necessarily requires the presence of a helmsman to steer it[15]. From this standpoint their rela-

15. *Cf.* Avic. Lat., *De an. pars* I, *cap*. 1, pp. 34,18-35,26. It should be noted that at this point the Latin translation « carpentarius lignorum » conveys the Arabic term *rubban* that more fittingly identifies the helmsman, as in Philoponus' example. In other contexts, though the term is translated correctly with *rector*.

tionship is no longer extrinsic and accidental, but necessary. In terms of the specific operations performed by the soul through the body, their relationship is likewise necessary, so much that – whereas a helmsman may steer any given ship – the soul does not come into contact with any given body, but with a particular body only. Avicenna explicitly states that « the soul is not one in all bodies, for it would otherwise become manifold on account of its accidental relationship with the body »[16].

Thus, Avicenna describes the body / soul relationship in a seemingly aporetic manner : on the one hand, the soul cannot have been self-subsistent before establishing what is known as *affectio* or *comparatio* with the body, but « only came into existence with the body »[17], indeed, receiving from the body such knowledge as is required to undertake its own specific activities like cognitive enquiry[18]. On the other hand, even though the soul does establish a specific relationship with a given body, to the point that that same bond makes it unique, the body / soul relationship always remains extrinsic and accidental, to the point that at a cognitive level, after drawing the *principia intellectionis* from the body, the soul reverts to itself and functions self-sufficiently of the body. Indeed, a death of the body in no way implies a death of the soul or its inability to perform[19].

In outlining the relationship between body and soul Avicenna seems to depart from his initial approach, for he details therein a set of elements that entail a necessary bond, and no longer an accidental one. First he speaks of a natural disposition that, as an individual soul comes into being, connects it with an individual body and none else : « it is clear that souls come into being only when a material body is at hand

16. *Ibid.*, *pars* V, *cap.* 3, p. 110,7-8 : « ... anima non est una in omnibus corporibus, si enim esset una in omnibus illis esset multae propter relationem ». It should be noted that the term *relatio* does not convey the exact meaning of the Arabic term *idafa*, which accurately describes the accidental relationship that may exist between a father and any of his children. See Th.-A. Druart, « The Human Soul's Individuation and its Survival after the Body's Death: Avicenna on the Causal Relation between Body and Soul », *Arabic sciences and philosophy*, 10, 2000, pp. 259-273, esp. p. 264.

17. Avic. Lat., *De an. pars* V, *cap.* 3, pp. 107,77-108,79 : « ... manifestum est animas incipere esse cum incipit materia corporalis apta ad serviendum eis, et corpus creatum est regnum eius et instrumentum » ; *ibid.*, *cap.* 4, p. 124,96 : « animae non fuerunt creatae et multiplicatae nisi cum aptitudine corporum » ; *ibid.*, p. 116,83 : « creatio unius et non alterius, est impossibilis » ; *ibid.*, p. 116,88 : « si possibile esset unamquamque animam creari et non crearetur id in quo perficitur et operatur, otiosum esset eius esse ».

18. *Ibid.*, *pars* V, *cap.* 3, p. 104,22-23 : « Anima autem humana iuvatur corpore ad acquirendum principia illa consentiendi et intelligenti » ; p. 109,89-90 : « Anima autem habet principia perfectionis suae mediante corpore ».

19. *Ibid.*, *cap.* 4, p. 117,98-99 : « Quia creato uno creatur et aliud, non ideo oportet ut uno destructo destruatur alterum. Non enim hoc contingerit nisi cum esse unius fuerit propter esse alterius aut in altero ». On the body / soul relationship in Avicenna, see : Th.-A. Druart, «The Human Soul's Individuation», *op. cit.*

to serve their purpose [...] Within the substance of the soul that comes into being alongside a given body, for which the soul was created from the primary principles, there lies a disposition to be naturally inclined to nurse the body and guide it, as well as provide for all its needs and be at one with it. For all these reasons, the soul becomes exclusive to a given body and ill-assorted to all others [...] »[20]. Such an *affectio inclinationis* as the one that the soul feels for its body when it subsists individually is so special as to be exclusive : « by reason of these dispositions (*affectiones*) a given soul becomes exclusive to a given body, since these dispositions are ways of being (*habitudines*) whereby one becomes worthy of the other, even though we do not readily understand such a disposition and relationship »[21].

Moreover, Avicenna adds that even though « the soul has no relationship with the body, unlike that of a form that is cast upon it », so that relationship only arises from « the soul [which] nurses the body and governs it [...] so that the body is influenced by the soul », an attachment of this kind nonetheless entails : i) that the soul has awareness of the body and vice versa, ii) that, on a human level at least, the living being is aware of its soul's uniqueness. This dual awareness – that of the soul *vis-à-vis* the body and that of a living human being with respect to the soul – does not just necessarily bring about the certainty « that one's own soul holds sway over one's own body », but that « if there were another soul whereof the living being were unaware, that soul would neither belong to the living being nor would it nurse its body »[22].

These aspects in Avicenna's thought are essential for outlining the specific features of a person's unity, even if – by so doing – the Aristotelian doctrine of the unity of beings based on a σύνολον of matter and form has been scaled down. Having ruled out that the soul is individual due to the impression of a form cast upon matter, Avicenna argues that said individuality stems from the fact that « owing to the bodily faculties a certain way of being begins to arise in the soul that is peculiar thereto and

20. Avic. Lat., *De an. pars* V, *cap*. 3, pp. 107,77-108,86 : « Ergo iam manifestum est animas incipere esse cum incipit materia corporalis apta ad serviendum eis ... sed in substantia animae quae incipit esse cum aliquo corpore propter quod debuit creari ex primis principiis, inest affectio inclinationis naturalis ad occupandum se circa illud et ad regendum illud et providendum ei in omnibus et adhaerendum ei ; et per haec omnia fit eius propria et alienatur ab aliis omnibus corporibus ... ».

21. *Ibid*., pp. 108,86-109,89 : « ... propter quas affectiones illa anima fit propria illius corporis, quae sunt habitudines quibus unum fit dignum altero, quamvis non facile intelligatur a nobis illa affectio et illa comparatio ».

22. *Ibid*., *pars* V, *cap*. 4, p. 125,17-24 : « Deinde non sic anima pendet (*al'alaqa*) ex corpore quasi impressa in eo, sed sic pendet ex eo sicut circa quod occupatur et cognoscit [translated literally as « is aware » from the Arabic *tas'uru*] et quod patitur ex illa. Omne autem anima cognoscit et percipit animam suam unam esse quae est imperans et regens suum corpus quod habet ; si autem est ibi alia anima quam non percipit anima, nec quae occupatur circa suum corpus, tunc non pendet ex illo corpore : non enim pendet anima ex corpore nisi hoc modo. Ergo nullo modo transfertur anima ad aliud corpus ».

belongs to no other ». In this regard he speaks of moral dispositions or other features that « necessarily » begin to abide in souls when they touch upon bodies, even though the nature of these features is oftentimes unknown.

At this point, Avicenna can only infer that « souls realize their fulfillment through the body » and « are told apart by their features, whether that does or does not depend on the body, and whether these features are known to us or not »[23]. Despite the awkwardness of such a statement, it must be construed here, albeit in different ways, as referring both to the soul as the perfection of a body, and to the soul as « substantia solitaria » that can in itself function independently from the body. Insofar as terminology, Avicenna identifies this concept in the distinction between two Arabic words, both used in translating the Greek word ἐντελέχεια : *istikmal* and *kamal*. The first term, *istikmal*, is used in the translation of the *De anima* from Greek, but Avicenna employs it exclusively to describe the soul's higher faculties, like feeling and understanding, which do not bring about a physical change or alteration (in humans at least). The second term, *kamal*, is used time and time again to translate the Aristotelian expression σώματος ἐντελέχεια in the same definition of the soul. In the Avicennian design, however, it only refers to the *perfectio* of the soul as the principle of life for a body, and thence all the physical changes which this principle undergoes in pursuance of this activity[24].

Medieval scholars also failed to perceive the Avicennian distinction between the two *scientiae de anima* as a departure from Aristotle's original text, since opening lines of *De anima* spoke of a clear distinction between « the nature (φύσις) and essence (οὐσία) » of the soul from the « features that appertain to it (ὅσα συμβέβηκε περὶ αὐτήν) » in its capacity as the principle of life. Moreover, Aristotle himself distinguished between « affectations that are peculiar to the soul » (ἴδια πάθη), which later critics – albeit aporetically – largely identified as the activities relating to νοεῖν, and the affectations appertaining to it as a living being[25].

Avicenna's conception of the soul as a self-subsistent substance shall find fertile ground in the theological doctrines that already lean towards this notion on account of Augustine's conception of the soul, giving rise to a form of eclectic Aristotelianism

23. *Ibid.*, *pars* V, *cap*. 3, p. 109,89-90 : « anima autem habet principia perfectionis suae mediante corpore » ; *ibid.*, pp. 112,33-113,43 : « quia accidit ei percipere essentiam suam singularem, quod habet ex eo quod percipit aliquam affectionem quae est eius propria et non alterius, possibile est etiam contingere in ea ex virtutibus corporalibus affectionem propriam quae pendeat ex affectionibus moralibus aut sint ipsae eaedem, aut ut sint ibi etiam aliae proprietates nobis occultae quae consequuntur animas cum creantur et postquam creantur, qualia sequuntur singularia specierum corporalium quibus differunt ; et ut animae sint ita, sed differunt suis proprietatibus propter quas corpora creata fuerunt aut non, sive sciamus illas dispositiones sive non, aut aliquas illarum ».

24. *Cf*. R. Wisnovsky, *Avicenna's Metaphysics*, *op. cit.*, pp. 115-116.

25. See Aristot. *De anima* I 1, 402a7-11.

that, as we shall see, only Thomas Aquinas will successfully criticize by demonstrating its inner contradiction. On the other hand, the distinction between a *scientia de anima* that rests with the metaphysician and a *scientia de anima* that lies with the natural philosopher will become part of a shared heritage of medieval thought even after the acquisition of Aristotle's original texts, and even after the strong vindication of the hylomorphic conception of the soul put forward by Thomas Aquinas. Almost all the medieval commentaries to the *De anima* begin with one or more *quaestiones* wherein queries are exactly *utrum de anima sit scientia*. Even those who distance themselves from Avicennian dualism shall convene that one kind of *scientia de anima* is undeniably certain, obviously meaning that *scientia de anima* which is the subject of metaphysics, but not of natural science[26].

In any case Avicenna's contribution will remain fundamental in the two spheres of *scientia de anima* ; indeed, in these two spheres he will introduce innovations to Aristotelian thought that will ultimately become accepted or will succeed in greatly influencing even those who remain more faithful to Aristotle's text.

III. *« Scientia de anima certissima est »*

Insofar as the *scientia de anima* that is obtained at a metaphysical level, thus relating to the soul in itself and not as *perfectio corporis*, Avicenna is quite outspoken in emphasizing the autonomy of the soul that is most certainly likened to the essence of separate substances and especially to the essence of angels : « anima intelligit eo quod apprehendit in seipsa formam intellectorum nudorum a materia, ut angelica essentia »[27]. The soul is endowed with intellectual activity since it is capable of learning in itself the form of intelligible things that are wholly devoid of matter, as do the separate essences of angels. Thus, the soul in itself is no different from angelic intellects that can understand without resorting to the process of abstraction from matter, as well as understand by themselves since they are forms devoid of matter. The human soul is acknowledged to possess both these features, providing it is taken by itself, *i.e.* independently of the functions it fulfills owing to the *comparatio* with a material body.

In the eyes of medieval theologians the Avicennian doctrine once again showed great likeness to a specific doctrine of Augustine's who – when trying to explain in the *De genesi ad litteram* why the souls of the blessed could not behold God's truth

26. Even Aquinas, who surely does not accept the doctrine of the two *scientiae de anima*, says : « ... scientia de anima est certissima, quod unusquisque in seipso experitur se animam habere, et actus animae sibi inesse », but adds without further ado : « sed cognoscere quid sit anima, difficillimum est » (Sancti Thomae Aquinatis *De veritate,* in Eiusd. *Quaestiones disputatae*, cura et studio R. Spiazzi, Romae-Taurini, Marietti, 1953, vol. I, q. 10, *art.* 8 *ad s. c.* 8).

27. Avic. Lat., *De an. pars* V, *cap.* 6, p. 134,41-42.

directly, unlike the angels – suggested that perhaps it was the very presence of an *affectus* to the body that prevented the souls of the blessed from wielding all their cognitive power. Only once restored to the resurrected body, hence also turning into spiritual matter could the souls of the blessed achieve full knowledge[28]. A Dominican named Robert Kilwardby, however, would construe this reference to Augustine in the light of its substantial kinship with Avicenna's outlook centering on *comparatio* – in the sense that, even while construed as an independent substance, the soul required such an *inclinatio* or *appetitus* to fulfill its nature more comprehensively, at least insofar as knowledge of corporeal things[29].

In this regard, while late 12th century theologians keep to Avicenna's basic view, being – as we have seen – that the soul is predisposed to functioning through a body, on the grounds that it has an *aptitudo* to function through the body[30], they nonetheless stray from the Avicennian design in the belief that such an aptitude is no mere accidental feature of the soul, but actually constitutes its true essential nature. Many theologians will introduce into the soul a feature known as *unibilitas* with the body that is no longer regarded as an incidental character, however, but as the distinctive cipher of the human soul also with respect to the essence of angels. For sure, the human soul may in itself be likened to angelic intellects, but differs from them as they

28. See Sancti Aureli Augustini *De Genesi ad litteram,* in Eiusd. *Opera*, III/II, recensuit J. Zycha, Vindobonae, Tempsky, 1894, p. 35,68 : « Sed si quem movet, quid opus sit spiritibus defunctorum corpora sua in resurrectione recipere, si potest eis etiam sine corporibus summa illa beatitudo praeberi ; difficilior quidem quaestio est, quam ut perfecte possit hoc sermone finiri : sed tamen minime dubitandum est, et raptam hominis a carnis sensibus mentem, et post mortem ipsa carne deposita, transcensis etiam similitudinibus corporalium, non sic videre posse incommutabilem substantiam, ut sancti Angeli vident ; sive alia latentiore causa, sive ideo quia inest ei naturalis quidam appetitus corpus administrandi ; quo appetitu retardatur quodammodo ne tota intentione pergat in illud summum coelum, quamdiu non subest corpus, cuius administratione appetitus ille conquiescat ».

29. See R. Kilwardby, *Quaestiones in librum secondum sententiarum*, hrsg. von G. Leibold, München, Bayerische Akademie der Wissenschaften, 1992, q. 8, pp. 32,109-34,165 : « ... secundum Augustinum tota anima rationalis in omnibus potentiis essentialiter appetit uniri cum corpore et hoc ad naturalem sui perfectionem ... sic facta est ut non possit cognoscere corporalia nisi per sensum nec sentire potest nisi per organum corporeum ... et sic in tota anima est appetitus et inclinatio naturalis ad uniendum cum corpore et hoc ut sic assequatur perfectionem suam naturalem, scilicet cognitionem sensibilium, quod sine corpore non potest ... anima rationalis posita inter regionem corporalium et spiritualium ut cognoscat corporalia ... spiritualia autem melius cognoscit per abstractionem et separationem a corpore ». See also F. Ehrle, « L'agostinismo e l'aristotelismo nella scolastica del secolo XIII », in Id., *Gesammelte Aufsätze zur englischen Scholastik*, hrsg. von F. Pelster, Roma, Edizioni di Storia e Letteratura, 1970, pp. 87-181, esp. p. 151.

30. See Avic. Lat., *De an. pars* I, *cap*. 2, p. 39,8-80 : « anima est motor primus instrumentalis quae habet instrumenta apta ad movendum membra musculis et nervis ».

do not appear to strive to unite with a body. It follows that, with this clarification made, the issue of *unibilitas* that could have been traced directly to Avicenna, even if only as a purely accidental and extrinsic feature of the soul[31], shall also be received by the great masters of 13th century scholasticism, like Bonaventure[32] and Thomas Aquinas[33].

This view continued to influence a great deal of medieval thinkers even after Aristotle's *De anima* had circulated, been taken in and understood in its real expressions, and fully adapted – thanks to the work of Thomas Aquinas – to the specific theological anthropology of Christian believers. The influence of Avicenna's basic design managed to become deeply rooted not only in the epistemological doctrines of Franciscans, who found great affinity with the Augustinian doctrines on the soul and knowledge (so much that, as Gilson first noted, a strand of Avicenna-inspired Augustinism was widely reported), but also in literary and poetic circles (*i.e.* in the philosophical output written in the vernacular), as a passage in Dante's *Convivio* seems to bear witness to. While in this work Dante expressly refers to the philosophical thought of good « Brother Thomas » (as he calls Aquinas), he can still repeat Avicenna's words in this regard almost verbatim, perhaps influenced by the Franciscans[34]. These words Thomas himself would most certainly have been loath to share, as we shall see :

> [...] the human soul, which by the nobility of its highest power (that is, reason) participates in the divine nature as an everlasting intelligence. For the soul is so ennobled and divested of matter in this supreme power that the divine light shines in it as in an angel ; and therefore man is called a divine living being by the philosophers[35].

31. In a recent paper of mine, « *Unibilitas*. Back to the Sources of Soul's Unibility to the body », *Medioevo. Rivista di storia della filosofia medievale*, 35, 2010, pp. 9-36, I believe to have shown that ascribing to Avicenna the purely accidental nature of the soul's union with the body is due partly to a flawed Latin translation of his texts, and partly to contemporary scholars' hasty reading thereof. For Avicenna, the body / soul relationship is unique and Latin theologians never called him to task for regarding it as purely accidental.

32. See Th.M. Osborne, « Unibilitas. The Key to Bonaventure's Understanding of Human Nature», *Journal of the History of Philosophy*, 37, 1999, pp. 227-250.

33. Besides, Thomas does not regard unibilitas as one of the soul's truly essential features : « ... dicendum, quod *unibilitas* non est propria differentia essentialis ; sed est quaedam designatio essentialis differentiae per effectum » (Sancti Thomae Aquinatis *In Sententias*, Bologna, Edizioni Studio Domenicano, 2000, *in Sent*. II, d. 3, q. 1, *art*. 6 *ad* 3).

34. *Cf.* Dante Alighieri, *Convivio*, II, XII, 7 : « I began to go where she was truly revealed, namely to the schools of the religious orders and to the disputations held by the philosophers, so that in a short period of time, perhaps some thirty months, I began to feel her sweetness so much that the love of her dispelled and destroyed every other thought ».

35. *Ibid.*, *Conv*. III, II, 14.

Although it is unthinkable for Dante to be steeped in analysis of a text by Avicenna, he may have likely taken this expression literally from one of Avicenna's works owing to his keeping frequent company with Franciscans, quite unaware that his beloved Thomas could not have shared the same opinion[36]. Yet, in *De Monarchia*, Dante introduces another image of man that could have more justifiably been found in the writings of Thomas Aquinas, namely, that of man as the horizon and boundary between the material and immaterial world :

> man alone of all beings holds the middle place between corruptibility and incorruptibility, and is therefore rightly compared by philosophers to the *horizon* which lies between the two hemispheres[37].

The statement was found to be both in the works of Thomas[38], and in the *Liber de causis*[39], which Dante shows to have knowledge of (in the *Convivio* he refers to it as the *Book of Causes*) and expressly quotes from on several occasions.

There is no question that Dante in Florence had breathed the influence of Franciscan teachers (he openly admits to having long heard « the disputations of philoso-

36. See A. Raffi, *La gloria del volgare. Ontologia e semiotica in Dante dal « Convivio » al « De vulgari eloquentia »*, Rubbettino, Soveria Mannelli, 2004, p. 65.

37. Dante Alighieri, *De Monarchia*, prop. 2, 62, 3-4 : « homo ... recte a phylosophis assimilatur horizonti, qui est medium duorum emisperiorum ». In this work dating from a later period, then, he does not claim philosophers to consider man as a divine being, but chooses the metaphor that likens man to the horizon. On the « Arab » origin of this metaphor, see C. D'Ancona, *Introduzione* to Plotino, *La discesa dell'anima nei corpi. Plotiniana arabica,* Padova, Il Poligrafo, 2003. At any rate, the origin of the two metaphors – the one that makes man a divine being, and the one that likens him to the horizon – is neo-Platonic, and they do not accurately reflect the thought of a staunch Aristotelian such as Thomas.

38. See *e.g.* Sancti Thomae Aquinatis *Summa contra Gentiles*, in Eiusd. *Opera Omnia*, t. XIV, cura et studium Fratrum praedicatorum, Romae, Commissio Leonina, 1926, *lib.* II, *cap.* 68 : « anima intellectualis dicitur esse quasi quidam horizon et confinium corporeorum et incorporeorum, inquantum est substantia incorporea, corporis tamen forma » ; *lib.* IV, *cap.* 55 : « Homo enim, cum sit constitutus ex spirituali et corporali natura, quasi quoddam confinium tenens utriusque naturae, ad totam creaturam pertinere videtur quod fit pro hominis salute. Nam inferiores creaturae corporales in usum hominis cedere videntur et ei quodammodo esse subiectae. Superior autem creatura spiritualis, scilicet angelica, commune habet cum homine ultimi finis consecutionem ... » ; Sancti Thomae Aquinatis *De potentia*, in Eiusd. *Quaestiones disputatae*, cura et studio P. Bazzi et al., Romae-Taurini, Marietti, 1953, vol. II, q. 3, *art.* 9 : « Praeterea, anima rationalis constituta est inter Deum et res corporales media ; unde in libro de causis dicitur, quod est creata in horizonte aeternitatis et temporis ».

39. See « Le *Liber de causis*. Édition établie à l'aide de 90 manuscrits avec l'introduction et notes par A. Pattin », *Tijdschrift voor Filosofie*, 28, 1966, p. 50,80-89 : « Esse vero quod est post aeternitatem et supra tempus est anima, quondam est in horizonte aeternitatis inferius et supra tempus ».

phizers »), and later accepted the outlook of the *Liber de causis*, which is also Thomas' direct source for his belief in man as a horizon[40].

IV. *The « flying man » thought experiment between Augustine and Avicenna*

Medieval authors in particular are wont to find a specific affinity on the manner in which Avicenna sets out to demonstrate rationally the soul's intellectual autonomy from the body, and the arguments that Augustine himself had put forward in a context wholly unrelated to Aristotelian psychology. The most meaningful example to that effect is embodied by the Avicennian arguments based on a kind of thought experiment known as the « flying man » experiment, an (actually incorrect) expression coined by Etienne Gilson[41].

Avicenna's works feature several – somewhat different – versions of this experiment, but it is enough to examine the wording that medieval authors had access to in the Latin translation of *Sextus de naturalibus*. It has to be imagined as though a man were created whole (*creatus esset perfectus*) with his full cognitive faculties, but is cut off from the sensible world (*velato visu ne exteriora videret*). Then, he is created as though being surrounded by air so thin as to be unperceivable – or, better still, floating in a void (*moveretur in aere aut in inani*) so that he is unable to glean any information about the outside world through his sense organs. Under such conditions – Avicenna goes on – let us ask ourselves if this man who is not flying, but floating in a void, can assert the existence of his self : « videat si affirmat esse suae essentiae ». To Avicenna, this man « non dubitabit affirmare se esse », will have no doubts about asserting his self as something that exists without having to assert anything about his

40. C. D'Ancona has shown the Arabic origin of the horizon metaphor. While it is said in Plotinus that « the soul [...] has reached a midway position amongst beings, as it truly abides with the divine part, but sits on the outer edge of the intelligible » (Plot. *Enn.* IV, 8, 6, 4-5), later Neoplatonists (especially Proclus) seem to have abandoned the view of man skirting the border between the intelligible and sensible worlds, turning him into a divine being instead. Still, Plotinus' original design crossed over to the Latin world thanks to the *Liber de causis*, which on this point drew from Aristotle's pseudo-theology, an Arab adaptation of the text by Plotinus. On these matters, see C. D'Ancona-Costa, « *Esse quod est supra eternitatem*. La Cause première, l'être et l'éternité dans le *Liber de causis* et dans ses sources », *Archives d'Histoire Doctrinale et Littéraire du Moyen Age*, 59, 1992, pp. 41-62 ; Ead., *La discesa dell' anima nei corpi*, *op. cit.*, p. 352.

41. *Cf.* E Gilson, « Les sources gréco-arabes de l'augustinisme avicennisant », *Archives d'Histoire Doctrinale et Littéraire du Moyen Age*, 4, 1929, pp. 5-149. As shown by the various ways in which Avicenna presents his thought experiment, there is no reference to a « flying man », as Gilson rendered with the wording « l'homme volant », but rather to a « man floating in a void ». Yet Gilson's misunderstanding has now been universally accepted in historiography, and the expression « the flying man » has entered the English language.

limbs, his internal organs, or his brain, or about anything outwardly that belongs to him. And even if it were possible for him to imagine any material part of his body, he could not be sure to imagine it as really belonging to his body and therefore as a part of his self.

Knowledge of self is essential to the soul and is not gained from outside. Once a person exists the knowledge of self will never leave him. There are tools that ensure awareness of self ; it is innate to the self, therefore representing a true *a priori,* not only because it cannot be derived from anything other than one's awareness of self, but it is also the necessary condition for one's own existence and, consequently, for gaining any knowledge from the outside world. As one can see, these statements are in sharp contrast with the Aristotelian thesis whereby we have knowledge of our soul only once we have knowledge of an object external to our self.

Many medieval thinkers openly likened Avicenna's thought experiment aimed at demonstrating the soul's self-knowledge of its self to the musings of Augustine on the fact that one cannot doubt such things as living, remembering, understanding, willing, thinking[42] ; these all being reflections that contemporary historiography has well-and-

42. Avicenna's « flying man » thought experiment was relayed almost verbatim by Dominicus Gundissalinus in his discussion on the soul towards the end of XII century : « quod autem anima non sit corpus philosophi sic probant dicentes : ponamus aliquem hominem subito creatum in aere et perfectum, sed velato visu suo ne videat exteriora sua, et moveatur in aere, sic ut membra eius separata non contingant se nec aer tangat eum ita ut ipse sentire possit ; qui siquidem non affirmabit tunc vel exteriora membrorum suorum vel interiora, nec se animatum esse vel sensibilem esse vel aliquid huiusmodi ; nec tamen dubitabit affirmare se esse, cuius tamen non affirmat longitudinem nec latitudinem nec spissitudinem. Si autem in illa hora et in illo statu posset imaginare manum vel aliquod aliorum membrorum, non tamen imaginaret illud esse partem sui nec necessarium suae essentiae. Verum est autem quia id quod affirmatur aliud est ab eo quod non affirmatur, et concessum aliud est ab eo quod non conceditur, et quia essentia quam affirmat esse est propria illi eo quod illa est ipsemet, et est praeter corpus eius et praeter membra eius quae non affirmat esse, profecto datur intelligi aperte quod anima habeat aliud esse quam sit esse corporis et quod homo non eget corpore ad hoc ut sciat animam suam et percipiat eam » (see Dominicus Gundissalinus, *Tractatus de anima*, in J.T. Muckle, « The Treatise *De anima* of Dominicus Gundissalinus », *Mediaeval Studies*, 3, 1941, pp. 23-84, esp. p. 37). But in the next century this experiment was taken up by both Dominican thinkers (yet wholly overlooked by Thomas Aquinas) and Franciscan thinkers. For example, William of Auvergne, a Dominican who died in 1249 and bishop of Paris, expressly cites the Muslim thinker's experiment whilst compiling his *Tractatus de anima* a few years earlier in 1240 : « ... ad declarationem spiritualitatis animae ... ponam tibi adhuc declarationem quam adducit Avicenna in hoc ipsum. Dicit igitur quia si posuerimus hominem in aere velatam faciem habentem et omnino nullo sensu utentem et qui etiam nullo sensu fuerit usus, non est dubium quin possibile sit hominem hunc cogitare et intelligere ; quapropter sciet se cogitare vel intelligere et sciet eum se esse ; et si interrogaverit semetipsum an habeat corpus, proculdubio dicet se non habere corpus et eodem modo negabit de se partes omnes et singulas corporis umani. Negabit se habere caput, similiter se habere pedes et manus et ad hunc modum de aliis, concedet se

habere esse et negabit inquit Avicenna se habere corpus, aliud autem erit apud ipsum esse quod concedere de se, aliud vero quod negabit de se. Quia igitur negabit de se esse corpus, concedet autem de se esse suum, sive quod habet et sentit se habere, necesse est eam habere esse quod non est corporis et propter hoc necesse est ipsam non esse corpus » (Guilelmi Alverni *Tractatus de anima*, in Eiusd. *Opera omnia*, Parisiis, apud Andræam Pralard, 1674, anastatic repr. Frankfurt am Main, Minerva, 1963, t. II, *ff.* 82vb-83ra, tr. by R.J. Teske, in William of Auvergne, *The soul*, translated from the Latin with an introduction and notes, Marquette, Marquette University Press, 2000, p. 91). In the view of John Duns Scotus, the best known Franciscan theologian at the end of the 13th century, Avicenna's thought experiment becomes a theological hypothesis of God's *potentia absoluta* replacing one sensible body with another, just to demonstrate that we cannot have firm and direct knowledge of ourselves as we are made of body and soul : « One can assume there to be no error in the knowledge of oneself, one's own soul and the acts thereof [...]. As to the feasibility of understanding the compound of soul and body, error cannot be ruled out, for a sudden act of God could destroy the body and bind another to that same soul, while the soul is engaged in the same act of understanding of itself, without let or hindrance [...] ». Following the suggested hypothesis « in this case too, the soul would infallibly grasp its individual *differentia* as being a singular essence », but on no account could such conviction stem from one's own body, which has actually been replaced with another. Whereas in Avicenna's mind experiment the flying man was floating in the void so as to eschew any contact with the sensible world, Duns Scotus sets forth the theological hypothesis of a body replaced with another. In both cases the sensible world cannot provide any assurances as to its own individuality, of oneself. In both cases whatever is bound up with matter, as such, cannot provide any positive indication of its own self, even if it makes up an essential part thereof (see Johannis Duns Scoti *Quaestiones super libros Metaphysicorum Aristotelis*, edited by R. Andrews, G. Etzkorn et al., S. Bonaventure (N. Y.), The Franciscan Institute, 1997, VII, q. 13, n. 158, tr. by G.J. Etzkorn and A. B. Wolter, in *Questions on the Metaphysics* by John Duns Scotus, S. Bonaventure (N. Y.), Franciscan Institute Pubblications, 1998, vol. II : « ... differentia individualis a nullo nota est in hac vita communiter. Cuius probatio est : quia tunc nota esset differentia eius ad quodcumque aliud, et ita non posset errare de quocumque alio sibi intellectualiter ostenso quin iudicaret illud esse aliud. Sed hoc est falsum de alio omnino simili nisi tantum de intelligendo se animam et suum actum forte, a quibus differre diceret quantumcumque similia sibi ostensa. De intelligendo tamen se compositum forte erraret quis, si subito Deus suum corpus adnihilaret, et aliud suae animae uniret, manente anima in eadem intellectione non interrupta, sic quod anima quantum ad differentiam individualem se ipsam certissime novit hoc ens. Quantum ad naturam specificam, alia, ut sensibilia, certius novit ; et hanc notitiam de se inquirit. Sic glossa Richardum De Trinitate 6. Ergo non possumus individuum definire, non ex parte eius, sed ex impotentia nostra, sicut nec substantias separatas, ut patet in quadam quaestione super II librum »). That Duns Scotus resorts to *potentia absoluta*, though, implies that the hypothesis can hardly fulfill itself in a *pro statu isto* knowledge, which is always marked by an engendering of *species*, images of the things to gain knowledge of that are placed beforehand. With Duns Scotus, then, the Aristotelian doctrine of ὑποκείμενον is shed, at least insofar as the soul's knowledge of its individual nature, while evolving instead into the certainty that the individual has of itself. And in that self-knowledge, in which the logical categories of Aristotelian epistemology are no longer applicable, the specific features of one's individuality may be singled out, along with the oneness of one's being, of one's thoughts, and their exclusive belonging to the same subject, namely their inability to communicate.

truly identified as a veritable « Augustine's cogito »[43]. To this effect, it is noteworthy to point out how historiography now features a wealth of literature both of a historical and speculative kind on how the Cartesian *cogito* had been foreshadowed by Augustine as well as Avicenna[44].

Yet 13th century Franciscan masters were already wont to liken Avicenna's « flying man », thought experiment to the passage below from Augustine's *De Trinitate* :

> but nothing is at all rightly said to be known while its substance is not known. And therefore, when the mind knows itself, it knows its own substance ; and when it is certain about itself, it as certain about its own substance. But it is certain about itself, as those things which are said above prove convincingly ; although it is not at all certain whether itself is air, or fire, or some body, or some function of body. Therefore it is not any of these[45].

Augustine asserts that the soul gains knowledge of the outside world *per phantasiam imaginariam*, while the knowledge of its own essence as set apart from that of the outside world is obtained by « quaedam interior, non simulata, sed verior presentia » that is attained once the soul is unaffected by any perception of the material world.

In fact, the reflections of Augustine and Avicenna on this condition of the soul – so readily construed by Franciscans in an anti-Aristotelian and anti-Thomistic perspective – are so kindred as to warrant the belief in a neo-Platonic source common to both thinkers, as several scholars have tried to demonstrate[46].

43. See E. Bermon, *Le* Cogito *dans la pensée de Saint Augustin*, Paris, Vrin, 2001; G. Furlani, « Avicenna e il "cogito ergo sum" di Cartesio », *Islamica*, 3, 1927, pp. 53-72 ; R. Arnaldez, « Un précedent avicennien du "Cogito" cartésien », *Annales islamologiques*, 11, 1972, pp. 341-349 ; Th. Druart, « The Soul and Body Problem : Avicenna and Descartes », in Ead. (ed.), *Arabic Philosophy and the West. Continuity and Interaction*, Washington (D.C.), Georgetown University, 1988, pp. 29-34 ; T. Mctighe, « Further Remarks on Avicenna and Descartes », *ibid.*, pp. 51-54 ; A. Hasnawi, « La conscience de soi chez Avicenne et Descartes », in J. Biard et R. Rashed (éds.), *Descartes et le Moyen Age*, Paris, Vrin, 1997, pp. 283-291.

44. *Cf.* D. Black, « Avicenna on Self-Awareness and Knowing that One Knows », in Sh. Rahman, T. Street and H. Tahiri (eds.), *The Unity of science in Arabic Tradition. Science, Logic, Epistemology and their Interactions*, New York, Springer, 2008, pp. 63-87.

45. See Sancti Aurelii Augustini *De Trinitate*, cura et studio W.J. Mountain, Turnholti, Brepols, 1968, X, 16 : « Nullo modo autem recte dicitur sciri aliqua res, dum eius ignoratur substantia. Quapropter, dum se mens novit, substantiam suam novit ; et cum de se certa est, de substantia sua certa est. Certa est autem de se, sicut convincunt ea quae supra dicta sunt. Nec omnino certa est, utrum aer, an ignis sit, an aliquod corpus, vel aliquid corporis. Non est igitur aliquid eorum ».

46. In revisiting the issue, Richard Sorabji has recently identified some passages from Porphyry's *Sententiae* as a possible shared source between Augustine and Avicenna (see R. Sorabji, *Self. Ancient and Modern Insights about Individuality, Life, and Death*, Chicago, The University of Chicago Press, 2006, pp. 212-229).

V. *Soul, form and substance*

Avicenna's doctrine on the soul largely influenced teaching in arts faculties throughout the 13th century and led to a hybrid conception that sought to blend the Aristotelian definition of soul as form with the Augustinian and Avicennian concept of soul as substance, giving rise to a kind of « eclectic Aristotelianism », so clearly mapped out in a paper by Carlos Bazán[47]. This is borne out by the numerous treatises on the soul dating back to this time. Even when the Avicennian view began to be replaced in universities by the Averroistic view, the unknown author of the treatise *De anima et de potenciis eius* from around 1225[48] does not hesitate to keep to the Avicennian definition of soul as a substance : « anima vero rationalis dicitur substancia quia potest esse per se, id est separata ». Likewise, the still-unknown author of the *Philosophica disciplina* from 1245 states that « anima est aliquid in se » and as such it is not for the natural philosopher to establish its true nature, but that task falls upon the metaphysician who must « considerare substantias spirituales separatas ». This author too sets out to contend that the soul is both form and *hoc aliquid*, namely, both the principle that bound with matter makes up a substance, and a given substance. This trend is laid out even more bluntly in one of the commentaries to the *De anima* that have reached us, and ascribed to Peter of Spain : « intellectus quod intelligit homo sive anima intellectiva, non solum est forma sed hoc aliquid ». This author unwaveringly claims the soul to be both a particular reality, « est substantia que est hoc aliquid », and a substantial form in « vitam »[49].

Yet if we take a close look at Albert the Great, master of Thomas Aquinas, even there we can find strong evidence of Avicenna's influence in the way the soul is conceived. At least insofar as the *Summa de homine*, he still proves to be highly reliant on the Avicennian *scientia de anima*. Albert too believes in two distinct *scientiae de anima* : « if one carefully enquires as to what the soul is, it can be viewed from two different perspectives : that of its being *qua* being, but then no definition may be given that also extends to the body, or else it can be defined in relation to the body so that the Aristotelian definition may apply »[50]. Albert as well borrows the term used by Avi-

47. See B.-C. Bazán, « The human soul: form and substance? Thomas Aquinas' Critique of eclectic Aristotelianism », *Archives d'Histoire Doctrinale et Littéraire du Moyen Age*, 64, 1997, pp. 95-126.

48. *Cf.* Anon. *De anima et de potenciis eius*, in R.A. Gauthier, « Le traité *De anima et de potenciis eius* d'un maître ès arts (vers 1225) », *Revue des sciences philosophiques et théologiques*, 66, 1982, pp. 3-55, p. 32,127-130.

49. *Cf.* Anon. *Philosophica disciplina*, in C. Lafleur, *Quatre introductions à la philosophie au XIIIe siecle,* Texte critique et étude historique, Montréal-Paris, Institut d'études médiévales - Vrin, 1988, p. 164,139-141.

50. See Alberti Magni *De homine*, in Eiusd. *Opera omnia*, t. XXVII/II, ediderunt H. Anzulewicz et J.R. Söder, Monasterii Westfaliorum, Aschendorff, 1968, p. 31,45-49 : « si attenditur id quod est anima, tunc potest considerari duobus modis, scilicet secundum esse quod

cenna to describe the soul / body relationship, *i.e. comparatio* – the technical term drawn from the Avicennian lexicon – and distinguishes the definition of soul according to its own nature from the definition of soul according to its relationship with the body[51]. Indeed, like Avicenna, he states that the definition given by Aristotle should be construed in the second sense only, *i.e.* in its relationship with the body. To Albert, in fact, knowing that the soul drives the body or is the perfection thereof does not mean knowing the true nature of the agent, but only that of its function, just « as any engine may be defined in two ways, namely in relation to its function of driving something or in itself, so may the soul be defined in two ways, *i.e.* it is a soul in the sense that it is both *actus* and engine of the body, and that it is a specific substance included as such in the category of substances »[52].

Although Albert often claimed the term *perfectio* to be equivalent to the term *actus*, he nonetheless departs from Aristotle to follow Avicenna's view that « anima ... melius dicitur actus vel perfectio quam forma » and also the twofold argument that is put forth stems directly from a passage in Avicenna's *De anima* : « when rightly speaking in the language of natural philosophy, the form has its being grounded in a particular matter and cannot exist without it [...] whilst a certain perfection can exist without giving rise to a whole substance once combined with that which receives it, just as the helmsman can exist without his ship [...]. Moreover, the form establishes a relationship with something that is far from whole, *i.e.* with a matter that has potential. Perfection, on the other hand, establishes a relationship with a being that is already whole, not only with regard to the material substrate, but to all it requires for its completeness »[53]. Albert therefore concluded (still quoting Avicenna) that « cum ani-

---

habet in se, et sic non diffinitur in comparatione ad corpus, vel secundum comparationem ad corpus, et sic diffinitur ».

51. See D.N. Hasse, « The early Albertus Magnus », *op. cit.*, p. 237.

52. Alb. Magn. *De hom.* p. 31,62-68 : « sicut motor dupliciter potest diffiniri, scilicet penes proprietatem hanc quod est movens, vel penes suam essentiam, ita et anima dupliciter potest diffiniri, scilicet secundum quod est anima, idest actus corporis et motor, et secundum quod est substantia quaedam contenta secundum seipsam in praedicamento substantiae ».

53. *Ibid.*, *ad* 7, p. 32,44-62 : « duplex est ratio quare melius dicitur actus vel perfectio quam forma. Quarum una est, quod forma proprie secundum naturalem philosophiam est illa quae habet esse in hac materia, et non est sine ea. Perfectio autem quaedam bene est sine perfecto secundum suam substantiam, sicut nauta sine navi ... secunda est quod forma dicit comparationem ad id quod remotissimum est a complemento, hoc est ad potentiam materiae. Perfectio autem dicit comparationem ad rem perfectam non tantum in materia, sed in omnibus, quae exiguntur ad perfectionem rei ... et cum sic anima comparetur ad corpus, melius dicitur perfectio quam forma ». In some parts of the cited passage Albert the Great appears to sum up Avicenna's argument thus worded : « ... dicimus quod omnis forma est perfectio, sed non omnis perfectio est forma ... cuiuscumque perfectionis est essentia per se separata, ipsa certe non est forma materiae nec in materia : forma etenim quae est in materia, est forma impressa in illa et existens per illam ... tunc forma significat comparationem ad rem remotissimam ab essentia substantiae quae habet esse per

ma secundum aliquam sui speciem separetur, convenit ei magis secundum omnem sui partem dici perfectionem quam formam »[54].

Even in his later works Albert does not exclude that, just as it is « form » in the sense of *perfectio*, the soul is also *hoc aliquid*, because « unless we say that the soul is *hoc aliquid*, we shall have nothing in the soul capable of making it unique ; indeed it would only be identified through the body like all other substances. That is why, once sundered from the bodies that make the souls unique, there would be but one soul only [...] that is why many philosophers claim the intellect to be distinct, and cite the example of the many candles lit by only one fire so that once every single candle has petered out only one common fire is left, but this clearly runs contrary to our faith [...] so if we are to avoid this unacceptable outcome we shall say that the soul is *hoc aliquid* »[55].

Consequently, if only in a bid to refute Averroes' doctrine of the single intellect, Albert the Great too postulates the hypothesis of conceiving the soul as form and as *hoc aliquid*. After all, in his stance he appears to sum up the whole sense of the debate that had been recorded at the time with a formula to this effect : « if we consider the soul in itself we agree with Plato, whereas if we consider it as the form that breathes life into a body we agree with Aristotle »[56].

The problem of conceiving the soul as a *hoc aliquid*, *i.e.* a given substance, while at the same time being a form is now partially solved by introducing the concept of « essentia composita » which allows the composition of two distinct substances, that is the soul and the body, in the sense that one cannot exist without the other[57]. Some-

illam ... perfectio autem significat comparationem ad rem perfectam ... » (Alberti Magni *De anima*, in Eiusd. *Opera omnia*, t. VII/I, edidit C. Stroick, Monasterii Westfalorum, Aschendorff, 1968, pp. 19,27-21,47).

54. Alb. Magn. *De hom.* p. 32,50-52.

55. Alberti Magni *De divinis nominibus*, in Eiusd. *Opera omnia*, t. XXXVII/I, primum edidit P. Simon, Monasterii Westfalorum, Aschendorff, 1972, IV, 29, pp. 136,57-137,4 : « ... si non dicamus animam esse hoc aliquid, tunc non habebit in substantia aliquid individuans, sed individuabitur tantum per corpus sicut aliae formae ; remotis autem individuantibus non remaneret nisi una anima ... Secundum hoc dicunt plures philosophorum intellectum separari et ponunt exemplum de candelis multis, quae illuminantur ex uno igne, quod extinctis candelis non remanet nisi ignis communis, et hoc est contra fidem expresse. Et ideo, ad evitandum hoc inconveniens dicimus, quod anima est hoc aliquid ... ».

56. *Cf.* Alberti Magni *Summa theologiae*, in Eiusd. *Opera omnia*, t. XXXIII/II, edidit S.C.A. Borgnet, Paris, Vives, 1895, *tract.* 12, q. 69, *art.* 2, p. 16 B : « ... animam considerando secundum se consentiemus Platoni ; considerando autem eam secundum formam animationis quam dat corpori, consentiemus Aristoteli ».

57. This is the solution posited by Albert the Great : « bene concedo quod anima est substantia composita. Sed ipsa non est composita ut hoc aliquid : quia secundum naturam dependentiam habet ad corpus, licet possit esse sine illo. Sed bene concedo quod perfectio sua non est omnino completa sine illo » (Alberti Magni *Commentarium in Sententias*, in Eiusd. *Opera omnia*, t. XXVIII, edidit S.C.A. Borgnet, Paris, Vives, 1894, *in Sent.* II, d. 17, *art.* 2, *ad* 2, p. 299).

what obviously, this solution once again suggests a distinction between the nature of the soul (that can exist without the body) and its functions, or perfections, which cannot be fulfilled without the body's support.

VI. *Thomas Aquinas and confuting eclectic Aristotelianism*

This eclectic Aristotelianism seemed to satisfy philosophers at the arts faculty and theologians alike, and traces thereof can be found in the Thomas Aquinas' very own *Commentary on the Sentences*, wherein he unhesitatingly accepts the dual consideration of the soul : the soul can be considered in two ways, *qua* it is substance and *qua* it is form. Yet Thomas hastily points out that it is not a question of acknowledging « two distinct and irreconcilable components in the soul, as if the soul *qua* essence were one reality, but then the soul *qua* form of the body were another »[58] ; his analysis only deals with two distinct considerations that can be made about the nature of the soul, and indeed he already seems to possess the conceptual tools to clarify the meaning of such a remark : « [...] *hoc aliquid* [...] can be spoken in two ways : either in the sense of that which is subsisting in nature, and in this sense the soul is *hoc aliquid* [...] or in the sense of something that has already been made individual, and in that sense the soul is not *hoc aliquid*, because its individuation occurs through the body [...] »[59].

Thomas put together his critique on this kind of eclectic Aristotelianism in the first of the *Quaestiones de anima*. Therein, he first clarifies the true meaning of *hoc aliquid* : under the Aristotelian definition it designates an individual of the substance kind, which implies that « not only can it subsist by itself, but it is also whole, *i.e.* it is endowed with a whole essence in a given *genus* or species of substance »[60] ; which

58. S. Thomae Aquin. *in Sent*. II, d. 19, q. 1, *art*. 1 *ad* 4 : « ... anima rationalis praeter alias formas dicitur esse substantia et hoc aliquid, secundum quod habet esse absolutum ; et quod dicitur, quod anima potest dupliciter considerari, scilicet secundum quod est substantia, et secundum quod est forma, non est intelligendum quantum ad diversa quae in ipsa sunt, quasi aliud sit essentia sua et aliud ipsam esse formam, ut sic esse formam accidat sibi sicut color corpori : sed distinctio accipitur secundum ejus diversam considerationem ; non enim ex hoc quod est forma habet quod post corpus remaneat ; sed ex hoc quod habet esse absolutum, ut substantia subsistens ».

59. *Ibid*., d. 17, q. 1, *art*. 2 *ad* 1 : « ... hoc aliquid in natura potest dici ex duobus. Aut ex eo quod habet esse subsistens in natura ; et sic anima rationalis est hoc aliquid ... Alio modo potest dici hoc aliquid per hoc quod aliquid quod est pars essentiae suae, individuatur : et sic anima non est hoc aliquid principium enim individuationis animarum est ex parte corporis ». B.-C. Bazán, « The human soul: form and substance? », *op. cit*., p. 112, believed that in these early works Thomas still had a hazy notion of *hoc aliquid*, but what he still seems willing to acknowledge is just the possibility of a *duplex consideratio* of the soul, indeed as *hoc aliquid*, and as a form.

60. Sancti Thomae Aquinatis *Quaestiones disputatae de anima*, in Eius. *Opera omnia*,

explains why only primary substances may be spoken of as *hoc aliquid*.

Thomas, therefore, lays down two preconditions for the soul to fulfill if it is to be deemed *hoc aliquid* : i) that it be self-subsisting ; ii) that it be endowed with a whole essence in a given *genus* or species of substance.

As Bazán has pointed out, with this second precondition Thomas believes that such things as accidents, universals, and the parts of primary substances should not qualify as *hoc aliquid*. Moreover, in referring to the *partes substantiarum* Thomas not only rules out the material parts of primary substances from qualifying as *hoc aliquid*, but also the ontological principles whence they are made, namely matter and form. To him, these belong to the species or *genus* of a substance *per reductionem* only, *i.e*. in a derivative sense.

In the following passage Thomas seeks to apply the *hoc aliquid* concept to the rational soul, acknowledging that Plato and Aristotle alike had correctly argued the soul to be « aliquid per se subsistens », in sharp contrast to those for whom the soul was a material form. In his critique of Empedocles and Galen's materialistic conceptions of the soul, first of all he shows how the soul cannot be a mere product of the arrangement of matter. This cannot be allowed for the vegetative and sensitive soul, as even vegetating requires a principle that overreaches the pure material nature of the elements, and then sensation is always the assumption of form without matter. Ultimately, the rational soul's activity is not limited to abstracting its knowledge from matter, but also from all the individuating conditions associated with matter, thus attaining a kind of operation that, while it does not need a bodily organ, « is necessary for the intellectual soul to be endowed with an autonomous and independent body – oportet quod anima intellectiua habeat esse per se absolutum, non dependens a corpore ». Therefore, while arguing in the traditional Aristotelian method that the nature of a function is determined by its operations, Thomas establishes that the rational soul is capable of operating independently, which implies that it can also exist independently, since « agere sequitur esse ». Thus, the nature of the rational soul is seen to comply with the first criterion for it to be deemed *hoc aliquid*, and from this perspective Thomas will always regard as a given the assumption that « the human soul is a form that does not rely on the body insofar as its essence – anima humana est forma non dependens a corpore secundum suum esse »[61].

In order to ascertain whether the human soul meets the second criterion for *hoc aliquid*, Thomas addresses the Platonic, but also Augustinian and Avicennian, conception of soul. He rejects any form of body-soul dualism that may only lead to an ac-

t. XXIV/I, edidit B.-C. Bazán, Roma-Paris, Commissio Leonina - Éditions du Cerf, 1996, q. 1, p. 7,191-200 : « ... hoc aliquid proprie dicitur indiuiduum in genere substantie ... indiuiduum autem in genere substantie non solum habet ut per se possit subsistere, set quod sit aliquid completum in aliqua specie et genere substantie ».

61. See S. Thomae Aquin. *Summa contra Gentiles, lib*. II, *cap*. 79, *n*. 10.

cidental aggregate, and ends up losing the only meaning that enables us to comprehend the reality of the soul as being the distinguishing principle of human life, namely, to be animated. If the soul were to randomly join up with the body, it could not be identified as the distinguishing principle of the mode of existence of living things, for which the soul is both principle of life and principle of being. He points out that the soul does not unite to an extant living body that, as such, is already endowed with a form, but living is tantamount to existing in the case of beings blessed with life (« since in living things, to live is to be – vivere viventibus est esse »).

For this reason, the soul cannot be regarded as a *hoc aliquid* and thus cannot be regarded as a substance in the truest sense. It may be considered a substance in a derivative sense only (*per reductionem*), subsisting in itself. And it is only in this sense, *i.e. per reductionem*, that the soul can be said to be at once form and *hoc aliquid*, as most of his contemporaries claimed. « In this sense, form is a particular thing – et sic est forma et hoc aliquid », says Thomas, whereby *siç* is crucial for understanding his stance, and seems to deliberately trace the particle ώς (« sicut » in the Latin version of *De anima*) which is also found in Aristotle's text. Indeed, Thomas' carefully worded saying seems to follow literally the same expression by Aristotle, who in 412a20 speaks of the soul as οὐσίαν εἶναι ὡς εἶδος, *i.e.* that the soul is a substance in the sense of its being a form.

Thomas states that « the human soul is not a particular thing like a substance that has a complete essence, but like a part of a substance that has a complete essence – anima humana non est hoc aliquid sicut substantia completam speciem habens, set sicut pars habentis speciem completam » and is eager to point out (from a number of different perspectives) that the soul is only a part of a substance, albeit one that subsists in its own right. Whereas the soul understood as part of a substance bars its own chances of being a substance, it may at the same time be called a *hoc aliquid*. This is true only in a derivative sense – in that it is subsistent – even though its subsistence has little to do with its being a substance, and everything to do with its being a principle that brings a particular thing to completion.

The consequence is that the soul may be subsistent per se (« licet anima possit per se esse »), nevertheless, it cannot be without the body in terms of the completion of its specific nature.

Undoubtedly, Thomas' ultimate conclusion is that the human soul is a substantial form, hence, a form that animates matter. It is therefore not a material form, for it is independent of matter, as evidenced by his intellectual operations that Thomas believes to be individual, thus entailing an individual subsistence of the principle on which they depend. It follows that the soul is a form of a material body, but is not itself material.

Now, inasmuch as Thomas based his arguments so accurately on the Aristotelian text to disprove the interpretation of the soul as a simultaneous *hoc aliquid* and form – a widely-held view among his contemporaries – it goes without saying that the kind of substantial form from that he now puts forward is not found in Aristotle. Forsooth, while each *compositum* of matter and form is a *hoc aliquid* – he says – on the basis of Aristotle's assumptions one cannot rule out the existence of *hoc aliquid* things, even though not composite, since they are only required to subsist in their own being.

The furthest-reaching consequence of this latest view by Thomas Aquinas, who after presenting a stricter version of Aristotelian hylomorphism is then forced to ascribe to Aristotle an interpretation of the soul simply not traceable in the original sources, is to be found in the possibility of self-knowledge of the soul itself. Thomas has never tried to overtly rebut the Augustinian thesis, so clearly entrenched at a theological level that « the mind knows itself through itself since it is incorporeal – mens se ipsam per se ipsam novit quoniam est incorporea », which Medieval thinkers found tied in with Avicenna's self-knowledge of the soul. Yet he introduced a fundamental distinction that tends to reduce the soul's capacity for self-knowledge[62].

At this point, the soul knows itself through its acts by which the individual first has knowledge that it has a soul, that it is alive, and that it feels at a sensible level and cognizes at an intelligible level. Moreover, the soul also has practical knowledge of itself in the sense that its essence is always present, and therefore may at any time develop a cognitive act on itself (in this sense Thomas admits that « anima per essentiam suam se videt »). Just as those who hold a specific knowledge can produce a cognitive act on this knowledge at will, likewise the soul – ever-present to itself – can have knowledge of itself by its very nature. Yet, the same applies to sight, hearing and other sensitive powers that always entail the knowledge of seeing and hearing.

Yet, such acknowledgments of the soul's self-knowledge, in which Thomas strives to find agreement between Aristotle and Augustine, are but mere tokens of the hazy self-awareness which always goes with one's mental acts, both at a sensible and intelligible level. So while Thomas seems to grant much to the Augustinian argument, in fact, he yields nothing, in that I cannot infer from this awareness whether this is specifically an act of mine or a truly intellect-based knowledge.

In actual fact, Thomas also clearly rejects the argument that the intellective soul knows itself through its essence. He literally repeats the Aristotelian doctrine exposed in *De anima* by which « the mind understands itself as it does other things »[63]. Now, as external reality is always known through the production of phantasms, then the soul will be known through the production of species. In particular, Aquinas views intellective knowledge by its nature as being directed towards objects outside the mind itself. The knowledge of self that also comes with intellective activity is a by-product

62. In actual fact, Aquinas rejects the notion that Augustine himself may have held the view that the soul knows itself : see S. Thomae Aquin. *Summa contra Gentiles, lib.* III, *cap.* 46, n. 6 ; Sancti Thomae Aquinatis *Quaestiones disputatae de veritate*, in Eiusd. *Opera omnia*, t. XXII/II, fasc. 1, cura et studio Fratrum praedicatorum, Roma-Paris, Commissio Leonina - Éditions du Cerf, 1972, q. 10, *art.* 8, p. 324,440-449.

63. S. Thomae Aquin. *Summa contra Gentiles, lib.* III, *cap.* 46, n. 7.

of the intellect : « mens nostra non potest se intelligere ita quod seipsam immediate apprehendat ; sed ex hoc quod apprehendit alia, devenit in suam cognitionem – our mind cannot understand itself in such a way that it apprehends itself directly and immediately at an intellective level »[64]. In his conception « understanding something is prior to undestanding oneself understanding – prius est intelligere aliquid quam intelligere se intelligere » or, as summed up by A. Kenny, for Thomas « there is no such thing as pure thinking ; whenever we think, we are thinking of something, or thinking that something »[65].

Conciliatory overtures notwithstanding this rules out the introspective model of neo-Platonic origin that had influenced Augustine and Avicenna alike[66]. What Thomas is willing to grant is a *quaedam conversio*, *reversio* or *reflectio* akin to how we look in a mirror. When I look into a mirror I see myself first, *i.e.* the external object ; I can see the mirror too, but to do so I have to depart from my usual way of beholding the likeness of the object therein. On this basis we understand how this reflection for Thomas has little to do with the introspective activity taking place independently regardless of the outside world that appertains to the Augustinian and Avicennian standpoint, and is but a particular way of looking at outside things instead.

Thomas indeed emphasizes this rather indirect manner of self-knowledge further still : « on the knowledge of the soul one has to start from what is external to it, from those external objects the intelligible species are obtained by abstraction, and only through the intelligible species may the mind understand itself ; thus we cognize acts through objects, powers through acts, and the essence of the soul through its powers »[67]. The pathway by which one's essence or soul is known, then, for Thomas is clearly marked : it starts from the external objects to the species (*i.e.* representations) thereof ; then from these species to the acts by which these species were drawn up ; thence to the potencies (*potentias*), and only through these potencies can we reach some understanding of the essence of the soul. Indeed, in this process it is the last to be perceived.

In *De veritate* Aquinas sets forth this same process of knowledge even more clearly : « the activity of our intellect is first directed at objects that are apprehended by means of sensible representations, then it returns to the knowledge of the act which is-

64. S. Thomae Aquin. *De veritate* q. 10, *art.* 8, p. 321,229-232.

65. See A. Kenny, *Aquinas on Mind*, London - New York, Routledge, 1993, p. 121.

66. See D.J. Brown, «Aquinas's missing flying man», *Sophia*, 40, 2001, pp. 17-31.

67. Sancti Thomae Aquinatis *Sentencia libri de anima*, in Eiusd. *Opera omnia*, t. XLV/I, cura et studiom Fratrum praedicatorum, Roma-Paris, Commissio Leonina - Éditions du Cerf, 1984, *lib.* II, *cap.* 6, p. 94,180-186 : « ... oportet quod in cognitione anime procedamus ab hiis que sunt magis extrinseca, a quibus abstrahuntur species intelligibiles, per quas intellectus intelligit se ipsum, ut scilicet per obiecta cognoscamus actus et per actus potencias et per potentiam essenciam anime ».

sues forth from it ; then it turns back on intelligible species, hence on the potencies, and on the very essence of the soul or mind »[68].

His findings are therefore in sharp contrast to the Augustinian thesis : the intellect clearly understands its intellection only as a result of having perceived something at an intelligible level, and it is only through this act that it can apprehend its own intellective abilities.

Yet many scholars have suspected that, while in contrast to the line of thought hitherto followed, the same Thomas Aquinas might somehow have been required to refer to Avicenna's doctrine of the soul in his rebuttal of Averroes's single intellect thesis. Notably, the conceptual heart of Thomistic argumentation against Averroes is summed up by the objection « singularis homo intelligit », such being each individual's own absolute certainty. To this extent, Thomas quips that he cannot even start disputations with anyone claiming him to be incapable of doing his own personal thinking and reasoning[69].

He seems to lend this awareness the same evidence as that of the non-contradiction principle, in the sense that those who deny that the individual is endowed with intellect, in practice are then driven to contradiction upon bringing their own arguments into the debate. The fact that the arguments submitted refer to a specific speaker belongs to the rational game of knowledge : I am discussing with you personally and not with the single intellect, therefore each one of you must admit to having personal understanding.

Now, this inner experience of each individual, so inalienable that « experitur unusquisque seipsum esse qui intelligit », also brings about in Aquinas's language that « ipsa mentis praesentia » – that unswerving self-reflectivity of the soul with itself – which constitutes the peculiar trait of Avicenna's doctrine, inadmissible in a strictly Aristotelian perspective.

Indeed, it is in the *De unitate intellectus contra averroistas* that Thomas subscribes to this kind of explanation : « Hence when my intellect understands itself to understand, it understands some singular activity ; when however it understands understanding simply, it understands something universal. It is not singularity that is repugnant to intelligibility, but materiality ; thus, since they are immaterial singulars, as was said of separate substances above, nothing prevents such singulars from being understood »[70].

68. S. Thomae Aquin. *De veritate* q. 10, *art.* 9, p. 328,202-207 : « actio intellectus nostri primo tendit in ea quae per phantasmata apprehenduntur, et deinde redit ad actum suum cognoscendum ; et ulterius in species et habitus et potentias et essentiam ipsius mentis ».

69. S. Thomae Aquin. *Sent. de an. lib.* III, *cap.* 1, pp. 205,282-206,284 : « Manifestum est enim quod hic homo intelligit : si enim negetur, tunc dicens hanc opinionem non intelligit aliquid nec est audiendus ».

70. Sancti Thomae Aquinatis *Tractatus de unitate intellectus contra averroistas*, editio critica L.W. Keeler, Romae, Pontificiae Universitatis Gregorianae, 1946, *cap.* 5 : « Unde et

The passage thus traces a distinction between a broad awareness of the mind's own acts of understanding – also fully contemplated by Aristotle and reiterated later by Thomas – and an *intelligere se intelligere* in a universal sense, so without a specific intellectual content drawn from the outside world through abstraction. Interestingly enough, Thomas in this argument appears not only to have fallen short of an assumption that he had maintained throughout his works, namely the soul's direct knowledge of itself, but also the possibility of apprehending a particular thing at an intellectual level – and one's soul and one's act of understanding are just such things. This is contrary to the assumption that the single thing is only indirectly knowable at an intellectual level.

In fact, the anonymous author of a *reportatio per modum quaestionis* (perhaps identifiable with Boethius of Dacia) chides Thomas for this very inconsistency. By specifically referring to the Blackfriar's self-awareness argument, he recalls that under the Aristotelian definition of soul (construed as a form of an organic body), no pure self-awareness may be enjoyed by the individual soul, which always requires union with the body instead. If we have to talk of self-awareness, one should rather refer it to the single intellect, which, being separate, is the only one capable of apprehending the content of its own knowledge[71].

Hence, even Thomas' contemporaries would have guessed that a departure from Aristotelian doctrine was underway. At least insofar as the anti-averroist polemic, this process would lead to a pure form of self-knowledge akin to that of Avicenna.

VII. « *Scientia de anima in naturalibus* »

Even *scientia de anima*, which is specifically subject to natural science, owes much to the innovations ushered in by Avicenna and to the wholesale contributions of Arab medicine, especially in ascertaining the inner senses. While Averroe's commentary on *De anima,* shored up by notes on the so-called *Parva Naturalia*, presented

intellectus meus, quando intelligit se intelligere, intelligit quemdam singularem actum ; quando autem intelligit intelligere simpliciter, intelligit aliquid universale. Non enim singularitas repugnat intelligibilitati, sed materialitas : unde, cum sint aliqua singularia immaterialia, sicut de substantiis separatis supra dictum est, nihil prohibet huiusmodi singularia intelligi ».

71. See M. Giele, *Un commentaire averroiste du traité de l'âme d'Aristote* (texte inédit et étude), Wrocław, Ossolinaeum, 1971, p. 76 : « Tu dices : ego experior et percipio me intelligere, dico quod falsum est ; imo intellectus unitus tibi naturaliter, sicut motor tui corporis et regulans, ipse est qui hoc experitur, sicut et intellectus separatus experitur intellecta in se esse. Si dicas : ego aggregatum ex corpore et intellectu experior me intelligere, falsum est ; immo intellectus egens tuo corpore ut obiecto experitur hoc, communicans illud aggregato dicto modo ».

natural science with the blueprint of a rigorous epistemology with its accurate record-keeping of every psychological phenomenon, Avicenna's very personal perspective coupled with the teachings of Arab medicine gave the go ahead to a scientific study of the inner senses and the specific mapping of different faculties in different parts of the brain. Altogether, it fostered the expansion and articulation of Aristotle's notion of imagination or φαντασία.

The best known and most significant example of the changes brought by Avicenna upon Aristotelian psychology is surely the identification of a new inner faculty, *i.e.* the estimative power. By applying the Aristotelian principle whereby the powers of the soul are split along the lines of the distinctions among their specific objects, Avicenna believes that the objects of inner sense do not encompass sensible forms only, but also « the intentions of the sensibles », *i.e.* properties relating to appetite, fondness, pleasure, pain, friendship, hostility, etc., all properties that are not in themselves material, but are always accompanied to sensible manifestations. These *intentiones sensibilium* cannot be perceived by the outer senses in any way, for they are not in themselves material, but are perceived directly by an inner faculty, which Avicenna calls *aestimativa* and is located right at the end of the brain's central cavity.

A significant consequence of adding this new inner faculty is that senses are no longer the only means of acquiring knowledge of the outside world. There are two sources of knowledge : the sensible forms perceived by the senses and the *intentiones sensibilium* perceived directly by an inner faculty. Consequently, insofar as inner senses, two memories are now available : one entrusted with storing sensory impressions and another with retaining the knowledge gained from *intentiones*. It is noteworthy that these innovations in Aristotelian psychology are almost universally accepted by medieval authors, even while they are familiar with and share Averroes' criticism[72] of Avicenna's innovations. Even Thomas Aquinas holds that the source of knowledge is no longer made up of sensible forms only, but also of the *intentiones* of the sensibles.

Other authors, such as Roger Bacon, marvel at their failure to find in the Aristotelian texts any trace of analyses as sophisticated as these on the inner senses by Avicenna and other Arab physicians, which had by now come to the fore amid the scientific knowledge doctrines of the day. Moreover, rather than casting doubts over the

72. Averroes is known to have expressly criticized Avicenna for not staying true to Aristotle, having penned his own treatise on the soul : « Sed illud quod fecit illum hominem [at the beginning the critique is related to Avempace] errare, et nos etiam longo tempore, est quia Moderni dimittunt libros Aristotilis et considerant libros expositorum, et maxime in anima, credendo quod iste liber impossibile est ut intelligatur. Et hoc est propter Avicennam, qui non imitatus est Aristotilem nisi in dialectica, set in aliis erravit et maxime in methaphysica ; et hoc quia incepit quasi a se » (Averrois Cordubensis *Commentarium magnum in Aristotelis De anima libros*, recensuit F.S. Crawford, Cambridge (Mass.), The Mediaeval Academy of America, 1953, III, 30, 41-48, p. 470).

authenticity of such doctrines, they bemoan the lack of quality translations available to them or the abridged nature of the texts handed down to them.

Indeed, Roger Bacon writes : « textus Aristotelis latinus non ostendit nobis hanc distinctionem, nam non expresse fit mentio nisi de sensu communi et immaginatione et memoria ... non potest textus Aristotelis, propter perversitatem translationis, intelligi ibi sicut nec alibi quasi ubique ». In his view, for the purposes of adequately understanding Aristotelian doctrine, one had better rely on the discourse of Avicenna, who « fuit perfectus imitator et expositor Aristotelis atque dux et princeps Philosophiae post eum », therefore drawing the conclusion that « ... propter quod sententiae Avicennae, que plana et perfecta est, adherendum est »[73].

Once again, even after the widespread circulation of Averroes' commentary on *De anima* had successfully conveyed Aristotelian thought more rigorously, the « good fortune » of Avicenna's addenda to Aristotelian psychology hinges on the expectations of medieval thinkers, who could already rely on a thorough and highly complex doctrine of inner senses, in the guise of St. Augustine's doctrine on memory, and now feel that it deserves to be enshrined in the recently unearthed knowledge system of the Ancients. Notably, Augustine had enhanced memory to the status of a full-fledged cognitive faculty, capable of yielding its own objects and not just recalling them to knowledge.

The most significant example here is provided by the explanation of visual perception, wherein the individual is not merely in a passive state, but actively plays a pivotal role in successfully bringing the perception to fulfillment. Medieval scholars paid great heed to the examples provided by Avicenna as to the active manner in which a falling raindrop can be perceived : the external sense can only see « the form of what lies ahead » where it is ; but what is seen is akin to a point and not seen as a straight line. In other words, the external sense does not perceive the line drawn by the falling raindrop, hence it cannot really see the rain falling, because the external sense cannot see the same drop twice at the same time, and neither can it see the same drop in two different places at the same time.

Avicenna writes thus : « it is impossible that something is seen as a line unless it is seen several times. Yet the external sense cannot see the drop twice, it only sees it where it is. But when it is imprinted in the common sense and has disappeared before the form has been erased from the common sense, the external sense apprehends it again where it is (*ubi est*), whereas the common sense apprehends it as if it were both where it was (*quasi esse ubi fuit*) and where it has come to be ; thus it sees a straight extension (*distensio recta*). This is absolutely impossible to relate to the external sense »[74].

73. See *The Opus maius* of Roger Bacon, edited with introduction and analytical table by J.H. Bridges, Frankurt am Main, Minerva, 1964, *pars* V, d. 1, *cap*. 5, pp. 9-10. Upon realizing that Avicenna has corrected Aristotle, in his view it was little more than a « pia et reverenda interpretatio » (see *ibid*., p. 11).

74. Avic. Lat., *De an. pars* I, *cap*. 4, pp. 88,30-89,40 : « Cum autem volueris scire differen-

Hence, Avicenna clearly identifies an internal faculty capable of manipulating external sense data that can convert a pinpoint-like impression (in a space and time sense) into a full-fledged sense, *i.e.* a knowing and thorough acquisition of a sensible data.

Medieval scholars took this explanation of perception, which certainly overreached the passive nature of Aristotelian sense-perception (without gainsaying it) as a fair compromise, and likened it to the active sense found in Augustine. Also thanks to Augustine's doctrine of memory they successfully amended the very nature of Aristotelian memory whose distinguishing feature was the ability to retain earlier sensory impressions and therefore related only to the past.

Yet, as Avicenna's example explaining the perception of a raindrop shows, there is also a memory of the present : the external sense must be able to perceive the raindrops in the next instants of time before it is cleared memory, and only then can a falling raindrop be apprehended as a straight line and not a pinpoint-like experience.

Likewise, Augustine had held memory to be a true cognitive and governing faculty of sense perception, owing to its *intentio* that can actively turn toward certain objects and not others, although all are capable of striking our sense organs at a pinpoint level. Yet he also came to postulate the role of memory in one's ability to apprehend, for it carries out its role not once perception has been achieved, but while perception is in the making. Without this « short term » memory, as it is known in contemporary cognitive science, it would be impossible to apprehend anything because all perception, however brief, has a certain duration.

But the explanation of sense according to Augustine, who foresaw a fraught relationship between the passive sense and the active *intentio* in the soul, appeared somewhat contradictory to medieval authors. Owing to their complete lack of firsthand neo-Platonic sources whence Augustine's thought had come into being, they deemed his doctrine poorly crafted on a rational level. After pointing out a few supposedly conflicting passages centering on the simultaneous nature of both active and passive sense, Dominican philosopher William of Crathorn did not spare his sharp wit directed at the great Church father's philosophical method : « illi qui credunt quod dicta Augustini sint vera sunt maximae fidei, quia oportet quod credant quod contradictoria sint vera »[75].

---

tiam inter opus sensus exterioris et opus sensus communis et opus formantis, attende dispositionem unius guttae cadentis de pluvia, et videbis rectam lineam, et attende dispositionem alicuius recti cuius summitas moveatur in circuitu, et videbitur circulus. Impossibile est autem ut apprehendas rem aut lineam aut circulum nisi illam saepe inspexeris ; sed impossibile est ut sensus exterior videat eam bis, sed videt eam ubi est, cum autem describitur in sensu communi et removetur antequam deleatur forma sensus communis, apprehendit eam sensus exterior illic ubi est, et apprehendit eam sensus communis quasi esset illic ubi fuit, et quasi esset illic ubi est, et videt distensionem circularem aut rectam ».

75. Crathorn, *Quästionen zum ersten Sentenzenbuch*, Einführung und Text von F. Hoffmann, Münster, Aschendorff, 1988, *in Sent.* II, q. 1, pp. 88-89.

This is not to say that Aristotle's view was more acceptable to Franciscans, who made him the object of equally critical reviews : « Aristoteles nulla sufficienti ratione, fere nulla ratione probat suum dictum, sed absque ratione creditur sibi tantum deo huius seculi » thus spoke Franciscan Peter John Olivi to all those who propounded the altogether passive nature of knowledge[76].

Now, Thomas Aquinas foremostly agrees with the criticism that Boethius had leveled against a purely passive nature of knowledge held by Stoics[77] ; he shares the belief in the selective function of sensory attention, as reported by Augustine and Avicenna (for example, he has no problem acknowledging that when one's eyesight is heavily drawn to an object, one's hearing or other senses may be weakened as a result, if not switched off altogether), and concedes that this selective attention on the beholder's part is required for each act of a cognitive faculty : « a knowing power does not know anything in act unless the intention be present. Thus, the phantasms preserved in the organ are not always actually imagined because the intention is not directed to them »[78].

With Augustine's and Avicenna's doctrines on perception following hard on his heels, Thomas manages to cling to the Aristotelian doctrine on the passive nature of knowledge only by introducing some distinctions.

The first one concerns the difference between sense and perception : « the outer senses suscept only from things through a manner of suffering, without this, that they co-work something for their own formation ; though as ones already formed they have their own operation, which is the judgment they make concerning their own objects »[79].

It follows that perception consists of two parts : a purely passive stage during which data are uncritically apprehended from the outside, and a judgmental stage during which the senses actively fulfill their task. For example, in the act of seeing there is a purely passive moment when our sight organ is modified by an external object,

76. Petri Iohannis Olivi *Quaestiones in secundum librum Sententiarum*, edidit B. Jansen, Quaracchi, Collegio S. Bonaventura, 1924, vol. II, q. 58, p. 482.

77. S. Thomae Aquin. *Summa contra Gentiles lib.* III, *cap.* 86, n. 10 : « Hinc etiam processit Stoicorum opinio, qui dicebant cognitionem intellectus causari ex hoc quod imagines corporum nostris mentibus imprimuntur, sicut speculum quoddam, vel sicut pagina recipit litteras impressas, absque hoc quod aliquid agat : ut Boethius narrat in V de consolatione ».

78. *Ibid., lib.* I, *cap.* 55 : « vis cognoscitiva non cognoscit aliquid actu nisi adsit intentio ; unde et phantasmata in organo conservata interdum non actu imaginamur, quia intentio non fertur ad ea ».

79. See S. Thomae Aquinatis *Quaestiones de quodlibet*, in Eiusd. *Opera omnia*, t. XXV, cura et studio Fratrum praedicatorum, Roma-Paris, Commissio Leonina - Éditions du Cerf, 1966, vol. 1, q. 8, 2 : « sensus exteriores suscipiunt tantum a rebus per modum patiendi, sine hoc quod aliquid cooperentur ad sui formationem ; quamvis iam formati habeant propriam operationem, quae est iudicium de propriis obiectis ».

then there is a subsequent moment during which the faculty of seeing knows it has been modified so that it does not see the color alone (the object of eyesight), but also apprehends the sight of color, *i.e.* it is aware of seeing[80]. Now, this second stage thoroughly fulfills the act of seeing, and therein the beholder plays an active role.

A second distinction is drawn to assign the subject an active role, while maintaining the passive nature of knowledge. The subject actively undertakes knowledge, for amid the many things constituting the specific object of his sense organs (yet the same is true at an intellective level) it only chooses specific objects and disregards others. For example, our eyesight picks up certain things while others do not register and this depends on the subject's selective attention. Once specific objects have been identified, though, the beholder can no longer choose the manner in which they will be seen : the specific object of the sense organ functions without any interference on the subject's part.

Therefore, Thomas successfully hangs on to the Aristotelian model of the passive mind in sensing that is expressed in the maxim « sensum affici est ipsum eius sentire », *i.e.* « for a sense to be affected is the very sensing of the sense », while being adamantly opposed to contemplating at once active and passive sense in the same faculty. Still, he cannot refuse to acknowledge all the empirical instances arising from Arabic healing lore – nor those Augustinian and Neo-platonic teachings on the active role of the subject, or Augustine's selective attention or *intention* – as being essential prerequisites for apprehending anything at all.

VIII. *From self-awareness of the Self to the rise of the subject*

Finally, it is worth noting briefly that from a metaphysical standpoint the *scientia de anima* flowing from the doctrine of Augustine and Avicenna and spreading throughout the Middle Ages will not only lead to Cartesian cogito, whose roots shall later be sought in Augustine and in Avicenna's flying man metaphor. Indeed, it will al-

80. See S. Thomae Aquin. *Sent. de an. lib.* II, *cap.* 26, pp. 178,75-179,97 : « ... sentire uisu multipliciter dicitur : ostensum est enim supra quod uisu sentimus nos uidere, item ostensum est quod uisu non sentimus, nisi colorem ; sentire igitur uisu dupliciter dicitur, uno modo secundum quod uisu sentimus nos uidere, alio modo cum uisu uidemus colorem ; et quod uisu sentire dicatur multipliciter, ex hoc apparet quod aliquando dicimur sentire uisu cum uisus presentialiter immutatur a uisibili, scilicet a colore, aliquando autem discernimus uisu et tenebras et lumen, etiam cum non uidemus, per immutationem scilicet ab exteriori sensibili, set non similiter dicitur utroque modo uisu sentire. Redit ergo solutio ad hoc quod actio uisus potest considerari uel secundum quod consistit in immutatione organi a sensibili exteriori, et sic non sentitur nisi color, unde ista actione uisus non uidet se videre ; alia est actio uisus secundum quod post inmutationem organi iudicat de ipsa perceptione organi a sensibili, etiam abeunte sensibili, et sic uisus non colorem sentit, set sentit etiam uisionem coloris ».

together pave the way to the transition from Aristotle's ὑποκείμενον – and its further expression in the *subiectum* of Latin-speakers – to the subject in a psychological sense as a condition for all other forms of knowledge.

Heidegger had noted this shift solely from Descartes onwards. Basing his argument on the distinction between *Subjectität* and *Subjectivität*, his point is well-known : « How does one attain a marked postulation of the subject ? Whence does come that rule of the subjective that has guided mankind and its understanding of the modern world ? ». His answer is clear : « it is the work of Descartes. And through Descartes onwards, in metaphysics, man (the human ego) has become the overriding subject : how does man come to take on the role of the only true subject ? Why does this human subject relocate into the ego in such a way that here « "subjectivity" will become the equivalent of "I-hood" (*Ichheit*) ? »[81].

Heidegger is particularly clear with regard to this claim : « [...] after Descartes there is no other subject but "the human subject relocated within the I", meaning that subjectivity is tantamount to "I-hood" ». Heidegger is also clear in his criticism of the role of medieval thought in this matter, « in the Middle Ages everything was beheld from the perspective of the *Creator* and *creatum* [...] Quite the opposite – man's own quest to find and ensure by himself a shred of truth arises from that untethering in which he breaks free from the supreme bond of truth as revealed through biblical-Christian doctrine and the received wisdom of the Church. Every true untethering, though, is not only about smashing the chains and casting the shackles aside. First and foremost, it embodies a new determination of the essence of freedom. To be free now means that man shall replace the belief in salvation, which is decisive for every kind of truth, with a belief that, on the strength of it, and in it, will allow him to become certain of himself, as the being that relies on no other than itself »[82].

Descartes plays a central role in the history of the subject as he « characterized that *subiectum* that, as such, is man – in the sense that the *actualitas* of this *subiectum* has its essence in *cogitare* (*percipere*) »[83], *i.e.* in having knowledge of one's thinking. Still, Heidegger outlines the core of this viewpoint by lending it a very specific meaning that is : « every "I represent something for myself" at same time represents "me", *i.e.* the one who is (in front of me, in my re-presentation). Each human re-presentation is, according to an easily misunderstood phrase, a representing oneself »[84].

It must be said that from a historical point of view this acquisition was already underway in Augustinian and Avicennian discussions and was at work in 14th century knowledge enquiries.

81. M. Heidegger, *Nietzsche*, tr. it. di F. Volpi, Milano, Adelphi, 1994 (Pfullingen, Günter Neske, 1961), book II, chapter V, § « Il dominio del soggetto nell'età moderna », p. 651.

82. *Ibid.*, p. 654.

83. *Ibid.*, book II, chapter VIII, § « Il mutamento dell'ὑποκείμενον nel subiectum », p. 892.

84. *Ibid.*, chapter V, § « Il dominio del soggetto nell'età moderna », *op. cit.*, p. 661.

In fact, as early as the 14th century, this analysis will lead to a systematic questioning of God's all-mightiness by means of theological assumptions, and through the possibility that a deceitful God[85] could wipe out all the thinking ego's certainties – less in the self-contradictory wording of the *knowing I do not know* than in the identity of the knowing subject. The doubt about the identity of the knowing subject and about its questioning in an autobiographical dimension of rational thought will constitute (long before Descartes) the most suitable environment to develop the genealogy of the subject as a principle of knowledge and of thought that is typical of the modern age, capable of radically innovating the Aristotelian concept of ὑποκείμενον, being a prop or substratum underlying a range of accidental qualifications.

The debate on the active and passive nature of knowledge will yield with Thomas Aquinas – although largely developed in the following century – the formulation of the intentional nature of knowledge itself. This will be incorporated in contemporary thought only starting from Franz Brentano and the phenomenology movement that represents the foundation for all modern doctrines centering on the philosophy of the mind[86].

85. See T. Gregory, « Dio ingannatore e genio maligno. Note in margine alle *Meditationes* di Descartes », *Giornale critico della filosofia italiana*, 53, 1974, pp. 477-516.

86. See F. Bottin, *Filosofia medievale della mente*, Padova, Il Poligrafo, 2005, chapter II, § 6: « Sensazione e intenzionalità in Tommaso d'Aquino ».

LES PASSIONS DE L'ÂME
D'ARISTOTE À DESCARTES ET RETOUR

RICHARD BODÉÜS

Je me propose, ci-après, d'éclairer quelques idées touchant les passions de l'âme qu'Aristote oppose à la raison[1] et qui sont parfois en conflit avec elle. Il n'est pas simple de comprendre exactement la nature de ce conflit occasionnel, qui déchire en quelque sorte l'âme humaine[2]. Une façon d'y voir un peu plus clair est peut-être de comparer sommairement le point de vue d'Aristote à celui qu'adopte Descartes, au fond, sur le même sujet[3]. Les différences, qui font l'originalité de l'un, aident en effet à mesurer, en les soulignant, les singularités de l'autre. C'est ce que je tenterai de montrer, laissant à d'autres la question de savoir lequel des chemins, celui conduisant d'Aristote à Descartes ou celui du retour, mène le plus sûrement de l'erreur à la vérité.

I

D'abord, quelques précisions sur les passions selon Aristote.

(a) Les « passions » (πάθη) qui nous intéressent ici sont certaines affections de l'âme, parmi d'autres. En effet le mot πάθος, qu'on traduit volontiers par « passion », est alors d'un usage très restrictif, puisque le même mot, chez Aristote, désigne aussi

1. Dès le début de l'*Éthique à Nicomaque*, Aristote oppose ainsi la jeunesse « encline à suivre ses passions » et quiconque présente, comme elle, une « vie passionnelle » à tous ceux qui « rendent leurs désirs rationnels » (Aristot. *Eth. Nic.* I 1, 1095a4-10) ; *cf. ibid.* 13, 1102b17.

2. Dans le passage cité à la note précédente, Aristote compare les jeunes victimes de leurs passions aux incontinents (*cf. ibid.* 1, 1095a9). L'analyse de l'incontinence en *Eth. Nic.* VII 2 et *sqq.* est principalement destinée à expliquer dans quelle mesure ce travers est ou n'est pas une forme d'ignorance. Sur le sujet, il existe une abondante littérature que nous ne prendrons pas en compte ici, notre objectif étant de préciser la nature d'un conflit occasionnel, révélateur de la psychologie aristotélicienne.

3. Nous suivrons ci-après le texte *Les passions de l'âme*, publié par Descartes en 1649, tel que présenté dans l'édition R. Descartes, *Œuvres et lettres*, Textes présentés par André Bridoux, Paris, Gallimard, 1953, p. 695 et *sqq*.

bien des affections corporelles[4] que toutes sortes d'affections psychiques, dont les phénomènes cognitifs[5]. Mais dans certains contextes, l'étude de la vertu morale par exemple, il désigne plus spécialement des phénomènes qui, bien qu'associés à la cognition, se définissent plutôt par la peine ou le plaisir qu'ils impliquent[6] et qui se rattachent proprement à la capacité « désidérative » de l'âme (τὸ ὀρεκτικόν), laquelle incline le sujet ou à fuir ou à poursuivre quelque chose, selon les cas[7]. Toutefois, la passion ainsi identifiée ne représente pas indifféremment toutes les affections désidératives, mais celles-là plutôt qui relèvent d'un désidératif en lui-même dépourvu de raison[8]. C'est la marque propre de la passion, dont l'exemple le plus élémentaire, à plusieurs égards, est l'« appétit » (ἐπιθυμία), présent chez tous les êtres vivants dès l'instant où ils sont capables de sensation[9] et donc, chez tout être humain dès la plus tendre enfance[10].

(b) Dans la mesure où elle relève d'un désidératif irrationnel, la passion s'oppose donc à ce qui relève d'un désidératif rationnel[11]. Mais l'opposition entre les deux, qui est celle de deux capacités[12] – qu'Aristote donne parfois pour des parties de l'âme –, n'est pas une opposition de nature conflictuelle, puisqu'elle se définit simplement en termes de privation et de possession[13] (de la raison). C'est d'autant plus évident que l'irrationnel en question, lorsqu'il est opposé au rationnel, est dit dans le même temps susceptible d'écouter la raison ou de lui obéir[14].

(c) D'autre part, Aristote distingue rigoureusement entre la passion (désir irrationnel) et le désidératif dont elle relève. Celui-ci, en vérité, est une puissance ou capacité de l'âme, alors que la passion représente l'acte correspondant à cette puissance[15]. Le rapport entre les deux est exactement le même que celui qui existe entre la vision

4. Voir, par exemple, Aristot. *De an.* III 1, 425b25 : « les affections du tangible ».

5. Ainsi, « sentir en général » est une affection rangée, aux côtés de la colère par exemple, parmi celles que l'âme peut subir (*cf. De an.* I 1, 403a5-7). De même, la pensée est, à l'occasion, présentée explicitement comme une affection (*cf. ibid.* III 3, 427b18).

6. *Cf. Eth. Nic.* II 4, 1105b21-23, et Aristot. *Eth. Eud.* II 2, 1220a37-b20.

7. *Cf. De an.* III 7, 431a13, qui identifie capacité à désirer et capacité à fuir.

8. *Cf. Eth. Eud.* II 2, 1220a37-b20, et *Eth. Nic.* I 13, 1102b16-25.

9. *Cf. De an.* III 9, 432b5-6.

10. *Cf. ibid.* II 2, 413b22-24 ; 3, 414b1-6.

11. *Cf. ibid.* III 9, 432b4 : « dans la [partie] calculatrice [de l'âme] prend naissance la souhait, et dans la [partie] irrationnelle, l'appétit et l'ardeur » ; et *Eth. Nic.* I 13, 1103a1-2.

12. Le désidératif (en général) est expressément compté parmi les « capacités » énumérées en *De an.* II 3, 414b29-32.

13. Sur ce genre d'opposition, voir Aristot. *Metaph.* Δ 10, 1018a21-22 ; 1022b22 et *sqq.* ; ainsi que Aristot. *Cat.* 10, 11b18.

14. *Cf. Eth. Nic.* I 13, 1102b30-31 : « l'appétitif et, en général, le désidératif participent d'une certaine façon à la raison, dans la mesure où ils peuvent l'écouter et lui obéir ». Comparez *Eth. Eud.* II 1, 1219b27-31.

15. Sur ceci, voir en particulier *Eth. Nic.* II 5, 1105b23-24, et *Eth. Eud.* II 2, 1220b7-9.

et la vue, c'est-à-dire la capacité de voir[16]. Et, bien entendu, c'est aussi celui qui existe entre le souhait (désir rationnel) et la capacité correspondante. Même si la capacité de souhaiter n'est pas donnée aussi immédiatement à l'homme que la capacité d'exercer son appétit, le souhait est l'acte qui prend naissance dans le désidératif rationnel, comme l'appétit est l'acte qui prend naissance dans le désidératif irrationnel[17].

(d) La passion est activée dans l'âme par la représentation qu'elle se fait d'un objet désirable[18]. En ce sens, la passion est chose que l'âme subit, sous l'effet précisément du désirable (agissant comme cause finale)[19]. Mais cela est vrai également du souhait[20]. D'autre part, la passion est un acte de l'âme, le désir, qui entraîne le sujet à poursuivre ou fuir quelque chose. En ce sens, elle est au contraire une action de l'âme, qui produit le mouvement (à la manière d'une cause efficiente)[21]. Mais c'est également vrai du souhait[22]. C'est pourquoi, dans tout désir, rationnel ou irrationnel, Aristote semble voir un moteur mu[23]. La différence entre les deux est plutôt que la passion se conçoit sans souhait, alors que le souhait ne se conçoit pas sans passion, parce que l'objet souhaitable d'un désir rationnel, produit de l'imagination délibérative, se tire des représentations de l'imagination sensitive (celle-là qui suscite les passions)[24] et parce que, d'autre part, le désir rationnel, pour engendrer quelque action particulière que ce soit, nécessite le désir particulier (c'est-à-dire la passion) qui lui correspond[25].

(e) L'opposition de l'irrationnel, où naissent les passions, et du rationnel, au sein de l'âme désidérative, n'a donc, en soi, rien de conflictuel. Mais elle peut, chez certains individus, donner lieu à des actes de désir contraires l'un à l'autre : par exemple (c'est

16. *Cf. Metaph.* Δ 10, 1017b2-3.

17. *Cf. De an.* III 9, 432b4.

18. C'est pourquoi, dit le *De an.* II 2, 413b22-23, « si l'animal possède la sensation, il possède aussi imagination et désir ».

19. *Cf. ibid.* III 9, 432b15 : « le mouvement lui-même a toujours un but et s'accompagne d'imagination et de désir » ; 10, 433a15 : « le désir a toujours un but ».

20. *Cf. ibid.* 10, 433a18 : « le désirable meut et c'est pourquoi la pensée meut, parce que son principe est le désirable ».

21. *Cf. ibid.*, 433a21 : « il y a quelque chose d'un qui meut, le désidératif » ; 431b1 : « le genre de capacité de l'âme qui meut, c'est celui qu'on appelle désir ».

22. *Cf. ibid.*, 433a22-23 : « l'intelligence ne meut visiblement pas sans désir, car le souhait est un désir ».

23. *Cf. ibid.*, 433b16-18 : « ce qui meut tout en étant mu, c'est le désidératif ».

24. *Cf. ibid.* 11, 434a7-10 : « l'imagination délibérative se trouve chez les êtres capables de calcul ; en effet, considérer s'il faut exécuter tel ou tel acte est déjà l'œuvre du raisonnement ; et cela nécessite une unité de mesure, puisqu'on poursuit le plus avantageux ; par conséquent, ces êtres ont la capacité de faire l'unité de plusieurs représentations ».

25. L'action rationnelle, conforme au souhait droit, qui caractérise le tempérant par exemple, est celle qui répond à un appétit discipliné ; elle est si peu dénuée d'appétit que le défaut d'appétit est précisément le propre du vice affiché par le rustre, « impassible comme une pierre » (*cf. Eth. Eud.* II 3, 1221a22-23).

l'exemple le plus significatif), l'appétit peut être contraire au souhait[26]. Cela veut dire que l'âme alors donne lieu à des actes, l'un rationnel, l'autre non, visant des désirables contraires l'un à l'autre et, donc, des actes de nature à produire, de la part du sujet, des mouvements ou des comportements contraires l'un à l'autre[27]. Le conflit que dénoncent alors ces deux désirs contraires vient donc moins de leur nature (rationnelle pour l'un, irrationnelle pour l'autre) que de la contrariété des effets qu'ils tendent à produire : poursuivre quelque chose, dans un cas, et fuir cette même chose, dans l'autre cas. Ce qui arrive quand une même chose perçue se présente comme appétissante à l'imagination sensitive, mais comme non souhaitable à l'imagination délibérative[28].

(f) Le conflit évoqué est, toutefois, impossible, selon Aristote, dans au moins quatre genres de cas : (1) chez l'animal sauvage, parce que celui-ci est dépourvu de désidératif rationnel[29], (2) chez l'enfant, parce que la raison, naturelle à l'homme, n'advient qu'à partir d'un certain âge[30] et que le souhait, désir rationnel, lui est impossible avant cela, (3) chez l'homme adulte pleinement vertueux, parce que les désirs irrationnels (les passions) sont, chez lui, correctement disciplinés, de manière à « entendre » la raison droite, et que, par conséquent, tous les désirs, rationnels et irrationnels, sont en parfaite « symphonie »[31], enfin, (4) chez l'homme parfaitement vicieux, parce que, à l'inverse, les désirs irrationnels, chez lui, sont totalement indisciplinés, au point de dévier la raison, et que, par conséquent, le souhait du dépravé est de suivre toujours ses passions[32].

(g) En somme, selon Aristote, il n'y a proprement de conflit possible que dans deux genres de cas : celui du sujet qui n'est pas maître de soi (l'incontinent) et celui du sujet qui, bien que maître de soi (le continent), n'est pas encore pleinement ver-

26. C'est le cas chez le continent et l'incontinent, qui ont ainsi chacun des « élans contraires » (*cf. ibid.* 8, 1224a33). Le premier agit contrairement à son appétit, mais selon son souhait ; il en souffre sur le moment, mais en conçoit, pour l'avenir, du contentement. En revanche, le second agit contre son souhait, mais selon son appétit ; il en a du plaisir sur le moment, mais le regrette ensuite (*cf. ibid.*, 1224b9-31 ; et *Eth. Nic.* VII 2 et *sqq.*) .

27. Cette forme de contrariété, qui n'oppose pas des choses elles-mêmes contraires, mais des choses produisant des contraires, est signalée en *Metaph.* Δ 10, 1018 a 33. En soi, les élans issus du raisonnement et ceux qui viennent d'un désir irrationnel (*cf. Eth. Eud.* VIII 1, 1247b18-19) ne sont pas des élans contraires, ils ne le sont qu'occasionnellement (*cf. De an.* III 9, 433b6) dans le sens qu'on vient de dire.

28. Voir l'exemple d'une sucrerie comestible en *Eth. Nic.* VII 5, 1146b32-33.

29. *Cf. ibid.*, 1147b4 ; *De an.* III 3, 429a6 ; 10, 433a12 ; *Eth. Eud.* III 1, 1229a25.

30. Alors que l'appétit est donné dès la naissance : *cf. Eth. Eud.* II 8, 1224b29-31.

31. *Cf. Eth. Nic.* I 13, 1102b27-28 (exemples du tempérant et du courageux). Cette symphonie, qui n'existe pas naturellement (*cf. Eth. Eud.* II 8, 1224a25), est l'œuvre de la vertu (*cf. ibid.* VII 2, 1237a2).

32. *Cf. Eth. Nic.* VII 4, 1146b20-23. Ce qui manque au vicieux n'est donc ni la raison, ni le souhait rationnel, mais la raison droite et le souhait droit, que confère l'intelligence du bien (réel plutôt qu'apparent). Là dessus, voir *De an.* III 10, 433a24-27.

tueux en ceci qu'il souffre encore de passions contraires au comportement souhaitable qu'il adopte[33]. Il y a donc lieu de croire que ce genre de conflit caractérise des sujets à une période de l'éducation où le désir irrationnel n'est pas encore discipliné, du moins complètement. Précédée par le temps de l'enfance et suivie par le temps de l'âge mûr, c'est, en gros, la période durant laquelle la discipline des passions, absente chez le vicieux, est en cours, sans encore avoir donné tous ses fruits, bien que le souhait de bien faire soit désormais présent, de façon notoire.

(h) Les différences naturelles entre individus mises à part, au gré de la discipline des passions, il faut donc distinguer plusieurs degrés dans la passion et, d'abord, dans la capacité désidérative irrationnelle, selon qu'elle est ou reste indisciplinée (chez l'enfant, la bête ou le vicieux), plus ou moins disciplinée (chez le continent et l'incontinent) ou parfaitement disciplinée (chez le sujet vertueux). En outre, il faut noter que, chez l'incontinent déjà, semble-t-il, et, donc *a fortiori*, chez le continent et le vertueux, Aristote reconnaît l'accès à l'intelligence du bien véritable[34], mais, à coup sûr, il ne reconnaît pas le même souhait du bien, pourtant connu. Même l'incontinent sait ce qu'il doit faire, comme le continent et le vertueux, mais il n'en a certainement pas le même souhait. Et le continent, bien que maître de lui-même, n'en a probablement pas non plus le même souhait que le vertueux[35]. L'on peut vraisemblablement supposer que le désir rationnel de bien faire est inversement proportionnel au désir irrationnel de faire le contraire, au gré d'un appétit plus ou moins discipliné.

(i) Cela s'explique par la nature même de la discipline des passions que suppose Aristote et qui consiste essentiellement à réfréner le désir irrationnel de l'enfant toutes les fois qu'il paraît indécent et, donc, à l'empêcher, quand il le faut, de satisfaire immédiatement son appétit[36]. C'est pour cela que, faute de discipline, c'est-à-dire

33. L'un et l'autre se trouvent être des sujets où le désir qui déroge à la raison « livre combat » à celle-ci (*cf. Eth. Nic.* I 13, 1102b17), même si l'issue du combat est différente chez l'incontinent et le continent.

34. Aristote stipule qu'un « désaccord » entre les désirs se fait jour, avant leur symphonie, dès l'instant où le sujet est capable de choix, et que ce désaccord oppose l'intelligence à l'appétit (*cf. Eth. Eud.* VII 6, 1240b33-34). Le souhait qui accompagne l'intelligence en désaccord avec l'appétit est sans force chez l'incontinent, qui obéit encore aux plaisirs passionnels (*cf. ibid.* 2, 1237a8-9).

35. *Cf. Eth. Nic.* IX 8, 1168b34-35 rend compte de l'« empire » sur soi, exercé ou non, selon que le sujet se maîtrise ou non, comme étant celui de l'intelligence. Mais l'intelligence étant la même dans les deux cas, il faut bien supposer qu'elle ne s'accompagne pas du même souhait et que la faiblesse du souhait, chez l'incontinent, est à la mesure des forces de l'appétit.

36. Sur le lien entre l'appétit et le plaisir immédiat, voir *De an.* III 10, 133b8-9 ; et sur les multiples paramètres (pas seulement les circonstances de temps) à prendre en compte pour acquérir la vertu en ne cédant pas automatiquement à l'attrait du plaisir immédiat, voir *Eth. Nic.* III 15, 1119b15-18 : « l'appétitif du tempérant doit être en accord avec la raison, car leur but à tous deux est le beau, et l'appétit du tempérant porte sur ce qu'il doit, comme il le doit et quand il le doit ».

faute de frein appliqué, quand il le faut, à l'élan qui le pousse à satisfaire toujours immédiatement son appétit, le vicieux en arrive à l'opinion que le bien consiste invariablement dans cette satisfaction immédiate[37]. Et c'est, au contraire, grâce à ce frein qui l'empêche à l'occasion de céder à l'immédiat, au profit d'un bien futur, que le sujet soumis à la discipline en arrive, lui, non seulement à entrevoir, mais, aussi, avec l'expérience, à désirer rationnellement un bien différé, désir proprement humain, parce qu'il fait place désormais au calcul et à la délibération pour l'atteindre[38]. Les progrès dans la discipline des passions, qui freinent toujours davantage les désirs irrationnels quand il le faut, sont à la mesure du renforcement d'un désir rationnel contraire quand il le faut, c'est-à-dire aux moments opportuns.

(j) Et en quoi consiste le frein appliqué aux passions ? La question revient à demander : quel effet peut avoir sur l'imagination sensitive l'empêchement de sacrifier à un plaisir immédiat ? La réponse est alors évidente : chez le sujet privé du plaisir qu'il imagine, le frein consiste à détacher à la longue d'un objet perçu par les sens le phantasme de plaisir qui lui est lié, pour lui attacher l'image d'un bien non immédiat, propre à l'imagination délibérative. Un même objet particulier de désir, par exemple, telle sucrerie à la portée des sens[39], une fois perçu par les sens, peut en effet apparaître très différemment, selon ses habitudes, à l'imagination d'un sujet à qui le sucre ne convient pas. Si l'intéressé n'a aucune discipline des passions, il apparaîtra exclusivement comme agréable dans l'immédiat, ce qu'il est pour l'imagination sensitive : objet réellement appétissant, il sera donc poursuivi sans hésitation (et spontanément, par l'enfant, et délibérément par l'intempérant, son opinion étant faite que le plaisir immédiat est le bien). Si l'intéressé, au contraire, se trouve avoir acquis une parfaite discipline des passions, qui détache complètement son phantasme de plaisir de ce qu'il perçoit sur le moment, cela qu'il perçoit lui apparaîtra dès lors exclusivement comme étant nuisible à la santé, ce qu'il est pour l'imagination délibérative : objet réellement non souhaité, il sera donc tenu à distance sans hésitation (délibérément, par le tempérant, son opinion étant faite par ailleurs sur la nature du bien). Mais si l'intéressé, continent ou incontinent, se trouve avoir une médiocre discipline des passions, cela qu'il perçoit lui apparaîtra, d'un côté, comme appétissant et, de l'autre, comme non souhaitable. Encore attaché à l'image d'un plaisir immédiat, le sujet s'accrochera plus ou moins à celle d'une nuisance pour sa santé, bref, il hésitera, bousculé par deux images qui l'assaillent, comme des balles projetées aux fins de le pousser, l'une à fuir, l'autre à poursuivre[40]. L'issue du conflit sera différente, selon que, sous la

37. *Cf. Eth. Nic.* VII 4, 1146b22-23 : « [l'intempérant] se laisse conduire [à ce qu'il exécute] par choix, estimant qu'on doit toujours poursuivre le plaisir présent ».

38. *Cf. De an.* III 10, 433b7-10 : « l'intelligence ordonne de s'abstenir en raison du futur, alors que l'appétit engage en raison de l'immédiat, car l'immédiat, on l'imagine agréable [agréable sans réserve et bon sans réserve] faute de voir l'avenir ».

39. *Cf. Eth. Nic.* VII 5, 1146b32-33.

40. *Cf.* l'allusion un peu mystérieuse de *De an.* III 11, 434a12-14.

forme d'une image plus puissante, l'attrait du plaisir immédiat vaincra un moment ou non, au gré de l'importance, petite ou grande, qu'aura prise la discipline des passions. Mais telle est bien la nature du conflit.

(h) Et la raison dans tout cela ? Pour Aristote, semble-t-il, la raison (même droite) liée au souhait (même droit) n'est jamais ce qui vainc les passions. Sans doute, le sujet devenu vertueux agit selon la raison, non selon ses passions, et, chez lui, le désidératif irrationnel est enfin à l'écoute de la raison. Mais cette écoute est le résultat d'une discipline des passions, elle-même étrangère aux efforts pour instruire le sujet rationnel. Cette discipline, qui procure la vertu morale, ne doit rien à l'influence de la raison du sujet sur ses passions. Elle s'acquiert par des habitudes contractées dès l'enfance[41], avant que la raison puisse naître chez le sujet, et l'avènement de celle-ci, désormais cultivée, n'entraîne pas d'incidence sur un caractère rétif à toute discipline. Le vicieux prouve qu'au contraire, ce sont les passions indisciplinées qui entraînent la raison hors de toute rectitude. Même droite, la raison ne sert non plus de rien à l'incontinent, qui agit encore selon ses passions. Chez le continent, elle n'empêche nullement les passions contraires au souhait. Et chez le vertueux lui-même, dont les passions sont désormais en harmonie avec un désir rationnel, quant à lui, parfaitement droit, la raison, comme partout ailleurs, n'a pour toute fonction que d'inventer les moyens de satisfaire ce souhait, sachant qu'aucune passion contraire n'y fait obstacle.

II

Il est opportun, à ce stade, de considérer brièvement la position de Descartes touchant les passions de l'âme. Bien que cette position implique de nombreuses différences, souvent spectaculaires par rapport aux thèses aristotéliciennes, elle est conçue de manière à pouvoir, en définitive, rendre compte, elle aussi, du combat que l'on vient d'évoquer.

La différence la plus spectaculaire peut-être, qui éloigne Descartes d'Aristote, tient à sa conviction, bien connue, qu'il n'existe pas d'âme dépourvue de raison que l'on puisse prêter aux animaux non humains. Les animaux, machines selon lui[42], fuient mécaniquement, sans éprouver de la peur, et vont mécaniquement à la nourriture, sans éprouver d'appétit. Les passions sont donc réservées à l'homme et ont leur siège dans l'âme humaine, la seule qui existe.

Du coup, très hardiment, mais de façon parfaitement logique, Descartes regarde

41. *Cf. Eth. Nic.* II 2, 1104b8-12.

42. R. Descartes, *Les passions de l'âme*, *in* Id., *Œuvres et lettres*, *op. cit.*, art. 7, p. 697 et art. 16, p. 704, par exemple, assume explicitement « la machine de notre corps », la seule chose que nous partagions avec les animaux.

les passions comme des « pensées »[43]. D'après lui, l'on doit en effet distinguer, chez l'homme, entre deux genres de pensées. Les unes, dit-il, viennent directement de notre âme et sont des actions, en l'occurrence des volontés[44]. Les autres, au contraire, ont une origine étrangère, c'est-à-dire au départ corporelle, et telles sont les passions. Celles-ci peuvent être définies comme autant de perceptions, de sentiments ou d'émotions de l'âme, spécifiquement « causées, entretenues et fortifiées par quelque mouvement des esprits »[45] (entendez : des esprits subtils, de nature corporelle). Dit autrement et très rigoureusement, ce qui est, dans l'âme, une passion (subie) est, dans le corps, une action (exercée), celle-là dont l'effet se fait sentir dans l'âme[46].

En conséquence, lorsqu'il remarque « le principal effet » des passions chez les hommes, Descartes le présente comme un effet sur la volonté : les passions, dit-il, « incitent et disposent leur âme à vouloir les choses auxquelles elles préparent leur corps »[47]. Exemple : déclenchée dans l'âme par le mouvement d'un corps préparé à fuir, la peur incline l'homme, non pas à fuir, mais à vouloir fuir. Chez l'homme, en effet, au contraire des autres animaux, la fuite peut n'être pas la réaction mécanique du corps stimulé par quelque objet extérieur. Elle peut être aussi l'effet de la volonté, inclinée par la peur, elle-même suscitée dans l'âme par le même genre de mécanisme corporel. Par où l'on voit que la passion ne cause jamais directement la fuite, puisque, par définition, elle est action du corps sur l'âme, non de l'âme sur le corps, et quand elle le fait indirectement, c'est pour avoir incliné d'une certaine façon la volonté qui, elle, meut le corps, la fuite étant, soit la réaction mécanique du corps, soit l'effet de la volonté.

Evidemment, Descartes admet que la volonté puisse être inclinée en sens contraire par des passions qui l'agitent diversement : « obéissant tantôt à l'une, tantôt à l'autre, [la volonté] s'oppose continuellement à soi-même, et ainsi, dit-il, rend l'âme esclave et malheureuse »[48]. Mais Descartes tient la volonté pour « tellement libre de sa nature, qu'elle ne peut jamais être contrainte »[49]. Il écrit et croit pouvoir établir : « il

43. *Cf. ibid.*, art. 17, p. 704 : « il ne reste rien en nous que nous devions attribuer à notre âme, sinon nos pensées ».

44. *Cf. ibid.* : « Celles [des pensées de l'âme] que je nomme ses actions sont toutes nos volontés, à cause que nous expérimentons qu'elles viennent directement de notre âme ».

45. *Ibid.*, art. 27, p. 709.

46. *Cf. ibid.*, art. 1, p. 695 : « l'action et la passion ne laissent pas d'être toujours une même chose qui a deux noms, à raison des deux divers sujets auxquels on peut les rapporter », et art. 2, p. 696 : « nous ne remarquons point qu'il y ait aucun sujet qui agisse plus immédiatement contre notre âme que le corps auquel elle est jointe et [...] par conséquent nous devons penser que ce qui est en elle une passion est communément en lui une action ».

47. *Ibid.*, art. 40, p. 715.

48. *Ibid.*, art. 48, p. 720.

49. *Ibid.*, art. 41, p. 715.

n'y a point d'âme si faible qu'elle ne puisse, étant bien conduite, acquérir un pouvoir absolu sur ses passions »[50].

Dès lors, dans le combat des passions contraires, l'âme a toujours la ressource, au fond, d'appuyer l'une de ces passions contre l'autre. Quand la simple volonté ne suffit pas, le moyen de triompher d'une passion qui l'incline à ce qu'elle ne veut pas, est en effet, pour l'âme qui veut autre chose, de susciter une passion contraire à celle-là. Ce qui se fait grâce aux représentations qui accompagnent d'ordinaire les passions[51]. L'âme alors, dit Descartes, peut « considérer les raisons » de vouloir ceci plutôt que cela[52]. Au pire, quand la passion, entretenue et très vive, s'accompagne d'émotion, « le plus que la volonté puisse faire, dit Descartes, pendant que cette émotion est en sa vigueur, c'est de ne pas consentir à ses effets »[53].

Il importe, au passage, de bien comprendre en quoi consiste le non consentement envisagé ici, qui est typique du genre d'action propre à la volonté. Cette action consiste, dit Descartes, à « retenir plusieurs des mouvements auxquels elle dispose le corps »[54]. Allusion aux mouvements dont est le siège la glande cervicale qui est le point de jonction entre l'âme et le corps[55]. À ce point de son exposé, Descartes saisit l'opportunité de marquer fièrement ses distances par rapport à l'École de tradition aristotélicienne. Il écrit ceci :

> Et ce n'est qu'en la répugnance qui est entre les mouvements que le corps par ses esprits et l'âme par sa volonté tendent à exciter en même temps dans la glande, que consistent tous les combats qu'on a coutume d'imaginer entre la partie inférieure de l'âme qu'on nomme sensitive et la supérieure, qui est raisonnable, ou bien entre les appétits naturels et la volonté ; car il n'y a en nous qu'une seule âme, et cette âme n'a en soi aucune diversité de partie : la même qui est sensitive est raisonnable, et tous ses appétits sont des volontés. L'erreur qu'on a commise en lui faisant jouer divers personnages qui sont ordinairement contraires les uns aux autres ne vient que de ce qu'on n'a pas bien distingué ses fonctions d'avec celles du corps, auquel seul on doit attribuer tout ce qui peut être remarqué en nous qui répugne à notre raison ; en sorte qu'il n'y a point en ceci d'autre combat sinon que la petite glande qui est au milieu du cerveau pouvant être poussée d'un côté par l'âme et de l'autre par les esprits animaux, qui ne sont que des corps [...], il arrive souvent que ces deux impulsions sont contraires et que la plus forte empêche l'effet de l'autre[56].

50. *Ibid.*, titre de l'art. 50.

51. *Cf. ibid.*, art. 45, p. 717 : « Nos passions ne peuvent pas aussi directement être excitées ou ôtées par l'action de notre volonté, mais elles peuvent l'être indirectement par la représentation des choses qui ont coutume d'être jointes avec les passions que nous voulons avoir, et qui sont contraires à celles que nous voulons rejeter ».

52. *Ibidem.*

53. *Ibid.*, art. 46, p. 718.

54. *Ibidem.*

55. Sur cette « petite glande dans le cerveau », voir *ibid.*, art. 31, pp. 710-711.

56. *Ibid.*, art. 47, p. 718.

III

Cet extrait permet un retour à Aristote et invite à plusieurs constats propres à synthétiser sa position.

Premièrement, tandis que, pour Descartes, l'unité de l'âme postule une seule capacité d'action (la volonté), selon Aristote, elle s'accommode de plusieurs capacités hiérarchisées. Et, visiblement, c'est la manière dont il conçoit pareille hiérarchie qui assure, à ses yeux, l'unité de l'âme, sans la découper en parties séparées. Aristote insiste trop là-dessus pour que nous en doutions. Selon un des plus grands principes du naturaliste, en effet, l'inférieur (irrationnel) n'est séparé du supérieur (rationnel) que là où celui-ci n'existe pas, c'est-à-dire chez l'animal non humain. Ailleurs, en effet, c'est-à-dire chez l'homme, le supérieur implique l'inférieur. Et cette implication fait du désir rationnel l'expression de la même âme qui désire, d'abord et par ailleurs, sans raison.

Deuxièmement, tandis que, pour Descartes, la passion correspond uniquement à une affection passive de l'âme volontaire, elle correspond aussi, chez Aristote, à un acte de l'âme, distinct de la volonté. Selon Descartes, en effet, la relation agent-patient, qui est celle de l'âme au corps est aussi celle du corps à l'âme, dès lors que deux entités sont « jointes » pour former l'être vivant. Mais, selon Aristote, la relation agent-patient, qui peut caractériser le rapport de l'âme au corps qu'elle meut dans le vivant, ne peut exprimer réciproquement le rapport du corps à l'âme, car le corps vivant constitue une seule entité, dont l'âme seule est principe.

Une certaine corrélation existe entre ces deux constats. Si Aristote, du point de vue anthropologique, défend l'unité du vivant, plutôt qu'une dualité (âme-corps), à la manière de Descartes, du point de vue psychologique, en revanche, il défend corrélativement la pluralité intégrée des capacités de l'âme.

Par ailleurs, les deux agents supposés par Descartes n'ont pas, sur leurs patients respectifs, exactement le même effet. Tandis que la volonté est à l'origine du mouvement spécifique (non mécanique) que reçoit le corps, le corps, via les esprits animaux, n'est pas à l'origine de la volonté que l'âme tire d'elle-même : il est cause seulement de son inclination. L'effet, en quoi consiste la passion de l'âme, est en somme la détermination ou l'orientation *a posteriori* d'une volonté qui existe *a priori* et reste, par nature, toujours invincible. Bref, la volonté est innée. Chez Aristote, seule, la capacité de désirer existe *a priori*, c'est-à-dire, avant toute expérience. Et la capacité rationnelle, supérieure, l'est beaucoup moins que la capacité irrationnelle, inférieure, où elle s'intègre hiérarchiquement. Cette dernière, en effet, est donnée à la naissance, comme la capacité sensitive, et avec l'imagination sensitive, alors que la capacité rationnelle, au départ, est inscrite dans la nature du sujet comme étant encore à acquérir, à l'instar de la science. Et elle s'acquiert, on l'a vu, sur la base des représentations imaginatives qui accompagnent la sensibilité.

À l'arrière-plan, se profilent donc, chez les deux philosophes, deux conceptions de l'homme très différentes, on le devine. On a le sentiment que selon Descartes, pour qui la volonté rationnelle, par nature invincible, appartient au fond de l'âme et seule la définit, l'homme est un être exclusivement de raison, exposé aux aléas des passions que lui vaut une alliance avec le corps hétérogène. L'homme d'Aristote, au contraire, qui est du genre animal, paraît plutôt un être de passions, mais finalement capable de raison. Tandis que chez l'homme de Descartes, la volonté raisonnable est toujours là, présente et à l'œuvre, même lorsqu'elle est désorientée, chez l'homme d'Aristote, son équivalent, le souhait droit, ne prend naissance que sous condition.

Quoi qu'il en soit de cet arrière-plan, une différence frappante retient l'attention, quand il s'agit, du point de vue moral, de présenter les conflits possibles qui déchirent l'âme humaine. Descartes, on l'a vu, déplace en quelque sorte dans le corps le combat que se livrent les parties de l'âme supposées par ses devanciers comme Aristote. Ce n'est pas, toutefois, sans reconnaître par ailleurs une contrariété entre les passions elles-mêmes (la peur et la hardiesse, par exemple), qui, du coup, peuvent incliner (successivement) la volonté en sens divers, si elles sont inhérentes au même sujet. Cette contrariété n'est évidemment pas ignorée d'Aristote, puisque c'est sur elle que repose, selon lui, la contrariété des vices moraux. Mais d'après lui, les passions contraires, qui sont, chacune, désir (ou répulsion) de l'immédiat, n'entraînent d'incidence significative sur le souhait rationnel que chez le vicieux, convaincu qu'il doit toujours céder à l'immédiat, quel qu'il soit. Or là, il n'y a aucune place pour un déchirement de l'âme.

En dehors de ce cas, des passions contraires, chez le même sujet, peuvent sans doute donner lieu à des souhaits contraires, mais pas rationnellement, car on ne peut toujours vouloir fuir le moindre danger et toujours vouloir affronter le pire. C'est pourquoi la raison bascule *ipso facto* du côté d'un vice ou du vice contraire, si l'on suit ses passions. Et c'est aussi pourquoi, chez Aristote, le sujet qui voudrait suivre, par principe, une passion contre une autre qui lui est contraire, mais qu'il éprouve quelquefois, vit une sorte de conflit moralement sans signification, car il prend, de toutes les façons, le chemin du vice.

Le conflit significatif que prend en compte le philosophe est celui qui met aux prises une passion encore mal disciplinée, quelle qu'elle soit, qui le porte toujours, par nature, à céder à l'immédiat, et, d'autre part, un souhait rationnel qui le porte, dans certains cas, à refuser cette tentation. Le souhait rationnel de l'incontinent ou *a fortiori* du continent, sur le chemin de la vertu, n'est pas, en effet, de suivre, par principe, une passion, plutôt que la passion contraire, mais de suivre l'une ou son contraire, quand il le faut, et de réfréner l'une ou son contraire, quand il le faut. La discipline des passions est ici fondamentale, parce que dans la circonstance où l'individu vertueux paraît « suivre » une passion, en fait, capable de la réfréner, il lui donne, par décision, libre cours, au lieu d'être entraîné par elle, et, ce faisant, il est sans le moindre regret. Le vertueux présente une âme irrationnelle obéissant à la raison, non parce que la passion, chez lui, obéit au souhait (droit), mais parce qu'elle est disciplinée de telle sorte que la réalisation du souhait (droit), désormais sans concurrent, devient toujours parfaitement possible.

En résumé, comparée à celle de Descartes, voici comment se présente la position d'Aristote touchant le conflit psychique dont nous avons parlé. Selon Descartes, pour qui il n'y a pas de désir irrationnel propre à l'âme, il n'y a place, dans l'âme, que pour la volonté : le cas échéant, une volonté plus ou moins hésitante et plus ou moins puissante, au gré des passions qui l'affectent et qui sont elles-mêmes l'effet ultime des mouvements contraires d'un corps difficile à dompter. Selon Aristote, en revanche, pour qui le désir irrationnel et la sensation sont l'assise de l'âme humaine, il y a place, dans cette âme, pour un conflit entre deux genres de représentations imaginatives contraires, issues de la même perception sensitive que permettent les organes corporels. Dans l'une de ces représentations, qui est irrationnelle, paraît seul le plaisir immédiat attaché à l'objet perçu, tandis que dans l'autre, la représentation rationnelle, cet objet paraît répugner au bien différé qu'on souhaite. Le conflit par lequel l'homme passe alors n'est pas celui d'un être de volonté innée, que troubleraient sur le moment les passions, mais celui d'un être de passions, non encore discipliné, confronté à l'émergence d'un souhait rationnel qui le détache progressivement du présent immédiat.

LA PRÉSENCE DU *DE ANIMA* D'ARISTOTE DANS L'ANTHROPOLOGIE HÉGÉLIENNE

FRANCO BIASUTTI

I. *Introduction*

Un des premiers textes philosophiques que Hegel eut dans ses mains fut l'*Éthique à Nicomaque* d'Aristote[1]. En effet, selon les notes que le futur philosophe a écrites à quinze ans dans son journal du 5 Juillet 1785, on sait que le livre avait appartenu à l'un de ses professeurs au Realgymnasium de Stuttgart, Johann Jakob Löffler, dont les livres avaient été vendus aux enchères après sa mort[2].

En 1831, une *Éthique à Nicomaque* était toujours présent dans la bibliothèque de Hegel[3] : présence qui prend une certaine valeur symbolique puisqu'elle témoigne l'intérêt continu de Hegel envers Aristote. Cependant, cette attitude de Hegel ne se traduit pas en quelque chose de générique, mais, au contraire s'enracine progressivement dans son esprit. En effet, dans les *Vorlesungen* sur l'Histoire de la philosophie du semestre hivernal de 1825/26, Aristote est défini comme « un des plus riches, plus compréhensifs, plus profonds génies scientifiques qui ont vécu »[4].

Le point de départ des observations qui suivent sera donc l'image de la pensée d'Aristote, telle qu'elle émerge précisément des *Leçons sur l'Histoire de la philosophie*. Il nous faudra toutefois prendre en compte et clarifier certaines questions de méthode, en analysant, tout d'abord, la relation qui existe, selon Hegel, entre la philosophie, comme connaissance historique, et la philosophie, comme pure connaissance

1. *Cf.* G.W.F. Hegel, *Frühe Schriften I*, hrsg. von F. Nicolin und G. Schüler, Hamburg, Felix Meiner Verlag, 1989, p. 7.

2. *Cf. ibid.*, pp. 6-7 et K. Rosenkranz, *Georg Wilhelm Friedrich Hegels Leben*, reprographischer Nachdruck der Ausgabe, Darmstadt, Wissenschaftliche Buchgesellschaft, 1977 (Berlin, Duncker & Humblot, 1844[1]), pp. 6-7.

3. *Cf. Verzeichniß der von dem Professor Herrn Dr. Hegel und dem Dr. Herrn Seebeck hinterlassenen Bücher-Sammlungen*, Berlin, C.F. Müller, 1832, p. 18 : Aristotelis *Ethicorum Nicomacheorum libri decem*, Eusebii Episcopi opera ac impensa, Basileae 1582.

4. G.W.F. Hegel, *Vorlesungen über die Geschichte der Philosophie*, T. 3 : *Griechische Philosophie II. Plato bis Proklos*, hrsg. von P. Garniron und W. Jaeschke, Hamburg, Meiner, 1996, p. 59.

spéculative[5]. Cela implique, en termes hégéliens, qu'il est nécessaire d'avoir pleine conscience du fait que « notre philosophie peut venir à l'existence seulement en connexion avec le passé » et, à son tour, cela signifie que

> ce que nous sommes historiquement, la possession qui nous appartient – nous qui sommes le monde d'aujourd'hui – n'est pas né immédiatement et ne s'est pas contenté de pousser sur le terrain du *temps présent*, mais cette possession constitue l'héritage et le *résultat du labeur* de toutes les générations précédentes du genre humaine[6].

Par conséquent, si la représentation spéculative du passé interagit avec la forme spéculative du présent, il peut être intéressant d'examiner la productivité théorétique de la pensée d'Aristote sur la « philosophie du moment », à savoir la philosophie hégélienne, et d'examiner quels sont les effets que la lecture et l'interprétation hégélienne du *Traité de l'âme* ont produits sur la philosophie de l'esprit subjectif.

La vérification sera effectuée en comparant les textes hégéliens suivants : d'abord, les susmentionnées *Vorlesungen* sur l'Histoire de la philosophie du semestre hivernal de 1825/26 puis les *Vorlesungen* sur la Philosophie de l'esprit du semestre hivernal de 1827/28. Il s'agit de deux cours qui sont très rapprochés et presque contigus : la séquence chronologique peut être considérée en termes de causalité de l'une (l'Histoire de la philosophie) sur l'autre (la Philosophie de l'esprit), selon le principe de l'identité de la philosophie et de l'histoire de la philosophie.

Or, nous pouvons considérer comme dépassé le problème concernant la crédibilité de ce qui est écrit dans le matériel nombreux constitué par les notes des élèves de Hegel aussi bien que des *Ajouts* au texte de l'*Encyclopédie* ou de la *Philosophie du droit*, que dans le cas des nombreux cours publiés après la mort du philosophe. Il s'agit de témoignages qui reflètent une grande partie de son enseignement vivant, et c'est pour cela qu'il est difficile de nier leur importance en vue d'une meilleure compréhension de la pensée de Hegel[7].

5. *Cf.* G.W.F. Hegel, *Vorlesungen über die Geschichte der Philosophie*, T. 1 : *Einleitung. Orientalische Philosophie*, hrsg. von P. Garniron und W. Jaeschke, Hamburg, Meiner, 1994, p. 124, selon lequel l'histoire de la philosophie est la philosophie même.

6. *Ibid.*, p. 6 (tr. fr. de G. Marmasse, *in* G.W.F. Hegel, *Leçons sur l'histoire de la philosophie: introduction, bibliographie et philosophie orientale*, Paris, Vrin, 2004).

7. Comme tout le monde le sait, la fiabilité des *Nachschriften* hégéliennes, a été défendue par K.H. Ilting, *Hegel diverso. Le filosofie del diritto dal 1818 al 1831*, a cura di E. Tota, Roma-Bari, Laterza, 1977, pp. 127-154 (dans ce cas spécifique, il s'agissait des *Nachschriften* philosophiques-juridiques) ; plus récemment, pour ce qui concerne les *Zusätze* à l'*Encyclopedie*, la question a été envisagée par V. Verra, *La presente edizione*, dans G.W.F. Hegel, *Enciclopedia delle scienze filosofiche in compendio, con le Aggiunte a cura di L. von Henning, K.L. Michelet e L. Boumann. Parte prima : La scienza della logica*, trad. it. di V. Verra, Torino, Utet, 1981, pp. 71-77, spéc. p. 72, et, après, par A. Buosi, *Nota bibliografica*, in G.W.F. Hegel, *Enciclopedia delle scienze filosofiche in compendio, op. cit. Parte terza : Filosofia dello Spirito*, trad. it. di

Cependant, le nœud gordien de la crédibilité des *Leçons sur l'Histoire de la philosophie* avait été déjà coupé par C.L. Michelet, au travers d'une comparaison convaincante avec Aristote :

> En tout cas, les contemporains et les descendants ne pourront pas ne pas reconnaître dans ces textes la pensée hégélienne la plus authentique, et ce cours pourra trouver place au côté des œuvres publiées directement par Hegel. N'est-elle pas née de la même manière qu'une grande partie des œuvres d'Aristote, alors que, jamais, par la suite, personne n'a pu en contester l'authenticité du contenu ?[8].

En s'apprêtant à préparer l'édition des *Vorlesungen*, Michelet a pu profiter de l'avantage inestimable d'avoir entre les mains ce que l'on appelle le « cahier de Iéna », à savoir un texte « écrit par Hegel de sa propre main » à l'occasion de son premier cours de leçons d'histoire de la philosophie[9], et « réduit à la forme stylistique définitive »[10].

Le cahier de Iéna a constitué la base des cours suivants donnés par Hegel, surtout à Berlin[11], et il représente le fondement, et presque l'ossature de cette édition[12].

Globalement, les sources utilisées fournissent un contenu de trois sortes : d'abord ce sont les pensées nées d'une réflexion mature et présentées selon une formulation désormais bien déterminée ; puis les pensées formées du haut de sa chaire, avec la même force de discussion qu'en cours, qui constituent souvent les pensées les plus brillantes et profondes qu'a émises Hegel ; enfin les pensées brièvement mentionnées, dont la formulation plus claire se faisait de vive voix[13].

Les citations en bas de page, prévient Michelet, appartiennent à Hegel même et, pour ce qui concerne les « citations littérales », il faut accorder une mention spéciale à la traduction de celles qui apparaissent dans le cahier d'Iéna, étant donné qu'elles revêtent « la fraîcheur de la première impression du moment »[14].

A. Buosi, Torino, Utet, 2000, pp. 67-74, spéc. pp. 72-73. Plus précisément, pour ce qui concerne les *Leçons sur l'histoire de la philosophie*, *cf.* C. Cesa, « Le lezioni hegeliane di storia della filosofia », *Giornale critico della filosofia italiana*, 67, 1988, pp. 306-309 et C. Cantillo, *Concetto e metafora. Saggio sulla storia della filosofia in Hegel*, Napoli, Loffredo, 2007, pp. 75-79.

8. C.L. Michelet, *in* G.W.F. Hegel, *Vorlesungen über die Geschichte der Philosophie*, hrsg. von C.L. Michelet, Berlin, Duncker und Humblot, 1840-1844², Bd. I, p. XV.

9. *Cf.*, à ce propos, l'osservation de K. Rosenkranz, *Georg Wilhelm Friedrich Hegels Leben*, *op. cit.*, p. 201 : « Dans les expositions suivant des leçons imprimées plus tard, les leçons sur l'histoire de la philosophie n'ont pas changées dans l'ensemble, mais elles ont été seulement enrichies ».

10. G.W.F. Hegel, *Geschichte der Philosophie*, Michelet, *op. cit.*, Bd. I, p. VI.

11. *Cf. ibid.*, I, p. VIII.

12. *Cf. ibid.*, I, pp. XI-XII.

13. *Cf. ibid.*, I, pp. VIII-IX.

14. *Ibid.*, I, p. XIII. En ce qui concerne la question des citations, *cf. ibid.*, l'annotation sui-

Enfin, on peut se poser la question des sources littéraires utilisées par Hegel. On sait, toujours par Michelet, que le texte des œuvres d'Aristote à partir duquel Hegel citait le philosophe pendant ses cours était l'« illisible édition de Bâle, sans l'aide d'une traduction latine »[15]. Hegel, cependant, possédait au moins deux autres éditions d'Aristote, dont la première était du sixième siècle[16] et la plus récente, du dix-huitième siècle[17].

II. *L'empirisme et l'idéalisme d'Aristote dans la tradition historiographique*

Hegel assume une position très critique par rapport à la tradition historiographique qui l'a précédé : « Aucun philosophe n'a été traité aussi injustement qu'Aristote, par des traditions dépourvues de pensée, qui se sont maintenues sur sa philosophie et qui sont toujours à l'ordre du jour ». On peut donc soutenir qu'après tout, la pensée d'Aristote est encore peu connue, particulièrement parce que nous pensons le connaître « plus en suivant la tradition, que sur la base de l'étude de ses œuvres »[18]. À cet égard, personne ne peut être épargné, ni les anciens, ni même les médiévaux ou les contemporains.

Par exemple, en ce qui concerne « la philosophie péripatéticienne à l'époque de Cicéron », il s'agit d'« une forme populaire de philosophie », qui n'avait presque rien à voir avec « la vraie philosophie spéculative d'Aristote ». Dans l'ensemble, on peut répéter la même évaluation à propos de la « philosophie alexandrine »[19].

Comme on pourra le comprendre, la Scolastique ne se voit pas attribuer une meilleure évaluation :

---

vante de Michelet : « Étant donné que je n'ai pas accueilli l'opinion d'un philosophe quelconque, mentionné par Hegel, ni aucun fait, raconté par lui, sans remonter aux sources littéraires auxquelles il a atteint, de même j'ai cru de ne devoir pas soustraire l'indications de ces sources-ci au lecteur, quand Hegel ne les a pas mentionnées ; et je fais cela pour rendre possible le contrôle de l'auteur et de l'éditeur aussi. Cependant, pour n'écrire pas trop de citations, je me suis borné à citer les sources que, évidemment, Hegel connaissait quand il a rédigé son cahier ».

15. *Ibid.* I, p. XIV. À ce propos, *cf.* aussi Aristotelis *Opera Omnia* per Desiderium. Erasmum excusa, Basileae, Jo. Bebelius, 1531.

16. *Cf.* Aristotelis *Opera quae extant omnia ef fragmenta*, graece et latine, nova editio, curavit J. Casaubonus, Lugduni, apud G. Laemarium, 1590.

17. *Cf.* Aristotelis *Opera omnia*, edidit Theoph. Buhle, Biponti, Typographia Societatis, 1781. Pour l'une et l'autre, *cf. Verzeichniß der von dem Professor Herrn Dr. Hegel und dem Dr. Herrn Seebeck hinterlassenen Bücher-Sammlungen*, *op. cit.*

18. G.W.F. Hegel, *Vorlesungen über die Geschichte der Philosophie*, *op. cit.*, T. 3, p. 59.

19. *Cf. ibid.*, p. 64. En ce qui concerne le jugement sur Cicéron, Hegel croit être en devoir de renchérir : «Bei Cicero findet sich kein Begriff von der spekulativen Seite der Aristotelischen Philosophie».

> Les Scolastiques, en effet, se sont occupés beaucoup d'Aristote ; mais la forme que la philosophie d'Aristote a prise chez eux n'est pas sa forme réelle[20].

Enfin, pour en venir aux contemporains, il faut se rappeler que le « grand Tennemann » lui non plus ne semblait pas doué d'un « sens philosophique [suffisant] pour comprendre la philosophie d'Aristote »[21]. En soutenant un tel point de vue, Hegel est arrivé à soutenir qu'Aristote, en effet, « jusqu'à il y a vingt ans avant, n'avait presque jamais été étudié »[22].

Étant donné que la déclaration est contenue dans le cours soutenu pendant le semestre hivernal de 1825/26, en revenant vingt ans en arrière, on arrive au semestre hivernal de 1805/06, date qui marque le premier cours d'histoire de la philosophie que Hegel a donné à l'Université d'Iéna[23] : cela peut être une preuve du fait qu'il était bien conscient de représenter un tournant dans le contexte de l'*Aristoteles-Forschung*. En effet, Hegel cherche à réfuter le :

> commun, erroné, point de vue [...] selon lequel la philosophie d'Aristote et la philosophie de Platon sont tout à fait à l'opposé ; celui selon lequel la philosophie platonicienne est idéalisme et, celle d'Aristote, réalisme – et, en plus, réalisme dans le sens plus trivial du terme – ; celui selon lequel l'âme est une *tabula rasa* (Locke) et reçoit ses concepts du monde extérieur ; celui selon lequel sa philosophie est empirisme ; et ainsi de suite[24] ;

il se déclare, à l'opposé, pleinement convaincu qu'Aristote « doit être placé dans le plus profond idéalisme à partir de la plus grande extension empirique »[25]. L'image de la *tabula rasa* et l'exemple de la cire, auquel l'image est reconnecté ensuite par Hegel, permettent de comprendre immédiatement l'importance que le *Traité de l'âme* avait par rapport à la *Rehabilitierung* philosophique, au sens idéaliste d'Aristote et par rapport au rôle de l'*Empirie* à l'intérieur de cet idéalisme.

En conséquence, Hegel s'engage dans une réfutation de l'interprétation de la doctrine aristotélicienne de l'âme au sens empirique. Pour expliquer le comportement de l'âme dans la sensation, Aristote introduit un exemple, une comparaison (*Vergleichung*) : c'est précisément cette comparaison qui a été, en général, mal comprise par la tradition et c'est sur ce point que se fonde le malentendu radical au sujet de la philosophie aristotélicienne : c'est-à-dire celui qui fait de l'âme une *tabula rasa*, et donc,

20. *Ibidem*.
21. *Ibid.*, pp. 64-65.
22. *Ibidem*.
23. Sur les cours d'histoire de la philosophie qui ont eu lieu à Iéna, *cf.* K. Rosenkranz, *Georg Wilhelm Friedrich Hegels Leben*, *op. cit.*, p. 161.
24. G.W.F. Hegel, *Vorlesungen über die Geschichte der Philosophie*, *op. cit.*, T. 3, pp. 59-60.
25. *Ibid.*, p. 60.

quelque chose de complètement vide, de sorte que l'aristotélisme ressemble à une forme d'empirisme brut[26].

Mais tout cela ne reflète pas la vraie pensée aristotélicienne. La comparaison bien connue avec la cire[27] et de même que l'image bien connue de la *tabula rasa*[28] représentent un exemple sensible, tandis que les interprètes du présent et du passé ont assumé le contenu de la comparaison dans toute son ampleur, comme si ce qui est contenu dans ce rapport sensible entre le cachet qu'imprime le signe et la cire qui le reçoit devait aussi s'appliquer à la relation spirituelle : par contre, il est nécessaire de saisir la différence qui existe entre ce qui est une simple image empirique et le comportement réel de l'âme[29].

Avant de poursuivre l'analyse il est peut-être opportun de s'arrêter un instant sur certains aspects de la terminologie. Les déterminations principales (*Hauptbestimmungen*) de l'anthropologie et de la psychologie – à savoir de la philosophie de l'esprit aristotélicienne –, sont, aux yeux de Hegel, les suivantes : le concept de δύναμις, qui est interprété comme *Möglichkeit* et donc en tant que possibilité ; le concept de ἐντελέχεια, qui est interprété comme *Wirksamkeit* et donc comme activité ou efficacité ; le concept de ἐνέργεια, qui est interprété comme *Energie*, *Tätigkeit*, et donc comme énergie et aussi comme activité. Pour sa part, Hegel comprend la matière dans la catégorie de la *Möglichkeit*, et donc la matière semble correspondre au concept de δύναμις ; la *forme* (*die tätige Form*) est comprise comme équivalente aux concepts de ἐνέργεια et de ἐντελέχεια ; la catégorie de la *Wirchlichkeit* (*das Wirchliche*) correspond à la *tätige Form*, et donc, à nouveau, à la notion aristotélicienne de ἐνέργεια. Comme tout le monde le sait, *Möglichkeit*, *Tätigkeit*, *Wirchlichkeit* sont des concepts fondamentaux dans le contexte de la philosophie hégélienne : la signification qu'ils prennent dans la complexité du système doit être comprise à partir de leur détermination aristotélicienne, comme il ressort de l'analyse effectuée sur le texte du *Traité de l'âme*.

26. *Cf. ibid.*, p. 85.

27. *Cf.* Aristot. *De an.* II 12, 423a13-20 (tr. fr. de E. Barbotin, *in* Aristote, *De l'Âme*, traduction et notes, texte établi par A. Jannone, Paris, Les Belles Lettres, 1989[3], 1966[1]) : « D'une manière générale, pour toute sensation, il faut entendre que le sens (αἴσθησις) est la faculté apte à recevoir les formes sensibles sans la matière, de même que la cire reçoit l'empreinte de l'anneau sans le fer ni l'or ».

28. *Cf. ibid.* III 4, 429b30-430a2. *Cf.* Aristote, *De l'ame*, *op. cit.* : «C'est en puissance, d'une certaine manière que l'intellect est identique aux intelligibles, mais il n'est en entéléchie d'aucun d'eux avant de penser. Il doit en être comme d'une tablette où rien ne se trouve inscrit en entéléchie : c'est précisément ce qui arrive dans le cas de l'intellect ».

29. *Cf.* G.W.F. Hegel, *Vorlesungen über die Geschichte der Philosophie*, *op. cit.*, T. 3, p. 86.

III. *L'âme et la sensation*

Sur la base des observations qu'on vient de présenter, le sens originel de la conception aristotélicienne de l'âme ne peut émerger que si nous reconnaissons qu'elle est essentiellement ἐντελέχεια, λόγος : et, précisément, elle est le λόγος parce que ce dernier est l'ἐντελέχεια de ce qui est juste *potentia*, c'est-à-dire, d'une façon hégélienne, de ce qui est seulement selon la catégorie de la possibilité[30]. Chez Aristote, l'âme conserve ce caractère d'ἐντελέχεια, qui est propre à elle, d'activité dans toutes ses manières d'être et dans toutes ses opérations, et donc aussi dans la sensation. Celle-ci, à son tour, présente deux faces : la première est constituée par la passivité, la seconde est celle pour laquelle la sensation même est en possession de l'âme. Certes, le sentir ne dépend pas totalement de l'homme, mais il est nécessaire que ce que l'on a entendu, le perçu (*das Empfindene*), soit. Par conséquent, le fait d'avoir un côté passif est intrinsèque à l'acte du sentir (*das Empfinden*), en tant que nous sommes déterminés par la sensation, qui constitue le veritable moment de la passivité. Mais, comme le souligne encore Hegel, avec ce moment de la passivité, Aristote ne se situe pas à un niveau plus bas que l'idéalisme.

Dans les *Leçons sur l'histoire de la philosophie*, le texte du *De anima* II 5, 417b29-418a6 se résume comme suit :

> Le sentant (*das Empfindende*) est, selon la possibilité (*Môglichkeit* [c'est à dire : δύναμις]), égal au senti (*das Empfindene*), mais seulement selon la possibilité ; il est passif, puisqu'il n'est pas dans l'égalité avec soi-même. Par contre, après qu'il a subi, qu'il a perçu (*empfunden*), il est rendu égal[31].

La sensation, en ce sens, est l'acceptation de la forme, et donc de l'activité de celle-ci, en tant qu'ἐνέγεια et ἐντελέχεια, telle qu'elle est perçue sans la matière ; la forme, à son tour, est l'objet dans le sens de l'universel, par opposition au sensible, c'est à dire par opposition à ce qui est matière :

> Voici l'activité (*Aktivität*) dans la réceptivité – la spontanéité qui enlève (*aufhebt*) la première passivité dans la sensation –[32].

Par conséquent, tous les interprètes qui ont décidé de considérer Aristote comme « un empirique brut », en utilisant l'exemple de la cire qui reçoit l'empreinte de l'an-

30. *Cf. ibid.*, p. 82.

31. *Ibid.*, pp. 84-85 ; *cf.* Aristot. *De an.* II 5, 417b29-418a6 : « Quant à la faculté sensitive, elle est, en puissance, telle que le sensible est déjà en entéléchie, nous l'avons dit. Elle pâtit donc en tant qu'elle n'est pas semblable, mais quand elle a pâti, elle est devenue semblable et est telle que cet objet ».

32. G.W.F. Hegel, *Vorlesungen über die Geschichte der Philosophie*, *op. cit.*, T. 3, p. 85.

neau, ont négligé, aux yeux d'Hegel, justement la circonstance principale, c'est-à-dire ce qui constitue la différence fondamentale entre ce qui est une simple image (*Bild*) et ce qui est le comportement réel, effectif, de l'âme. En effet, la comparaison avec la cire, concerne seulement cette détermination, c'est à dire le fait que, dans la sensation, on assume seulement la forme (*Form* = εἶδος) de ce qui est externe, la seule qui existe pour le sentant[33]. Il est cependant nécessaire de prendre en compte qu'il y a une différence substantielle entre le comportement de la cire et l'activité de l'âme. La différence est la suivante : la cire ne prend pas la forme, car cette dernière reste dans la cire simplement comme une trace, comme un signe extérieur ; l'âme, en revanche, assume justement la forme, car l'assimile à elle-même, et donc elle, en soi-même et d'une certaine manière, est toutes les choses perçues[34]. L'âme n'est donc, en aucune façon, une cire passive, qui reçoit les déterminations de l'extérieur : mais sa tâche est plutôt celle de prendre les formes.

IV. *Pour une détermination spéculative de l'âme*

La *Rehabilitierung* historiographique de la pensée aristotélicienne est destinée à se refléter aussi sur le plan spéculatif, pour ce qui concerne le contenu de la section du système qui traite l'Esprit subjectif, divisé, comme on le sait, en Anthropologie, Phénoménologie et Psychologie. Cette section aborde la notion d'esprit en considérant celui-ci encore dans sa finitude[35]. Dans le cadre de la conception hégélienne, l'âme est précisément l'objet de l'anthropologie, et étant donné que

> l'anthropologie, en tant que telle, traite l'esprit dans sa vie naturelle, selon la forme qu'il possède quand il est encore *immergé* dans la nature, et, en tant qu'esprit, il semble être en conflit et en relation avec le *corporel*[36],

à son tour l'idée de l'âme représente « l'homme comme esprit naturel »[37].

Pour ce qui est de la comparaison avec les sciences de l'homme, Hegel observe que dans le passé, l'esprit a été l'objet de deux sciences : la Psychologie empirique et la psychologie rationnelle ou Pneumatologie. La première observation à faire, est que chacune de ces sciences, à l'égard de son objet, a pris une attitude unilatérale[38]. Si la

33. *Cf. ibid.*, p. 86.
34. *Cf. ibidem.*
35. *Cf.* G.W.F. Hegel, *Vorlesungen über die Philosophie des Geistes. Berlin 1827-1828. Nachgescriben von J.E. Erdmann und F. Walter*, hrsg. von F. Hespe und B. Tuschling unter Mitarbeit von M. Eichel, W. Euler, T, Poths und U. Vogel, Hamburg, Meiner, 1994, p. 3.
36. *Ibidem.*
37. *Ibid.*, p. 20.
38. *Cf. ibid.*, pp. 8 ; 10-11.

psychologie empirique représente l'âme « comme quelque chose de relâché (*als aufgelöst*) »[39], la métaphysique passée a traité l'âme comme une « chose (*wie ein Ding*) »[40]. En Pneumatologie ou en psychologie rationnelle, l'âme n'est pas prise en compte sur la base des aspects phénoménologiques, mais selon ce que devrait être sa propre essence : il s'agit ici d'une considération métaphysique de l'âme, selon des déterminations universelles[41].

Pour ce qui est de déterminer la nature de l'âme, Hegel affirme : « ce qu'Aristote a écrit à ce sujet [*scil.* dans le *Traité de l'âme*] est encore à recommander comme ce qu'il y a de plus philosophique »[42]. Une des choses pour lesquelles Aristote peut être considéré comme un « penseur profond » est le fait qu'il a déterminé la nature universelle de l'âme, mais il l'a fait ça sans proposer « une métaphysique particulière de l'âme »[43]. La Pneumatologie traite la relation qu'il y a entre l'âme et le corps, en voyant dans la première quelque chose de simple, qui s'oppose au multiple, la matière (le corps). Ce faisant, la Pneumatologie pense déterminer l'âme selon ce qu'elle est, comme « un *étant* (*ein Seiendes*) » : mais l'âme n'est pas un simple étant, elle est plutôt « quelque chose d'essentiellement actif (*ein wesentlich Tätiges*) »[44]. Ici, on trouve encore, pour la détermination spéculative exacte de la nature de l'âme, le concept aristotélicien d'« activité », de *Tätigkeit*, entendue comme ἐνέργεια, tel qu'il avait émergé des analyses effectuées dans le *Vorlesungen* d'histoire de la philosophie, à propos du *Traité de l'âme*.

La supériorité d'Aristote par rapport aux modernes est essentiellement méthodologique. Dans tout ce qui est humain, dit Hegel, est contenue l'empreinte de l'esprit[45] : mais à ce point, le vrai problème pour la philosophie est de connaître l'esprit comme étant « concret »[46]. Toutefois, pour concevoir la science de l'esprit en tant que concret, la métaphysique aide très peu : il est nécessaire de se tourner vers l'*expérience* pour assumer le concret à partir d'elle : « Il y a souvent un aspect terne, comme si la philosophie essayait de mépriser et de minimiser l'expérience » ; mais, en revanche, l'expérience est quelque chose de nécessaire et donc d'indispensable, car « elle fait partie de tout ce que l'homme sait, et il doit avoir l'intuition interne et externe de l'objet, et il les a par l'expérience ». L'embarras naît plutôt de la difficulté de savoir penser l'expérience, étant donné que, pour avoir un expérience, il faut disposer de pensées[47]. Selon Hegel, l'une des particularités qui font la grandeur d'Aristote est le fait qu'il est

39. *Ibid.*, p. 11.
40. *Ibid.*, p. 20.
41. *Cf. ibid.*, p. 10.
42. *Ibid.*, p. 11.
43. G.W.F. Hegel, *Vorlesungen über die Geschichte der Philosophie*, *op. cit.*, T. 3, p. 79.
44. G.W.F. Hegel, *Vorlesungen über die Philosophie des Geistes 1827-1828*, *op. cit.*, p. 11.
45. *Cf. ibid.*, p. 4.
46. *Cf. ibid.*, p. 9.
47. *Cf. ibid.*, pp. 8-9.

en toutes circonstances « un observateur pensant du monde »[48]. Aristote est « un empirique complet (*ein völliger Empiriker*) » et c'est exactement pour cela qu'il est aussi un « penseur » : « Il est au plus haut degré spéculatif, même quand il semble être empirique ». En effet « l'empirique compris dans sa synthèse est le concept spéculatif »[49]. Contre l'empirisme des modernes, justement parce qu'il a été capable d'être, au plus haut degré, spéculatif, Aristote a su capter la véritable essence de l'âme.

48. G.W.F. Hegel, *Vorlesungen über die Geschichte der Philosophie*, *op. cit.*, T. 3, p. 65 (traduction de l'auteur).

49. G.W.F. Hegel, *Vorlesungen über die Geschichte der Philosophie,* hrsg. von E. Moldenhauer und K.M. Michel, Suhrkamp, Frankfurt am Main 1993, Bd. 2, p. 172.

LE *DE ANIMA* DANS LE DÉBAT CONTEMPORAIN SUR LE « MIND-BODY PROBLEM »

ENRICO BERTI

I. *Les antécédents*

Ce que les anglophones appellent « Mind-Body Problem » est le problème du rapport entre l'esprit (*mind*) et le corps. Il s'agit évidemment du corps humain, le seul qui est normalement considéré comme étant doué d'un esprit. Ce problème remonte, dans la philosophie moderne, à Descartes, qui se demandait comment le corps peut influencer l'esprit, par exemple à travers les sensations, et comment l'esprit peut influencer le corps, par exemple en lui causant des mouvements. Mais il est devenu un problème très discuté dans la philosophie contemporaine, surtout de langue anglaise (d'où son nom), dans les dernières décennies du XXe siècle, suite à la construction des ordinateurs, qui a fait que l'on parle d'une « intelligence artificielle », et du développement des recherches neurologiques, qui a produit la naissance des sciences nommées « cognitives ». Dans le débat suscité par le « Mind-Body Problem » Aristote a été plusieurs fois évoqué, déterminant une renaissance de l'intérêt pour le *De anima*, non seulement chez des spécialistes d'Aristote, mais aussi chez des philosophes pour ainsi dire généraux, tels que, par exemple, Hilary Putnam.

Je me suis occupé des rapports entre Aristote et le débat sur le « Mind-Body Problem » dans un article d'il y a une dizaine d'années, qui voulait combler une lacune de mon livre sur Aristote au XXe siècle[1]. Mais dans cet article j'ai négligé de mentionner le livre qui, à mon avis, a déterminé la naissance de ce débat dans la philosophie contemporaine, savoir *The Concept of Mind* de Gilbert Ryle[2]. Ce livre, comme le dit Daniel Dennet dans son introduction à la nouvelle édition, est l'un des ouvrages les plus influents et originaux du XXe siècle, bien qu'il soit encore sous-évalué. En

1. *Cf.* E. Berti, « Aristotele e il "Mind-Body Problem" », *Iride. Filosofia e discussione pubblica*, 11, 1998, pp. 43-62, (réimprimé dans Id., *Nuovi studi aristotelici*, IV/2 : *L'influenza di Aristotele. Età moderna e contemporanea*, Brescia, Morcelliana, 2010, pp. 309-328) ; Id., *Aristotele nel Novecento*, Roma-Bari, Laterza, 1992.

2. *Cf.* G. Ryle, *The Concept of Mind*, With an Introduction by D.C. Dennett, Chicago, New University of Chicago Press Edition, 2002 (London, Hutchinson University Library, 1949[1]).

Italie, en particulier, il a été traduit une première fois sous le titre peu fidèle *Lo spirito come comportamento*, qui donnait l'impression d'un Ryle « behavioriste »[3], et ce n'est que récemment qu'il a été retraduit sous le titre plus fidèle *Il concetto di mente*[4]. Comme il est bien connu, Ryle a contribué, avec John L. Austin, à introduire dans l'« École d'Oxford » la philosophie d'Aristote, conçue comme la première forme d'analyse du langage ordinaire, comme je l'ai montré dans mon livre – thèse que tout le monde admet aujourd'hui.

Ryle, d'ailleurs, a été pendant plusieurs années l'éditeur de le revue *Mind*, la plus répandue des revues philosophiques anglaises, et en tant que tel il a affronté le problème de la définition du concept de *mind*, c'est-à-dire d'esprit, dans le volume déjà mentionné, qui reste son ouvrage principal. Dans cet ouvrage, il ne cite jamais Aristote, mais il ne le fait pas non plus avec aucun autre philosophe, exception faite pour Descartes (et Freud) : c'est l'habitude des philosophes analytiques anglais ! S'agissant de Descartes lui-même, Ryle le cite seulement pour refuser ce qu'il appelle « le mythe de Descartes », c'est-à-dire la séparation entre l'âme et le corps, conçus comme deux substances indépendantes l'une de l'autre, *res cogitans* et *res extensa*, de sorte que l'âme humaine, ou bien l'esprit, devient une espèce de « spectre dans une machine ». La cause de cette équivoque – parce qu'il s'agit, selon Ryle, d'une véritable équivoque, ou mieux d'une « erreur catégoriale » – réside dans notre langage, plus exactement dans le mauvais usage que nous faisons du langage, lorsque nous attribuons à l'esprit le même type d'existence que celle que nous attribuons aux corps, savoir l'existence d'une chose ou d'un objet, quand bien même il s'agit d'un objet différent des objets physiques. Or, nous dit Ryle, exister n'est pas un mot qui renvoie à un genre, c'est-à-dire un mot qui a une seule signification: il a différentes significations, comme lorsque nous disons qu'existent des nombres premiers, des mercredis, des opinions publiques et des flottes.

Ce renvoi aux multiples significations du mot « exister » ou « être » nous révèle déjà l'origine aristotélicienne de la pensée de Ryle. Mais c'est également à Aristote que remonte sa définition de l'esprit comme « disposition », ou « ensemble de dispositions », c'est-à-dire habileté, ou capacité d'accomplir certaines activités. « Disposition » est la traduction du mot grec ἕξις, qui à la lettre signifie « possession » (du verbe ἔχω, avoir, posséder) et indique, dans le langage d'Aristote, la présence effective et stable d'une qualité ou d'une capacité. De sa traduction latine *habitus* dérive le mot « habitude ». Or dans le *De anima* Aristote définit l'âme comme « forme d'un corps naturel possédant la vie en puissance », et précise que la forme est « entéléchie » (ἐντελέχεια), c'est-à-dire acte, mais acte premier, au même titre que la science (ἐπιστήμη). Celle-ci n'est pas encore l'exercice actuel de la science, par exemple la

3. *Cf.* G. Ryle, *Lo spirito come comportamento*, tr. it. di F. Rossi-Landi, Torino, Einaudi, 1955.

4. *Cf.* G. Ryle, *Il concetto di mente*, tr. it. di G. Pellegrino, Roma-Bari, Laterza, 2007.

démonstration d'un théorème, qui au Moyen Age sera dit « acte second », mais elle est la possession effective et stable d'une capacité – la capacité, dans le cas de la géométrie, de démontrer des théorèmes. Pour éclairer cette notion d'acte premier, Aristote compare également l'âme à l'état de sommeil relativement à l'état de veille, précisant qu'il s'agit d'une possession sans exercice (ἔχειν καὶ μὴ ἐνεργεῖν). D'où la célèbre définition de l'âme comme « entéléchie première d'un corps naturel possédant la vie en puissance »[5], c'est-à-dire possession actuelle de la capacité de vivre, qui – compte tenu du fait que chez les êtres humain la vie comprend la pensée et la volonté – correspond exactement au concept de *mind* proposé par Ryle.

En tant que capacité de vivre, c'est-à-dire d'exercer un ensemble de fonctions telles que se nourrir et croître dans le cas des plantes, percevoir et se mouvoir dans le cas des bêtes, penser et vouloir dans le cas des êtres humains – où les dernières capacités présupposent toujours la possession des précédentes –, l'âme est pour Aristote ce qui distingue un corps vivant d'un cadavre. Elle n'est pas une partie du corps, ni quelque chose qui entre en composition avec le corps pour former un composé. Pour comprendre cela, il faut que la notion de forme soit claire : la forme n'est pas un élément au sens propre du terme, c'est-à-dire un composant du tout, mais elle est la manière dont les éléments sont organisés et fonctionnent. Une molécule d'une substance comme l'eau, par exemple, selon la chimie moderne, a comme matière, c'est-à-dire comme composants, deux atomes d'hydrogène et un atome d'oxygène, et comme forme la formule chimique H_2O. Celle-ci n'est pas un élément de l'eau qui s'ajouterait à l'hydrogène et à l'oxygène, mais étant pour ainsi dire la proportion et le lien entre les deux, elle est ce qui fait qu'il y a de l'eau. Par analogie, le vivant est vivant en tant qu'il possède en acte la capacité de vivre, ou bien d'exercer ses fonctions, et son âme n'est rien d'autre que cela. Elle n'est pas, par conséquent, une partie, ou un composant du vivant, qui serait uni à celui-ci pendant un certain temps et pourrait s'en détacher pour continuer à exister en étant séparée de lui.

À la lumière de cette notion on comprend que pour Aristote il n'y a pas de sens à se demander ce qui fait l'union entre le corps et l'âme, c'est-à-dire comment le corps influe sur l'âme, par exemple à travers les perceptions, et comment l'âme influe sur le corps, par exemple à travers les mouvements, parce que l'âme n'est rien d'autre que la capacité possédée par le corps de percevoir et de se mouvoir. Si le corps n'a pas ces capacités, il est mort, il n'est plus « un corps naturel possédant la vie en puissance », il est un cadavre. De même que l'œil – nous dit Aristote – qui a perdu sa capacité de voir n'est un œil que par homonymie, ce n'est à dire que nominalement, de même qu'un œil de pierre ou qu'un œil peint, de même un corps qui a perdu sa capacité de vivre n'est un corps vivant que par homonymie. Par conséquent, l'âme n'est pas la forme d'un corps quelconque, ou d'une matière quelconque, mais elle est la forme

5. *Cf.* Aristot. *De an.* II 1, 412a19-28 (tr. fr. de E. Barbotin, in Aristote, *De l'ame*, traduction et notes, texte établi par A. Jannone, Paris, Les Belles Lettres, 1989[3], 1966[1]).

d'un corps naturel, c'est-à-dire ayant en soi le principe du mouvement et du repos, doué d'organes capables de fonctionner. Elle ne peut pas être séparée de son corps, parce que dans ce cas, de quoi serait-elle la capacité de vivre ? De même le corps ne peut pas être séparé de l'âme sans cesser d'être ce corps déterminé, c'est-à-dire un corps capable de vivre[6].

Aristote exprime très clairement sa conception de l'âme dans le célèbre passage où il dit :

> dire que l'âme est en colère revient à peu près à dire que l'âme tisse ou bâtit. Mieux vaudrait sans doute ne pas dire que l'âme a pitié, apprend ou pense, mais plutôt l'homme par son âme[7].

Pour cette raison il ajoute :

> Aussi n'a-t-il pas lieu de se demander si l'âme et le corps ne font qu'un, pas plus que pour la cire et la figure ni, en général, pour telle matière singulière et ce dont elle est la matière. Car si l'un et l'être comportent plusieurs sens, ce qui est l'un ou l'autre au sens propre, c'est l'acte[8].

La conception de Ryle a été reprise dans l'école d'Oxford par Peter F. Strawson, qui a défini la personne comme une unité psycho-physique, notion primitive qui n'est analysable en faits ou phénomènes physiques et faits ou phénomènes psychiques[9] que postérieurement, et par David Wiggins, qui fait dépendre l'identité personnelle de la forme conçue comme la fonction et, chez les vivants, comme la continuité de la vie[10].

II. *Du physicalisme au fonctionnalisme*

Aristote a été évoqué explicitement dans le débat sur le « Mind-Body Problem » pour la première fois par les partisans du soi-disant physicalisme, ou réductionnisme, ou behaviorisme, ou matérialisme, selon lequel les prétendus faits psychiques ne sont que des processus neuro-physiologiques. L'inséparabilité de l'âme du corps, affirmée par Aristote, a été interprétée par ces auteurs, par exemple par Herbert Feigl, comme identi-

6. *Cf. ibid.* 2, 412b17-413a6.
7. *Ibid.* I 4, 408b12-15.
8. *Ibid.* II 1, 412b6-9.
9. *Cf.* P.F. Strawson, *Individuals. An Essay in Descriptive Metaphysics*, London, Methuen & Co. Ltd., 1959.
10. *Cf.* D. Wiggins, *Sameness and Substance*, Oxford, Blackwell, 1980 ; Id., *Sameness and Substance Renewed*, Cambridge, Cambridge University Press, 2001.

té entre faits psychiques et phénomènes physiques[11]. De son côté, Thomas J. Slakey a soutenu que pour Aristote la sensation consiste dans le fait que l'organe du sens assume la même qualité que celle qui appartient à l'objet sensible, par exemple la couleur, donnant de cette manière une explication purement physique d'un fait psychique[12]. Enfin Wallace I. Matson a généralisé le cas en soutenant que tous les philosophes grecs, y compris Aristote, ont identifié les perceptions avec des processus physiologiques, et donc ils ont résolu le « Mind-Body Problem » dans le sens d'une identité entre l'esprit et le corps, même si leur problème ne coïncide pas avec le problème moderne[13].

Les spécialistes de philosophie ancienne, en particulier Jonathan Barnes et Richard Sorabji, ont réagi à ces interprétations physicalistes d'Aristote. Le premier a critiqué la réduction de la perception à un simple processus physique, affirmant que pour Aristote il y a une connexion, non pas une identité, entre psychique et physique, et que les faits psychiques sont caractérisés par l'intentionnalité, comme l'avait dit Franz Brentano[14]. Le deuxième a soutenu que pour Aristote les perceptions et les émotions, c'est-à-dire les faits psychiques, ont une forme et une matière, qui sont inséparables: du point de vue de la matière ce sont des processus physiques, tandis que du point de vue de la forme ce sont des fonctions[15].

C'est à ce moment du débat sur le « Mind-Body Problem » que Hilary Putnam est intervenu en affirmant que le fonctionnalisme, déjà soutenu par Jerry Fodor, Daniel C. Dennett et par lui-même, peut également être attribué à Aristote. Cela s'est produit dans la communication *Philosophy and our Mental Life*, présentée au symposium sur « Computers and the Mind » organisé par l'Université de Californie (Berkeley), où Putnam a dit que le concept-clé pour résoudre le « Mind-Body Problem » est celui d'« isomorphisme fonctionnel », selon lequel deux systèmes sont fonctionnellement isomorphes s'il existe une correspondance entre les états de l'un et les états de l'autre, qui conserve leurs relations fonctionnelles, quelle que soit la matière où ils ont lieu[16]. Or il semble, selon Putnam, que notre esprit (*mind*) accom-

11. *Cf.* H. Feigl, « The "Mental" and the "Physical" », *in* H. Feigl, M. Scriven and G. Maxwell (eds.), *Minnesota Studies in the Philosophy of Science*, vol. II : *Concepts, Theories, and the Mind-Body Problem*, Minneapolis, University of Minnesota Press, 1958, pp. 370-497.

12. *Cf.* T.I. Slakey, « Aristotle on Sense-Perception », *The Philosophical Review*, 70, 1961, pp. 470-484.

13. *Cf.* W.I. Matson, « Why Isn't the Mind-Body Problem Ancient ? », *in* P.K. Feyerabend and G. Maxwell (eds.), *Mind, Matter, and Method*, Minneapolis, University of Minnesota Press, 1966, pp. 92-102.

14. *Cf.* J. Barnes, « Aristotle's Concept of Mind », *Proceedings of the Aristotelian Society*, 72, 1971-1972, pp. 101-114, réimprimé dans J. Barnes, M. Schofield and R. Sorabji (eds.), *Articles on Aristotle*, vol. 4 : *Psychology and Aesthetics*, London, Duckworth, 1979.

15. *Cf.* R. Sorabji, « Body and Soul in Aristotle », *Philosophy*, 49, 1974, pp. 63-89, réimprimé dans J. Barnes, M. Schofield and R. Sorabji (eds.), *Articles on Aristotle*, *op. cit.*, pp. 43-64.

16. Cette communication a été imprimée dans H. Putnam, *Philosophical Papers*, 2 : *Mind, Language and Reality*, London, Cambridge University Press, 1975.

plit dans notre corps (*body*) exactement les mêmes fonctions que le logiciel (*software*) accomplit dans l'ordinateur (*hardware*), même si les états de l'esprit présentent des différences relativement aux états de la machine. Puisque pour Aristote notre esprit est la forme de notre corps et que la forme est essentiellement la fonction, on peut dire qu'Aristote a été fonctionnaliste et qu'il a résolu le « Mind-Body Problem » dans le sens du fonctionnalisme.

L'interprétation donnée par Putnam de la psychologie d'Aristote a été confirmée par une spécialiste de la pensée aristotélicienne telle que Martha C. Nussbaum, qui dans son édition avec traduction et commentaire du *De motu animalium* d'Aristote a attribué à ce dernier une explication fonctionnaliste des processus psychiques, déclarant son accord avec Putnam[17]. Selon Nussbaum, Aristote explique tous les phénomènes au moyen de la forme, et celle-ci, chez les êtres vivants, est constituée par la fonction, qui se réalise toujours dans une matière. Cela vaut aussi bien pour la perception que pour les activités intentionnelles, c'est-à-dire orientées vers l'extérieur, comme les sentiments. Se référant à un célèbre exemple donné par Aristote, celui de la colère, Nussbaum observe que la véritable explication de la colère donnée par Aristote n'est pas celle du bouillonnement du sang autour du cœur, qui d'ailleurs est sa composante matérielle, mais celle du désir de se venger, qui indique sa forme, c'est-à-dire sa fonction. Mais d'autres philosophes, tels que Edwin Hartman et Kathleen Wilkes, au cours des années soixante-dix, ont également attribué à Aristote une position fonctionnaliste[18].

III. *Du fonctionnalisme à l'hylémorphisme*

L'interprétation fonctionnaliste de la psychologie d'Aristote a été critiquée par Myles Burnyeat dans un article qui a circulé parmi les spécialistes d'Aristote pour un certain temps comme inédit et qui a été publié pour la première fois dans un recueil contenant aussi les réponses d'autres auteurs[19]. Selon Burnyeat, Aristote conçoit les activités psychologiques, par exemple la perception, comme des activités purement spirituelles, ayant leur principe dans l'âme, comme l'ont reconnu des interprètes chrétiens tels que Jean Philopon, Thomas d'Aquin et Franz Brentano; mais il conçoit l'âme comme forme d'une matière qui est la matière vivante, c'est-à-dire une matière

17. *Cf.* M. Craven Nussbaum, *in* Aristotle's *De motu animalium*, Text with Translation, Commentary, and Interpretive Essays, Princeton, Princeton University Press, 1978.

18. *Cf.* E. Hartman, *Substance, Body, and Soul : Aristotelian Investigations,* Princeton, Princeton University Press, 1977 ; K.W. Wilkes, *Physicalism*, Atlantic Highlands (N.J.), Humanities Press, 1978.

19. *Cf.* M. Burnyeat, « Is an Aristotelian Philosophy of Mind Still Credible ? », *in* M.C. Nussbaum and A. Oksenberg Rorty (eds.), *Essays on Aristotle's* De anima, Oxford, Clarendon Press, 1992, pp. 15-26.

qui n'a rien à voir avec la notion cartésienne de matière entendue comme pure extension, notion reçue par la science moderne. Cette différence entre la matière du corps animé et la matière qui est le substrat des changements en général avait déjà été soulignée par John Ackrill, dans un article cité par Burnyeat, où l'auteur attirait l'attention sur le fait que dans la définition aristotélicienne de l'âme, le corps est une matière déjà douée de la capacité de vivre, c'est-à-dire une matière spéciale, qui une fois détachée de sa forme, n'est un corps que par homonymie, c'est-à-dire seulement nominalement[20]. Pour cette raison, Burnyeat soutient que la philosophie aristotélicienne de l'esprit n'est pas conciliable avec la science moderne et que par conséquent elle n'est plus crédible aujourd'hui.

Putnam et Nussbaum ont répondu à l'article de Burnyeat dans le même volume où il a été publié, observant que la conception aristotélicienne de la matière qui est présupposée dans la définition de l'âme est parfaitement conciliable avec la science moderne, précisément parce qu'il s'agit d'une matière vivante, telle que la matière considérée par les sciences neurologiques, comme l'ont reconnu des philosophes analytiques tels que Roderick Chisolm et David Wiggins[21]. Mais pour cette même raison, selon Putnam et Nussbaum, qui écrivent leur article à quatre mains, on ne peut plus parler, à propos d'Aristote, d'un véritable fonctionnalisme, parce que le fonctionnalisme suppose que la même fonction puisse être exercée dans n'importe quelle matière, tandis que pour Aristote les fonctions de l'âme ne peuvent être exercées que dans un corps doué de la puissance de vivre. La conception d'Aristote, par conséquent, n'est pas un fonctionnalisme, mais un véritable hylémorphisme, et l'hylémorphisme résout le « Mind-Body Problem » mieux encore que le fonctionnalisme[22].

Une autre raison pour laquelle, selon Putnam, l'âme dont parle Aristote n'est pas une simple fonction mais quelque chose de plus, est le fait que les fonctions sont seulement *compositionnally plastic*, c'est-à-dire qu'elles peuvent être exercées dans des matières différentes, tandis que l'âme conçue par Aristote est aussi *computationnaly plastic*, c'est-à-dire qu'elle peut exercer des fonctions différentes, ou bien fonctionner, dans le langage de la science des ordinateurs, avec un nombre presque infini de programmes ou de logiciels différents. En particulier, Putnam et Nussbaum reprochent aux interprètes chrétiens d'Aristote de lui avoir attribué l'immortalité de l'âme, conçue comme séparation de l'âme du corps, même si Thomas d'Aquin admet que l'âme séparée du corps se trouve dans une condition non naturelle, parce qu'elle pos-

20. *Cf.* J. Ackrill, « Aristotle's Definition of Psyche », *Proceedings of the Aristotelian Society*, 73, 1972-1973, pp. 119-133, réimprimé dans J. Barnes, M. Schofield and R. Sorabji (eds.), *Articles on Aristotle*, *op. cit.*, pp. 65-75.

21. *Cf.* R.M Chisholm, *Perceiving: A Philosophical Study*, Ithaca (N.Y.), Cornell University Press, 1957 ; D. Wiggins, *Sameness and Substance*, *op. cit.*

22. *Cf.* M.C. Nussbaun and H. Putnam, « Changing Aristotle's Mind », *in* M.C. Nussbaum and A. Oksenberg Rorty (eds.), *op. cit.*, pp. 27-56, réimprimé dans H. Putnam, *Words and Life*, ed. by James Conant, Cambridge (Mass.), Harvard University Press, 1995, pp. 22-61.

sède une inclination naturelle à l'union avec son corps, ce qui s'accorde mieux avec la croyance chrétienne en la résurrection des corps.

D'autres auteurs qui sont intervenus dans ce débat s'opposent eux aussi à la thèse de Burnyeat en continuant à parler de fonctionnalisme, mais en interprétant ce fonctionnalisme dans la direction indiquée par Putnam, c'est-à-dire dans le sens d'une acceptation intégrale de l'hylémorphisme comme doctrine également valable du point de vue de la science moderne: c'est le cas de S. Marc Cohen, de Jennifer Whiting et de Kathleen Wilkes[23]. Cette dernière déclare explicitement préférer le mot aristotélicien de ψυχή au terme moderne *mind*. Richard Sorabji est lui-même intervenu à nouveau dans ce débat en réaffirmant, contre Burnyeat, son interprétation précédente, mais en reconnaissant dans le même temps, sur la base du « principe d'homonymie », que l'âme pour Aristote ne fonctionne pas dans une matière quelconque[24]. Burnyeat, de son côté, a réaffirmé lui aussi son interprétation[25].

Putnam est intervenu à nouveau dans le débat concernant le « Mind-Body Problem » en précisant son accord avec Aristote, dans le volume *Words and Life*. Il y introduit un premier chapitre intitulé « The Return of Aristotle » où il déclare que la notion aristotélicienne de ψυχή, en tant que forme du corps vivant, ne correspond pas à la notion moderne de *mind*, étant donné que l'âme comprend une pluralité de fonctions, non seulement cognitives mais vitales aussi, comme la digestion et la reproduction. Il y reproduit ensuite son article « Changing Aristotle's Mind » et il poursuit avec un chapitre intitulé « Aristotle after Wittgenstein » où il affirme que la notion aristotélicienne d'âme comme forme métaphysique est préférable à la notion de « forme logique » proposée par Wittgenstein, parce qu'elle explique la référence du connaître à son objet, c'est-à-dire l'« intentionnalité » dont parle Franz Brentano, par l'identité intentionnelle entre la forme qui est l'âme et la forme des objet connus, c'est-à-dire leur essence, leur structure. Dans le cas des êtres vivants – affirme Putnam – cette forme est la structure de l'ADN, qui pourtant caractérise aussi bien la forme qui est l'âme que la forme des objet connus par l'âme.

À ce propos il faut rappeler que le rapprochement entre l'âme conçue par Aristote comme forme du corps et la structure de l'ADN avait déjà été fait quelques années auparavant par un biologiste et généticien de renommée mondiale, Max Delbrück (prix Nobel de médecine en 1969), qui avait proposé, avec quelque *sense of humour*, de donner à Aristote un prix Nobel posthume pour avoir découvert le principe de l'ADN bien avant Watson et Crick : il a en effet conçu, dans son *De generatione animalium*,

23. *Cf.* S. Marc Cohen, « Hylomorphism and Functionalism », *in* M.C. Nussbaum and A. Oksenberg Rorty (eds.), *op. cit.*, pp. 57-73 ; J. Whiting, « Living Bodies », *ibid.*, pp. 75-91 ; K.V. Wilkes, « *Psuchè* versus the Mind », *ibid.*, pp. 109-127.

24. R. Sorabji, « Intentionality and Physiological Processes : Aristotle's Theory of Sense-Perception », *in* M.C. Nussbaum and A. Oksenberg Rorty (eds.), *op. cit.*, pp. 195-226.

25. *Cf.* M.F. Burnyeat, « How Much Happens When Aristotle Sees Red and Hears Middle C ? », *in* M.C. Nussbaum and A. Oksenberg Rorty (eds.), *op. cit.*, pp. 421-434.

l'âme des animaux comme un plan de développement, c'est-à-dire comme un programme qui se réalise dans le cours de la formation de l'individu complet[26].

Les articles de Putnam sur Aristote ont été salués par John Haldane – le premier philosophe analytique qui a cherché a réconcilier la philosophie analytique avec le thomisme, introduisant l'expression « thomisme analytique » – comme un « retour à la maison », où par cette expression l'auteur entend un retour de Putnam au « réalisme métaphysique », c'est-à-dire à l'admission de l'existence des essences d'objets, conçues d'une manière non statique et physique, mais structurale et aussi historique[27]. Putnam lui-même a confirmé son plein accord avec le réalisme d'Aristote, qui ne conçoit pas les perceptions comme des représentations, mais en tant que contact direct avec les propriétés de choses, dans la conférence donnée au congrès sur Aristote et la science contemporaine qui a eu lieu à Salonique en 1997[28].

Aussi John McDowell, qui a été l'un des élèves de Wiggins à Oxford, s'est-il opposé à la thèse de Burnyeat en soutenant, contre le physicalisme, la validité de la conception aristotélicienne de la nature, moins restreinte que celle de la science moderne, parce qu'ouverte à la formation, au moyen de la culture, du caractère (ἦθος), qui est comme une « seconde nature », étant l'actualisation des capacités naturelles que l'homme possède dès sa naissance[29]. Plus récemment, Victor Caston a parlé, à propos de la psychologie d'Aristote, d'*emergentism*, c'est-à-dire d'une conception qui admet l'émergence dans l'âme de pouvoirs supérieurs, qui sont dans un rapport de survenance avec les pouvoirs inférieurs et qui exercent une action causale sur ceux-ci, par exemple le désir et l'imagination, qui produisent l'action et le langage[30].

IV. *Hylémorphisme et identité personnelle*

Pour conclure, je mentionne un dernier secteur où l'hylémorphisme d'Aristote, c'est-à-dire la doctrine du *De anima*, s'est révélé d'une actualité surprenante: le débat sur l'identité personnelle, qui est de quelque façon lié au « Mind-Body Problem »[31].

26. *Cf.* M. Delbrück, « Aristotle-totle-totle », *in* J. Monod and E. Borek (eds.), *Of Microbes and Life*, New York - London, Columbia University Press, 1971, pp. 50-55.

27. *Cf.* J.J. Haldane, « On Coming Home to (Metaphysical) Realism », *Philosophy*, 71, 1996, pp. 287-296.

28. *Cf.* H. Putnam, « Aristotle's Mind and Contemporary Mind », *in* D. Sfendoni-Mentzou (ed.), *Aristotle and Contemporary Science. I*, New York, Peter Lang, 2000, pp. 7-28.

29. *Cf.* J. McDowell, *Mind and World*, Cambridge (Mass.), Harvard University Press, 1994 ; Id., *Mind, Value, and Reality*, Cambridge (Mass.), Harvard University Press, 1998.

30. *Cf.* V. Caston, « Aristotle's Psychology », *in* M.L. Gill and P. Pellegrin (eds.), *The Blackwell Companion to Ancient Philosophy*, Hoboken (N.Y.), Wiley-Blackwell, 2009, pp. 316-346, spéc. pp. 318, 320, 325.

31. Je me permet, à ce propos, de renvoyer à mon article « La notion de forme individuelle

Ce problème, comme il est bien connu, remonte à John Locke, qui confiait la tâche de garantir l'identité personnelle à la mémoire, suscitant les réactions de l'évêque Joseph Butler, qui craignait qu'une perte de la mémoire puisse effacer l'identité de la personne ; tandis que David Hume, après avoir d'abord nié puis affirmé cette identité, avouait de ne pas savoir résoudre la question. Dans la philosophie analytique contemporaine a eu lieu un débat à ce sujet, qui a vu la participation de philosophes tels que Willard van Orman Quine, Peter F. Strawson, Saul Kripke, David Wiggins et beaucoup d'autres[32].

Mais il semble que le problème de justifier la permanence d'un objet au cours du temps en dépit des changements auxquels il peut être sujet remonte à l'antiquité. Plutarque en effet, parlant du navire sur lequel Thésée avait porté sains et saufs les jeunes gens de Délos à Crète et que les Athéniens, par gratitude envers Apollon, envoyaient tous les ans à Délos, nous raconte que, le long des années, ils en retiraient les planches trop vieilles et leur substituaient des planches nouvelles, qu'ils ajustaient avec les autres. Cela donna l'occasion aux philosophes, selon Plutarque, de discuter la question de savoir si ce navire était resté le même ou non, les uns l'affirmant et les autres le niant[33].

Le philosophe moderne Thomas Hobbes a ultérieurement compliqué la question, imaginant que quelqu'un avait conservé les vieilles planches du navire de Thésée et les avait remises dans le même ordre dans lequel elles se trouvaient auparavant, fabriquant de cette manière un nouveau navire. Hobbes emploie cet exemple comme objection contre la thèse selon laquelle le principe d'individuation est constitué par l'unité de la forme, observant que, sur la base de cette thèse, on devrait admettre que les deux navires, c'est-à-dire le navire dont on avait changé les planches et le navire reconstruit avec les vielles planches, sont numériquement un seul et même navire, ce qui est manifestement absurde[34].

L'exemple du navire de Thésée a continué de faire l'objet des discussions des philosophes, surtout de ceux qui sont dits « analytiques », jusqu'au XXe siècle. Il a été discuté très longuement par David Wiggins, qui défend la thèse de l'unité de la forme

comme condition de l'identité changeante », *in* E.D. Carosella, B. Saint-Sernin, P. Capelle et S.E.M. Sánchez Sorondo (éds.), *L'identité changeante de l'individu*, Paris, L'Harmattan, 2008, pp. 213-220. Ce volume contient les actes d'un colloque international, auquel ont participé des scientifiques et des philosophes analytiques tels que David Wiggins et Pascal Engel.

32. Voir l'article de E.T. Olson, « Personal Identity », *in* S. Schneider (ed.), *Science Fiction and Philosophy*, Oxford, Blackwell, 2009, publié on-line dans « Stanford Encyclopedia of Philosophy », Winter 2002 Edition, 2002 (révisé en 2010).

33. *Cf.* Plutarque, *Vie de Thésée, in* Id., *Vies*, texte établi et traduit par R. Flacelière, Paris, Les Belles Lettres, 1957, t. I, 23.

34. *Cf.* Thomae Hobbes *De corpore*, in Thomae Hobbes *Opera philosophica* quae latine scripsit, *Omnia* in unum corpus nunc primum collecta studio et labore Guglielmi Molesworth, Londini, apud Joannem Rohn, 1839, vol. I: *Elementorum philosophiea*, sectio prima, 11.

comme principe d'individuation. Celui-ci admet que sa thèse vaut surtout pour l'identité des êtres appartenants aux espèces naturelles, et par conséquent pour la possibilité de les réidentifier dans des conditions d'espace et de temps changées grâce à la permanence de leur « prédicat sortal », c'est-à-dire de leur essence, qui dans les espèces naturelles en général coïncide avec leur activité et dans les êtres vivants avec leur vie. Mais Wiggins – avec, certes, quelque précision ultérieure – soutient que sa thèse vaut aussi pour les objets artificiels, tels que le navire de Thésée, où l'équivalent de l'activité ou de la vie est le fonctionnement. Sur la base de cette thèse, par conséquent, le véritable navire de Thésée, pour revenir à l'exemple de Hobbes, n'est pas le nouveau navire reconstruit avec les vieilles planches, mais le vieux navire dont on a changé toutes les planches, parce que celui-ci a continué à exercer sa fonction de porter le pèlerinage d'Athènes à Délos pendant quelques siècles[35].

Le même exemple a été discuté par Roderick Chisolm, qui a fait une distinction très nette entre les objets artificiels et les personnes. Dans le cas des objets artificiels, tels que le navire de Thésée, c'est seulement un critère d'identification très conventionnel qui nous permet de dire qu'un objet changeant dans le temps conserve son identité grâce à la fonction qu'il exerce. La raison en est que les objets artificiels, selon Chisolm, n'ont pas une individualité propre, mais sont simplement des *entia successiva*, comme l'est une équipe de football qui change sa composition dans le temps. Par conséquent, nous ne disposons d'aucun critère véritable pour les identifier, mais seulement de critères d'homogénéité ou de continuité interne, qui sont trop approximatifs pour justifier un choix plutôt que l'autre. Dans le cas des navires de ligne, par exemple, on pourrait ajouter à la fonction, comme critère d'identification, l'horaire de navigation[36]. Mais le cas des personnes, selon Chisolm, est très différent, parce que les personnes ne sont pas comparables à des objets matériels tels que les navires, ni même à des pierres ou à des montagnes[37]. D'autres philosophes analytiques qui sont intervenus dans la discussion ont exprimé, à propos du navire de Thésée, la même incertitude[38].

Une contribution décisive à la solution de ce problème est venue, à mon avis, des études sur Aristote, le philosophe dont, d'ailleurs, Wiggins lui-même s'était inspiré, qualifiant sa propre thèse de « néo-aristotélicienne ». Les interprètes les plus récents

35. *Cf.* D. Wiggins, *Sameness and Substance*, *op. cit.*, pp. 92-99 ; Id., *Sameness and Substance Renewed*, *op. cit.*, pp. 92-102.

36. *Cf.* R.M. Chisolm, « Identity through Time », *in* Id., *On Metaphysics*, Minneapolis, University of Minnesota Press, 1989, pp. 25-41.

37. À ce propos Chisolm s'oppose à Derek Parfit, qui avait considéré aussi les personnes comme des réalités collectives ou successives. Voir D. Parfit, *Reasons and Persons*, Oxford, Clarendon Press, 1984.

38. Voir par exemple A.C. Varzi, *Parole, oggetti, eventi e altri argomenti di metafisica*, Roma, Carocci, 2001, p. 130 ; F. Orilia, « Identità nel tempo e identità intertestuale », *Rivista di filosofia*, 94, 2003, pp. 353-368.

et les plus réputés de la philosophie d'Aristote (Michael Frede et Günther Patzig) pensent que celui-ci aurait résolu le problème du navire de Thésée grâce à sa théorie de la forme individuelle. Comme il est bien connu, en effet, dans le livre Z de la *Métaphysique,* Aristote soutient que la véritable substance, c'est-à-dire ce qui nous permet de dire qu'un objet qui a changé complètement ses propriétés est toujours le même objet, c'est la forme (εἶδος), c'est-à-dire la différence dernière, qui est aussi appelée par Aristote « ce que c'était que l'être » (τὸ τί ἦν εἶναι)[39]. Cette forme, malgré ce qui a été transmis par la tradition de l'aristotélisme, est individuelle, comme il résulte du passage où Aristote dit:

> ta matière, ta forme, ta cause efficiente ne sont pas les miennes, bien que, dans leur notion générale, elles soient les mêmes[40].

Dans le cas des objets artificiels, la forme n'est pas seulement leur conformation extérieure, leur structure, mais elle est surtout leur fonction, c'est-à-dire ce qui les rend capables de faire quelque chose, leur principe d'activité. Or c'est la forme individuelle qui nous permet, selon Frede et Patzig, de dire que le véritable navire de Thésée n'est pas celui qui a été reconstruit avec les vieilles planches, mais celui dont on a renouvelé toutes les planches et qui a toujours gardé sa fonction d'aller tous les ans d'Athènes à Délos. C'est ce dernier, en effet, qu'une compagnie d'assurances considérerait comme étant le navire assuré. Se référant à l'exemple du navire de Thésée, Frede écrit :

> What makes for the identity of the repaired ship with the original ship is obviously a certain continuity. This is not the continuity of matter, or of properties, but the continuity of the organization of changing matter, an organization which enables the object to function as a ship, to exhibit the behavior of a ship. An object, then, exists as the object it is only as long as its capacity for functioning, *i.e.*, for behaving in the way characteristic of it, has not been irretrievably lost[41].

Pour les êtres vivants cela vaut à plus forte raison, parce que leur organisation est ce qui leur donne une bonne chance de continuer à fonctionner pour un certain temps et ainsi à demeurer existants ; une telle organisation permet aux êtres vivants de changer, par exemple de place, de se nourrir, de s'adapter à la température du milieu, *etc*.

Écrit Frede :

39. *Cf.* Aristot. *Metaph.* Z 10, 1035b15-16 ; 11, 1037a28-30 ; 12, 1038a19-20 ; 25-26.

40. *Ibid.* Λ 5, 1071a27-29 (tr. fr. de J. Tricot, *in* Aristote, *La métaphysique*, Introduction, notes et index, Paris, Vrin, 1986, vol. II, p. 662).

41. *Cf.* M. Frede, « Individuals in Aristotle », *in* Id., *Essays in Ancient Philosophy*, Minneapolis, University of Minnesota Press, 1987, pp. 49-71, spéc. p. 66.

> The continuity of the organization is part of the very notion of the organization characteristic of living things. In the case of living things, it is also clearer that this continuity of organization or capacity for functioning constitutes the identity of the thing over time. […] Since this capacity, in the case of living things, is the capacity for leading a certain kind of life, Aristotle calls this capacity, organization, or form, the « soul »[42].

Dans un article postérieur, revenant sur l'exemple du navire de Thésée, Frede soutient que le navire composé des planches nouvelles, qu'il appelle « Théoris I », est identique au navire original parce qu'il y avait une première disposition qui était celle des planches originales, puis la disposition d'un ensemble de planches un peu différent, et enfin, à l'issue d'une histoire qui pourrait être tracée pas à pas, la disposition de l'ensemble des nouvelles planches. Au contraire la disposition du navire reconstruit avec les vieilles planches, que Frede appelle « Théoris II », n'a pas cette histoire et par conséquent n'est pas la disposition du navire originaire[43]. Dans le cas des êtres vivants, ajoute-t-il, la disposition, c'est-à-dire la forme, est l'âme, qui est individuelle, étant donné que l'âme de Socrate est différente de l'âme de Platon. Or, il est évident que chaque individu, grâce à son âme, vit une vie propre et a une histoire propre, c'est-à-dire une biographie qui lui est propre et qui lui assure son identité.

Frede et Patzig reviennent sur l'exemple du navire de Thésée dans leur célèbre commentaire du livre Zeta de la *Métaphysique* d'Aristote, où ils soulignent que leur interprétation de la forme comme individuelle, bien que contraire à la position majoritaire dans la tradition de l'aristotélisme, n'est pas sans précédents dans l'exégèse contemporaine d'Aristote. En outre, soulignant à nouveau l'analogie entre les êtres vivants et les objets artificiels tels que le navire de Thésée, ils observent que chez les êtres vivants la forme d'un organisme est prédisposée d'une façon telle qu'elle optimise les perspectives de survie de cet organisme considéré en tant qu'exemplaire d'une certaine espèce. Cela revient à dire que la forme est prédisposée de manière à optimiser ses propres perspectives de survie, parce que la matière d'un individu se renouvelle continuellement et la condition de sa survie est que sa forme continue à exister dans une matière, qui n'est pas nécessairement toujours la même[44].

La théorie aristotélicienne de la forme individuelle a obtenu une confirmation tout à fait inattendue par la découverte de l'ADN et la description du génome humain. Comme nous l'avons déjà dit, Max Delbrück a soutenu qu'Aristote, dans ses œuvres biologiques, aurait anticipé la découverte de l'ADN, admettant que le développement de l'embryon soit dirigé par une forme (εἶδος ou μορφή) qui transmet à la matière –

42. M. Frede, « Individuals in Aristotle », *op. cit.*, p. 67.

43. M. Frede, « Substance in Aristotle's *Metaphysics* », *in* Id., *Essays in Ancient Philosophy*, *op. cit.*, pp. 72-80, spéc. pp. 76-77. « Théoris » est le nom qu'en grec indiquait un navire sacré.

44. *Cf.* M. Frede und G. Patzig, *in* Aristoteles, *Metaphysik* Z, Text, Übersetzung und Kommentar, München, Beck, 1988, pp. 44-45.

constituée par le sang menstruel – une série de mouvements grâce auxquels elle s'organise de manière à former les différents organes. Cette forme, soutient Delbrück, agit comme un « plan de développement », ou bien comme un « programme », exactement de la même manière que l'ADN[45]. En effet Aristote décrit l'action du sperme, qui transmet la forme au sang menstruel, au moyen d'une comparaison avec l'art, en disant :

> ce sperme n'est pas une partie du fœtus en formation, de même que du charpentier rien ne vient non plus s'ajouter à la matière des bois travaillés, et qu'aucune parcelle de son art ne se trouve dans l'objet qui s'élabore. Ce qui vient de l'ouvrier par l'intermédiaire du mouvement qui agit sur la matière, c'est la figure, l'idée (ἡ μορφὴ καὶ τὸ εἶδος) ; et l'âme où est l'idée, ainsi que la science qu'elle a, impriment aux mains ou à une autre partie tel ou tel mouvement, différent pour produire un résultat différent, identique pour produire un résultat identique : les mains font mouvoir les outils et les outils meuvent la matière. Il en va de même pour la nature : dans le mâle des espèces qui éjaculent, elle se sert du sperme comme d'un outil, de quelque chose qui possède un mouvement en acte, comme dans les produits d'un art sont mus les outils. Car en eux se trouve, dans une certaine mesure, le mouvement de l'art[46].

Le sperme, qui est à la fois cause formelle et motrice de la génération, imprime au fœtus une série de mouvements qui organisent la matière, fournie par la mère, de manière à former ses différentes parties, qui se suivent les unes les autres selon un programme bien déterminé, comme il résulte des expression suivantes :

> Que toutes les parties ne se forment pas simultanément, c'est ce que révèle l'observation : en effet, certaines existent manifestement déjà quand d'autres n'existent pas encore. Et ce n'est pas leur petitesse qui empêche de les voir, c'est évident : car le poumon, qui est plus gros que le cœur, apparaît après le cœur dans les premiers temps de la génération. Or, puisque l'une précède l'autre, est-ce que le premier produit le second et existe parce qu'il est en liaison avec lui, ou n'est-ce pas plutôt qu'après le premier se forme le second ? Je veux dire ceci : ce n'est pas le cœur, une fois formé, qui produit le foie, ni celui-ci une autre partie, mais l'un vient après l'autre, comme après l'enfant vient l'homme, au lieu que l'un soit fait par l'autre[47].

Le développement de ce programme est comparé par Aristote au « mécanisme des automates » :

> D'autre part, il est possible qu'une chose en meuve une autre, puis celle-ci une autre encore et que ce soit comme le mécanisme des automates [à la lettre : « les automates

45. *Cf.* M. Delbrück, *op. cit.*, qui renvoie à Aristot. *De gen. an.* I 22-23 et II 1.

46. *De gen. an.* I 22, 730b11-23 (tr. fr. par P. Louis, *in* Aristote, *De la génération des animaux*, texte établi et traduit, Paris, Les Belles Lettres, 1961, p. 43).

47. *Ibid.*, II 1, 733b20-29 (tr. fr. cit., p. 52).

> parmi les objets d'étonnement », τὰ αὐτόματα τῶν θαυμάτων]. Leurs pièces au repos possèdent en quelque sorte une puissance. Et dès qu'un agent extérieur imprime un mouvement, aussitôt la pièce suivant devient effectivement active. Eh bien, de même que dans les automates, c'est cet agent qui d'une certaine façon met en mouvement, non par contact direct mais grâce à un contact antérieur, de même l'être d'où vient la semence, ou celui qui l'a faite, agit après un contact en un point, mais un contact qui n'a plus lieu[48].

Et voilà sa conclusion :

> Mais alors comment chaque partie se développe-t-elle ? Il faut, pour le comprendre, partir du principe suivant : tout produit de la nature ou de l'art se forme sous l'action de tel être en acte à partir de tel être en puissance. Or la semence est telle et elle possède un mouvement et un principe de telle nature que, une fois ce mouvement arrêté, chacune de ses parties se forme et devient animée. [...] D'ailleurs les parties homéomères et les organes se forment en même temps : et de même qu'en parlant d'une hache ou d'un autre outil, nous ne dirions pas que c'est le feu qui les a faits, nous ne pouvons pas le dire non plus d'un pied ou d'une main. Et il en va de même aussi pour la chair : car c'est encore un organe avec fonction. Donc la dureté, la mollesse, l'élasticité et toutes les autres choses ce genre qui appartiennent aux parties animées, la chaleur et le froid peuvent bien les produire, mais la raison qui fait qu'à un moment donné telle partie est de la chair, telle autre un os, ne peut pas dépendre du froid et du chaud, elle est due au mouvement issu du générateur qui est, en acte, ce qu'est en puissance ce à partir de quoi se produit la forme. Le processus est le même que pour les productions de l'art[49].

Or, comme il est bien connu, ce qui distingue le génome humain de celui des autres espèces de vivants, pour un pourcentage certes minime (mais important), c'est la « séquence » des différents composants qui forment les gènes, c'est-à-dire les segments de l'ADN dont sont constitués les chromosomes contenus dans le noyau des cellules. Eh bien, les composants de l'ADN, qui équivalent à ce qu'Aristote appelait la « matière », sont les mêmes pour tous les êtres vivants, tandis que la « séquence », c'est-à-dire l'ordre dans lequel ils sont disposés, est différente. Mais cet ordre équivaut à ce qu'Aristote appelait la « forme » et tous les caractères qui se développent dans l'être vivant dépendent de cet ordre, comme pour Aristote tous les caractères des plantes et des animaux dépendent de leur forme, c'est-à-dire de leur « âme ».

Dans le cas des personnes, c'est-à-dire des êtres humains, l'âme qui assure la continuité et par conséquent l'identité, est l'âme qu'Aristote appelle « âme intellectuelle » (νοητική), qui n'est pas une « partie » de l'âme, comme certaines expressions d'Aristote le laissent croire et comme souvent la tradition de l'aristotélisme l'a cru. Il s'agit de l'âme humaine toute entière, qui possède les facultés spécifiques des âmes inférieures, c'est-à-dire la capacité de se nourrir et de se reproduire qui est propre à

48. *Ibid.*, 734b9-16 (tr. fr. cit., pp. 54-55).
49. *Ibid.*, 734b19-36 (tr. fr. cit., p. 55).

l'âme des plantes, la capacité de percevoir et de se mouvoir qui est propre à l'âme des animaux, et la capacité de penser et de vouloir qui est propre à l'âme humaine. En effet, comme Aristote le dit dans un passage célèbre du *De anima,* l'âme supérieure contient en puissance les capacités des âmes inférieures, de sorte que chaque être vivant n'a qu'une seule âme, les plantes la végétative, les bêtes la sensitive, qui contient en puissance les facultés de la végétative, et les hommes l'âme intellectuelle, qui contient en puissance les facultés des deux autres. Il existe entre les âmes le même rapport que celui qui existe entre les figures géométriques, où la plus complexe contient en soi les moins complexes. Voilà le passage d'Aristote :

> Il en va donc de même dans le cas des figures et en celui de l'âme. Toujours, en effet, le terme *postérieur* contient en puissance le terme antérieur, qu'il s'agisse des figures ou des êtres animés : par exemple le quadrilatère contient le triangle, la faculté sensitive contient la faculté nutritive. Il faut donc pour chaque type d'êtres vivants se demander quelle sorte d'âme lui appartient en propre : ainsi quelle est l'âme propre à la plante, à l'homme, à la bête[50].

50. *De an.* II 3, 414b28-33 (tr. fr. cit., p. 37).

INDEX DES NOMS*

* L'index a été établi par Silvia Gullino. Le nom d'Aristote n'y figure pas.

R

S

LES AUTEURS

Enrico Berti, Università degli Studi di Padova
Franco Biasutti, Università degli Studi di Padova
Richard Bodéüs, Université de Montréal
Francesco Bottin, Università degli Studi di Padova
Tomás Calvo-Martínez, Universidad Complutense de Madrid
Lambros Couloubaritsis, Université Libre de Bruxelles
Sylvain Delcomminette, Université Libre de Bruxelles
David Evans, Queen's University Belfast
António Pedro Mesquita, Universidade de Lisboa
Luciana Repici, Università degli Studi di Torino
Cristina Rossitto, Università degli Studi di Padova
Christopher Rowe, Durham University
Gerhard Seel, Universität Bern
Annick Stevens, Université de Liège
Alonso Tordesillas, Université de Provence (Aix-Marseille 1)
Álvaro Vallejo Campos, Universidad de Granada
Cristina Viano, CNRS, Centre Léon Robin, Paris IV Sorbonne

TABLE DES MATIÈRES